Studium und Studentenleben

vor

vierzig bis fünfzig Jahren

und

eine schwere Prüfung nach absolviertem Universitäts-Studium.

Ein Beitrag zur Kulturgeschichte des
XIX. Jahrhunderts.

Von

Leopold Rist.

Innsbruck.
Verlag der Vereins-Buchhandlung.
1891.

Studium und Studentenleben

vor

vierzig bis fünfzig Jahren

und

eine schwere Prüfung nach absolviertem Universitäts-Studium.

Ein Beitrag zur Kulturgeschichte des
XIX. Jahrhunderts.

Von

Leopold Rist.

Innsbruck.
Verlag der Vereins-Buchhandlung.
1891.

Vorrede.

Zur Rechtfertigung des Erscheinens dieses Buches
nur wenige Worte.

Es erzählt wahr und schlicht, in welchem Geiste
die studierende Jugend vor 40—50 Jahren an den
gelehrten Mittelschulen und an den Universitäten
unterrichtet und erzogen wurde. Es ist zwar speziell
nur von 3 solchen Anstalten in demselben die Rede,
nämlich vom Gymnasium in Offenburg, vom Lyzeum
in Rastatt und von der Universität zu Freiburg im
Breisgau; allein die Zustände und Verhältnisse, die
damals an den genannten Anstalten obwalteten,
waren von jenen nicht wesentlich verschieden, die an
den Anstalten derselben Kategorie innerhalb und
außerhalb der badischen Landesgrenzen herrschten
und größtenteils noch herrschen.

Es wird wohl jeder vernünftig, ruhig und
ernst Denkende, jeder, dem Religion und Sittlichkeit
keine hohle Phrasen sind, und dem die Wohlfahrt
des Staates und der Kirche, der Familien und Gemeinden am Herzen ligt, nachdem er mein Buch
gelesen, von der Überzeugung durchdrungen sein,

daß die Art und Weise des Unterrichtes und der Pädagogik vor 40—50 Jahren durchaus verfehlt, verkehrt und verwerflich war, und es, leider, er= fahrungsgemäß noch ist, da die studierende Jugend damals dem Christentum entfremdet, der Religion beraubt und dem Sittenverderbnis überantwortet wurde, und da noch heutzutag der Unterricht und die Pädagogik an vielen gelehrten Mittelschulen und bereits an allen Universitäten Deutschlands und Österreichs, Frankreichs, Italiens und der Schweiz derart beschaffen sind, daß aus denselben nicht gläu= bige Christen und religiös-sittliche Menschen, son= dern moderne Heiden, Aufklärungsapostel, Kultur= kämpfer und blasierte Weltmenschen hervorgehen. Die= ser Überzeugung entspringt aber naturnotwendig der Wunsch und das Verlangen, die gelehrten Mittel= schulen und die Universitäten möchten endlich Träger und Vermittler echter Wissenschaft, Bildung und Gesittung werden; das können sie jedoch nur dann und dadurch werden, wenn und daß der Unterricht und die Erziehung der Studenten auf die christliche Religion gegründet werden, die Professoren vor Religion und Kirche Hochachtung und Ehrfurcht an den Tag legen, sich aller Angriffe auf dieselben. strengstens enthalten und ihren Schülern in religiös= sittlicher Beziehung ein gutes Beispiel geben. Und die Mittel und Wege, dieses hohe Ziel zu erreichen? Diese sind: gute Wahlen, infolge deren religiöse,

konservative, charakterfeste Abgeordnete in den Landtag und Reichsrat gesendet werden, die eine durch-
greifende Reform auf dem Gesammtgebiete des Unterrichtes und der Erziehung in allen Schulen verlangen. Dem entschiedenen Verlangen socher Männer
müssen die Regierungen gerecht werden, d. h. dieselben werden, dem bestimmt ausgesprochenen Wunsch
und Willen des Volkes gemäß, betreffs der Volksschulen, Gymnasien und Universitäten solche Geseze
erlassen, welche die Pflege der Religiosität und Sittlichkeit bei der studierenden Jugend vorschreiben und
verbürgen, sie werden darum der Hasner'schen und
Falk'schen Mißgeburt endlich den Todesschein aus-
fertigen, die konfessionelle Schule wieder einführen
und der Kirche die, derselben aus übel verstandener
Staatsräson und Aufklärungssucht entzogenen Rechte
auf die Schule zurückgeben.

Der Inhalt dieses Buches bevorwortet auch angelegentlich, und zwar mittelbar und unmittelbar, die
Errichtung je einer kath. Universität für Deutschland
und Österreich, die als Pflanzschulen unverfälschter
Wissenschaft, Humanität und Kultur nicht im Sold
des Antichristentums, des modernen Heidentums und
überkleisterter Verkommenheit stehen. Er empfiehlt
desgleichen die katholischen Studentenverbindungen an
den Universitäten als ein wirksames Präservativ
gegen Entchristlichung und Verwilderung.

Welcher Geist eine katholische Universität und

katholische Studentenverbindungen beseelt, und durch
welche Werke sich derselbe offenbart, das soll ein
hier angebrachtes Genrebildchen veranschaulichen.

Nach dem Jahresberichte der katholischen Univer=
sität Löwen zählte dieselbe im Studienjahre 1889/90
nicht weniger als 1891 Studenten. Die akademischen
Bürger hatten unter sich einen St. Vinzenz=Verein
gegründet, der im Jahre 1889 für 9782 Franken
Brod, Suppe und Steinkohlen unter die Armen
verteilte. Desgleichen wurde ein Patronatsverein
gegründet, dessen Tätigkeit sich beispielsweise in einer
einzigen Unterabteilung auf 190 Kinder im Alter
von 11—16 Jahren erstreckte. Ferner leiteten die
Studenten eine Fortbildungsschule für erwachsene
Arbeiter, denen sie unentgeltlichen Unterricht erteilten.
So lösen katholische Studenten ihrerseits die soziale
Frage. Welch ein schreiender Unterschied zwischen
diesen akademischen Bürgern und jenen von Prag
und Wien, deren, Seite 255 und 449 dieses Buches,
Erwähnung geschieht!

Um diese rein historische Abhandlung anziehend
und interessant zu gestalten und ihr den Reiz einer
Novelle zu verleihen, hat der Verfasser 1, die bio=
graphische Darstellungsweise gewählt, und 2, erzählt
er, zu guter Lezt, eine wahre Begebenheit, ein merk=
würdiges Erlebnis, mit dem sein Universitäts=Studium
einen idyllisch-romantischen Abschluß fand. Die schwere
Prüfung, der jenes Erlebnis ihn unterwarf, bildete

das poetische, von bengalischem Feuer umflossene finale seines wechselvollen, erfahrungsreichen und bittersüßen Studentenlebens.

Es seie noch extra erwähnt, daß der Verfasser es sich zur Aufgabe und strengen Pflicht gemacht, sowohl das Studium als auch das Studentenleben von Mitte der dreißiger bis gegen Ende der vierziger Jahre durchaus objektiv und mit photographischer Treue zu schildern.

———

Erstes Kapitel.

Studium und Studentenleben am Gymnasium und Lyzeum.

Ein halbes Jahrhundert ist über die Ereignisse und Zustände hingegangen, die ich in den nachfolgenden Blättern schildern werde. Manche Erinnerungen aus meiner Jugendzeit waren bisher mit einem schwarzen Trauerflor umhüllt, einige dagegen blieben vom poetischen Dufte jenes holdseligen Blütenalters bis auf den heutigen Tag umwoben, und haben die rasch entschwundenen Dezennien die sonnigen Bilder des rosigen Lebensmorgens mit einem goldenen Nimbus umrahmt. Hohes Gras ist über viele meiner Erlebnisse in der Jugendzeit gewachsen, und blieb mir von denselben nur eine nebelgraue Erinnerung zurück, die Jahre des Studiums und der Berufswahl stehen aber noch so frisch vor meinem Geistesauge wie ein Mosaikbild aus früheren Jahrhunderten, das dem Zahn der Zeit getrozt.

Da, wie man mit Recht sagt, die Gegenwart auf den Schultern der Vergangenheit steht, und

dieselbe nur unter genauer Berücksichtigung jener
eigentümlichen Verhältnisse, die in der Vergangenheit
herrschten, gründlich geprüft, richtig beurteilt und
allseitig verstanden werden kann, da die Gegenwart
in der Vergangenheit wurzelt, von ihr mächtig be=
einflußt wird und eine, fast unveränderte neue Auf=
lage derselben ist, so dürfte es für jedermann von
hohem Interesse sein, zu erfahren, von welcher Be=
schaffenheit das Studium vor 40—50 Jahren war,
und welches Bild das damalige Studentenleben dar=
geboten hat. Das im V. Kapitel angefügte Genre=
bild ist gleichsam eine, dem wohlwollenden Leser für
seine, mir geschenkte Aufmerksamkeit, dedizierte Prämie.

Der Wellenschlag der gewaltigen Revolution,
welche die Enzyklopädie Diderots, b'Alemberts und
Konsorten auf dem Gebiete des Dogmas und der
Moral, der Wissenschaft und Kunst, des Staates und
der Kirche, des bürgerlichen und sozialen Lebens
heraufbeschworen hatte, überschritt die Grenzen Frank=
reichs und überflutete alle zivilisierten Länder. Die
modernen französischen Ideen und ihre Anhänger
rüttelten an den Fundamenten, auf denen Kirche
und Staat, Wissenschaft und Kunst, Gemeinde und
Familie aufgebaut waren, sie stellten alles in Frage
und erklärten allen jenen Einrichtungen den Krieg,
einen unversöhnlichen Vernichtungskrieg, einen Krieg
bis aufs Messer, die entweder vom Christentum ins
Leben gerufen worden waren oder wenigstens ein

chriſtliches Gepräge trugen. Sie übergoſſen alles, was
der Menſchheit bisher als von Gott geoffenbarte
Wahrheit, als unantaſtbar, ehrwürdig und heilig
gegolten, mit der äzenden Lauge des Wizes, der
Jronie und des Sarkasmus, des Spottes und Hoh-
nes. Sie untergruben den Glauben, verführten das
Herz, ertöteten das Gewiſſen, emanzipierten das Fleiſch
und ſtachelten die Leidenſchaften auf. Sie leugneten
Gott und die Unſterblichkeit der Seele, nannten das
Chriſtentum einen raffinierten Betrug und einen
graſſen Aberglauben und zerſtörten jede Autorität,
die göttliche und weltliche, die kirchliche und ſtaat=
liche, die obrigkeitliche und elterliche. Sie fälſchten
die Geſchichte und brandmarkten gläubige Gelehrte
als „Dummköpfe“, heilige Männer als „Heuchler“,
ſeeleneifrige Prieſter als „Fanatiker“ und „Zeloten“,
fromme Ordensleute als „Duckmäuſer“, Fürſten, die
ſich „von Gottes Gnaden“ nannten und als treue
Söhne der Kirche bewährten, als „Tyrannen“, und
Männer, die ſich um des Volkes Wohl hohe Ver=
dienſte erworben hatten, als „Schurken“, während
ſie den eigentlichen Schurken, namentlich wenn ſie
geheimen Geſellſchaften angehörten und das Kains=
zeichen der Wüteriche gegen Tron und Altar auf
der Stirne trugen, einen Lorbeerkranz aufs Haupt
ſezten und ſie als „Ehrenmänner, Tugendhelden“
und „Volksfreunde“ prieſen und verherrlichten. Die
Enzyklopädiſten und ihre Nachbeter führten auf allen

1*

Gebieten eine heillose Begriffsverwirrung herbei, sie brachen grundsäzlich und vollständig mit der Ver= gangenheit und stellten alles Hergebrachte und bisher Gebräuchliche auf den Kopf.

Ein treuer Spießgeselle der Enzyklopädisten war Voltaire, ein mit hohen Geistesgaben ausgestattetes, aber durch und durch verkommenes, frivoles und charakterloses Subjekt, ein in der Wolle gefärbter revolutionärer Geist, der aber trozdem aus Hochmut, Ehrgeiz und Ruhmsucht in demselben Maß und Grad vor den ihm geistesverwandten Fürsten auf dem Bauche kroch und deren Speichel leckte, in welchem er Gott, Christus, seine Kirche und Diener lästerte und mit Kot bewarf. Voltaire und die Enzyklopä= disten entronten Gott und vergötterten den Menschen, aber trozdem degradierten sie denselben, indem sie ihn für ein höher organisiertes Tier erklärten und ihm den Zweck und die Bestimmung zuerkannten: allen seinen Lüsten und Leidenschaften zu fröhnen, einen unversöhnlichen Vernichtungskrieg mit der „ultra= montanen und symbolgläubigen Schlangenbrut" zu führen und dann in das alles verschlingende Nichts zurückzukehren.

So hirnverbrannt, unwürdig und trostlos diese Ideen, Ansichten, Behauptungen und Bestrebungen auch waren, so fanden sie dennoch gläubige Schüler, Nachbeter und Verfechter ohne Zahl und zwar nicht blos in Frankreich, sondern in ganz Europa, ja selbst

in Amerika und Australien. Die Enzyklopädie und
Voltaires Werke wurden in die Sprachen aller jener
Völker übersezt, die Anspruch auf Bildung erhoben,
sie wurden selbst dem Volk in Gedichten, Romanen,
Novellen und Theaterstücken mundgerecht gemacht
und als Prototyp, als Vorbild, Muster und Maß=
stab aller später erscheinenden Geistesprodukte erklärt.
Sie wurden das Evangelium der sogenannten In=
telligenz, der Honoratioren, der starken Geister, der
Schriftsteller, Beamten, Fürsten und Prinzen. Die
Journalisten, Belletristen, Feuilletonisten u. s. w.
fügten sich entweder in feiger Resignation oder aus
Überzeugung ihren Machtsprüchen, und nahmen alle
Logenbrüder und Illuminaten ihre Dogmatik und
Moral bereitwilligst als Fundamentallehren an und
sezten sie als unumschränkt regierenden Zeitgeist auf
den Tron. Signatur und Charakteristik dieses Zeit=
geistes sind, in kurzen Worten ausgedrückt: Leugnung
Gottes, Vernichtung des Christentums, Vergötterung
des Menschen, Untergrabung jeder Autorität, Eman=
zipation des Fleisches und Einschwärzung der Kor=
ruption und des Sittenverderbnisses in alle Klassen
und Schichten der Bevölkerung. Diesem Zeitgeist
bereiteten zuerst, was man allerdings nicht hätte für
möglich halten sollen, die Fürsten einen pompösen
Empfang in ihren Residenzen und erklärten ihn für
legitim, hof= und salonfähig. Selbstverständlich gingen
die französischen Könige Ludwig XIV. und XV.

mit bösem Beispiel voran. Der Hof zu Versailles
galt leider während vielen Dezennien als Hochschule
„weltmännischer, feiner Bildung und Gesittung", die
mit magischer Gewalt namentlich deutsche Fürsten,
Prinzen und hohe Prälaten anzog. Nach dem Muster
des am französischen Hofe geltenden Kirchen-, Völker-,
Staats- und Zivilrechtes ließ man zwar Gott
und seine Kirche — auf Wohlverhalten — allergnädigst im Besize der ihnen staatlich eingeräumten
Rechte und Befugnisse, aber man degradierte beide
zu staatlich autorisierten Gewalten, die dem Pöbel
den Kappzaum anzulegen und denselben in Gehorsam
und Tributpflichtigkeit zu halten hätten. Gott und
Kirche dienten als unentbehrlicher Apparat, um den
weltlichen Tron mit Glanz zu umgeben und in
Weihrauchwolken zu hüllen, das Volk in, vor Ehrfurcht und serviler Gesinnung ersterbendem Respekt
vor den allerhöchsten königlichen und fürstlichen
Majestäten zu erhalten, vor dem Staatsschaze und
den aristokratischen Geldkassen auf Schildwache zu
stehen und allen dynastischen Unternehmungen dadurch
gleichsam einen göttlichen Stempel aufzuprägen und
eine himmlische Weihe zu geben, daß denselben ein
«Veni sancte spiritus» voraus- und ein «Tedeum»
nachgeschickt wurde. Diese, Gott und der Kirche zu-
gewiesene unwürdige Rolle diskreditierte aber beide
in den Augen der hinter die Koulissen Sehenden aufs
höchste, da sie dieselben als unterwürfige Schlepp-

träger gekrönter Häupter und als Gendarmen der
Regierungsbehörden erscheinen ließ.

Allein der Gott, der Religion und Kirche im-
putierte Beruf: der Hofzeremoniär, der geistliche
Büttel und Wauwau zur Niederhaltung revolutionärer Gelüste zu sein, schädigte ihre Autorität und
Würde auch in den Augen des Volkes, denn eine
Religion und Kirche, die nur aus fürstlicher Gunst
und Gnade existenzberechtigt sind, und ein Klerus,
der als Staatsdiener gemärkt ist und auch in rein geistlichen Angelegenheiten unter dem Kultusministerium
steht, dessen Befehle er devotest vollziehen muß, hat
im Volk jeden Boden verloren und alles Ansehen,
Glaubwürdigkeit, Vertrauen und Anhänglichkeit bei
demselben eingebüßt.

Die kirchlichen Zustände Deutschlands waren
zu Ende des lezten und zu Anfang dieses Jahrhunderts höchst beklagenswert. Rationalismus, Pantheismus, falsche Aufklärung, Wissenschaft, Kunst
und Presse, Illuminaten- und Freimaurertum, Ab-
solutismus, Bureaukratie und Staatskirchentum hatten
miteinander einen Bund geschlossen, um das Christentum
und die Kirche zum Falle zu bringen. Die Büreau-
kratie hatte in Österreich, im VIII. Dezennium des
vorigen Jahrhunderts, die Kirchenregierung an sich
gerissen und verstieg sich in der Bevormundung des
Klerus so weit, daß sie die Priesteramts-Kandidaten
in Generalseminarien des Staates schablonenmäßig

nicht nur in unkirchlichem, sondern in rationalistischem
Geiste von unchristlichen Professoren heranbilden ließ,
daß sie das Brevier einer polizeilichen Revision un=
terzog und von ihr beanstandete Lesungen streichen
ließ, daß sie die Zahl der Kerzen bestimmte, die beim
Gottesdienst angezündet werden durften, und daß sie
befahl, die Leichname seien nicht mehr in Särgen
zu beerdigen, sondern sie müßten in Säcke gesteckt
und im Grab mit Kalk überschüttet werden.[1])

Eine große Anzahl bischöflicher Stühle war in
Deutschland viele Jahre lang erledigt, und maßten
sich protestantische Regierungen die bischöflichen Rechte
an, oder sie ließen die bischöflichen Sprengel durch
Vikariate verwalten, die sie ihrem staatlichen soge=
nannten Oberhoheits= und Oberaufsichtsrecht unter=
stellten. Nach dem modernen Staatsrecht ist der Staat
im Besiz aller Rechte, er ist die Quelle des Rechtes,
und die Spendung desselben ist ein Prärogativ, ein
Monopol der Krone. Nur der Staat kann Rechte
verleihen und übertragen, und wer sich vom Staat
ein Recht verleihen läßt, der ist eben dadurch ein
Staatsdiener, ein Delegierter, ein Offizial, ein Kom=
missionär oder Funktionär der Staatsgewalt geworden.

Der moderne Staat anerkennt keine von einer
„auswärtigen, fremden" Macht einem seiner Un=
tertanen verliehene Gewalt, keine päpstliche oder
bischöfliche Jurisdiktion, kein Kirchenrecht nnd keine

---

[1]) Siehe die Belegstellen am Ende des Buches!

Kirchenfreiheit. Den Staatsgesezen sind alle Untertanen, weltliche und geistliche, unterworfen; das
Gesez regelt die ganze Maschinerie des Staates,
alle Befugnisse und Pflichten sowie den Geschäftskreis
sämmtlicher Behörden, Ordinariate, Korporationen
und Vereine. Das Gesez ist das „öffentliche Gewissen"
der Untertanen, wer dagegen in politischer, religiöser
oder sozialer Beziehung ein apartes Gewissen haben
will, der wird polizeilich gestraft.

Der vorwiegend protestantische Staat ist ohnehin
prinzipiell voll Vorurteilen, Argwohn, Mißtrauen,
Abneigung und Eifersucht gegen die katholische Kirche,
er vindiziert sich gar gerne das Recht, gegen den
„papistischen Aberglauben, die mittelalterliche Finsternis" und „die Greuel des Gözendienstes bezüglich
der heiligen Messe, der Heiligenverehrung, des Reini-
gungsortes" 2c. zu Feld zu ziehen, die Katholiken
mit dem Licht des „reinen Evangeliums" aufzuklären
und zum Protestantismus hinüberzuziehen. Das
Summepiskopat, das jus reformandi und der ehedem
zur Schande der Menschheit allgemein in Anwendung
gebrachte Grundsaz: «Cujus regio illius et religio»
ist ihm altera natura, zur zweiten Natur geworden.

Wenn sich katholische oder evangelische Staaten,
durch die Verhältnisse gedrängt, zu Anfang dieses
Jahrhunderts, genötigt sahen, mit Rom in Unterhandlungen zu treten, d. h. mit dem Oberhaupt der
katholischen Kirche ein Konkordat oder eine Konvention

abzuschließen, und dadurch den Bischöfen die zur
Regierung ihrer Diözesen unumgänglich notwendigen
Rechte zurückzugeben, so waren sie, nach Abschluß
derselben, und nachdem die betreffenden Fürsten ihre
Zugeständnisse durch Unterschrift und Siegel bestätigt
hatten, stets bemüht, die den Bischöfen gewährten
Rechte auf listige, diplomatische Art zu beschneiden,
einzuschränken und wieder an sich zu ziehen; was sie
mit der einen Hand gegeben hatten, das nahmen sie,
nach und nach unter allen möglichen Vorwänden,
mit der andern wieder. Auf dem Papier und dem
Wortlaute nach waren die eingeräumten Rechte ge=
währleistet, allein durch nachträglich erlassene Voll=
zugsverordnungen, Verfügungen, Reskripte und Er=
lasse wurden alle Zugeständnisse so verklausuliert,
restringiert und verkonditioniert, daß sich die Kirche
dem Staat gegenüber, gewöhnlich schon kurze Zeit
nach Abschluß des Konkordates oder der Konvention
ganz in derselben Lage befand wie der arme Lazarus
vor der Türe des reichen Prassers. Da dieser Aus=
spruch einigen Lesern vielleicht zu hart oder selbst
ungerecht erscheinen dürfte, so sehe ich mich genötigt,
wenigstens ein eklatantes Beispiel von vielen anzu=
führen, das meinen Ausspruch vollkommen recht=
fertigen wird.

Im Jahre 1827 wurde die oberrheinische Kirchen=
provinz errichtet, die aus folgenden Bistümern zu=
sammengesezt ist: Freiburg, Rottenburg, Mainz,

Limburg und Fulda. Lange Verhandlungen zwischen
den betreffenden Regierungen (Baden, Würtemberg,
Nassau und den beiden Hessen) und zwischen diesen
schließlich geeinigten Regierungen und Rom waren
der Errichtung der genannten Kirchenprovinz voran-
gegangen. Die dabei beteiligten, sämmtlich protestantischen Regierungen hatten sich dem Papste gegenüber
verbindlich gemacht, die in den beiden Bullen vom
16. August 1821 und vom 10. April 1827 enthaltenen und vorher vereinbarten Bestimmungen
aufrecht zu erhalten, allein nachdem die bischöflichen
Stühle besezt waren, veröffentlichten sie eine nach
protestantischen Grundsäzen verfaßte Kirchenordnung,
die alle, in den Unterhandlungen mit Rom den
Bischöfen versprochenen und gewährleisteten Rechte
und Befugnisse einseitig und willkürlich einschränkte
und erheblich verkürzte. Durch diese Kirchenordnung
vom Jahre 1830 reservierten sich die betreffenden
protestantischen Regierungen alle wesentlichen Rechte,
die sich der Summepiskopat über die protestantische
Kirche beigelegt hat: das Majestätsrecht, das Kirchen-
hoheitsrecht, das Oberaufsichtsrecht und das Staats-
patronat. Die Bischöfe waren dadurch zu Staatsdienern herabgedrückt, die sich den jeweiligen Machtsprüchen, Anordnungen und Velleitäten des Mini-
steriums zu fügen hatten. Sobald der heilige Vater
von dieser Kirchenordnung, von diesem Vertragsbruch,
von diesen Schach- und Winkelzügen der protestan-

tischen Regierungen, in deren Gebiet sich die 5 bi=
schöflichen Stühle befanden, Kenntnis erlangt hatte,
verwarf er dieselben durch die Bulle «Pervenerat
non ita pridem» vom 30. Juli 1830 aufs ent=
schiedenste und forderte die Bischöfe auf, die ihnen
gewährleisteten unveräußerlichen bischöflichen Rechte
energisch zu reklamieren. Doch — mit welchem Er=
folg? Die oberrheinische Kirchenprovinz blieb in das
Prokrustesbett der erwähnten Kirchenordnung und
des protestantischen Summepiskopats eingezwängt,
bis endlich der, 1853 im Großherzogtum Baden
ausgebrochene Kirchenstreit die Sklavenketten sprengte.

Die Regierungen der oberrheinischen Kirchen=
provinz hatten sich wahrscheinlich an Napoleon I.
ein Beispiel genommen, der fürs erste das am 15.
Juli 1801 mit dem Papst vereinbarte Konkordat in
der Nacht, bevor es von den päpstlichen Bevoll=
mächtigten und von ihm selbst unterschrieben werden
sollte, in mehreren Punkten fälschte, was jedoch die
päpstlichen Bevollmächtigten bemerkten, worauf sie
den richtigen Text wiederherstellten, und der fürs
zweite ohne Wissen des Papstes, am 8. April 1802,
die sogenannten „organischen Artikel" veröffentlichte,
die mehrere wesentliche Bestimmungen des Konkor=
dates entweder aufhoben oder einschränkten oder illu=
sorisch machten. Vergebens protestierte Pius VII.
gegen die „organischen Artikel", gegen Napoleons
Wortbrüchigkeit und macchiavellistische Praktiken.

Den „organischen Artikeln" folgten bald noch schlimmere: Die Annektierung des ganzen Kirchenstaates und die Gefangennehmung Pius VII.

Nicht minder verderblich als das bisher Angeführte war für die katholische Kirche die durch den Lüneviller Frieden von 1801 und den Reichsdeputationshauptschluß von 1803 dekretierte Säkularisierung geistlicher Fürstentümer, zahlloser Kirchengüter und Klöster. Die Klöster waren jahrhundertelang eine Schuzwehr gegen alle, das Christentum bedrohenden feindlichen Mächte, sie waren Pflanzstätten der Bildung, Gesittung und heroischer Tugenden, sie waren Seminare zur Erhaltung und Förderung der Wissenschaften und Künste, sie waren Zufluchtsorte, Asyle der Armen, Verlassenen und Verfolgten, und eben darum war die Aufhebung dieser Segen stiftenden Institute unserer heiligen Kirche ein schwerer Schlag, ein großer Verlust und ein schreiendes Unrecht. Die Einziehung zahlloser Kirchengüter war ein sakrilegischer Frevel, ein an der katholischen Kirche und den Katholiken begangener Raub und ein dem Volk gegebenes Ärgernis, ein böses Beispiel der schlimmsten Art, mit dem sich jeder Dieb und Räuber, jeder Defraudant und Schwindler, jeder Kommunist und Sozialist als mit einer sehr willkommenen Ägide decken kann. Die Annektierung des Kirchengutes läßt sich in keiner Weise rechtfertigen oder entschuldigen, und ist alles, was man zur Verteidigung oder Be

schönigung derselben anführt, nichts als Phrase,
Geflunker und Sophisterei.

Der Habsucht und Ländergier, dem Faustrecht
und der Willkür, dem Unglauben und der kirchen=
feindlichen, antichristlichen Gesinnung sind die geist=
lichen Territorien, die Kirchengüter und Klöster zum
Opfer gefallen. Man will allerdings geltend machen,
die Säkularisierung seie deßwegen beschlossen und ins
Werk gesezt worden, um die annektierenden welt=
lichen Fürsten für ihre von Frankreich erlittenen
Verluste an Land, Leuten und Einkommen zu ent=
schädigen, allein fürs erste ist es ein schreiendes Un=
recht, sich an dem wohlerworbenen und verbrieften
Recht und Eigentum eines wehrlosen Dritten zu ver=
greifen, sich dadurch schadlos zu halten und daran
zu bereichern, und fürs zweite überstieg das säkulari=
sierte Kirchengut weitaus die Verluste der weltlichen
Fürsten. Baden hatte z. B. an Frankreich 8 Quadrat=
meilen, 25.000 Untertanen und 240.000 Gulden
Einkünfte verloren, und dafür entschädigte es sich
durch Säkularisierung von Kirchengut mit 59³/₄
Quadratmeilen, 237.000 Untertanen und 1,540.000
Gulden Einkünften!!

Betreffs der Säkularisierung des Kirchengutes
und der Aufhebung der Klöster führe ich die Äuße=
rung eines Mannes an, die sowohl vermöge der re=
ligiösen und politischen Stellung desselben als auch
der Berühmtheit seines Namens wegen schwer ins

Gewicht fällt. Dr. Adolf Pichler, Ritter von Rautenkaar, Universitätsprofessor in Innsbruck, Naturforscher und Schriftsteller, ein zwar liberaler, aber rechtlich denkender Mann, veröffentlichte, im Jahrgang 1888 des „Tiroler Fremdenblatt", einen Aufsaz mit der Überschrift: „Von Verona über den Gardasee nach Klausen". Er kommt in Verona in ein Klostergebäude, dessen Mönche von der italienischen Regierung gewaltsam vertrieben worden sind. Der liberale Naturhistoriker stellt nun über die Klosteraufhebung folgende Reflexion an:

„Ohne Frage gehören die Besiztitel, welchen die Hierarchie ihre Güter verdankt und verdankte, zu den legitimsten und ältesten der Welt, und u m s o g r ö ß e r war der R e c h t s b r u c h, der sie e i n f a c h k a s s i e r t e. Fürsten und Regierungen, welche nicht wagten, das Eigentum der Privaten anzutasten, strichen das Erbe des Klerus lachend ein, da aber unrecht Gut kein gut tut, so war der Raub bald verschleudert, und die Kassen füllten sich nicht. Man erwidere nicht: die Mönche entsprachen den Absichten der Stifter längst nicht mehr, sie prasten und schwelgten vom Überfluß, der eigentlich den Armen gehört. — Warum wendet ihr das nicht auf den üppigen Sohn des reichen Vaters an, der seine Millionen mit schmuzigen Händen auf der Börse zusammenscharrte, der vielleicht als Wucherer brave Familien an den Bettelstab brachte? — Ihr

deutet entrüstet auf den trägen Müßiggang der
Mönche, unsere Zeit fordere die Arbeit, die harte,
trockene Arbeit. Wir wollen die Berechtigung nicht
von Fall zu Fall untersuchen, sondern nur fragen,
ob die zahllosen Faulenzer in den Kaffeehäusern und
an den Spieltischen auch Mönche seien? Muß denn
jeder von der Wiege bis an den Sarg ein Rad in
der ungeheueren rasselnden, prasselnden, schnurrenden,
menschenverschlingenden Weltfabrik sein? Ihr rühmt
die Freiheit des Individuums als eine der größten
Errungenschaften der Neuzeit und mißgönnt einem
armen Mönch, der bei seinem Kohl und Wasser im
Beichtstuhl vielleicht hundert kranke Herzen getröstet
hat, sein Dasein!

Nicht wahr, das klingt sehr reaktionär im Munde
eines liberalen Professors der Geologie, der doch von
so vielen Revolutionen zu erzählen weiß? Das
Blättchen ist nur auf einer Seite schwarz, auf der
andern rot, sehr rot. Höher als jedes verbriefte
Recht, und wär es tausend Jahre alt, steht das urewige
Recht der Menschheit, der Vernunft, der Humanität:
ihr habt die Klöster dem Zeitgeist geschlachtet, um
euch von ihrer Habe zu mästen, seht euch vor, daß
der Zeitgeist nicht auch euch fasse, denn er ist konsequent wie der Instinkt und zieht die Folgerungen
seiner Prinzipien mit eherner Logik. „Die Erde ist
Gottes!" verkündet die Bibel; „die Erde ist der
Menschheit!" fügt das moderne Bewußtsein ergän-

zend bei. Schaut nach Apulien, auf die Kampagna
Roms, einer besizt Quadratmeilen, die er mit Schafen
beweidet, während Hunderte von Menschen, die Weib
und Kind gerne durch ihre Arbeit erhielten, die
Hände müßig hängen lassen müssen. Da schleicht der
Bandit und fängt den possidente und preßt ihm
die goldenen marenghi als riscatto aus den Nägeln.
Seht ihr dort die Tränen des irischen Pächters, den
der britische Lord mitleidslos vom Kartoffelfelde
treibt? — Er greift zur Büchse, und jener zahlt
ihm die Tränen mit Blut.

Seid doch konsequent! „Die Erde ist Gottes und
der Menschheit!" Nicht uns gehört sie, und wenn
ihr die Mönche, welche sich freilich nicht wehren
konnten, als Drohnen verjagtet und euch ihr Gut
in Käufen, die man wenigstens als Scheinkäufe bezeichnen kann, aneignetet, so denkt doch an das „Heute
mir, morgen dir!" Der Großgrundbesiz der Kirche
wär dem Gemeinwohl schädlich, doch der eurige? —
Vorläufig drückt der Fluch desselben nur Italien
und England, nicht Deutschland und Österreich, darum dürfen wir unbeanstandet von der Sache reden,
wir glauben sogar, daß sich die Gefahr durch eine
billige Grundentlastung mit Geld und ohne Blut beschwichtigen läßt; wurden doch Leibeigenschaft, Zehnt
und Roboten abgetan und die Grundvesten des
Staates nicht erschüttert! — So manche Äußerung
jedoch, die ich in Italien aus dem Munde von Co-

lonen und Arbeitern hörte, läßt mich schließen, daß
der Zeiger der Uhr bereits auf die elfte Stunde
vorgerückt ist, und ein Brand in Italien würde sich
wohl schwerlich auf die Grenzen beschränken". Ja,
es ist und bleibt ein gewagtes und gefährliches
Raisonnement: «Ôte — toi, que je m'y mette!»
Heb dich hinweg, damit ich mich an deinen Plaz
sezen kann! Kommunisten, Nihilisten und Anarchisten
lechzen längst darnach, dieses verhängnisvolle Wort
in Taten umzusezen.

Abgesehen von dem schweren Verluste, welchen
die katholische Kirche durch die Säkularisierung von
Kirchengut in materieller Beziehung erlitten hatte,
war jener noch weit empfindlicher und schmerzlicher,
den sie dabei auf dem Gebiete der Erziehung, der
Bildung und Gesittung des Volkes beklagen mußte.
Infolge der Aufhebung der Klöster gingen die
Klosterschulen ein, die Bildungs- und Erziehungs-
anstalten der Jesuiten, Benediktiner und Piaristen
wurden geschlossen, und an ihre Stelle traten rein
weltliche Staatsschulen, an denen nach und nach
lauter Laien als Klassen-Professoren und Direktoren
angestellt wurden. Diese Herrn betrachteten es als
ihre Hauptaufgabe, die studierende Jugend dem
Christentum und der katholischen Kirche zu ent-
fremden und für das klassische Heidentum und die
moderne, vom Katechismus, Kultus und „Formelnkram" emanzipierte Religion der Humanität zu be-

geistern. Das Erziehungs-Programm dieser Herrn
lautete also: die Schule ist von der Religion, die
Wissenschaft vom Glauben, der Mensch von Gott
und die Erde vom Himmel zu trennen. Die Kirche,
die bisher eine Erlösungs- und Heilsanstalt für den
Himmel war, muß eine, der Zeit und der Wissenschaft angepaßte Lehr- und Bildungsanstalt für die
Erde werden. Die Schule hat die Aufgabe: **aus
Christen Menschen zu machen.** Nach diesem Programm
und Manifest wurde die studierende Jugend unterrichtet und erzogen, als ich das Gymnasium in Offenburg und das Lyzeum in Rastatt besuchte.

Nach diesen einleitenden allgemeinen Bemerkungen
gehe ich zur detaillierten Schilderung der Zustände
an den genannten Staatsanstalten über.

Da mir, anläßlich dieser Schilderung, möglicher-
weise der Vorwurf gemacht werden könnte, ich hätte
mich an dem Grundsaz versündigt: «De mortuis
nil nisi bene», so entgegne ich zu meiner Rechtfertigung folgendes: ich habe nicht sowohl die Personen
des damaligen Schulregiments, als vielmehr dieses
selbst im Aug. Ich werfe mich nicht zum Richter
meiner Professoren auf, ich klage nicht ihre Person,
ihre persönlichen Ansichten, Grundsäze und Richtung
an; ich breche nicht den Stab über sie und werfe
ihnen denselben nicht vor die Füße, sondern den
damaligen Zeitgeist, das verkehrte System, die falsche
Aufklärung, die Kirchenstürmerei und die antchrist-

2*

liche Gesinnung, die als epidemische Seuche in ganz
Deutschland und noch weit darüber hinaus grassier=
ten. diese will ich schildern, diese klage ich an und
verurteile ich, und zwar mit Fug und Recht. Wir
alle sind Kinder unserer Zeit, sie drückt uns ihr
Gepräge auf, und niemand vermag sich gegen die=
selbe hermetisch abzuschließen und ihrem Einfluß
gänzlich zu entziehen. Meine Professoren waren von
dem revolutionären Geist der damaligen Zeit beleckt,
der auf dem religiösen, politischen und sozialen Ge=
biet unumschränkt herrschte. Durch den Revolutions=
sturm in Frankreich, durch die religionsfeindliche
Richtung in der Wissenschaft, durch die Belletristik,
die josefinischen Neuerungen, die Tätigkeit der Loge
und des Illuminatenordens, die Opposition hervor=
ragender Kirchenfürsten gegen Rom, die Feldzüge
Napoleons innerhalb Deutschlands und die Umge=
staltung des deutschen Reiches war alles aus Rand
und Band gekommen, in ein völliges Labyrinth ge=
raten und zu einen Chaos geworden. Es galt damals
als unumstößliche Wahrheit: der Gebildete bedarf
keiner positiven Religion und die Moral keiner
Dogmatik als Fundament; das Christentum hat sich
überlebt, es ist ein überwundener Standpunkt. Die=
sen Grundsäzen huldigten die damaligen Professoren,
diese Ansichten waren ihr Kredo, und sie hielten sich
für verpflichtet, auch ihren Schülern dasselbe all=
mälig, von Stufe zu Stufe, einzutrichtern. Ich

wenigstens glaube, daß sie bona fide in der ange=
führten Weise ihre Schüler gelehrt und erzogen
haben; ich bin überzeugt, daß sie es sich zum Ver=
dienste anrechneten und vermeinten, der Menschheit
dadurch eine große Wohltat zu erweisen, daß sie die
studierende Jugend und in ihr die zukünftigen
Kirchen= und Staatsdiener „der mittelalterlichen
Finsternis, dem mönchischen Aberglauben und der
päpstlichen Tyrannei" entrissen, dieselbe ins Reich
des Lichtes und der Aufklärung führten und der
Vernunftreligion teilhaftig machten; und eben darum
werfe ich keinen Stein auf sie, und zwar um so weniger,
da sie wohl alle im Grabe ruhen. .

Wenn der Grundsaz: «De mortuis nil nisi
bene» allgemein und folgerichtig durchgeführt wer=
den müßte, dann hätte es mit der Geschichtschrei=
bung entweder ein Ende, oder sie würde zu einem
Gewebe von Lug und Trug, Scheinheiligkeit und
Lobhudelei. Was der Öffentlichkeit angehört und der
Geschichte anheimfiel, kann keinen Anspruch auf das
Privilegium verstorbener Privatpersonen erheben:
daß man an ihrem Grab aus der Lethe trinke und da=
durch alle ihre Thorheiten und Schwächen, ihre Miß=
griffe und Fehltritte vergesse. Doch nichts desto=
weniger werde ich mich so viel als möglich der
Diskretion befleißigen und nur dann Namen nennen,
wenn sonst die Steine reden würden.

**a. Von den Schulgesezen, deren Vollzug und Ein-
fluß auf die studierende Jugend.**

Die Schulgeseze, die zu Anfang eines jeden Stu-
dienjahres den versammelten Studenten in Gegenwart aller Professoren vorgelesen wurden, waren
durchaus tadellos, sie proklamierten als Zweck der
Studienanstalt: eine religiös-sittliche Bildung und
Erziehung zu vermitteln und schrieben den Besuch
des Gottesdienstes an allen Sonn- und Feiertagen
sowie an einem Werktage jeder Woche, unter Beaufsichtigung der Schüler durch einen Professor, vor.
Sie verpflichteten zu zweimaligem Empfang der heil.
Sakramente der Buße und des Altares, zu einem
anständigen, gesezten Betragen, zu Gehorsam, Fleiß
und Ordnungsliebe. Sie verboten den Schülern des
Gymnasiums das Tabakrauchen, den Besuch des
Wirtshauses; den Studenten aller gelehrten Mittelschulen den Besuch des Theaters und Tanzbodens,
Nachtschwärmerei, Teilnahme an Studentenverbindungen, den sogenannten Korps, Fechtübungen mit
Rappieren und Säbeln, Duelle und leichtsinnige
Kontrahierung von Schulden. Der vorgeschriebene
Stundenplan trug der Erteilung des Religionsun-
terrichtes Rechnung, auch die Erstkommunikanten erhielten speziellen Religionsunterricht. Diese Geseze
und Anordnungen waren unstreitig sehr weise, und
wenn sie von den Studenten befolgt und von den

Professoren strenge gehandhabt und durchgeführt
worden wären, so hätten die guten Folgen nicht
ausbleiben können. Aber eben daran fehlte es: am
guten Willen der Studenten, sie zu befolgen, am
guten Willen der Professoren, sie zu handhaben,
und an der Vorbedingung, sie durchführen zu können — am Muster und Vorbild der Professoren,
wovon später die Rede sein wird.

Die Geseze waren in der Theorie vortrefflich,
aber in der Praxis zeitigten sie keine Früchte, sie
schienen nur dazu erlassen worden zu sein, um zur
Übertretung derselben zu reizen. Sie blieben ein toter
Buchstaben, der auf dem Papiere stand, sie gingen
der studierenden Jugend nicht in Fleisch und Blut
über, weil von Seite der Vollzugsorgane die Wachsamkeit und der heil. Ernst fehlten, und weil sie deßwegen von Seite der Studenten aktiven und passiven
Widerstand fanden. Was St. Paulus im Brief an
die Römer, V. 20. und VII. 7. vom Gesez des
alten Bundes geschrieben: „Das Gesez ist aber noch
dazu gekommen, damit das Maß der Sünde über-
handnehme", und: „Was sollen wir sagen? Ist das
Gesez Sünde? Das sei ferne! Aber ich erkannte die
Sünde nur durch das Gesez, denn ich hätte nichts
von der bösen Lust gewußt, wenn das Gesez nicht
gesagt haben würde: Du sollst nicht gelüsten," und
was der allbekannte Vers des Dichters Ovid behauptet: «Nitimur in vetitum cupimusque negata,»

das bewahrheitet sich in vollstem Maße am Ver=
halten der Studenten den Gymnasial= und Lyzeal=
gesezen gegenüber. Das «Non licet» empört sie,
und das Verbotene übt einen unwiderstehlichen
Reiz auf sie aus. Sie halten es für eine Ehren=
sache, auf recht kluge, verschlagene Weise die Geseze
zu umgehen, und rühmen es als eine Heldentat,
ihre Vorgesezten irre geleitet, hinters Licht geführt
und zum besten gehalten zu haben. Sie huldigen
durchaus der Ansicht: sie seien eine ganz eigene
Menschengattung, der weitaus der erste Rang unter
allen Kategorien der Gesellschaft gebühre, ihnen seie
alles erlaubt, sie seien niemand verantwortlich, und
niemand habe im Grund genommen ein Recht, sie
in ihrer Freiheit zu beschränken, sie zur Rechenschaft
zu ziehen oder zu bestrafen. Sie sind dem Irrwahne
verfallen: Religion seie Aberglauben und eine Er=
findung der Priester, die Erbsünde eine Fabel, Beten
eine pharisäische Heuchelei, Gehorsam eine unwürdige
Sklaverei, Demut eine Gemütskrankheit, Keuschheit
ein der Natur angetaner widerrechtlicher Zwang und
der einzige Zweck des Menschen: sich des Lebens zu
freuen und jede Lust, die man sich verschaffen kann,
in vollen Zügen zu genießen.

«Venit mors velociter,
Rapit nos atrociter,
Nemini parcetur —
Gaudeamus igitur!»

Ja, «Gaudeamus igitur!» ist die Devise, das
Motto und der refrain aller Wünsche und Hoffnungen, alles Denkens, Sinnens und Trachtens der
Studenten. Ihr Jahr ist ein mit jedem Tag wieder-
kehrender Sonntag «Jubilate», der nur zur Vermeidung eines lästigen Einerleis vom Sonntage
«Cantate» abgelöst wird. (Der Sonntag «Jubilate»
ist der dritte, und der Sonntag «Cantate» der
vierte nach Ostern. Jubilate heißt: jauchzet! und
cantate heißt: singet!) Der Student ist gewöhnlich
ein flotter Bursch, ein Renommist, ein Wizbold und
ein Biervertilger von Profession; er ist leichtsinnig
und keck, zur Ausübung loser Streiche stets aufge-
legt, in der Wahl der Mittel zur Führung eines
burschikosen Lebens nicht skrupulös, und wenn ihm
das Geld vorzeitig ausgeht, schreibt er Brandbriefe
an die Eltern und „pumpt bei den Philistern“.
Kein Mensch läßt sich mehr von der Tradition
beherrschen und von den Gewohnheiten und Gepflogenheiten seiner Standesgenossen beeinflussen als
der Student. Die Schüler der untern Klassen betrachten mit Neid und Eifersucht das Gebaren jener
der oberen Abteilungen, und frühzeitig ahmen sie
deren Gewohnheiten nach. Mag ihnen das Tabakrauchen auch noch so verpönt werden, mögen sie sich
auch noch so sehr davon überzeugen, daß es der Gesundheit schädlich ist, die Nerven angreift, Erbrechen
und Speichelfluß verursacht und die Lunge belästigt,

gleichviel: es wird praktiziert! Mag das Bier auch
noch so widerlich schmecken, das Kneipen Geld und
Zeit kosten und der Kazenjammer seine verderblichen
Wirkungen äußern, was ligt daran! «Nitimur in
vetitum», wir sind infolge der Erbsünde auf das
Verbotene erpicht und jagen dem nach, was uns
verwehrt wird. Nichts beeinträchtigt das ernste Studium
so sehr wie das Korpsburschenwesen, nichts ist so
ungereimt wie das sogenannte Biercomment, und
nichts so verderblich wie das Commersieren, allein
trozdem werfen sich die Studenten diesen drei Wege-
lagerern und Banditen tollkühn in die Arme und
lassen sich von denselben plündern und an Leib und
Seele jämmerlich malträtieren. Wer zählt die Opfer
an Geld, Zeit, Gesundheit und Lebensglück, die all-
jährlich dem Korpsburschenwesen und dessen Appendix
dargebracht werden! Wie mancher legt auf der
Kneipe den Grund zu einem langen, unheilbaren
Siechtum! Wie mancher vertändelt mit den Korps-
burschenlappalien die kostbarsten Jahre seines Lebens,
fällt dann durchs Examen und wird als Schwindler
oder verkommener Schreiber eine Plage der Menschheit! Wie viel Geld, Tränen und Seufzer werden
nicht dem Vater und der Mutter durch leichtsinnige,
verschwenderische und gewissenlose Söhne, die an
Gymnasien und Lyzeen, statt Suitisierens und Kom-
mersierens, studieren sollten, ausgepreßt! Wie mancher,
zu den schönsten Hoffnungen berechtigende Jüngling

und wie manch eminentes Talent gehen durch Trunksucht, Ausschweifung und die kostspieligen und äußerst
schädlichen Alfanzereien und den lächerlichen und
nicht genug zu beklagenden Tröbel des Korpsburschen-
wesens zu Grund und verloren! Es wäre in sehr
vielen Fällen mehr am Platz und sehr gerechtfertigt,
die Studenten „Bibenten, Ludenten" oder „Probi-
genten" zu heißen.

Es wird vielleicht manchen Leser befremden, daß
hier vom Korpsburschenwesen die Rede ist, während
es sich doch nur um das Leben und Treiben der
Studenten an den Gymnasien und Lyzeen handelt,
wo derartige Verbindungen strenge verboten sind.
Ja freilich, verboten waren derartige Verbindungen
und zudem unter Androhung schwerer Strafe, allein
trozdem florierten dieselben, und zwar nicht wie die
Nachtviolen, sondern am hellen Tage. Jeder Volks-
schüler in Rastatt wußte, daß die Studenten mit
weißen Müzen der Korpsverbindung der Markomannen und jene mit grünen Müzen der Korpsverbindung der Teutonen angehörten. Ja selbst an dem
schwachbesuchten Gymnasium in Offenburg war eine
Burschenschaft, die Farben trug, eine eigene Kneipe
besuchte und sich im Rappierfechten übte. Alle Schüler
der oberen Klassen an beiden genannten Anstalten
gehörten den dort bestehenden Burschenschaften entweder als Burschen und „Füchse" oder wenigstens
als Mitkneiper an. Der Art war das Studentleben

der damaligen Zeit beschaffen, und kein Hahn krähte
darnach, sofern nur keine gar zu grobe Exzesse vor=
kamen. Kamen aber solche vor, so wurden einige
abschreckend wirken sollende Exempel statuiert, einer
wurde allenfalls relegiert, zwei bis drei hatten das
consilium abeundi zu unterschreiben, und ein halbes
Duzend wurde mit dem Carcer bestraft. Daß die
Betroffenen aber mit ihrer Abstrafung renommierten
und von sämmtlichen Schülern der Anstalt als Mär=
tyrer einer eisernen und barbarischen Disziplin be=
dauert, angestaunt und glorifiziert wurden, ist wohl
selbstverständlich.

Die Studenten erfreuten sich von jeher großer
Privilegien, zahlreicher Dispensen und weit gehender
Exemtionen. Das Publikum bringt bei ihnen einen
andern Maßstab in Anwendung als bei den übrigen
Menschenkindern. Es beurteilt ihre Fehltritte mit
größter Schonung und Nachsicht, es verteidigt ihr
schlimmes Betragen und nimmt dasselbe in Schuz.
Mit dem verkehrten Grundsaz: „Die Jugend hat
keine Tugend“ und: „Die Jugend muß austoben“
bemäntelt es arge Exzesse der studierenden Jugend.
Es nennt gar vieles „Studentenstreiche“, was in die
Rubrik „Ausgelassenheit, Frechheit, Gemeinheit,
Roheit, Ungebundenheit, Gottlosigkeit, Trunksucht,
Verschwendung, Lügenhaftigkeit und Frivolität“ ge=
hört. Viele Eltern übersehen an ihren studierenden
Söhnen ein durchaus tadelnswertes und strafwürdiges

Betragen, sie schweigen, wo sie laut und ernst mah-
nen, warnen und strafen sollten. Besonders in reli-
giös-kirchlicher und sittlicher Beziehung lassen sie
denselben einen viel zu großen Spielraum und üben
keine Kontrole. Sie meinen: gläubiger Sinn, Reli-
giösität, Gebet, Besuch des Gottesdienstes, Demut,
Ehrfurcht vor geistlichen und weltlichen Vorgesezten
und Gehorsam gegen göttliches, kirchliches und obrig-
keitliches Gebot seien mit dem gelehrten Studium,
mit der Wissenschaft und dem Studentenleben un-
vereinbarlich. Und aus dieser falschen Ansicht ent-
springen dann die ärgsten Übel, Übel die später fast
ohne Ausnahme nicht mehr gut gemacht werden
können.

Da ich in diesen Blättern wiederholt von Stu-
dentenstreichen, von erlaubten und unerlaubten rede,
so will ich zur Orientierung der geneigten Leser zwei
Exempel derselben anführen, das eine wird sie mit
einem noch erlaubten oder mindestens leicht verzeih-
lichen (wenigstens vor dem Forum von Nicht-Skru-
pulanten) und das andere mit einem unerlaubten,
höchst verwerflichen Studentenstreiche bekannt machen.

Die Heupyramide.

Im Juli, an einem Sonntag, kehrten wir, sämmtliche Schüler der Unter- und Oberquinta, (mit
alleiniger Ausnahme des Bernhard Jülg, der stets
hinter seinen Büchern saß, sich mit eisernem Fleiße

der Erlernung alter und neuer Sprachen hingab,
ein berühmter Linguist und Polyglott wurde und
als Professor der Philologie an der Univerſität zu
Innsbruck, am 14. Auguſt 1886, ſtarb) von einem
Ausfluge nach Waltesweier, reſpektive nach einer
Kneiperei alldort, nach Offenburg zurück. Nachdem
wir die Kinzigbrücke überſchritten hatten, marſchierten
wir der Vorſtadt zu, wobei wir uns zwiſchen 2
Wieſen befanden, auf denen das dürre Heu zu Scho=
bern aufgehäuft war und des andern Tages abge=
führt werden ſollte. Zu unſerer Linken war die
größere Wieſe, „Angel" genannt, die ſtädtiſches Eigen=
tum und an viele Pächter zu gleichen Teilen (ſo
viel ich mich erinnern zu können glaube) vergeben
war. Nun machte einer von uns den Vorſchlag:
„Wie wär's, wenn wir heute Nacht alle oder we=
nigſtens den größeren Teil dieſer Heuſchober zuſam=
mentrügen und eine mächtige Heupyramide oder
einen babyloniſchen Turm aus Heu errichteten? In=
folge deſſen müßten die Beſizer dieſer zahlloſen Heu=
ſchober morgen wegen der proportionalen Verteilung
ihres Eigentums in Streit geraten, und das Groß=
herzogliche Oberamt, das Amtsreviſorat, das Bürger=
meiſteramt, das ſtädtiſche Rentamt, das Notariat,
die Advokaten, Geometer und Ingenieure, Gemeinde=
rat und Bürgerausſchuß, Gendarmen und Polizei=
diener würden ſich ins Mittel legen und ganz Offen=
burg ſtrömte, wie bei dem jüngſt abgehaltenen

landwirtschaftlichen Gaufest, auf den „Angel", um
die neueste architektonische Erfindung: die Erbauung
einer Heupyramide anzustaunen und Zeuge der obrig=
keitlichen Heuverteilung zu sein? Das wäre ein Genie=
streich primae qualitatis und ein Hauptspaß, vor
dem 100 andere Wize nnd Schwänke die Segel streichen
müßten. He da: wer ist von der Partie? Wer hilft
mit, eine moderne Cheopspyramide zu bauen?

„Frisch Gesellen, seid zur Hand!

Von der Stirne heiß

Rinnen muß der Schweiß,

Soll das Werk die Meister loben,

Dann rasch den nerv'gen Arm erhoben!"

Dieser Vorschlag, dem sogar die ehrwürdige
Toga des Dichters „der Glocke" umgehängt war,
wurde mit Applaus und einstimmig angenommen,
und sogleich schritten wir zur Ausführung des
großen Werkes, da es soeben auf dem Pfarrturme
10 Uhr geschlagen hatte, und der Himmel unser
Unternehmen zu begünstigen schien, er war nämlich
leicht mit Gewölk bedeckt und hüllte dadurch die
Ausführung unserer nächtlichen Arbeit in ein geheimnis=
volles Dunkel.

Wir marschierten — 13 Mann hoch — in nörd=
licher Richtung, etwa 500 Schritte auf dem „Angel"
vorwärts, entledigten uns dann unserer Röcke und
beauftragten einen unter uns, der klein und schwäch=
lich war und sich darum nicht unmittelbar an der

anstrengenden Arbeit beteiligen konnte, unsere Röcke
gegen die östliche Peripherie der Heuschober, an den
Endpunkt einer Seilerbahn, in jene Gegend nämlich
zu tragen, wo wir, nach getaner Arbeit, abziehen
wollten, ferner bei denselben Wache zu stehen und
uns bei der geringsten Wahrnehmung eines verdäch=
tigen Umstandes, ein Warnungszeichen zu geben.

Schon während des Marsches zum Plaze des
Turmbaues hatten wir uns verabredet, möglichst
wenig, und selbst dieses Wenige sehr leise zu reden,
bezüglich unseres Unternehmens gegen jedermann
reinen Mund zu halten, im Falle eines gegen uns
sich erhebenden Verdachtes oder einer Untersuchung
absolut nichts zu verraten, während des Baues keinen
Tabak zu rauchen, um den Ausbruch einer Feuers=
brunst zur Unmöglichkeit zu machen, und des andern
Tages, also morgen, nicht mit denselben Kleidungs=
stücken im Gymnasium zu erscheinen, mit denen wir
den Turm gebaut, weil sonst der penetrante Heuduft
uns sehr leicht verraten könne. Keinen von uns be=
schlich auch nur eine Idee von Furcht, keiner dachte
im entferntesten an die Möglichkeit, wir könnten als
die Urheber des von uns ausgeführten Streiches
ermittelt und dann mit Carcer, mit einer schlechten
Sittennote, um Geld oder selbst mit bürgerlichem
Gefängnis bestraft werden — weit entfernt davon!
Das originelle Projekt übte einen so bestechenden,
verführerischen, ja bezaubernden Reiz auf uns aus,

daß der kalt berechnende Verstand sich gar nicht
getraute, Einsprache zu erheben, und Vorsicht und
Klugheit es gar nicht wagten, ihren Dachsbau zu
verlassen. Religiöse Rücksichten, Anstände, Bedenken
und Erwägungen gab es aber schon damals keine
für uns, diese „Fußangeln kühner Mannestaten"
gefährdeten unsere Wege nicht. Wären wir etwa in
eine Untersuchung verwickelt worden und in die
Klemme gekommen, so hätten wir unbedenklich ein
Dutzend sogenannte Notlügen auf die leichte Achsel
genommen und der Frau Justitia durch den haar-
scharfen Beweis eines alibi ein Schnippchen geschlagen;
doch, wie gesagt, an all Das dachten wir nicht einmal.

Wir arbeiteten bis nach Mitternacht, und zwar
mit solchem Fleiß und Eifer, mit solcher Lust und
Lieb', als gelte es, einer gefräßigen Feuersbrunst oder
einer drohenden Überschwemmung entgegenzutreten.
Elf Mann trugen das Heu herbei, und einer nahm
es in Empfang, stampfte es so fest als möglich zusammen, legte zur Ersteigung der Pyramide eine
äußere Wendeltreppe an und förderte den romantisch-
phantastischen Bau bis zur respektabeln Höhe von
25 Fuß. Der Heuarchitekt war der Sohn eines
Bauers und hatte sich in der Landwirtschaft schöne
Kenntnisse erworben, die er nunmehr am rechten
Fleck, quoad Heubehandlung, bestens verwertete.

Endlich, als die Glocke die erste Stunde nach
Mitternacht verkündete, war das große Werk voll-

endet, vollendet ohne Unglück, Störung und Überfall.
Wir traten ehrerbietig vor die imposante Pyramide
und freuten uns ob des Gelingens unsrer kühnen
Tat, und derjenige, der auf den glücklichen Gedanken
verfallen war, eine Heupyramide zu erbauen, und
uns durch die angeführten Schiller'schen Verse zur
sofortigen Realisierung seines Projektes angefeuert
hatte, trat vor uns hin und sprach die geflügelten
Worte:

„In der Freiheit heil'gem Schuz
Freut sich jeder seiner Stelle,
Bietet dem Verächter Truz.
Arbeit ist des Jünglings Zierde
Ruh und Schlaf der Mühe Preis;
Ehrt den König seine Würde,
Ehret uns das Hemd voll Schweiß.
Doch mit des Geschickes Mächten
Ist kein ew'ger Bund zu flechten,
Und das Unglück schreitet schnell.
Viele Pächter werden hadern
Und von schwerer Schuld salbadern,
Die ihr Heu hier aufgetürmt.
Viele Rechen, Gabeln, Händ'
Dir, traun, bereiten schnelles End'
Turm von Babel, Schmerzenkind!"

Dann sangen wir pianissimo e affettivo:
„Wir weinen und wünschen dann Ruhe hinab
In unseres Kindes gar jämmerlich' Grab."

Gewiß ein würdiger und rührender Abschied von unserem corpus delicti, und ein Erguß episch-lyrischer Poesie, der dem Spruch alle Ehre machte: «Aurora musis amica», „Morgenstund hat Gold im Mund."

Nun marschierten wir der Stelle zu, wo sich unsere Röcke befanden, und ein Wachposten von uns aufgestellt worden war. Aber ach, schon von weitem hörten wir den sauberen Wächter schnarchen! Wenn es Vorsicht und Klugheit nicht dringend erheischt hätten, denselben aufzuwecken und mitzunehmen, so würden wir ihn, zur Strafe für seine Pflichtvergessenheit, den Armen des Morpheus nicht entrissen haben.

Die große Waschpritsche in der Nähe der Johannesbrücke lud uns nicht vergeblich ein, im Mühlbach ein erfrischendes Bad zu nehmen. Ha, welch eine Vergeltung, welch ein Genuß, die uns in den Fluten dieses Seitenarmes der Kinzig zu teil wurden für schwere Arbeit und überstandene Gefahr!

Um keinen Verdacht zu erregen, betraten wir die Stadt vereinzelt, jeder begab sich so leise als möglich in seine Wohnung und pflegte dort noch 3—4 Stunden der Ruhe.

Als wir uns einige Minuten vor 8 Uhr ins Gymnasium begaben, durchschwirrte das Gerücht von einem Heuattentat alle Straßen und Gassen der Stadt, es hatten sich da und dort Gruppen gebildet,

3*

die aufs lebhafteste über den babylonischen Turm
auf dem „Angel" debattierten und sich über die
mutmaßlichen Erbauer desselben den Kopf zerbrachen.
In hellen Haufen strömte jung und alt zum Kin=
zigtore hinaus oder rannte auf den alten Friedhof,
der einen freien Totalanblick des „Angels" gewährte,
um das architektonische Wunderwerk in Augenschein
zu nehmen. Einer der Pächter, ein sehr rabiater
jähzorniger, allgemein gefürchteter Bürger, rannte,
heftig mit den Armen in der Luft herumfuchtelnd,
an mir vorüber und sagte, zornglühenden Gesichts:
„Raus muß es kommen, was für Schelme, Strolche
und Schurken eine solche Bosheit ausgeübt, und
wenn's mich 100 Gulden kostet!"

In einem so spießbürgerlichen Amtsstädchen, wie
Offenburg, mit seinen circa 3500 Seelen, war die
über Nacht aus dem Boden gewachsene Heupyramide
ein Ereignis und eine Merkwürdigkeit erster Größe,
fast so merkwürdig wie gegenwärtig der Pariser
Eiffelturm. Auch die Professoren unterhielten sich
schon von diesem Wunderwerk, und als unser Klassen=
vorstand, der zugleich Direktor war, unser Lehrzim=
mer betreten, pflanzte er sich in ganz auffälliger, feier=
licher Weise vor uns auf, fixierte und durchbohrte
uns gleichsam mit einem höchst mißtrauischen, arg=
wöhnischen Blick, hob drohend den Zeigefinger seiner
Rechten empor und sagte mit furchtbarem Ernste:
«Quos ego, si condidistis turrim in angelo!»

d. h.: Ich will Euch, wenn Ihr den Turm auf dem „Angel" erbaut habt! Allein wie ein Pfeil an einer ehernen Mauer ohnmächtig abprallt, und der Bliz=strahl wirkungslos am Blizableiter hinabgleitet, so der inquisitorische Flammenblick unseres Vorgesezten an unserer Physiognomie, die vom Nimbus unver=dächtiger Harmlosigkeit, Unbefangenheit und kindlicher Unschuld umstrahlt war. Es ist selbstverständlich, daß die 3 Professoren, vor denen wir von 8—11 Uhr im Feuer exerzieren mußten, uns aufs strengste in den betreffenden Gegenständen examinierten, um dadurch etwa dahinter zu kommen, ob wir zum Turmbau die ganze Nacht verwendet hätten und in=folge dessen geistig abgespannt wären. Wir hielten uns aber sehr wacker und gaben ihrem gegen uns geschöpften Verdacht keine Nahrung.

Während wir uns im Gymnasium befanden, ging es auf dem „Angel" ungemein lebhaft zu. Sehr viel Volk, alle Behörden und die öffentliche Macht — Polizei und Gendarmerie — hatten sich vor der Heupyramide versammelt. Der erste Eindruck, den sie auf alle hervorbrachte, war: ein gewaltiges Staunen. «Obstupuer' omnes.» Dann aber verlieh man seiner Ansicht, Meinung und Überzeugung Aus=druck: aus welchem Grund die Pyramide errichtet worden sein dürfte, und schließlich gab man seine Mutmaßung zum besten: wessen Hände wohl bei Erbauung derselben im Spiele gewesen. Die Majori=

tät sprach sich dahin aus, sie, die Pyramide, ver=
danke ihr Dasein einer heiteren Laune, sie seie ein
Wiz, ein guter Einfall, ein Scherz oder ein lustiger
Schwank. Die Minorität aber hielt dafür: sie seie eine
Fopperei der Pächter und ein ausgeklügelter Kniff,
dieselben wegen der Teilung des Heues hinter einan=
der zu bringen. Einige waren der Ansicht: die Er=
bauer der Pyramide wollten die löblichen Behörden
der Justiz und Verwaltung alarmieren, verhöhnen
und ihnen eine Nase drehen. Zu diesen Klubisten
zählte namentlich der damalige Bürgermeister, der
ein sehr schneidiger Jurist und Polizeimann war,
jedes Vergehen zum Verbrechen stempelte und sogleich
die Schärfe des Schwertes in Anwendung gebracht
wissen wollte — kurz: jeder Zoll an ihm, vom
Scheitel bis zur Ferse, ein Gesezes=Paragraph! Sein
Widerspiel und Gegenpart war der Oberamtmann,
ein sehr humaner und jovialer Herr. Als derselbe
schweißtriefend vor der ominösen Pyramide ange=
kommen war (der gute Herr war nämlich ein Mon=
strum an Korpulenz, die Peripherie seines Mittel=
leibes, d. h. der Umfang seiner Taille, entsprach dem
Längenmaß seines Leibes), schüttelte er sich vor Lachen
und sagte: „Fürwahr, ein köstlicher Einfall und ein
origineller Wiz!" Der neben ihm stehende Bürger=
meister fiel ihm aber als hochernster Jurist sogleich
in die Rede und ergänzte dieselbe, als echter, ver=
knöcherter Rechtsfanatiker und „findiger" Polizei=

mann,: „Aber auch eine originelle Bosheit und
Perfidie, die es offenbar darauf abgesehen hatten,
die Pächter gegen einander zu hetzen und der Obrig=
keit, wegen Verteilung des Heus, arge Verlegenheit
zu bereiten. Überdies weiß man gar nicht, was in
diesem Heukolosse steckt." — „Jedenfalls", erwiderte
der Oberamtmann, „steckt der Rösslewirt von Ur=
loffen *) nicht darin, und was die Verteilung des
Heues anbelangt, so bietet dieselbe durchaus keine
Schwierigkeiten dar, und wird dieselbe auch keine
Kosten verursachen; ich werde nämlich einige sach=
verständige Gemeinderäte und Ausschußmänner beauf=
tragen, das aufgetürmte Heu pro rata unter die
Pächter zu verteilen, wodurch allem Streit, allen
Unkosten und einer Kriminal=Untersuchung vorgebeugt
wird. Heute Abend noch wird dieser Heuturm der
Vergangenheit angehören, und das europäische Gleich=
gewicht wieder hergestellt sein." Und so kams, so
geschahs. Damit aber das Andenken an diese originelle

---

*) Dieser Rösslewirt war ein Raubmörder, der kurz vor
seiner Verurteilung zum Tode einen Fluchtversuch unternahm.
Er sprang aus dem Fenster der Kanzlei des Oberamtmannes
von Offenburg auf die Straße, rannte, bei schon eingebrochener
Dunkelheit, durch mehrere Gassen und verbarg sich unbemerkt
in dem Heustocke des Posthalters Alexander. Dort wurde er
aber bald entdeckt, und nach kurzer Zeit fand seine Enthaup=
tung auf dem „Angel" statt. just so ziemlich auf dem näm=
lichen Plaze, wo jezt die Heupyramide stand.

Heupyramide nicht im Strome der Zeit untergehe, habe ich den famosen Studentenstreich, dem sie ihre Errichtung verdankte, diesen Blättern einverleibt.

Ein hoher Festtag im Studentenkalender oder flotte Spazierfahrt nach Baden-Baden.

Die Hundstage fallen sonst regelmäßig in die Monate Juli und August, im Jahre 1842 aber fielen sie extraordinärer Weise in den Monat December und zwar in unsere Weihnachtsferien, sintemalen wir Markomannen zu Rastatt damals sammt und sonders auf dem Hunde waren. Sollte aber darob ein zartbesaiteter, gefühlvoller Leser uns bemitleiden, so müßte ich ihm, zur Steuer der Wahrheit, insinuieren, daß seine Teilnahme übel angebracht wäre, denn wir litten, troz unserer drückenden Hundsnot, dennoch keinen Durst, da unser Korps- kneipenwirt ein sehr humaner Mann war, den wir in dankbarer Anerkennung dieser schäzbaren Eigen- schaft „Kneipvater" nannten. Er kreditierte uns sehr willig, und wenn etwa der Zahlungstermin ohne Tilgung der Schuld vorüberging, so war er kein lästiger Mahner und herzloser Presser. Wir asen, tranken und rauchten also auf Kredit und ließen einstweilen die Kreide für uns zahlen.

Wir hatten gerade das Lied gesungen: „Ich war Brandfuchs noch an Jahren ꝛc.", als die Türe ge- öffnet wurde, und der Briefträger erschien. Er hielt

eine sogenannte Zeichnungsschachtel in die Höhe und
rief: „Herr Studiosus B., 67 Gulden 30 kr. von O.
Bitte, den Empfang zu bescheinigen!" Da schrie B.,
die Schachtel hastig ergreifend, mit gierigen Blicken
verschlingend und kräftig schüttelnd, so daß man die
Geldstücke in derselben klirren hörte: „Vivat und
Viktoria!" Und wir stimmten alle ein: „Vivat und
Viktoria!" und sangen dann:

> „Und kommt der Wechsel heute,
> So sind wir reiche Leute
> Und haben Geld wie Heu,
> Doch morgen ists vorbei!"

„Zum Zipfel zum Zapfel zum Kellerloch 'nein,
Alles muß versoffen sein.
Solche Brüder müssen wir haben,
Die versaufen was sie haben:
Strümpf und Schuh', Strümpf und Schuh',
Wir laufen dem Teufel barfuß zu."

Nun brachte der Kneipvater eine in Tinte ge-
tauchte Feder und reichte sie dem Studiosus B., der
den Empfang der Geldsendung bescheinigte und denselben zu gleicher Zeit ersuchte, dem Briefträger
einen halben Gulden Trinkgeld zu geben. Nachdem
solches geschehen war, kommandierte B.: „Zwei
Fäßchen Bier, jedes zu 30 Maß, auf meine Rechnung!" Da 15 Korpsburschen, Füchse und Mitkneiper gegenwärtig waren, kamen 4 Maß auf die

Person.. (Die meisten Lyzeisten brachten die Weihnachtsferien in ihrer Heimat zu, weßwegen die Korps-
kneipe an dem betreffenden Abende blos von 15
Markomannen besucht war.) B. löste nun die Siegel
der Zeichnungsschachtel, die, infolge des langjährigen
Gebrauches, derart mit Siegellack überzogen war,
daß nur noch an wenigen Stellen etwas Holz sichtbar war. B. öffnete dann die Schachtel und, o gau-
dium, in Werg gebettet, lag das Studenten-Christ-
kindlein — 25 Kronentaler, nach damaligem Geld:
67 Gulden und 30 Kreuzer, und nach gegenwär-
tiger deutscher Reichs-Währung 115 M. 71 Pf. —
Unter dem Geld lag der, die Geldsendung begleitende
Brief. Als dieser zum Vorschein kam, riefen mehrere
Stimmen: „Vorlesen, zur Erbauung vorlesen! Wir
sind in der besten Gemütsverfassung, epistolam
moralem, lacrimosam et lamentabilem mit Andacht anzuhören und begierig zu Herzen zu nehmen!“
B. brachte es aber doch nicht über sich, den Brief,
dessen Inhalt er sehr wohl, nach Maßgabe früher
empfangener Episteln, erraten konnte, vorzulesen; er
reichte denselben daher dem zu seiner Rechten sizen-
den Kameraden, damit dieser ihn vorlese. Zum Ver-
ständnisse dieses Briefes muß ich bemerken: B’s
Vater war ein ziemlich wohlhabender Bauer, der
aber 9 Kinder hatte. Damit er nun zur Erhaltung
seines studierenden Sohnes nicht Acker um Acker
verkaufen oder Schulden kontrahieren mußte, ersuchte

er seinen Bruder, der ebenfalls ein wohlhabender
Bauer war, aber, obgleich verehelicht, keine Kinder
hatte, zur Bestreitung der Kosten für das Studium
seines Sohnes, so lange Geld zu leihen, bis derselbe
sein Ziel erreicht, d. h., wie die ganze Familie er=
wartete, die erste heilige Messe gelesen haben würde.
Bereitwillig entsprach der Bruder diesem Ansuchen,
ja, er erbot sich von freien Stücken, bis zur Vollen=
dung des Studiums den ganzen fraglichen Betrag
als unverzinsliches Darlehen vorzuschießen und sich
selbst an den erwachsenden Kosten mit 1000 Gulden
von seinem eigenen Vermögen zu beteiligen, unter der
Voraussetzung nämlich, daß sein Neffe Priester werde.
Auch die 8 Geschwister des Studenten wollten für
denselben ein freiwilliges Opfer bringen, soferne er
Theologie studieren sollte, ein jedes derselben ver=
zichtete zu Gunsten desselben auf 100 Gulden bei
dereinstiger Teilung des elterlichen Vermögens.

Der Brief des Onkels lautete dem Sinne
nach also:

Lieber Neffe!

Auf dein Ansuchen vom 20. d. M. und auf
Grund der von dir namhaft gemachten Verbindlich=
keiten und zu leistenden Zahlungen an die Verwal=
tung des Lyzeums, deinen Hausherrn, Kostgeber,
Schuster und Buchhändler übersende ich hiemit
25 Kronentaler. Mit Befremden mache ich aber die
Wahrnehmung, daß sich deine Ausgaben von Jahr

zu Jahr erheblich steigern, obgleich der Preis für
Quartier, Kost, Holz, Licht, Kleider, Wäsche und
Schulgeld sich wesentlich gleich bleibt. Der erhöhte
Aufwand kann also nur durch Leichtsinn und Verschwendung, durch kostspielige Liebhabereien und das
unsinnige und verderbliche Burschenwesen veranlaßt
werden. Bedenke doch, daß du noch 8 Geschwister
hast, die du durch deine Verschwendung benachteiligst
und verkürzest! Streng genommen übersteigt die für
dich aufgewendete Summe schon jetzt dein Betreffnis
am elterlichen Vermögen, nun hast du aber noch 6
Jahre zu studieren, was noch einen Kostenaufwand
von wenigstens 1800 Gulden verursachen wird. Wo
soll das hinaus und wie soll das enden? Zwinge
doch deinen Vater, deinen tiefbekümmerten, mit Arbeit, Kreuz und Sorgen schwer beladenen Vater
nicht, die Hand von dir abzuziehen, denn sonst
wartet deiner ein schreckliches Schicksal — ein ver-
stickter Student, ein Taugenichts, ein Winkelad-
vokat oder ein armseliger Schreiber zu werden. Sei
haushälterisch und sparsam mit dem Gelde — dem
sauer verdienten Lohne der schweren Arbeit und des
vergossenen Schweißes deines Vaters! Ferne seie es
von uns, dich karg zu halten oder dir eine erlaubte
Freude und Erholung zu mißgönnen, Ausschweifung
und Schwelgerei sind aber keine erlaubte Freude und
Erholung — am allerwenigsten für einen Jüngling,
der sich dem heiligen Priesterstande widmen will.

Lieber Neffe, gehe doch in dich, habe Gott vor
Augen, sei gewissenhaft, vernachlässige das Gebet
nicht, und schlag die guten Lehren der Religion, der
Kirche, deines Onkels und deiner Eltern nicht in den
Wind! Pfarrer H. von U—st *) war neulich hier
und erkundigte sich bei mir nach deinen Fortschritten
und deinem Betragen. Auch er war der Ansicht, du
brauchtest zu viel Geld und seiest ein leichtsinniger
Korpsbursche, aber kein fleißiger Student. Er hat
mir noch ganz besonders aufgetragen, dir ernstlich
ins Gewissen zu reden. Solches glaubt hiemit getan
zu haben

Dein um Dich sehr besorgter
und tief bekümmerter Onkel.

Dieses Schreiben rief ein sardonisches Gelächter
und einige recht frivole Bemerkungen hervor. Meinte
doch einer: „Diese Philister sind eben alle über
Einen Leist' geschlagen! Neulich schrieb mir mein
Alter eine jämmerliche Epistel, die mit der soeben
angehörten fast ad verbum übereinstimmt; ich ließ
mir aber den guten Humor dadurch nicht rauben
und verscheuchte alle aufsteigenden Grillen mit der
Strophe des bekannten Liedes „Krambambuli":

---

*) Ein exemplarischer Priester, der früher in O. Pfarrer
war, den Vater des Studenten B. animiert hatte, denselben
studieren zu lassen und diesem dann 2 Jahre lang Privatunterricht erteilte, wodurch er ihn in die Tertia des Lyzeums
zu Rastatt brachte.

„Ihr dauert mich, ihr arme Thoren,
Ihr liebet nicht, ihr trinkt nicht Wein;
Zu Eseln seid ihr auserkoren,
Und dorten wollt ihr Engel sein?
Sauft Wasser, wie das liebe Vieh,
Und meint, es sei Krambambuli!"

Diese empörende Rohheit und infame Verleugnung eines jeden kindlichen Gefühles wurde als echte Burschengesinnung bejubelt und beklatscht und die angeführte Strophe fortissimo gesungen.

Dann erhob sich der Senior, gebot silentium und sprach: „Ich glaube ganz und gar im Sinne des teuern Onkels zu handeln, wenn ich den venerablen Mitbrüdern den gewiß sehr zeitgemäßen Vorschlag mache: Da der liebe Onkel seinen Neffen, wie er selbst sagt, nicht karg halten will und ihm eine Freude und Erholung gönnt, die besonders jezt in den Weihnachtsferien sehr am Plaze ist, so vermute ich mit Fug und Recht, daß er auch sein placet erteilen wird, wenn uns sein Neffe durch einen Ausflug nach Baden=Baden einen genußreichen und wonnevollen Tag verschafft. Die übersendeten 25 Kronentaler bieten unserem Mitbruder, der jezt allein auf einem grünen Zweige sizt, Gelegenheit, seiner Großmut an uns armen Teufeln, die wir jämmerlich auf dem Hunde sind, freien Spielraum zu gewähren. Bruder B. sichert sich dadurch ein ruhmvolles Andenken in den Annalen der Markomannia und wird unseren innigen Dank ernten."

Kaum hatte der Senior als Cicero pro domo ganz klassisch also gesprochen, so erhob sich B., schritt langsam und feierlich von seinem Plaze zu jenem des Seniors, verneigte sich, zog die Schachtel aus seiner Brusttasche, stellte sie auf den Tisch und sagte mit Pathos: „Diese 25 Kronentaler lege ich freudig auf den Altar der Markomannia!" Dann öffnete er die Schachtel, nahm den Brief seines Onkels, schob ihn in die Brusttasche und deklamierte:

„Für mich nehm ich fürlieb mit diesem echten Blech, Mit diesen Talern aber zahl ich uns're Zech."

„Im Namen der Markomannia", erwiderte hierauf der Senior, „nehme ich dieses großmütige, echt brüderliche Geschenk zu dem Zwecke an, uns morgen einen recht fidelen Tag zu verschaffen. Auf unseren Mitbruder aber wollen wir aus Dankbarkeit sogleich feierlich einen Salamander reiben."

Nachdem dieses hochwichtige Kneipgeschäft erledigt war, beauftragte der Senior den Fuchsen M.: sogleich 3 viersizige, zweispännige Kutschen auf morgen zur Fahrt nach Baden-Baden zu mieten. Die Abfahrt wurde auf morgens 7 Uhr anberaumt und als Ort der Zusammenkunft das linke Ufer der Murg bei der Ankerbrücke bestimmt.

Des andern Tag, praecis 7 Uhr, fuhren wir

von der Ankerbrücke ab. In jeder Kutsche saßen
4 Markomannen, die 3 Füchse aber mußten sich mit
dem Siz auf dem Bock, neben dem Kutscher, be=
gnügen. Während der Fahrt, die 2 Stunden dauerte,
wurden Lieder verschiedenen Inhaltes gesungen. Um
den geneigten Leser mit den damals üblichen Liedern
bekannt zu machen, führe ich zuerst jene Gesänge
an, die nicht banalen, trivialen oder frivolen In=
haltes waren, dann sollen auch einige der zweiten
Kategorie namhaft gemacht werden.

1. „Was ist des Deutschen Vaterland."
2. „Wenn alle untreu werden."
3. „Wo Mut und Kraft in deutscher Seele
   flammen."
4. „Auf ihr Brüder, laßt uns wallen!"
5. „Du Schwert an meiner Linken."
6. „Vom hoh'n Olymp herab ward uns die
   Freude."
7. „Freiheit, die ich meine."
8. „Preisend mit viel schönen Reden."
9. „Wir hatten gebauet."
10. „Denkst du daran, mein tapf'rer Lagianka?"
11. „Schon dreißig Jahre bist du alt."
12. „Steh ich in finst'rer Mitternacht."
13. „An der Sale fernem Strande."
14. „So leb' denn wohl du stilles Haus!"
15. „Es zogen drei Bursche wohl über den
    Rhein."

16. „Hinaus in die Ferne mit lautem Hörner-
klang."

17. «Gaudeamus igitur.»

18. „Ein freies Leben führen wir."

19. „Ich weiß nicht, was soll das bedeuten."

20. „Prinz Eugen, der edle Ritter."

21. „Ich war Brandfuchs noch an Jahren."

22. „Drei Lilien, drei Lilien."

23. „Morgenrot, Morgenrot."

24. „Ich lobe mir das Burschenleben."

25. „In einem kühlen Grunde."

26. „Mein Lebenslauf ist Lieb und Lust."

27. „Sah ein Knab ein Röslein steh'n."

28. „Überall bin ich zu Hause."

29. „Aennchen von Tharau."

30. „Brüder! zu den festlichen Gelagen."

31. „Wohlauf, noch getrunken den funkelnden
Wein."

Der teils faden teils banalen oder trivialen Lieder
gab es eine schwere Menge, z. B.

„Was kommt dort von der Höh?"

„Es steht ein Wirtshaus an dem Rhein."

„Was fang ich armer Teufel an?"

„Ça ça geschmauset!"

„Ich hab den ganzen Vormittag."

„Der Papst lebt herrlich in der Welt."

„Ich nehm mein Gläschen in die Hand."

„Ich und mein Fläschlein sind immer beisammen."

„Ich bin der Fürst von Thoren."

„Bin kein Freund von Traurigkeit."

„Krambambuli, das ist der Titel."

„Es geht ein Biercomment an unſer'm Tiſch herum."

„Als Noë aus dem Kaſten war."

„Die Binzgauer wollten wallfahrten geh'n."

Schiller hat mit ſeinem Ausſpruch:

> „Wo man ſingt, da laß dich ruhig nieder,
> Böſe Menſchen haben keine Lieder!"

den Nagel nicht auf den Kopf getroffen, ſondern
ſich entſchieden auf die Finger geklopft, denn böſe
Menſchen haben allerdings Lieder, Lieder, die das
treue Spiegelbild ihrer Seele und ihres Herzens
ſind. Schiller ſelbſt legte in ſeinem Schauſpiel „die
Räuber" ein Lied in den Mund der Banditen, das
der adäquate Ausdruck ihrer Denk= und Sinnesart
war. Wie der Menſch, ſo ſein Lied.

Nach 8 Uhr fuhren wir durch O., den Vater=
ort B's, der ſich, um nicht geſehen zu werden, in
die Kutſchenecke drückte und mit dem Vorhange des
herabgelaſſenen Türfenſters ſein Geſicht faſt ganz
bedeckte, doch konnte er ſich nicht enthalten, dann
und wann einen verſtohlenen Blick auf die Gaſſe zu
werfen, auf der ein reger Verkehr herrſchte, weil die
Bauern den prachtvollen Tag dazu benützten, Dung
auf die Felder oder Jauche auf die Wieſen zu führen,

ja bisweilen begegneten wir einem Bauer, der mit
dem Pfluge aufs Feld fuhr. Da, auf einmal, ganz
in der Nähe der Pfarrkirche, prallt B. so rasch
zurück, daß die Kutsche in ihren Fugen kracht, und
als hab ihn eine Viper gebissen. Er entfärbt sich
und bedeckt sein Gesicht mit dem Vorhang. „Was
ist Dir, wo fehlt's?", frag ich B., der mir gegenüber
sizt, „Du zitterst ja, wie Aspenlaub, und siehst aus,
wie der Tod an der Fahne! Ist etwa das magere
Bäuerlein mit den entzündeten Augen, das tief=
gebückt neben den klapperdürren Schindmähren da=
hinhumpelt, dein Vater, dessen 25 Kronentaler wir
heute in der Bäderstadt Baden=Baden flott verjubeln
werden?" Stumm nickte B. mit dem Haupt. Ja, ja,
B's Vater war eine Jammergestalt, ein fac simile
der teuern Zeit, wangenlos, citronengelb, mit spär=
lichem, schloßweißem Haupthaar! Ich bin überzeugt,
das arme Bäuerlein wäre plözlich vom Schlag ge=
rührt worden, wenn man ihm gesagt hätte:
„Ihr Sohn sizt dort in jener Kutsche und hält
heute 14. seiner Mitbrüder in Baden=Baden, ver=
mittelst der ihm übersendeten 25 Kronentaler, zech=
frei, namentlich bezahlt er die 3 Kutschen für die
heutige Fahrt mit 22 fl. 30 kr. Heute wird alles
bis auf den lezten Heller durchgejagt, von den kon=
trahierten Schulden wird aber kein Deut abgezahlt,
in den Osterferien dagegen wird der hoffnungsreiche
Sohn dem lieben Onkel so lang zusezen, bis er fürs

4*

erste und zweite Quartal blanke 50 Kronentaler
blecht." Werfen wir übrigens einen Schleier auf dieses
düstre Schattenbild des Studentenlebens! Mir war
für einige Zeit der Humor verdorben, ich fühlte
einige heftig schmerzende Stiche unter den Rippen
— man heißt sie gewöhnlich Gewissensbisse — und
ich schämte mich, die gegenwärtige Partie mitzumachen,
wodurch ich der Mitschuldige an einer großen
Freveltat wurde.

Bald hatten wir O. und Badenscheuern im
Rücken und langten um 9 Uhr in Baden-Baden an.
Dort ging es hoch her in Saus und Braus bis abends
9 Uhr. Dann wurde heimkutschiert. Als wir bei der
Ankerbrücke, nachts elf Uhr ausstiegen, überreichte
der Senior B. die Schachtel und sagte mit lallender
Zunge: „Herzallerliebster Bruder!

> Diese Schachtel macht Dir kund:
> Ich bin geleert bis auf den Grund.
> Der teure Onkel füll' mich wieder,
> Dann zahl ich Deine Schulden bieder.
> Zeus lohn' Dir, Bruder, Deine edle Tat,
> Wie Du fürwahr verdienest früh und spat!
> Streich den Tag mit Rotstift an in fastis
> Mira fecit in crumenis vastis.»

Das Lustspiel war aus, im Grund genommen
war's aber ein eigentliches, wahrhaftiges Trauerspiel.
Ja, der Leichtsinn, die Verschwendung, die Gewissen-

losigkeit und grausame Behandlung der Eltern von
Seite so vieler Studenten ist unverantwortlich und
himmelschreiend, und troz all Dem hat man den
traurigen Mut, solche Frevel „Streiche“ zu nennen!

Die Hausherrn, bei denen Studenten wohnen,
halten sich durch die Bank nicht für verpflichtet, das
Leben und Treiben derselben zu überwachen und sie
mit Liebe und Ernst zurechtzuweisen. Sie dulden
deren Nachtschwärmerei und Trunksucht und ziehen
sie durch falsches Zeugnis unbedenklich aus der
Patsche, wenn sie mit den Gesezen in Kollision geraten sind. Wenn der Student nur sein monatliches
Quartiergeld bezahlt, im Hause kein Skandal macht
und an der Zimmereinrichtung nichts verderbt; so
erteilt er dem Herrn Studiosus das Prädikat „vorzüglich“.

Auch die Direktoren und Professoren der gelehrten Mittelschulen sehen gewöhnlich bei den Exzessen der Studenten durch die Finger, weil sie die
Anstalten nicht in üblen Ruf bringen und sich keine
Vorwürfe von Seiten des Unterrichtsministeriums,
des Oberstudien= oder Oberschulrates zuziehen wollen.
Das Verhältnis der Direktoren und Professoren zu
den Studenten ist in der Regel ein ganz verkehrtes.
Von einem väterlich=liebevollen, herablassenden Benehmen findet man an den genannten Anstalten

gewöhnlich keine Spur. Pedanterie, Wortklauberei
und Silbenstecherei werden als Hauptsache der
Jugendbildung betrachtet, und wenn einmal eine
flagrante Gesezesübertretung zur Anzeige kommt, die
geahndet werden muß, so wird der Missetäter mit
drakonischer Strenge behandelt. Dadurch erscheint
aber jedes Vergehen als eine persönliche Beleidigung
der Vorgesezten und die verhängte Strafe als eine
Befriedigung der Rachsucht des Direktors oder des
Klassenvorstandes, und aus diesem Grunde verfehlt
dann die Strafe ihren Zweck. Blos den geistlichen
Rat Loreye, Direktor des Lyzeums zu Rastatt, der
aber zwei Jahre früher pensioniert worden war,
als ich an die genannte Anstalt kam, rühmten die
Studenten als einen wahren Pädagogen, der sie mit
väterlich = liebevoller Gesinnung, mit Wohlwollen,
Herablassung und Humanität behandelt habe. Sie
rühmten ihn ferner als einen Mann, der große
Menschenkenntnis und einen feinen Takt besaß, und
der sowohl durch seine, Ehrfurcht gebietende und
Zutrauen erweckende äußere Erscheinung als auch
durch seine, zum Herzen dringenden liebevoll=ernsten
Ermahnungen und Warnungen eine magische Gewalt
über sie ausgeübt habe. Loreye galt als unübertreff-
licher Mentor, als Studentenvater, als nobler Charakter und integer vitae scelerisque purus, exemplarisch als Mensch, Priester, Lehrer, Erzieher
und Direktor. Der große Abstand zwischen ihm und

seinem Nachfolger trat durch die traurige Tatsache um so greller hervor, daß die Studenten der oberen Klassen dem Leztern, der die erste Zeit nach seiner Anstellung als Lyzeums=Direktor in einem Privat= quartier wohnte, sämmtliche Fenster einwarfen.

Leider war mir niemals das Glück beschieden, unter einem Klassenprofessor oder Direktor zu stehen, der in religiöser Beziehung als Vorbild und Muster zu betrachten gewesen wäre. Geistliche und weltliche Professoren huldigten der seichten Aufklärung, sie waren entweder josefinisch, unkirchlich und rationa= listisch angekränkelt oder entschieden antichristlich, kirchenfeindlich und modern heidnisch gesinnt. Sie räumten dem klassischen Heidentum entschieden den Vorzug vor dem positiven Christentum ein und suchten das leztere dadurch zu verdrängen, daß sie das erstere als die höchste Stufe der Bildung und Gesittung verherrlichten und anpriesen. Die römische und griechische Mythologie war, nach ihrer Ansicht und Behauptung, voll erhabener Ideen und stellte aller Welt die nachahmungswürdigsten Ideale vor Augen. Auch nicht ein einziger Professor führte uns in den wahren Sinn, in die eigentliche Bedeutung und das richtige Verständnis der heidnischen Götter= lehre ein. Die Ethik der heidnischen Philosophen wurde als Musterbild, als Norm und Maßstab der Gesittung für alle Zeiten erklärt. Duzendmal wurden die Schiller'schen Verse zitiert:

gewöhnlich k...
und Silber...
Jugendbildun...
flagrante G...
geahndet m...
drakonifch...
aber jedes
der Vor...
Befried...
Klaffen...
bann d
Rat L...
aber
als ...
Stube...
väterl...
Heral
rühm...
Men...
der ...
Zut...
durch
Ernſt
Aber

...t du? Kehre wieder,
...er Natur!
... ...enland der Lieder
... ...haſte Spur.
... das Gefilde,
... ſich meinem Blick;
... ...enswarmen Bilde
... nur zurück!
... ſind gefallen
... ſchauerlichem Wehn,
... ...gern unter allen,
... ...terwelt vergehn."

„Götter Griechenlands."

... des Heidentums, von dem
... von den unzüchtigen Feſten
... Göttinen, von dem grenzenloſen
... Griechen und Römer, von ihrer
... ...lung der Sklaven u. ſ. w. wurde
... ...ſchwiegen, was ſich dagegen, ſeit
... ...riſtentums, an Laſter und Ver-
... ...en ließ, wurde mit hämiſcher
... Pranger geſtellt und auf
... ...ums geſchrieben. Für alle
... ...be und Peſtbeulen, die im
... ...Jahrhunderte ſich zeigten,
... ...eine „Schein- und Werk-
... ...ſie, Prieſter, Mönche und

Keiner ... Der ... er ...
über ... die der Mörder ... nach die ...
er ... Erklärung und ...

Der Einfluss der Sprüchwörter ... die
Lebensmoral. Je ... mit ... in ... wird der
... als ... aber ... die Tag mit ...
... wer mit der ... den Ernst ... Die
Lebensmoral der ... auf die Jugend ...
... eine ganz ... auf die ... eine
unberechenbare ... Stellung ...

Es sind andere Sprüchwörter: »Verba movent,
exempla trahunt.« Da geht der per praecepta,
breve es ... per exempla und: »Regis ad
exemplum ... ... unter erlebt.« Niemand
wird die Wahrheit und die hohe Bedeutung dieser
Sprüchwörter in Abrede stellen. Wo das gute Beispiel fehlt, da bleiben die besten Geseze ein toter
Buchstaben, da verhallen alle weise Lehren, alle
Mahnungen und Warnungen im Winde. Wenn die
Aufsichts- und Vollzugsorgane, die Hüter und Wächter
der Geseze, die Richter und die das Strafmaß be-
stimmenden Personen entweder blind sind oder selbst
verbotene Wege gehen und ein böses Beispiel geben;
dann ist die Autorität dahin, der Gehorsam untergraben, das Gesez ein lächerlicher Popanz, und die
Verkommenheit hüllt sich in den Mantel der Heuchelei.

Am guten Beispiel fehlte es aber an den gelehrten
Mittelschulen zu der in Frage stehenden Zeit.

„Schöne Welt, wo bist du? Kehre wieder,
Holdes Blütenalter der Natur!
Ach, nur in dem Feenland der Lieder
Lebt noch deine fabelhafte Spur.
Ausgestorben trauert das Gefilde,
Keine Gottheit zeigt sich meinem Blick;
Ach, von jenem lebenswarmen Bilde
Blieb der Schatten nur zurück!
Alle jene Blüten sind gefallen
Von des Nordes schauerlichem Wehn,
Einen zu bereichern unter allen,
Mußte diese Götterwelt vergehn.“

„Götter Griechenlands.“

Von den Greueln des Heidentums, von dem
grassen Aberglauben, von den unzüchtigen Festen
vieler Götter und Göttinen, von dem grenzenlosen
Sittenverderbnis der Griechen und Römer, von ihrer
barbarischen Behandlung der Sklaven u. s. w. wurde
wohlweislich still geschwiegen, was sich dagegen, seit
Einführung des Christentums, an Laster und Verkommenheit auffinden ließ, wurde mit hämischer
Schadenfreude an den Pranger gestellt und auf
Rechnung des Christentums geschrieben. Für alle
Verirrungen, Mißbräuche und Pestbeulen, die im
Verlauf der christlichen Jahrhunderte sich zeigten,
wurde das Christentum, seine „Schein- und Werk-
heiligkeit“, Papst, Bischöfe, Priester, Mönche und

Nonnen verantwortlich erklärt. Als Grund aller Übel, die der Menschheit anhaften, wurde der Mangel an moderner Aufklärung und Kultur hingestellt.

Den Ansichten der Professoren entsprach ihr Lebenswandel. Ich rede hier nur in so weit von demselben, als er allen sichtbar zu Tag trat und notorisch war, und nur aus dem Grund, weil der Lebenswandel der Vorgesezten auf die Jugend über= haupt, aber ganz besonders auf die Studenten, eine unberechenbar große Wirkung ausübt.

Es sind goldene Sprüchwörter: «Verba docent, exempla trahunt», «Longum iter per praecepta, breve et efficax per exempla» und: «Regis ad exemplum totus componitur orbis». Niemand wird die Wahrheit und die hohe Bedeutung dieser Sprüchwörter in Abrede stellen. Wo das gute Bei= spiel fehlt, da bleiben die besten Geseze ein toter Buchstaben, da verhallen alle weise Lehren, alle Mahnungen und Warnungen im Winde. Wenn die Aufsichts= und Vollzugsorgane, die Hüter und Wächter der Geseze, die Richter und die das Strafmaß be= stimmenden Personen entweder blind sind oder selbst verbotene Wege gehen und ein böses Beispiel geben; dann ist die Autorität dahin, der Gehorsam unter= graben, das Gesez ein lächerlicher Popanz, und die Verkommenheit hüllt sich in den Mantel der Heuchelei.

Am guten Beispiel fehlte es aber an den gelehrten Mittelschulen zu der in Frage stehenden Zeit.

Wir wußten sehr wohl, daß kein weltlicher Pro=
fessor an Sonn= und Feiertagen den Gottesdienst
besuchte, und daß keiner zur österlichen Zeit die
heiligen Sakramente der Buße und des Altares
empfing. Doch was sag ich: „keiner!“ Ich muß,
bezüglich des Besuches des Gottesdienstes und des
Empfanges der heiligen Sakramente, widerrufen. Wir
wurden nämlich an jedem Sonn= und Feiertag,
vor= und nachmittags, sowie am Mittwoch von einem
kontrolierenden weltlichen Professor abgelesen und
in die Kirche geführt. Derjenige nun, den die Reihe
traf, dieses Geschäft zu besorgen, wohnte allerdings
dem Gottesdienste bei, aber er betrug sich so unehrer=
bietig, linkisch und Ärgernis gebend, daß es weit
besser gewesen wäre, wenn er die Kirche nicht betreten
hätte. Ich überzeugte mich unzählige Male davon,
daß keiner dieser Kirchenbesuchs=Kontrolore ein christ=
liches Zeichen von sich gab. Sie besprengten sich nicht
mit Weihwasser, machten weder eine Knieverbeugung
noch ein Kreuzeszeichen, bedienten sich keines Gebetbuches,
knieten weder bei der Wandlung noch bei der Erteilung
des Segens mit dem Hochwürdigen Gute und schlugen
nicht an die Brust. Sie duckten sich bei der Wandlung
und bei der Erteilung des Segens, wie Schmuggler,
die Kontrebande bei sich haben, vor Zollgardisten,
nieder, oder sie legten den Oberkörper recht breit
und plump auf die Kirchenbank — kurz: sie legten
so recht auffallend an den Tag, daß sie mit dem

Christentum völlig gebrochen und aufgehört hatten,
katholische Christen zu sein.

Was nun den Empfang der heiligen Sakramente
zur österlichen Zeit anbelangt, so muß ich zur Steuer
der Wahrheit konstatieren, daß der Direktor des
Lyzeums — ein Pedant sondergleichen — sich ver=
pflichtet fühlte, den, seiner Obhut anvertrauten
Zöglingen ein „gutes" Beispiel zu geben, weßwegen
er mit ihnen zur Beicht und Kommunion ging. In
Anbetracht der Art und Weise aber, wie er beich=
tete, muß vom kirchlichen Standpunkt aus entschieden
erklärt werden, daß sein vermeintlich gutes Beispiel
ein schweres Ärgernis für die Studenten war, und
daß es ohne allen Zweifel besser gewesen wäre, wenn
auch er „die österliche Andacht", wie man den
Empfang der heiligen Sakramente zur österlichen
Zeit damals nannte, nicht verrichtet hätte. Die
Begriffsverwirrung, Zerfahrenheit, Oberflächlichkeit,
Religions=Mengerei, Verwässerung und Nivellierung
wurde damals so allseitig und tiefgreifend praktiziert,
daß man über wesentliche Punkte des Glaubens im
Unklaren war und infolge dessen ein schreiendes
Sakrilegium bona fide als gutes Beispiel ansah.
Ich würde nicht fürchten, durch die Erzählung des
Nachfolgenden eine schwere Sünde zu begehen,
wenn es nicht am hellen Tage, ganz öffentlich und
vor vielen Zeugen geschehen wäre — ja, Gott seis
geklagt: es war damals so ziemlich allerorts in

Süddeutschland gebräuchlich, allgemein zu beichten —
denn um das handelt es sich — obgleich unsere
heilige, katholische Kirche solche Beicht als Sakrilegium
gebrandmarkt und wiederholt erklärt hat, daß kein
Beichtvater ein Beichtkind, das allgemein ge=
beichtet hat, giltig absolvieren kann. Doch damals
standen die Entscheidungen der Konzilien, der Päpste
und Kirchenväter sehr niedrig im Kurs und waren
so wohlfeil wie Brombeeren. Also zur Sache!

An einem Beichttage stand ich in einem bunt
zusammengewürfelten Trupp von großen und kleinen
Studenten, die auf Kommando zu beichten hatten,
vor einem hochaufgeklärten Beichtvater, unter dessen
Philosophenmantel der Priester den Erstickungstod
gefunden. Dieser philosophische Beichtvater saß in
dem bedeutend erhöhten Chor der Schloßkirche zu
Rastatt in einem freistehenden Sessel, und stützte
seinen linken Arm auf einen sogenannten Betstuhl.
Auf diesen Betstuhl kniete der Reihe nach jeder
Student und beichtete halblaut secundum consue-
tudinem: „Ich habe gesündigt in Gedanken, Worten
und Werken und bitte um Absolution!" Hierauf
erfolgte an einen Jeden derselbe philosophische, rhe=
torisch aufgepuzte Zuspruch über Menschenwürde und
Menschenbestimmung, der mit einer Aufforderung zu
fleißigem Studium schloß und so laut erteilt wurde,
daß der ganze Pönitententrupp denselben Wort für
Wort vernahm. Nun stand unmittelbar vor mir der

oben erwähnte Direktor, und war ich selbstverständlich sehr begierig, zu erfahren, ob der weltliche, gelehrte Herr dem geistlichen, gelehrten Herrn auch
allgemein beichten werde, und ob dann der geistliche,
gelehrte Herr dem weltlichen, gelehrten Herrn dasselbe philosophische Distelnfutter vorwerfen und ihn
zu fleißigem Studium ermahnen würde — gerade
wie die Studenten der verschiedenen Klassen. Und
richtig: so geschahs! Auf die allgemeine Beicht des
Direktors folgte eine Paränese (Ermahnung), die
einem Plato, Seneka oder Cicero alle Ehre gemacht
hätte, aber, weil Zuspruch eines katholischen Priesters,
eines Beichtvaters, keine andere Bezeichnung verdiente,
als „Phrasengeklingel" und „Wortschwall". Es ist
übrigens leicht begreiflich, daß jeder Zuspruch auf
ein allgemeines Sündenbekenntnis den Charakter der
Verschwommenheit und Abgeblaßtheit, der Phrasen-
haftigkeit und anthologischen Ornamentik an sich
tragen muß, daß er den unsichtbaren Nagel unmöglich auf den Kopf treffen und weder hauen noch
stechen kann, also auch rein umsonst und vergeblich
ist, aber dennoch war es, wie aus dem erwähnten
Vorgange ersichtlich ist, damals an den gelehrten
Mittelschulen allgemein gebräuchlich, generaliter zu
beichten und darauf von dem sogenannten Beichtvater generalissime angesalbadert zu werden. Es
wird wohl kaum nötig sein, extra zu erwähnen, daß
auch ich meine Sünden nicht im Detail, sondern nur

en gros an den Mann brachte. Nachdem mich einst
ein gelehrter Beichtvater, ein geistlicher Professor,
dem ich nach Vorschrift der Kirche speziell beichten
wollte, in ächter Unteroffiziers-Manier also apostro-
phiert, respektive angeschnauzt hatte: „G'schwäz! Was
brauch ich denn das zu wissen!", da sattelte ich
nolens-volens um und avansierte zur Generalität.
Daß ein junger Mensch unter sotanen Verhältnissen
mit der kirchlichen Übung bricht und in seiner bisherigen religiösen Überzeugung tief erschüttert wird,
kann wohl niemand fraglich und wunderbar erscheinen, aber darüber wird jeder Leser staunen,
wenn ich drei Tatsachen hier festnagle, die man
allerdings nicht für möglich halten sollte. Der oben
erwähnte gelehrte, geistliche Beichtvater hat sogar ein
Lehrbuch der christlichen Religion herausgegeben, das
den Titel führt: „Der christliche Glaube, nach den
Grundsäzen der katholischen Kirche (!) dargestellt für
höhere Unterrichtsanstalten und gebildete Christen überhaupt, von Dr. Josef Beck." In diesem Lehrbuch
der christlichen Religion „nach den Grundsäzen
der katholischen Kirche" sind manche der wichtigsten Abschnitte höchst oberflächlich behandelt und
unrichtig dargestellt. Bei der Taufe z. B. wird die
Erbsünde nicht einmal erwähnt, beim Sakrament der
Beichte nicht angegeben, wie die Beicht beschaffen
sein muß, bei den Sakramenten überhaupt nicht angegeben, daß einige, und welche, dem Empfänger ein

unauslöschliches geistliches Merkmal einprägen 2c.
Aber troz alldem erhielt dieses Buch, das in Rom
ohne allen Zweifel auf den Index gekommen wäre,
vom General-Vikariat Freiburg und vom „Königlich
Großbritannisch-Hannover'schen Konsistorium", in den
Jahren 1835 und 1836, das Imprimatur! Doch
damit nicht genug! Der Verfasser des erwähnten
heterodoxen Katechismus fiel später von der katholischen Kirche ab, er hing den Talar für immer an
den Nagel und begab sich in den Ehestand! Ja, das
sind traurige Schattenbilder aus jener kläglichen
Zeit, da die Diözese Freiburg nichts Anderes denn
eine badisch-katholische Territorialkirche nach prote-
stantischem Zuschnitt war, die geknebelt in den Poly-
penarmen einer Regierung lag, die das positive
Christentum als Irrtum und Wahn, als Aberglauben
und Knechtschaft von sich geworfen und darauf
hinarbeitete, die Katholiken und den Klerus von Rom
loszureißen und der protestantischen Kirche einzu-
verleiben. Das sind häßliche Mißgeburten, die das
byzantinische Staatskirchentum — das falsche System
von der Allgewalt des Staates und der allseitigen
und unbedingten Unterordnung der Kirche unter die
Staatsgewalt — zu Tag gefördert hat.

Dr. Beck stand bei den Studenten in sehr hohem
Ansehen, er galt ihnen als unantastbare Autorität,
weil er 1. im Rufe eines großen Gelehrten und aufgeklärten Mannes stand, 2. ein eigentümliches Talent

besaß, durch sein Auftreten und Benehmen zu im=
ponieren, 3. eine äußerst ansprechende, geistreiche
Physiognomie, namentlich ein schönes, großes, seelen=
volles Aug besaß, und 4. mit einer hinreißenden
Beredsamkeit ausgerüstet war. Je höher aber Becks
Ansehen und Autorität war, desto verheerender
waren die Wirkungen seiner verkehrten Ansichten und
Grundsäze und seines bösen Beispiels, das er der
studierenden Jugend durch den Abfall von der katho=
lischen Kirche gab.

Als Professor W., der Hauptlehrer der Ober=
quinta zu Offenburg, im Begriffe war, sich zu
verehelichen, wurde er an die Christenpflicht erinnert,
vor der Kopulation die heiligen Sakramente der
Buße und des Altares zu empfangen. Gegen diese,
einen „aufgeklärten, freisinnigen und klassisch ge=
bildeten Mann entwürdigende und tief erniedrigende
Zumutung" sträubte sich W. aufs heftigste und
erklärte, daß er „diesem mittelalterlichen Tröbel,
dieser schlauen Erfindung der Mönche, schon längst
keine Gewalt mehr über seine, von religiösem Vor=
urteil und Aberglauben emanzipierte Person einräume
und denselben beßwegen auch bei seiner Verehelichung
durchaus keine Konzessionen machen werde. Die Ehe
seie ihm etwas rein Menschliches, rein Bürgerliches,
das mit Religion und Kirche absolut nichts zu
schaffen habe." Bei dieser Erklärung und Willens=
äußerung W's wäre es wohl auch geblieben, wenn

schon damals die bürgerliche Trauung obligatorisch
eingeführt gewesen wäre, und wenn nicht der Vater
der Braut ebenso bestimmt erklärt hätte: „Wenn
mein eventuell zukünftiger Schwiegersohn sich der kirchlichen Vorschrift unterwirft, dann werde ich ihm
meine Tochter J. zur Frau geben; unterwirft er sich
derselben aber nicht, dann mag er sich anderswo ein
Weib suchen, das sich ebenfalls über den ‚mittelalterlichen Trödel‘ der heiligen Sakramente hinweg-
sezt." Dieser kategorische Bescheid veranlasste W.,
sich zum Empfang der heiligen Sakramente der
Buße, des Altares und der Ehe zu bequemen. Ob
aber Gott dadurch verherrlicht oder schwer beleidigt
wurde, ob es unter den erwähnten Verhältnissen
nicht entsprechender gewesen wäre, wenn W., der
Darwinist vom reinsten Wasser gewesen, sich lediglich
nach Affenart in den Ehestand begeben hätte, das
ist unschwer zu beurteilen. Das erwähnte Intermezzo
der Verehelichung W's, das sogleich an die große
Glocke gehängt wurde, hat s. Z. in Offenburg vielen
Staub aufgewirbelt, und stritt man sich damals in
allen Gesellschaften pro und contra, weitaus die
Majorität entschied aber zu Gunsten W's, und zu
dieser gehörten selbstverständlich die Studenten des
Gymnasiums, denn sowohl die Gelbschnäbel der untern Klassen als auch die in den Flegeljahren sich
befindenden Quintaner stellen sich jederzeit prinzipiell
(dieses Wort ist hier zu übersezen: „nach Schöpsenart")

auf die Seite des „Lichts, der Aufklärung, des
Fortschrittes und der Freiheit." Es herrschte damals
in Offenburg überhaupt ein sehr revolutionärer Geist
auf dem religiösen und politischen Gebiete. Wer
übrigens weiß, daß der damalige Pfarrektor und
Dekan, der geistliche Rat M. und sein erster Adjutant
K., Inhaber des Präbikatur=Benefiziums und zugleich
Professor und Religionslehrer am Gymnasium dort=
selbst, Freimaurer waren, der wird sich nicht darüber
wundern, daß die ehemalige freie Reichsstadt Offen=
burg, in der sich vor der Säkularisierung 2 Klöster,
ein Franziskaner= und ein Kapuzinerkloster, befanden,
ein Brutnest josefinischer Neuerungen und revolutio=
närer Bestrebungen geworden. So unerhört es heut=
zutag wäre, wenn katholische Priester dem Geheim=
bund der Freimaurer angehörten, so galt es damals
durchaus nicht als etwas Unerhörtes, daß diese und
jene Priester Logenbrüder waren. Was Wunder,
wenn Untergeordnete das sich erlaubten, respektive
zu Schulden kommen ließen, womit ihre Vorgesezte
ohne alle Scheu und ungestraft vor aller Welt
renommierten und prangten! War ja selbst K a r l
T h e o d o r , F r e i h e r r v o n D a l b e r g , der Bischof
von Konstanz, Erzbischof von Mainz, Fürstprimas
des Rheinischen Bundes, Großherzog von Frankfurt
und Marionette in Napoleons Händen gewesen,
Logenbruder, von vielen andern Bischöfen in Deutsch=
land und Österreich gar nicht zu reden! Auch der

oben erwähnte Professor W. trug mit Stolz sein weißes Schurzfell aus Schafleder.

Den Schülern des Gymnasiums und denjenigen des Lyzeums von der Prima bis einschließlich der Oberquinta *) war der Besuch des Wirtshauses strengstens verboten, wogegen prinzipiell gar nichts einzuwenden ist; allein wenn manche Professoren selbst tägliche Wirtshausbesucher, wahre Kneipgenies und „Übersizer" sind, wenn sie am Nachmittag in angeheitertem Zustande Unterricht erteilen und am Mondtag mit allen Anzeichen eines „Katzenjammers" vor den Schülern in der Klasse erscheinen; so geben sie denselben schweres Ärgernis und verleiten sie zum Besuchen des Wirtshauses, zum Kneipen und „Über-

---

*) Im Jahre 1839 wurde eine neue Klassen-Einteilung und Benennung an den gelehrten Mittelschulen eingeführt und das Studium an denselben um ein Jahr verlängert, also von 8 auf 9 Jahre ausgedehnt. Philosophie wurde als Propädeutik in den 2 obersten Klassen des Lyzeums gelehrt, und der Universitäts-Bürger hatte blos während 3 Semestern ein sogenanntes Philosophikum zu hören, d. h. irgend ein Fach, das nicht zu der von ihm gewählten Fakultät gehörte. Vom Jahre 1839 an zählte man die Klassen von unten beginnend nach aufwärts. Der Student trat in die Prima ein und absolvierte dann Jahr um Jahr die Sekunda, Tertia, Unterquarta, Oberquarta, Unterquinta, Oberquinta, Untersexta und Obersexta. Später hat man aus einem schwer zu enträtselnden Grunde diese Ordnung umgekehrt, so daß der Student jezt als Primaner das Obergymnasium absolviert.

5*

ſizen", denn «exempla trahunt». Ich hatte in der
Sekunda einen geiſtlichen Profeſſor, der täglich um
2 Uhr direkt aus einer Bierbrauerei und mit bren=
nender Tabakspfeife ins Gymnaſium kam. In der
Unter= und Oberquinta hatte ich einen weltlichen
Profeſſor, der nachts nie vor 11 Uhr das Wirtshaus
verließ und öfters ſo betrunken war, daß er zu
Boden fiel und des andern Tages mit Schrammen
und Beulen im Geſicht in die Klaſſe kam. Der Un=
terricht war dann ein wahres Martyrium für uns,
indem der halbkranke, „bekazenjammerte" Pro=
feſſor ſeine üble Laune und ſeinen Ärger an uns
ausließ, uns mit nicht wiederzugebenden Schimpf=
namen belegte und uns horrende Strafpenſa diktierte.
Derſelbe Profeſſor hob als Direktor des Gymnaſiums
das Verbot des Wirtshausbeſuches für die Unter=
und Oberquintaner unbefugter Weiſe auf und er=
laubte uns (ich war damals Oberquintaner), an=
ſtändige Gaſthäuſer zu beſuchen. Nur Winkelkneipen
ſollten wir meiden, uns nicht betrinken und das
Studium nicht vernachläſſigen. Es iſt ſelbſtverſtänd=
lich, daß in dieſer Lizenz auch das Tabakrauchen
inbegriffen war. Es wurde uns erlaubt, auf dem
Zimmer und in der Kneipe zu rauchen, nur ſollten
wir uns vor dem Übermaße hüten und keinen
ſchlechten Kanaſter rauchen. Als wir einſt an einem
Sonntag Nachmittag in Elgersweier, ³/₄ Stunden
von Offenburg entfernt, gekneipt hatten und ſingend,

mit dem Korpsburschenband der Markomannia auf
der Brust, das Wirtshaus verließen, sahen wir von
ferne unseren Direktor in Begleitung seiner Frau
und Schwägerin uns entgegenkommen. Wir retirierten
nun schleunigst in das Wirtshaus und flohen durch
den Garten über Hecken und Stauden, wähnend, der
Direktor habe uns nicht bemerkt. Des andern Tags
aber ging derselbe mit uns ins Gericht. Er schalt
uns als Feiglinge und Heuchler und diktierte einem
Jeden etliche Stunden Carcer-Strafe, nicht weil
wir das Wirtshaus besucht und dasselbe
singend und Tabak rauchend verlassen,
„sondern ihn, vor Frau und Schwägerin, durch unsere
Flucht als Despoten und Tyrannen blamiert hätten“.
Derart war damals die Erziehung und Disziplin
am Gymnasium in Offenburg beschaffen!

Ein geistlicher Professor, der an demselben Gym=
nasium angestellt war, betrank sich oft dermaßen,
daß er nicht etwa blos heimgeführt, sondern in völlig
bewußtlosem Zustand heimgeschleppt werden mußte.
Ich selbst begegnete einst diesem Professor, als ich
nachts um elf Uhr von einer Exkursion nach Hause
ging. Ein badischer Justizbeamter, Graf E—g, der
selbst stark „benebelt“ war, strengte sich in der
Gymnasiumsgasse vergeblich an, den kolossalen Pro=
fessor, den seine Beine nicht mehr tragen konnten,
die vierstufige Treppe vor der Gymnasiumskirche
hinauf zu schleppen. Ich erbot mich, da ich damals

18 Jahre alt, groß und stark war, und da ich
meines Lehrers in seinem traurigen Zustand mich
erbarmte, denselben wohlbehalten ins Gymnasium
zu befördern und in seiner Wohnung abzuliefern.
Graf E—g nahm mein Anerbieten mit Dank an,
und nun führte ich meinen Professor, unter Auf=
bietung aller Leibeskräfte, in seine Wohnung und
übergab ihn dort seiner Wirtschäfterin, die von dem
trostlosen Zustand ihres Herrn wenig erbaut war.
Einige Zeit darauf fiel derselbe vom katholischen
Glauben ab, wurde protestantisch und begab sich in
den Ehestand.

Am Lyzeum in Rastatt sah es, als ich dort
studierte, in dieser Beziehung nicht besser aus.

Derjenige Professor, der uns Mathematik, Geo=
metrie 2c. lehrte, kam gewöhnlich schon am Vormittag
stark angeheitert in die Klasse und handierte dann
mit Lineal und Zirkel au der Rechentafel wie ein
Haspel. Er bekümmerte sich wenig darum, ob wir
seine Arithmetik und Algebra, seine Sinus= und
Kosinus=Berechnung verstanden oder nicht. Er hastete
und jastete in alkoholischer Begeisterung von Auf=
gabe zu Aufgabe, ohne sich darüber zu verlässigen,
ob wir imstande wären, der Windsbraut seiner ma=
thematischen und geometrischen Evolutionen und
Deduktionen zu folgen. Selbstverständlich war der
Gewinn, den wir aus solchem Unterrichte zogen und
ziehen konnten, sehr gering.

Ein geiftlicher Profeffor, der über die Satyren des Horaz nachmittags Unterricht erteilte, kam jeder= zeit mit hochgerötetem Angeficht in die Klaffe. Da er propter nimium «est, est» *) gewöhnlich das Gleichgewicht verloren hatte, fchlich er, an der erften Bankreihe fich haltend, ftets hin und her. Ich kann es mir nicht verfagen, eine jokofe Epifode aus einer diefer Unterrichtsftunden zu erzählen.

In einer Satyre kam das Wort «anus» vor. Der Student, der diefes Wort zu überfezen hatte, verdolmetfchte es mit „altes Weib". Profeffor G. war aber mit diefer Bezeichnung nicht zufrieden, er behauptete, es gebe einen viel paffenderen terminus technicus für anus. Er forderte nun einen nach dem Andern auf, den gewünfchten Kunftausdruck anzugeben. Jeder zerbrach fich den Kopf, das frag= liche Epitheton zu erraten. Allein Profeffor G. war mit den Leiftungen unferes Scharffinnes und Humors keineswegs zufrieden, er fchüttelte bei jeder Antwort den Kopf und inquirierte immer fchneller und hiziger. Nachdem ein Jeder feinen Senf zu dem fraglichen Worte gegeben, war der richtige Ausdruck für anus noch immer ein ungelöftes Problem und in einen

---

*) Diefe Anfpielung bezieht fich auf eine Anekdote, die in Büfchings „Erdbefchreibung" und in Daniels „Handbuch der Geographie" bei der Erwähnung des Ortes Montefiafcone, in Italien, erzählt ift.

mysteriösen Schleier gehüllt. Doch will ich, bevor das große Geheimnis enträtselt vor das Publikum tritt, dasselbe mit der außerordentlich originellen Frageweise Professor G's bekannt machen. Solches geschieht aber durchaus nicht in der Absicht, diese katechetische Methode zur Nachahmung zu empfehlen, sondern vielmehr in der Intention, alle gelehrten und ungelehrten Schulmeister vor derselben ernstlich zu warnen.

Professor G. hatte es sich angewöhnt, jede seiner Fragen mit sogenannten expletivis, mit Flickwörtern und Lückenbüßern, einzuleiten, die sich Schlag auf Schlag wiederholten und dadurch zu einem höchst lächerlichen Bombaste anschwollen. Er katechisierte wörtlich folgendermaßen: „Nu (nun) so, Herr A, also denn, was heißt anus?" A. antwortete: „Megäre." G. schüttelte den Kopf und fragte den Nächsten: „Nu so, Herr B. also denn unter anderen, was heißt anus?" B. antwortete: „Hetäre." G. schüttelte energisch den Kopf und fragte den Nächsten: „Nu so, Herr C., also denn, wenn mer (wir) so wollen, da hier, was heißt anus?" C. antwortete „Xanthippe." G. schüttelte unmutig den Kopf und fragte den Nächsten: „Nu so, Herr D., also denn da hier, wenn mer so wollen, unter anderen, was heißt anus?" D. antwortete: „Alte Schachtel." G. schüttelte unwillig den Kopf und fragte auf die schon bekannte Weise den Nächsten. E. antwortete: „Altes Ripp." Ungeduldig schüttelte G. abermals den Kopf.

Nachdem G. alle examiniert hatte, und der ganze the-
saurus vocabulorum und das cornu copiae unsrer-
seits erschöpft waren, ohne daß der gewünschte Ausdruck gefunden worden wäre, sagte G., durch so
viele Fehlschüsse gereizt und erbittert: „Nu so denn
also da hier, anus heißt, wenn mer so wollen, unter
andern: Bettel; das ist also da hier der richtige Ausdruck für anus. Nu so denn, da hier, warum ist
denn keinem der Herrn Obersextaner dieser adäquate
Ausdruck für anus unter andern, wenn mer so
wollen, eingefallen?" Mit dieser „Alte-Weiber= und=
Betteljagd" waren aber mehr als 20 Minuten der
kostbaren Zeit verloren gegangen.

Ich will dieses klägliche Kapitel mit einem
schweren Fall beschließen, der sogar einen Beinbruch
zur Folge hatte.

Professor S., Klassenvorstand der Obersexta,
vergaß sich bei einem Ausflug nach Rheinau so sehr,
daß er, nach Rastatt zurückkehrend, weil stark bezopft, halt= und steuerlos im Zickzack dahinlavierte.
Bei der protestantischen Kirche riß ihn das supra
modum genossene Alkohol so unglücklich zu Boden,
daß er einen Beinbruch erlitt, der ihn viele Wochen
ans Krankenbett fesselte. Infolge dieser für eine
Erziehungsanstalt höchst ärgerlichen Kalamität, trat
an derselben ein fast herrenloses Interregnum
ein, während dessen ein verhängnisvolleres Sauf=
rittertum als jenes im Mittelalter die Hauptrolle

spielte — eine großartige Lumperei und Kneiperei nämlich.

Im Hinblick auf die geschilderten tatsächlichen Verhältnisse an den erwähnten 2 Anstalten, denen noch mehrere angereiht werden könnten, ist es selbstverständlich, daß die bestehenden, jährlich zweimal den Studenten vorgelesenen Geseze ein toter Buchstaben bleiben mussten. Jene Statuten und der Lebenswandel der Studenten standen in demselben schreienden Mißverhältnis zu einander wie die zwei einzigen §§. eines humoristischen Vereines, dem ich auf der Universität einige Zeit angehörte. §. 1 lautete also:

Pflichten der Vereinsmitglieder.

„Alle Mitglieder schulden dem Vereins-Präsidenten, der diskretionäre Gewalt über Leib und Leben sämmtlicher Vereinsgenossen besizt, unbedingten Gehorsam.

§. 2 proklamierte die Rechte der Vereinsmitglieder

in folgender Fassung:

Jedes Vereinsmitglied besizt absolute Freiheit; es darf denken, reden und treiben, was ihm beliebt.

Einen ganz ähnlichen Kontrast bildeten damals die Statuten und die Lebensweise der Studenten.

Der geniale Dichter Göthe, dessen Aussprüche, wo es sich nicht gerade um Religion und strenge

Moral handelt, als Autoritätsbeweise gelten können und angeführt werden dürfen, sagt in der ersten Abteilung seiner „Sprüche in Prosa“: „Wie soll nun aber ein junger Mann für sich selbst dahin gelangen, dasjenige für tadelnswert und schädlich anzusehen, was jedermann treibt, billigt und fördert? Warum soll er sich und sein Naturell nicht auch dahin gehen lassen?“ Mit diesen Worten bricht Göthe den Stab über das schlechte Beispiel und anerkennt die Fruchtlosigkeit der weisesten Geseze, wenn sie dem jugendlichen Menschen nicht durch gutes Beispiel verkörpert gegenüber treten.

b. Vom Religions-Unterrichte am Gymnasium zu Offenburg und am Lyzeum zu Rastatt.

Die Erteilung eines **gründlichen** Religions-Unterrichtes an den gelehrten Mittelschulen ist absolut notwendig und von höchster Wichtigkeit. Die das Studium beginnenden Knaben sind in der Regel 10—11 Jahre alt und darum sowohl im Katechismus als in der biblischen Geschichte nur unvollständig und oberflächlich unterrichtet. Es fehlt ihnen das klare Verständnis, der Überblick, die Anschaulichkeit und die auf Gründe und Beweise sich stüzende Überzeugung.

Es muß den Studenten während ihres Aufenthaltes am Gymnasium und Lyzeum ein vollständiger

Unterricht über die christliche Religion, über Dog=
matik und Moral, Kultus und Kirchenjahr, nebst
Symbolik und einem Abriß der Kirchengeschichte vor=
getragen werden. Mit aller Sorgfalt und allem
Fleiße ist die Dogmatik zu behandeln, sie ist durch
klare, unumstößliche Beweise der Bibel, der Tradi=
tion, der Vernunft und Geschichte gegen Zweifel
und Anfechtung sicher zu stellen. Die Moral ist in
ihrer Erhabenheit, Schönheit und Würde vorzu=
führen und durch interessante, packende, geschichtlich
beglaubigte Beispiele anschaulich zu machen. Die
christliche Religion muß als höchste Stufe der mensch=
lichen Erkenntnis, als Schlüssel zum Verständnis
des Ursprungs, des Zweckes und der Bestimmung
des Menschen, als Fundament eines soliden Cha=
rakters, als Rettungsanker in allen Stürmen des
Lebens, als untrüglicher Wegweiser in allen sich er=
hebenden Zweifeln, als Richtschnur bei allem Tun
und Lassen, als Schuzwehr und Waffe gegen alle
Versuchungen, die Welt, Fleisch und Satan bereiten,
als Trägerin echter, wahrer Kultur und Sittlichkeit,
als Hort des Seelenfriedens und als Unterpfand der
zeitlichen und ewigen Glückseligkeit geschildert werden.
Mit heiliger Begeisterung, mit tiefer Ergriffenheit,
mit Liebe und Ernst, mit Feuer und Nachdruck
müssen die erhabenen Lehren und sittlichen Vor=
schriften des Christentums vorgetragen, erklärt, be=
gründet und dem Geist und Herzen der Zöglinge

eingeprägt und eingepflanzt werden. Dem Christen=
tum muß das antike und moderne Heidentum
gegenüber gestellt und nachgewiesen werden, wie arm=
selig und trostlos dieses im Vergleich mit jenem ist,
damit die Schüler das Glück schäzen lernen, Glieder
der wahren, von Jesu Christo gestifteten Kirche zu
sein. «Contraria juxta se posita magis elucescunt»,
sagt mit Recht der Lateiner, d. h. einander gegen=
über gestellte Gegensäze treten um so besser hervor.

Durch Wort, Muster und Vorbild des Religions=
lehrers müssen die Schüler über das schale, sünd=
hafte und verderbliche Bausch= und Bogenleben der
verkehrten Weltkinder emporgehoben und für Gott
und die Tugend gewonnen werden. Der Religions=
lehrer muß durch würdevolles Benehmen, durch
väterliche Herablassung, durch makellosen Wandel
und erbauliche Feier des Gottesdienstes den Zög=
lingen voranleuchten, imponieren, Ehrfurcht abringen
und deren Hochachtung, Zutrauen, Liebe und An=
hänglichkeit erwerben. Er muß vor denselben so
lehren und vor ihren Augen so wandeln, daß sie
die feste Überzeugung gewinnen, daß er selbst von
der Wahrheit der göttlichen Offenbarung durch=
drungen ist und sich gewissenhaft bestrebt, sein Leben
mit den Vorschriften der heiligen Religion in Ein=
klang zu bringen. Wenn der christliche Religions=
Unterricht an den gelehrten Mittelschulen in dieser
Art und Weise während 9 langen Jahren erteilt

würde, dann verließen dieselben höchstens vereinzelte
Schüler als moderne Heiden, im Ganzen und
Großen aber giengen gläubige, überzeugungstreue,
sittliche Christen aus denselben hervor.

Der Hauptgrund, warum die Studenten zu meiner
Zeit am Gymnasium zu Offenburg und am Lyzeum
zu Rastatt dem Christentum völlig entfremdet wurden,
war der höchst dürftige, schablonen= und handwerks=
mäßig erteilte Religions=Unterricht, die Aufklärungs=
Manie und unkirchliche Richtung der Religionslehrer
sowie der Mangel am guten Beispiel von Seite der
geistlichen und weltlichen Professoren.

Es genügt durchaus nicht, daß dem Religions=
Unterricht im Studienplan wöchentlich 2 Stunden
eingeräumt sind, sondern der ganze Unterricht an
den gelehrten Mittelschulen muß auf das Christentum
basiert werden, er muß vom Geist des Christentums
durchweht, getragen und verklärt werden. Es ist ein
verhängnisvoller Mißgriff, die Religion als ein ein=
zelnes, für sich bestehendes Fach, als einen blosen
Lehrgegenstand, der mit den andern Gegenständen in
keiner Verbindung steht und auf dieselben keine Rücksicht
zu nehmen und keinen Einfluß zu üben hat, zu erklären
und als solchen zu behandeln, obgleich die Religion
ihrem Wesen und Berufe nach es verdient, als die Seele
des ganzen gelehrten Unterrichtes und der wissen=
schaftlichen Bildung betrachtet und hochgeschäzt zu
werden. Es rächt sich bitterlich, wenn man der Re=

ligion nicht gestattet, einen Einfluß auf die profanen
Unterrichtsgegenstände auszuüben, und ihr keinen
Wirkungskreis hinsichtlich der Bildung und Erziehung
der studierenden Jugend einräumt, wenn man dieselbe
vielmehr als fünftes Rad am Wagen, als Aschen=
brödel, als einstweilen noch zu duldende Absurdität
behandelt, bei jeder Gelegenheit an die Wand drückt
und hinter die Kirchenmauern verbannt. Einsichtige
erfahrene Männer haben den hohen Wert der Re=
ligion und ihre unschäzbaren Verdienste um Wissen=
schaft und Kultur, um Bildung und Erziehung der
Menschheit klar erkannt und öffentlich anerkannt.
Der gelehrte, Geschichtschreiber und Staatsmann,
Guizot, sagt, obgleich er Protestant war, in seinem
Werke: «Cours de l'histoire moderne»: „Alle
großen Fragen, für welche die Menschheit ein In=
teresse hat, regte die katholische Kirche an; sie hat
sich um alle Probleme, um alle Wechselfälle, welche
über die Menschen kommen, bekümmert; ihr Einfluß
auf die neuere Zivilisation war deßwegen auch sehr
groß, größer als ihre heftigsten Gegner und ihre
größten Verteidiger ihn dargestellt haben. Es ist eine
unbestrittene Tatsache, daß Europas ganze Entwick=
lung in Wissenschaft und Sittlichkeit wesentlich auf
der christlichen Gottesgelehrtheit beruht, welche die
Geister beherrscht und leitet. Alle Anschauungen
tragen das Gepräge dieser Gottesgelehrtheit, alle
politischen und geschichtlichen Fragen werden vom

Standpunkt der Gottesgelehrtheit aus aufgefaßt. Der
Geist der Theologie ist gleichsam das Blut, das
durch die Adern der Welt fließt bis zu Bacon und
Descartes. Dieser Einfluß war höchst segensreich,
denn er hat nicht nur die geistige Bewegung in
Europa genährt und befruchtet, sondern auch ein
System aufgestellt, das unendlich höher stand als
alles, was die alte Welt gekannt hat."

Julius Simon, Philosoph und Staatsmann,
Mitglied der Regierung nach dem Sturze Napo=
leons III., Deputierter, Senator, Mitglied der aca-
démie française und zweimal Minister, der durchaus
liberal und in religiöser Beziehung aufgeklärt war,
erkannte dennoch als praktischer Kopf und scharffin=
niger Sozialpolitiker, daß die Moral ohne Dogmatik
und die Humanitäts-Religion im Philosophen=Mantel
keinen Halt und Bestand hat. Als der französische
Unterrichts-Minister Paul Bert gegen die Klöster
wütete, das Christentum aus den Schulen verdrängte
und in denselben einen gottlosen Katechismus ein=
führte, da trat Simon mit aller Entschiedenheit und
mit männlichem Freimut gegen diese verderbliche
Neuerung in die Schranken und rief Bert und
seinen Spießgesellen zu: „Ihr habt kleine Handbücher
der Moral und der Bürgerpflichten verfaßt. Ihr
wähnet also, daß die Lehren der Moral die Religion
als solche und jede positive Religion ersezen werden.
Das Evangelium soll dem Diktat des Herrn Paul

Bert Plaz machen. O Ihr Thoren, betrügt doch Euch selbst nicht! Es wird Euch nicht gelingen, Frankreich zu entchristlichen! 1793 wandte man dazu noch schärfere Mittel (die Guillotine) an, und es gelang dennoch nicht. Noch vor dem Abschluß des Konkordates (1801) war der Gottesdienst schon in 35.000 Pfarreien wiederhergestellt. Nein, es wird Euch nicht vollständig gelingen (das Christentum zu vernichten), aber eines werdet Ihr allerdings er= reichen: Ihr werdet schwache Geister beunruhigen, die Gleichgiltigen in sittlichen Todesschlaf einlullen und dem Missetäter einen Vorwand liefern, seine schlechten Neigungen zu befriedigen. Ihr wähnet, gegen die Religion zu kämpfen, allein Ihr kehret Euere Waffen gegen die Tugend. In einer Gesellschaft, wie Ihr sie anstrebet, würde jedes Opfer eine Narr= heit sein, und Hingebung und Begeisterung keinen Sinn mehr haben. Wenn der Feind heranrückt, und Frankreich zu seinen Söhnen sagen wird: ‚Gehet für mich in den Tod‘, dann werden sie antworten: ‚Wir müssen erst wissen, ob der Gegner uns mit 60 centimes per Stunde bezahlt.‘ Ach, meine Herrn, Sie vollbringen eine ominöse Arbeit! Und wenn ich Ihnen versichere, daß jeder Ihrer Fortschritte und jede Ihrer Laisierungen für Frankreich so viel wie eine verlorene Schlacht bedeutet, so sage ich Ihnen nur die Wahrheit, die klare und traurige Wahrheit“.

Das sind ernste und nicht genug zu beherzigende
Worte.

Der hochberühmte Feldherr Wellington sagte
einst im englischen Oberhause, als es sich um den
Unterricht in den Staatsschulen und um den Anteil
handelte, der bei demselben der Religion und Moral
zuerkannt werden müsse: „Ich bin kein Schulmeister
und fälle über Lehrmethoden kein Urteil, in E i n e m
Punkte aber erlaube ich mir, meine Überzeugung,
und zwar mit allem Nachdruck, dahin auszusprechen,
daß, wofern nicht die Religion zur Grundlage des
Unterrichtes gemacht wird, es Euere Schuld ist, wenn
es in Zukunft nur um so viel mehr gescheite Teufel
in der Welt geben wird.“

Ja, der Religion gebührt der Vorrang unter
allen Fächern des Studienplanes! Die profanen
Wissenschaften dienen entweder zur formellen Geistesbildung, oder sie vermitteln nützliche Kenntnisse zur
ersprießlichen Erlernung des sogenannten Brodfaches
auf der Universität, sie befähigen den Jüngling, in
das Verständnis der Natur und ihrer Kräfte ein-
zudringen, sie machen ihn bekannt mit dem Ent-
wicklungsgang verschiedener Völker, mit ihrer Religion,
ihren Taten und Kriegen, ihrer Blüte und ihres
Zerfalles. Sie sezen ihn in den Stand, die Werke
der Griechen und Römer in der Ursprache zu lesen.
Aber durch all Das wird sein Herz nicht veredelt
und geheiligt und sein Willen zur Übung der Tugend

nicht angespornt. Durch all Das werden ihm keine
geläuterten sittlichen Grundsäze eingepflanzt, und wird
die Bildung eines soliden Charakters außeracht ge=
lassen oder vernachlässigt. Der Jüngling bleibt sich
selbst überlassen, er wird ein Wildling, er verkommt
und verwahrlost. Die einseitige Verstandesbildung
führt zum Dünkel und Hochmut· und die von der
Religion emanzipierte Wissenschaft zum Unglauben
und zur Gottlosigkeit in der Theorie und Praxis.
Nur die christliche Religion adelt und heiligt das
Herz, macht gewissenhaft und wahrhaft sittlich und
erzieht den Jüngling zu einem charakterfesten Mit=
glied der Kirche und der menschlichen Gesellschaft.
Sie verleiht ihm Gnade, Kraft und Mut, damit er
siegreich gegen alle Versuchungen kämpfen und seine
überirdische Bestimmung — ein Kind der ewigen
Seligkeit zu werden — erreichen kann. Und eben
darum gebührt dem Religions=Unterricht der Vorrang
vor jeder profanen Disziplin, sie mag heißen, wie
sie will. Ihm fällt die Lösung der schwierigen Auf=
gabe zu: die Studenten zu gläubigen, tugendhaften
Christen zu erziehen. Christ sein im Glauben und
Leben, in Wort und Tat ist entschieden mehr wert
als blos Mensch, routinierter Mensch sein; der echte
Christ steht, vom richtigen Standpunkt betrachtet und
mit dem richtigen Maßstab bemessen, höher als der
blos wissenschaftlich Gebildete, der blos gründlich
Gelehrte, und mögen sie auch noch so feine Manieren,

gute Dressur und Schliff besitzen, denen aber die religiös-sittliche Würde, das feste Fundament und der innere Gehalt fehlen. Ohne Religion, Gewissen= haftigkeit und Moralität ist alle wissenschaftliche Bildung und Gelehrtheit gleißender Schein, Flitter und Tand, die dem Menschen, rücksichtlich seiner eigentlichen Bestimmung, rein gar nichts nützen. St. Paulus schreibt im I. Brief an die Korinther: „Wenn ich die Sprachen der Menschen und Engel redete, aber die Liebe nicht hätte, so wäre ich wie ein tönendes Erz und eine klingende Schelle. Und wenn ich die Gabe der Weissagung hätte und wüßte alle Geheimnisse und besäße alle Wissenschaft, und wenn ich alle Glaubenskraft hätte, so daß ich Berge versetzen könnte, hätte aber die Liebe nicht, so wäre ich nichts." St. Paulus versteht hier unter Liebe: die göttliche Tugend der Liebe, die von der christlichen Religion ins Menschenherz gepflanzte und groß gezogene Liebe oder, was das Nämliche ist: den in Liebe tätigen Glauben oder das lebendige, in Taten umgesetzte Christentum. Echter Christ sein, ist also die Hauptsache, ist die erste Pflicht und ver= leiht den höchsten Wert, alles Andere ist dem Christen nur Mittel, sein Ziel diesseits und jenseits zu er= reichen. Ludwig IX., Frankreichs heiliger König, schätzte seine Christenwürde weit höher als seine Re= gentenwürde. Ein gründlich Gelehrter und zugleich der größte Dichter seiner Zeit war der Spanier

Lope der Vega, und dieser hochberühmte Mann, den die Spanier gleichsam als Abgott verehrten, sagte am Ende seines Lebens: „Der wahre Ruhm besteht in der Tugend, und ich würde gerne allen Beifall, der mir zuteil geworden ist, um den Preis hingeben: ein einziges gutes Werk mehr getan zu haben."

Aus dem Erwähnten geht hervor, daß der Religions=Unterricht als der erste, vorzüglichste, nüzlichste und notwendigste Gegenstand des Studienplanes zu betrachten und zu behandeln ist, daß alle andern Fächer im Grund genommen nur Hilfswissenschaften zur Begründung, Befestigung und Verteidigung der christlichen Religion sind. Die eigentliche Philologie (die Sprachwissenschaft), die naturhistorischen Fächer, die Geschichte, Philosophie, Mathematik, Geometrie ꝛc. sind ebenso viele Vorschulen und Stufen, die zum Heiligtum der Religion hinanführen. Ich weiß wohl, daß gegen diese Behauptung weitaus von der Majorität der Professoren als gegen eine der greuligsten Häresien mit Entrüstung Protest erhoben wird, und solches wäre gewiß auch zu jener Zeit, als ich studierte, geschehen, sofern sich jemand erdreistet hätte, den Religions=Unterricht primo loco zu sezen und die profanen Wissenschaften als Hilfstruppen desselben zu erklären; allein nichts destoweniger ist und bleibt meine Behauptung eine unumstößliche Wahrheit. Als Bürgen und Gewährsmann für die Richtigkeit meiner Behauptung führe ich 2 Aussprüche des grundgelehrten und hochberühmten Trithemius an, der uns gediegene Werke hinterlassen hat, die sich mit Philosophie und Theologie, Naturgeschichte und Medizin, Geschichte und Literatur befassen. In seiner Schrift: «De vera studiorum ratione», folio 2, stellt er als Ziel aller Wissenschaft das Streben nach Erkenntnis Gottes und die Selbstvervollkommmung hin. Er sagt: „Wie kann man ruhen wollen oder müßig sein, wenn man bedenkt, wie viel es jeden Tag für uns selbst und für andere zu tun gibt, wie hinfällig unser Leben ist, wie rasch der Tod aller Arbeit, mit welcher wir durch die göttliche Gnade und die Verdienste Jesu Christi unser Heil wirken sollen, ein Ende macht! Ob wir mit dem Worte oder mit der Feder wirken, stets sollen wir bedenken, daß wir Prediger der Wahrheit und Verkündiger der Liebe sind, und daß diese Liebe in uns selbst Frieden wirken und Heil und Segen, soweit dieses in unseren Kräften steht, über andere verbreiten muß. Dann werden dem Schriftsteller auch die schwersten Arbeiten erträglich und leicht, und drückende Mühen süß und erfreulich sein. Eine Wissenschaft, die nicht aus diesem Geiste geboren ist, führt zum Bösen, verunreinigt unser Herz, verbittert unser Wesen und verwirrt die Welt." In einem Briefe an seinen Bruder schildert er den Zweck der Wissenschaft fol=

gendermaßen: „Die wahre Wissenschaft ist diejenige,
die zur Erkenntnis Gottes führt, die Sitten ver=
bessert, die Gelüste einschränkt, die Neigungen läu=
tert, die Einsicht alles Dessen, was zum Heil der
Seele notwendig ist, befördert und das Herz zur
Liebe des Schöpfers entzündet."

Auch der große, geniale Astronom und Mathe=
matiker Kepler, der ein durch und durch gläubiger,
religiöser und frommer Protestant gewesen, hatte
dieselbe erhabene Ansicht vom Zweck der Wissen=
schaft als eines Mittels zur Offenbarung der Eigen=
schaften Gottes und zu seiner Verherrlichung und als
einer Stufenleiter zur Erkenntnis Gottes und zur
wahren Weisheit und Tugend. Er dankte am Schlusse
eines jeden größeren von ihm verfaßten Werkes
Gott für die ihm verliehenen Talente und Gnaden
und sprach den Wunsch aus, daß es zur Verherr=
lichung der heiligen Dreifaltigkeit gereichen möge.
Solch ein Epilog — wohl den meisten Gelehrten
von heutzutage eine Absurdität — lautet:

„Es bleibt nun nur noch übrig, daß ich Augen
und Hände von der Beweistafel hinweg zum Himmel
erhebe und den Vater des Lichtes andächtig und
demütig anflehe. Herr und Schöpfer, der du durch
das Licht der Natur in uns die Sehnsucht nach dem
Licht der Gnade erweckest, damit du uns durch das=
selbe in das Licht der Glorie versezest, ich sage dir
Dank, daß du mich durch deine Schöpfung erfreut

haft, da ich entzückt war über die Werke deiner
Hände! Siehe, hier habe ich ein Werk meines Berufes
vollendet durch die Geisteskraft, die du mir verliehen;
ich habe den Ruhm deiner Werke den Menschen
geoffenbart, welche diese Beweise lesen werden. So
viel mein beschränkter Geist von deiner Unendlichkeit
zu fassen vermag, hab ich ihnen geoffenbart. Mein
Geist bestrebte sich, so wahr als möglich zu philoso=
phieren. Habe ich aber eine Äußerung getan, die
deiner unwürdig ist; so offenbare es mir, damit ich
es verbessere. Bin ich durch die bewunderungswürdige
Schönheit deiner Werke zu verwegenen Behaup=
tungen verleitet worden, oder sollte ich meine eigene
Ehre bei den Menschen gesucht haben, als ich dieses
Werk verfaßte, das zu deiner Verherrlichung bestimmt
war; so verzeihe es mir gnädig und barmherzig.
Endlich schenke mir die Gnade, daß dieses Werk zu
deinem Ruhme und zum Heil der Seelen gereiche
und niemand schade." Welch echte Weisheit und tiefe
Demut sprechen nicht aus diesen Worten eines großen
Gelehrten und frommen Christen! Dagegen zu jener
Zeit, da ich studierte, und noch viel mehr heut=
zutag!

Ich kann es mir nicht versagen, zwei Manifeste
anzuführen, aus welchen aufs schlagendste hervor=
geht, welchen Plaz man heutzutag der Religion,
respektive dem Christentum, und welchen man der
vom Christentum emanzipierten Wissenschaft und

Bildung, der sogenannten Aufklärung und Freigeisterei anweist.

Bekanntlich hat sich Rudolf, Kronprinz von
Österreich, am 30. Januar 1889, auf seinem Jagd-
schloß zu Meyerling, bei Baden, entleibt. Ich ent-
halte mich jedweder Äußerung und Bemerkung über
dieses tragische Ende eines, durch Gottes Vorsehung
so hochgestellten und mit so glänzenden Anlagen des
Geistes ausgestatteten Prinzen und führe diesbezüglich
blos das Urteil einer Zeitschrift an, die auf dem
Gebiete der Pädagogik in Österreich als tonangebend
betrachtet werden kann.

Die „Freien pädagogischen Blätter" sprachen sich,
in Nr. 6 vom 9. Februar 1889, über den Kronprinzen Rudolf folgendermaßen aus: „Der tote
Kaisersohn war ein Mann des Lichts! In ihm lebte
ein machtvoller Drang zur Erkenntnis und zur
Wahrheit. Die Liebe zur Natur, das stete Streben,
die sich in ihr vollziehenden Ereignisse, die Lebensweise der die Natur bevölkernden Lebewesen zu er-
gründen — das war ein Grundzug seines Wesens.
Die Natur in ihrer hohen Schönheit, mit dem
Reichtum und der Vielgestaltigkeit ihres Inhaltes
macht nur auf edle Gemüter Eindruck. Der Natur-
freund ist immer auch ein guter Mensch. Von jeher
war die Natur dem Menschen eine Brücke nach oben,
eine Stufenleiter zu jener Höhe, auf der die schaffende
Kraft, die Gottheit, tront. Jawohl, echte Reli-

giosität, die über die Kleinheit und Enge
menschlicher Sazungen weit hinaushebt,
ist dem Toten, an dessen Bahre wir
trauernd stehen, tief in die Seele geprägt
gewesen. In seinem edlen Drange nach Wahrheit
hat der Kronprinz Rudolf alle Fesseln ge=
brochen, welche Herkommen und Vorurteil
über seine Wege spannten. Er umgab sich
mit Männern, die ihm in der Liebe zur Natur und
in dem Trachten nach Erkenntnis ihrer Gestaltung
und ihrer Geseze verwandt waren. Wo eine solche
Übereinstimmung vorhanden war, da konnte ein
Unterschied nach Lebensstellung, Glaubensbekenntnis
und anderen Rücksichten eine Trennung nicht er=
zwingen. Das Werk, in welchem die österreichisch=
ungarische Monarchie in Wort und Bild zur Dar=
stellung gelangt, ist ein unvergängliches Denkmal
der freien Welt= und Lebensanschauung Rudolfs.
Er hat die Mitarbeiter an diesem Werke berufen
ohne Ansehen aller Äußerlichkeiten, sie hatten den
inneren Beruf, und das war ihm alles und genug.
Was wäre ein Prinz, der an den Stufen des Trones
solch klaren Blick und solchen festen Willen bekundet,
uns erst als Kaiser geworden!" Es wäre der reinste
Luxus, für diejenigen, denen das Herz am rechten
Fleck sizt und die christliche Religion keine Chimäre
ist, zu diesem Artikel eines hochliberalen Blattes einen
Kommentar zu schreiben, die Andern aber bedürfen

einer gründlichen Operation, zu deren Vornahme diese Blätter nicht berufen sind.

Das zweite zeitgenössische Manifest steht, aus Stein gemeißelt, auf dem campo dei Fiori zu Rom. Auf Pfingsten 1889 wurde in Rom zu Ehren des, am 17. Februar 1600, nach den damals bestehenden weltlichen und kirchlichen Gesezen, als Häretiker und politischer Revolutionär verbrannten Giordano Bruno, der ein italienischer, apostasierter Dominikaner gewesen, anläßlich der Enthüllung seines Monumentes, ein großartiges Fest von Seite der Logenbrüder, der Ungläubigen und Republikaner gefeiert. Alle liberalen und mit dem Christentum auf gespanntem Fuß lebenden Zeitungen stimmten einen Preisgesang auf den abgefallenen welschen Mönch an. Ein Tiroler Blatt bezeichneter Kategorie, das als publizistisches Organ der Weltstadt Meran einen gewissen Ruf hat, die „Meraner Zeitung“, brachte in Nr. 133, einen Artikel, der die Überschrift trug: „Zum Andenken eines Märtyrers“, und in welchem der Gottesleugner G. Bruno ein Held genannt wird, der den Gottesbegriff seiner dogmatischen Hülle und Zieraten entkleidete, und der zur Erkenntnis gelangte, daß ein dogmatischer Gottesbegriff, wie wir ihn aus dem Oriente überkommen hatten, und wie ihn Rom als Grundstein seiner Herrschaft geformt und ausgebaut hatte, ungenügend seie, um bei fortschreitender

Erkenntnis des Werdens und Waltens der Natur den moralischen Halt zu bieten, dessen die, von den Schlacken der Unwissenheit und Unkenntnis gereinigte Menschheit bedarf. So belobigt ein Tirolerblatt einen eidbrüchigen Mönch, der ein offenkundiger Gottesleugner, ein politischer Revolutionär und ein unsittlicher Mensch gewesen. Die hochliberale italienische Zeitung «Il Capitano Fracassa» nennt die Hauptschrift J. Brunos «Il Candelajo» eine: „Schweinerei", und der liberale Exminister Ruggiero Bonghi, Gelehrter, Publizist und Staatsmann, nennt J. Bruno: „den gemeinsten und schmuzigsten Schriftsteller seiner Zeit". Der Schweizer Reformator Calvin vertrieb J. Bruno aus Genf, „weil derselbe mit der Leugnung des persönlichen Gottes ein verwegenes Spiel treibe." In Helmstädt, in Deutschland, wurde er von der lutherischen Behörde als Gottesleugner und unsittlicher Mensch exkommuniziert. J. Bruno nennt Luther in seinen Schriften: „den Größten der Großen, den Erlöser der Welt, den neuen Herkules", den Papst dagegen: „den Tyrannen und Vikar der Hölle, eine blutdürstige Bestie, den Höllenhund mit drei Köpfen." Er preist Luther, weil er die Adeligen aufgefordert, die Bauern wie tolle Hunde und wilde Bestien tot zu schlagen, und nennt das deutsche Volk: „das Schwein der Schweine". (Und ein deutsches Blatt lobhudelt dieses welsche Lästermaul! Wo bleibt

denn da das Ehrgefühl und das nationale Selbst=
bewußtsein?) Die blutdürstige Königin von England,
Elisabeth, nennt J. Bruno: „eine Nymphe, eine
Göttin, von himmlischer Substanz, ein göttliches
Wesen, würdig, nicht blos England, sondern die
ganze Welt zu regieren", (welch ekelhafte Schmeichelei,
Speichelleckerei und Niederträchtigkeit!) Er nennt
Jesum Christum: „einen Betrüger, der nicht blos
das Kreuz, sondern den Galgen verdient habe; die
heilige Schrift eine Träumerei, den Esel das Sinn=
bild der Heiligen und das Christentum einen Feind
des Erdenglückes." J. Bruno verwarf nicht nur den
Zölibat, sondern auch die Monogamie „als ein der
Natur angetanes Unrecht", und empfahl und recht=
fertigte die Vielweiberei! Diese Lehren finden sich in
J. Brunos zahlreichen Schriften, namentlich in dem
Buche «Il Candelajo», «Spaccio della Bestia trion-
fante», «De Monade», «Dell' Infinito», «Della
causa», «La cena», «Le Cabale» etc. Diesem
Scheusal wurde in Rom ein Denkmal gesezt! Dieses
Scheusal feiert und verherrlicht eine Tiroler Zeitung
als Märtyrer! Ich finde, offen standen, daß es gegen=
wärtig noch um einige % schlechter mit der Religion
und dem Christentume steht, als zu der Zeit, da ich
in Offenburg und Rastatt studierte.

Ach, wie mancher junge Mann besizt eine ex=
quisite, feine Bildung und gründliche Kenntnisse in
vielen und verschiedenen Fächern! Er spricht geläufig

mehrere Sprachen, er weiß mit Sicherheit über die
neuesten Resultate des Studiums und der Fortschritte
auf dem Gebiete der Naturwissenschaften, der Me=
dizin, Chemie, Physiologie, Mechanik, Physik, Techno=
logie ꝛc. zu reden, er hält seine Hand am Pulse der
Zeit und marschiert in der vordersten Reihe der
aufgeklärten, starken Geister, der Ehrenmänner par
excellence, doch da kommt eine schwere Versuchung
über ihn und unterwirft seine sogenannte Moral,
seine philosophisch = ethischen Grundsäze der Feuer=
probe. Er soll dem Sittengeseze ein Opfer bringen,
sich selbst verleugnen und beherrschen, der Sinnen=
lust widerstehen, dem verlockenden Gesange der Si=
renen sein Ohr verschließen und den geleisteten Eid
der Treue halten. Da bebt aber der klägliche Bieder=
mann, der armselige Tugendheld im durchlöcherten
Philosophenmantel entsezt zurück, er winselt und
klagt wie ein verhätscheltes Kind, und weil er zu
feig ist, heldenmütig zu kämpfen, so entschließt er
sich, als Memme vom Kampfplaze zu fliehen, er
greift zum Strick, zum Dolch oder zum Revolver.
Der wahre Christ dagegen hält stand in jeder Ver=
suchung, und seine Tugend bewährt sich als echt und
unerschütterlich in der Feuerprobe der schwersten
Prüfung.

Der Religions=Unterricht muß darum an den
gelehrten Mittelschulen mit der größten Sorgfalt und
Gründlichkeit erteilt werden. Viele Studenten stammen

aus Familien, die in religiöser Beziehung ein trost=
loses Bild darbieten, in denen kein gläubiger Sinn,
keine Religiosität, keine Zucht und Ordnung herrschen.
In sehr vielen Familien, namentlich in den soge=
nannten besseren Familien, in jenen der Honora=
tioren, der Beamten, der Reichen, ist das tägliche,
gemeinschaftliche Gebet außer Gebrauch gekommen,
Indifferentismus oder modernes Heidentum führt das
Szepter, der Vater hat sich von Christentum und
Kirche emanzipiert, die Mutter ist eine Modedame
— um nicht zu sagen: eine Modenärrin — die
Gesellschaften gibt und besucht, der Theater, Oper,
Konzerte und Bälle mehr am Herzen liegen als
ihre Kinder und deren Erziehung; die Dienstboten
aber bringen nicht selten das frivolste Lasterleben in
Wort und Tat den Kindern zur Anschauung. Es
dreht sich in gar vielen Familien alles um Ver=
gnügen, Genuß, Sinnentaumel, Kabale, Liebes=
abenteuer und Verschwendung. Freilich ist es unend=
lich schwer, den Söhnen solcher Familien durch den
Religions=Unterricht eine andere Denk=, Sinnes= und
Lebensart beizubringen, sie aus der religiösen Ver=
wilderung und dem sittlichen Moraste herauszuziehen,
sie der christlichen Religion zu gewinnen und für
die Tugend zu begeistern. Allein immerhin ist das,
was auf dem Spiele steht — die unsterbliche
Seele —, eines Versuches zu ihrer Rettung wert.

Doch auch dann, wenn die Studenten aus ent=

schieden christlichen Familien stammen, ist es uner=
läßlich notwendig, daß der ihnen zu erteilende Re=
ligions=Unterricht an Gründlichkeit und Sorgfalt
nichts zu wünschen übrig läßt, denn wer ist drohen=
deren Gefahren für Religion und Tugend ausgesezt
als die studierende Jugend? Ein einziger fauler
Apfel steckt viele gesunde an, und gerade so: ein
einziger ungläubiger und verkommener Student ver=
führt oft viele gläubige und unverdorbene Kommili=
tonen. Es ist ein wahres Wort: „Böse Gesellschaft
verderbt gute Sitten", aber am meisten bewahrheitet
es sich bei jungen, unerfahrenen, leicht verführbaren
Menschen. Es sind mir mehrere Fälle bekannt, daß
religiös und sittlich verlotterte Studenten **alle** Ka=
meraden ihrer Klasse verführt haben. Dieser drohenden
Gefahr kann nur ein mit heiligem Eifer erteilter
Religions=Unterricht vorbeugen.

Einer nicht minder drohenden Gefahr sind die
Studenten sehr oft dadurch ausgesezt, daß sie in
einer größeren Stadt, ohne alle Aufsicht, lediglich
sich selbst überlassen sind. Ich habe schon früher er=
wähnt, daß sich der sogenannte Hausherr um den
sittlichen Wandel der bei ihm wohnenden Studenten
nicht im mindesten bekümmert. Dasselbe muß auch
von den Klassenvorständen gesagt werden, zu meiner
Zeit wenigstens hielt sich ein Professor niemals ver=
pflichtet, seine Schüler in ihrem Quartier zu be=

suchen. Durch unangemeldete Visiten könnte aber sehr viel Gutes gestiftet und Schlimmes verhütet werden.

Auch die freie Disposition über Geld und sehr oft auch, per fas et nefas, über Kredit ist bekanntlich eine große, den Studenten drohende Gefahr. Der junge Mensch kennt weder den wahren Wert des Geldes noch den weisen Gebrauch desselben, überdies gibt es überall arme Schlucker, Schmarozer und Speichellecker, geldgierige Hetären und eitle Puppen, die sich wie Kletten an einen Jüngling hängen, der gut bei Kassa ist. Alle meine Studiengenossen, die von Haus aus viel Vermögen hatten, gingen höchst verschwenderisch mit dem Gelde um, ließen sich ausbeuten, ergaben sich dem Trunke, studierten wenig und kamen nicht ans Ziel. Überdies endeten etliche sehr übel — als Schwindler oder Selbstmörder. Arme Studenten dagegen, die sich mit Ach und Krach, mit Kosttagen, Stipendien, Bettelgeld und Erteilung von Privatunterricht durchschlagen mußten, waren gewöhnlich fleißig und solid. Auch in dieser Beziehung ist dem Religionslehrer ein Feld dankbarer und reicher Tätigkeit geboten.

Unberechenbar groß ist ferner das Unheil, das die Mythologie bei der studierenden Jugend anrichtet. Würde sie gleich von vorhinein vom Religionslehrer oder dem Klassenvorstand der Prima (alten Stils) und dann in den nachfolgenden Klassen stufenweis in das richtige Verständnis, in den Sinn

und Geist, in die Idee und Bedeutung der heid=
nischen Götterlehre eingeführt und zugleich mit Ekel
und Abscheu vor den olympischen Lappalien und
Unflätereien erfüllt werden, dann wäre der schäd=
liche Einfluß der heillosen Mythologie neutralisiert.
Zu meiner Zeit geschah aber gerade das Gegenteil:
Die ganze olympische Sippschaft stand in hohen
Ehren, man ließ keine Gelegenheit vorübergehen,
in mythologischen Tropen zu reden, so daß man
hätte glauben können, die genannten Anstalten be=
fänden sich in Athen oder Rom, und gehöre ihr
Kalender der aera ante Christum natum an. Die
ganze Denk= und Lebensweise wurde nach und nach
durch die Lektüre der lateinischen und griechischen
Klassiker, durch Stilübungen und Konversation heid=
nisch. Man kehrte allerdings nicht wie z. B. Julia-
nus Apostata zum crassen Heidentum zurück, aber
man hielt die Kulturstufe, auf welcher die heidnischen
Griechen und Römer gestanden, für viel höher als
jene, auf welcher gläubige Christen stehen. Man löste
die christlichen Dogmen in Mythen und Allegorien
auf und erklärte die von der Kirche eingeführten
Sitten, Gebräuche und Gewohnheiten für Aberglauben,
Überspanntheit, Auswüchse, Mißbräuche und phanta=
stisches Wesen. Zu dieser modernen, antichristlichen
Geistesrichtung hatten namentlich Göthe, Schiller
und Wieland sehr Vieles beigetragen, da sie gewöhn=
lich mit tiefster Verachtung vom Christentum und

der christlichen Kirche sprachen, für das klassische Altertum schwärmten und das rein Menschliche und Ästhetische vergötterten.

Göthe spricht in seinem Briefe aus Cento, den 17. Oktober 1786 (siehe: „Italienische Reise", IV. Band, Seite 324. Ausgabe der Cotta'schen Buchhandlung, Stuttgart, 1877) in vollem Ernste von einer „katholischen Mythologie" und zwar anläßlich der Beschreibung eines Ölgemäldes von Guercino, das Maria mit dem Jesuskinde darstellt. Seite 303 sagt er, bei der Beschreibung eines Gemäldes von Titian, im Dome zu Verona, das die Himmelfahrt Mariä darstellt: „Die Himmelfahrt Mariä im Dom, von Titian, ist sehr geschwärzt, der Gedanke lobenswert, daß die angehende Göttin nicht himmelwärts, sondern herab nach ihren Freunden blickt." Und Seite 332 sagt er ganz unverfroren: „Die Gunst der Menschen wie die der Dämonen besucht uns nicht immer zur rechten Zeit. Heute ward ich aufgeregt, etwas auszubilden, was gar nicht an der Zeit ist. Dem Mittelpunkt des Katholizismus (dem Vatikan) mich nähernd, von Katholiken umgeben, mit einem Priester in eine Sedie eingesperrt, indem ich mit reinstem Sinn die wahrhafte Natur und die edle Kunst zu beobachten und aufzufassen trachte, trat mir so lebhaft vor die Seele, daß vom ursprünglichen Christentum alle Spur verloschen ist; ja wenn ich mir es in

7*

seiner Reinheit vergegenwärtige, so wie wir
es in der Apostelgeschichte sehen, so mußte
mir schaudern, was nun auf jenen gemüt=
lichen Anfängen **ein unförmliches, ja barockes
Heidentum lastet.**" So charakterisiert Göthe, der
hochberühmte, der von zahllosen vergötterte Göthe
das Christentum, die christlichen Glaubenslehren
und speziell die katholische Kirche! Und ist es nicht
eigentliche Heuchelei, wenn Göthe die Apostelgeschichte
scheinbar lobt und auf Kosten der 4 Evangelien
herausstreicht, obgleich ihm sehr wohl bekannt war,
daß zwischen allen Teilen des Neuen Testamentes
die größte Harmonie, Einheit und Übereinstimmung
herrschen? Bezeugt denn die Apostelgeschichte, die
der Verfasser des dritten Evangeliums — der heilige
Lukas — schrieb, nicht an unzähligen Stellen die
Gottheit Jesu Christi, die Stiftung der christlichen
Kirche, deren Leitung durch die dritte göttliche Per=
son — den heiligen Geist —, die Wunder, welche
die Apostel im Namen Jesu wirkten, das Martyrium
der ersten Blutzeugen, die ihren Glauben an Jesum
Christum, als den wahrhaftigen Sohn Gottes, mit
ihrem Blute besiegelten, und namentlich die Beteh=
rung des heiligen Paulus, seinen standhaften Glauben
an Jesum, den Sohn Gottes, seine Opfer und
Leiden? Wer kann das leugnen? Es ist also eine
hohle Phrase und eine schön klingende Tirade, wenn
Göthe behauptet, das Christentum erscheine nur in

der Apostelgeschichte in seiner Reinheit, und die
gemütlichen Anfänge des Christentums seien mit
einem **unförmlichen, ja barocken Heidentum** belastet
worden, d. h. die katholische Kirche lehre und übe
ein unförmliches, barockes Heidentum.

Göthe schrieb, am 3. Februar 1787, aus Rom
an den Herzog Karl August von Weimar: „Von
dem Theater und den kirchlichen Zeremonien bin
ich gleich übel erbaut. Die Schauspieler geben sich
viele Mühe, um Freude, und die Pfaffen, um
Andacht zu erregen, und beide wirken auf eine
Klasse, zu der ich nicht gehöre. Beide Künste (!)
sind in ein seelenloses Gepräge ausgeartet. **Auf alle
Fälle ist der Papst (Pius VI.) der beste Schau=
spieler, der hier seine Person produziert,** die an=
bern Menschen, die nicht öffentlich gaukeln,
treiben meistens ihr Spiel im stillen." Das ist
Göthe'sche Kritik und Toleranz! So beurteilt Göthe,
der Gelehrte, der Klassiker, der Humanist, der Ästhe=
tiker und Staatsmann, Papst Pius VI.! Höhnisch,
wegwerfend und verächtlich nennt er das Oberhaupt
der katholischen Kirche, den Stellvertreter Jesu Christi,
den Nachfolger des heiligen Petrus — Pius den VI.,
einen heiligmäßigen, von schwerem Kummer und
Sorgen tief niedergebeugten Greis von 72 Jahren
(der später, 1799, in französischer Gefangenschaft, zu
Valence, sterben mußte, weil er die unveräußerlichen
Rechte der Kirche gegen die gottlosen Häupter der

Schreckensherrschaft in Frankreich heldenmütig ver=
teidigte) einen **Schauspieler, einen Komödianten und
Gaukler, der seine eigene Person produziert!** Als
Attila, der Barbar, der Hunnenkönig, im Jahre 452,
an der Spize eines gewaltigen Kriegsheeres gegen
Rom zog, um diese herrliche Stadt zu plündern
und höchst wahrscheinlich in einen Schutthaufen zu
verwandeln, da trat ihm Papst Leo, der Große,
entgegen und beschwor ihn unter Bitten und Drohun=
gen, Rom zu verschonen und umzukehren. Und das
Unglaubliche geschah: Attila, die Geißel Gottes, der
Wüterich, dem sonst nichts imponierte, den nichts er=
griff und rührte, beugte sich vor der erhabenen Er=
scheinung, vor der, Ehrfurcht und heilige Scheue
einflößenden Persönlichkeit des Papstes, er gab sein
Vorhaben auf, Rom zu erobern, zu plündern, zu
zerstören, er kehrte um, und Rom war gerettet;
Göthe aber nennt Papst Pius VI., in Rom selbst,
das die Päpste zu einem Palladium aller Wissen=
schaften und Künste umgewandelt, in Rom, mit dem
sich keine andere Stadt der Welt in dieser Beziehung
messen darf, einen Schauspieler und Gaukler! Quous-
que tandem, Weimarane, abutere patientia nostra!

Die erwähnten Aussprüche Göthes sind leider
von der sogenannten, dem Christentum teils entfrem=
deten, teils feindselig gesinnten modernen Gesellschaft
zum Dogma erhoben worden. Das positive Christen=
tum hat sie (die moderne Gesellschaft) als Aber=

glauben, Ammenmärchen, Gözendienst und Heiden=
tum zu den Toten geworfen und an dessen Stelle
entweder den Deismus, den Pantheismus oder Ma=
terialismus, den Kultus der Kunst, der Ästhetik, der
reinen Menschlichkeit, des sogenannten heiteren Lebens=
genusses und ·der „gesunden Sinnlichkeit" gesezt.
Diese Religion eigener Erfindung und Fabrikation,
eigenen Geschmackes und zeitgemäßer Mode nennt
sie die „geläuterte Religion der Biedermänner, der
Ehrenmänner, der starken Geister, der aufgeklärten
Tugendhelden des XIX. Jahrhunderts". Die einzige
Schranke, die sie noch als berechtigt anerkennt, das
einzige Korrektiv und Präservativ, das sie den Be=
kennern ihrer bankerotten Dogmatik und Moral mit
auf den Weg durchs Leben gibt, ist die Devise:
Maß halten, Extreme, Extravaganzen und gemein=
schädliche Exzesse vermeiden, den guten Ton bewahren
und sich vor jeder Kollission mit dem Kriminal= und
Strafkodex hüten, denn «omne nimium vertitur in
vitium!» Diese jämmerliche Religion stand schon
damals, als ich an den genannten Anstalten stu=
dierte, in höchstem Flor, sie war die herrschende, die
allein mustergiltige und durch unantastbare Privilegien
geschüzte Religion. Die alte, positiv christliche Reli=
gion, der sogenannte Kirchenglauben, die von Weih=
rauch duftenden Priester und von Weihwasser triefen=
den Devotionalien, Heiligenbilder und Kerzen, Rosen=
kränze und Palmen, Gebetbücher und Bruderschafts=

zettel waren in die Rumpelkammer geworfen und hatten nur noch als Kuriositäten und Antiquitäten des finstern Mittelalters Wert. Selbst der Name „Christus" und das Wort „Christentum" waren aufs strengste verpönt, sie wurden niemals von einem Biedermann und Lichtfreund ausgesprochen. Man hatte Furcht und Scheu vor ihnen wie vor einer ansteckenden Krankheit. Man berief sich darum niemals auf Christus und das christliche Sittengesez, auf eine Bibelstelle, ein Gebot Gottes oder gar auf ein Kirchengebot, einen Kirchenvater oder ein Konzilium. Wehe demjenigen, der es gewagt hätte, auf so plumpe Weise ins finstere Mittelalter zurückzufallen und sich an der Majestät des XIX. Jahrhunderts zu versündigen, er wäre als Finsterling, Römling, Obskurant und Pfaffenknecht in den Bann getan worden! Man vermeinte damals, die Welt ließe sich viel zweckmäßiger mit Kants kategorischem Imperativ, mit dem von der Vernunft, der Naturreligion, den Illuminaten und Logenbrüdern aufgestellten Sittengeseze und einigen prägnanten Sentenzen heidnischer Klassiker, als mit dem mosaischen Dekalog und dem Hirtenstab der Kirche regieren. Eine einzige Kraftstelle aus Anakreon, Äschylus, Euripides, Sophokles, Pindar, Homer, Plutarch, Plato, Tacitus, Livius, Horaz, Plinius, Seneca oder Cicero fiel bei ihnen viel schwerer ins Gewicht als die ganze heilige Schrift, es wurde jener ein durchschlagenderer

Erfolg zugeschrieben als allen Aussprüchen der Kirchenväter und Konzilien. Unter derartigen Verhältnissen läßt es sich allerdings nicht verkennen, daß ein eigentlicher Religionslehrer einen sehr schweren. Standpunkt einnahm, allein niemand wird in Abrede stellen, daß es trozdem seine heil. Pflicht und Schuldigkeit war, sich dem hereingebrochenen Verderben mit aller Macht und Kraft entgegenzustemmen und noch zu retten, was gerettet werden konnte, ja gerade der geschilderte unsäglich traurige Zustand und die der studierenden Jugend drohende Gefahr: der religiös-moralischen Anarchie anheimzufallen, mußten die damaligen Religionslehrer auffordern, sich um so mehr mit allem Eifer der religiösen Pflege der ihnen anvertrauten Jugend hinzugeben.

Von besonders verderblicher Wirkung war damals die oft und bestimmt ausgesprochene Behauptung: Religion und Wissenschaft seien unvereinbarliche Gegensäze, die Religion seie eine Feindin der Wissenschaft, der Aufklärung und des Fortschrittes; Gelehrsamkeit, echte Bildung und Gesittung müßten daher naturnotwendig mit der am Alten hängenden Religion in Konflikt geraten; Religion und Wissenschaft ständen in umgekehrtem Verhältnisse zu einander, sobald nämlich die Religion, namentlich der Glauben zunehme, müsse die Wissenschaft eine rückgängige Bewegung machen; schreite dagegen die Wissenschaft vorwärts, so müsse die Religion, der Autoritäts-

und Wunderglauben, der Formelnkram und die Bet=
schwesterei das Hasenpanier ergreifen, sich zurück=
ziehen, einschrumpfen und endlich verschwinden. Man
hielt damals an dem Vorurteile fest: Kein, durch
Talent und wissenschaftliche Bildung hervorragender
Gelehrter seie ein gläubiger Christ gewesen oder
könne ein gläubiger Christ sein. Gervinus,
Professor der deutschen Literatur und Geschichtschreiber,
sagt in seinem Werke: „Neuere Geschichte der poe=
tischen National=Literatur der Deutschen", II. 329.:
„Kein Mann von Bedeutung erscheint in unserer
Literatur, der nicht die Fessel der positiven Religion
abgeschüttelt hätte." Das ist leider rücksichtlich der
deutschen Literatur, bis auf wenige Ausnahmen,
wahr, obgleich das positive Christentum keine Fessel,
sondern nur eine dem Geist, dem Herzen und Willen
vom Sohne Gottes, vom Erlöser der Menschheit,
gesezte, wohltätige Schranke ist, und obgleich ein
gläubiger, frommer und sittenreiner Christ, sofern
er das nötige Talent, die erforderliche Ausbildung
und den unentbehrlichen Fleiß besizt, sehr wohl im=
stande ist, eine Koriphäe in der Literatur zu werden.
Man dehnt aber die Behauptung des genannten
Professors der deutschen Literatur auf alle Männer
der Wissenschaft aus und versteigt sich zu dem Aus=
spruche: „Kein gründlich gelehrter, wissenschaftlich
gebildeter Mann war ein gläubiger Christ und
konnte ein solcher sein." Wir Studenten bekamen

diesen Ausspruch in verschiedenen Variationen zu
hören und verrannten uns durch denselben in den
heillosen Wahn: das Christentum seie ein absolutes
Hindernis, wissenschaftliche Forschungen anzustellen
und zu allseitiger Geistesbildung zu gelangen. Man
bezeichnete es als unsere Pflicht und Aufgabe, uns
von jedem religiösen Vorurteil, von mittelalterlichem
Aberglauben und starrem Festhalten an konfessio-
neller Beschränktheit loszumachen, uns lediglich an
den nüchternen Verstand zu halten und vom
natürlichen Licht der Vernunft leiten zu lassen. Religiöse Befangenheit und mönchische Frömmelei seien
ein Bleigewicht, das den freien Geistesflug hemme
und das Herz in schmachvolle Ketten schlage. Nur
beschränkte Geister, Flach- und Plattköpfe ließen sich
am Gängelbande kirchlicher Sazungen und römischer
Despotie führen. Solche Äußerungen ungläubiger
Professoren verfehlen bei studierenden Jünglingen
ihre Wirkung nie, sie fallen gleichsam wie eine brennende Lunte in ein gefülltes Pulverfaß. Nichts erschüttert so tief die religiöse Überzeugung eines
Jünglings und untergräbt so sicher seine sittlichen
Grundsäze als Spott und Hohn, die gegen Christentum und Kirche geschleudert werden, und der ihm
vorgehaltene Köder schrankenloser Freiheit. Welcher
Student rechnet es sich nicht zur Schmach an, zu
den beschränkten Geistern gezählt und als Flach- und
Plattkopf verzollt zu werden? Welcher Student

möchte an dem verpönten mittelalterlichen Aber=
glauben festhalten, das Sklavenjoch der römischen
Hierarchie tragen, sein Herz in schmachvolle Ketten
schlagen lassen und als Obskurant, Ignorant, Duck=
mäuser, Ultramontan, Retrograd und Jesuit an den
Pranger gestellt werden? Wir waren darum eifrig
bestrebt, die mittelalterlichen Wahngebilde und Spuck=
gestalten aus unserer Seele zu verbannen, mit dem
Christentum vollständig aufzuräumen, echte Adepten
des XIX. Jahrhunderts und dadurch den Heroën
der Wissenschaft ähnlich und beigezählt zu werden.
Katechismus, heilige Schrift und Gebetbuch mussten
den griechischen, römischen und deutschen Klassikern
das Feld räumen, sie verstaubten im Hintergrunde
des Büchergestelles und gerieten in Vergessenheit.
Welch ein Wirkungskreis wird nicht durch diese trau=
rigen Verhältnisse und Zustände einem eifrigen, über=
zeugungstreuen Religionslehrer angewiesen! Muß sich
ein solcher nicht im Gewissen verpflichtet fühlen, das
Christentum gegen die oben erwähnten Anklagen,
Verdächtigungen und Verleumdungen in Schuz zu
nehmen und zu verteidigen? Wird er nicht den un=
umstößlichen Beweis liefern, daß das Christentum
dem wissenschaftlichen Fortschritt weder feindselig
noch hindernd im Wege steht, daß die Resultate der
wahren Wissenschaft mit den wirklichen
Glaubensfäzen des Christentums in keinem
Widerspruche stehen, und daß das christliche Sitten=

gesez den Menschen nicht einer unwürdigen Sklaverei
überliefert, sondern ihm die wahre Freiheit bringt,
die Freiheit von Thorheit und Sünde, Laster und
Leidenschaft? Er wird aus der Geschichte und der
Biographie berühmter Männer nachweisen, daß es
eine absichtliche Geschichtsfälschung und boshafte Lüge
ist, daß kein, durch Talent und wissenschaftliche Bil=
dung hervorragender Gelehrter ein positiv gläubiger
frommer, eifriger Christ gewesen. Er wird nament=
lich die Aussprüche jener Männer anführen, die,
obgleich sie tief gelehrt und hoch berühmt waren,
es dennoch unumwunden aussprachen, daß sich Wissen=
schaft, Religion und Religiosität sehr wohl mit
einander vereinigen lassen, und daß jene ohne diese
keinen Wert und keinen Zweck habe. Er wird den
studierenden Jünglingen jene große Schar gelehrter
und berühmter Männer vor Augen halten, die, troz
Gelehrtheit und Berühmtheit, gläubige Christen und
kindlich fromm gewesen. *) Es ist von unberechenbar
großer Wichtigkeit, die Studenten aufs klarste davon zu

---

*) In meiner, bei Franz Kirchheim in Mainz erschienenen
Schrift: „Drei Schoßkinder des Zeitgeistes" habe ich eine lange
Reihe gelehrter und berühmter Männer, die trozdem gläubig
und fromm waren, aufgeführt. Wer sich darüber informieren
will, findet dort, Seite 1—75, reiches Material. Ich bemerke
hier, daß in der erwähnten Schrift aus Versehen des Abschrei=
bers eine Namensverwechselung vorgekommen ist, auf Seite
151 heißt es nämlich Max Nordeau statt Zola.

überzeugen, daß es eine niederträchtige Verleumdung
ist, das Christentum, die christliche Kirche, die Päpste,
Bischöfe, Klöster und Priester sammt und sonders
zu beschuldigen, sie hätten den Aberglauben in
Schuz genommen und die Pflege und Ausbrei=
tung der Wissenschaft verboten oder verhindert;
er wird sie davon überzeugen, daß vielmehr das
gerade Gegenteil wahr und geschichtlich nach=
weisbar ist, da die Päpste bei Errichtung der meisten
Universitäten mitgewirkt haben, in den Klöstern die
Wissenschaften gepflegt wurden, und aus dem Klerus
Männer hervorgegangen sind, die als Gelehrte,
Künstler und Erfinder weltberühmt wurden. Er wird
jene dreiste Anmaßung und jenen dummstolzen
Dünkel, die da vermeinen, schon deßwegen gelehrt
und berühmt zu sein, weil sie die Religion verachten,
auf Rom und Jesuiten aus dem ff schimpfen und
den Menschen für einen Affensprößling halten, ge=
bührendermaßen geißeln.

Abgesehen davon, daß ein eifriger, gewissenhafter
und seiner schweren Verantwortung vor Gott sich
bewußter Religionslehrer ein sehr wachsames Aug
auf die Art und Weise der Erteilung des Geschichts=
Unterrichtes, der Philosophie, der Natur= und Li=
teraturgeschichte haben muß, damit er zu rechter Zeit
und in geeigneter Weise belehren, warnen und richtig=
stellen kann, wird seine Sorgfalt und Klugheit noch
von einem anderen Gegenstand in Anspruch ge=

nommen — es ist die für den heranreifenden
Jüngling so wichtige Periode, in welcher Triebe und
Neigungen erwachen, die nicht vorsichtig und sorgfältig genug überwacht, gezügelt und religiös diszi-
pliniert werden können. Entsezlich und grauenhaft
sind die Folgen, wenn der Jüngling in jener wichtigen, entscheidenden Periode seines Lebens nicht von
einem erleuchteten Religionslehrer aufgeklärt, geleitet
und unter das Palladium der Religion gestellt wird.
Ein Religionslehrer, der als väterlicher Freund und
Ratgeber das Vertrauen und die Liebe der studierenden Jünglinge besizt, vermag in erwähnter Beziehung unendlich vieles zu leisten. Steht ihnen aber
ein Solcher nicht zur Seite, so geraten sie auf Ab-
und Irrwege und werden eine Beute der Verführung
und des Lasters. Es kostet einem religiösen,
gewissenhaften Jüngling einen schweren Kampf,
über die mächtigen Versuchungen des Fleisches zu
siegen; wie sollte also ein ungläubiger oder ein
sich selbst überlassener, von zahllosen
Gefahren umringter dieselben siegreich bestehen!
O wie schön, wie reizend und berückend, wie verführerisch und verlockend schildern nicht Romane
und Novellen die geschlechtliche, sinnliche Liebe! Wie
bezaubernd wird sie nicht durch Theaterstücke und
auf den Brettern selbst, von Klassikern des Altertums und der deutschen Literatur dargestellt, und
ein Student, in welchem der mächtige Drang und

die heftige Sehnsucht erwachen, am Zauberbecher der
verbotenen Lust zu nippen, der ohne Kompaß und
Steuerruder in den entfesselten Sturm der Leiden=
schaften hineingerissen wird, der, weil ohne sorgfältige
religiöse Erziehung, ohne väterlichen Freund und
Ratgeber, die schüzenden Schranken, mit denen Re=
ligion, Kirche und Gewissen ihn umgeben hatten,
niedergerissen, sollte unter solchen Verhältnissen, in
solchen Versuchungen, in solchem Sturme unversehrt
bleiben! All' die philosophischen Beweggründe, alle
Rücksichten weltmännischer Klugheit, Bildung und
Gesittung, alle ethischen Warnungen und Zurufe:
cave, non licet, pudeat te! etc., alle Präservativ=
mittel der Hygiene und Makrobiotik vermögen nichts,
rein gar nichts gegen diese Großmacht im Menschen,
sie erweisen sich, ihr gegenüber, als macht= und
kraftlos, als Popanz und Vogelscheuchen. Nur Re=
ligion und Gottesfurcht üben eine wunderbare Ge=
walt über Geist, Herz und Willen des Menschen
aus, sie machen ihn gewissenhaft, nehmen ihn in
Zucht und bezähmen seine verführerischen Triebe und
Neigungen. Nur der gläubige, fromme Mensch ver=
mag es, gegen alle Versuchungen siegreich zu kämpfen
und einen sittenreinen Wandel zu führen, weil er
dazu die notwendige Kraft im Gebet, in den Gnaden=
mitteln der Kirche, im Bewußtsein seiner Menschen=
und Christenwürde, im Aufblick zu Gott, dem All=
wissenden, Heiligen und Gerechten, und in der

Überzeugung findet, daß er seinem Erlöser verantwortlich ist für all sein Tun und Lassen und von
ihm den verdienten Lohn oder die verdiente Strafe
empfangen wird. Und eben darum ligt alles daran,
daß der Religionslehrer die ihm zur Erziehung anvertrauten Jünglinge in der wichtigsten Epoche ihres
Lebens durch religiöse, christliche Beweggründe vor
Verirrung, Ausschweifung und Lasterhaftigkeit bewahre. Dadurch wird er ihr guter Genius, ihr
Schuzengel und größter irdischer Wohltäter.

Nachdem ich gezeigt, welche Pflichten dem Religionslehrer an gelehrten Mittelschulen obliegen, und
wie viel von der Erfüllung derselben abhängt, will
ich in tunlicher Kürze berichten, welche Verhältnisse
in dieser Beziehung zu jener Zeit, als ich Gymnasist
und Lyzeist war, an den oft genannten Anstalten
obwalteten. Diese Verhältnisse waren die denkbar
ungünstigsten und beklagenswertesten, denn ich hatte
niemals einen Religionslehrer, der ein positiv gläubiger Christ und kirchentreuer Priester gewesen. Die
damaligen Religionslehrer gehörten, fast ohne Ausnahme, der Zölibatssturm-Legion an, die alle Hebel
in Bewegung gesezt, um das ihnen verhaßte Gesez
der Ehelosigkeit zum Falle zu bringen.

Von den 61 jungen Männern, die, nach Absolvierung des Studiums der Theologie, im Spätjahre
1830, ins Priesterseminar eintraten, unterzeichneten
51 eine Dankadresse an jenen badischen Pfarrer, der

eine Petition um Aufhebung des Zöli=
bates an die badische Ständekammer gerichtet
hatte! Jene 10 Seminaristen aber, welche die er=
wähnte Adresse nicht unterzeichneten, waren durchaus
nicht gegen die Aufhebung des Zölibates, sondern
vielmehr für Abschaffung desselben, sie unterschrieben
die erwähnte Adresse aber deßwegen nicht, weil ihnen
die Form, die Abfassung, die Darstellung derselben nicht
behagte. Auch im Jahre 1831 wurde der badischen
Ständekammer eine Petition um Aufhebung des
Zölibates übergeben, die von 11 Universitäts=Pro=
fessoren und dem Universitäts=Amtmann, 8 Hof=
gerichts=Advokaten, 2 Ärzten und einem Gymnasial=
lehrer unterschrieben war. Dieses urkomische, lächerliche
und echt byzantinische Schriftstück war selbstver=
ständlich infolge weinerlicher Hilferufe und inbrünstiger
Seufzer weibersüchtiger Priester zustand gekommen,
war dasselbe doch durch die unterschriftlich beglaubigte
Zustimmung von 156 katholischen Geistlichen unterstützt!
Mehrere derselben, denen die Aufhebung des Zölibates
zu lange auf sich warten ließ, und die schon antici=
pando die Bande desselben gelockert hatten, erteilten
sich, secundum jus naturale, Dispens und traten
in den Ehestand. Drei meiner geistlichen Professoren
apostasierten ebenfalls und nahmen Weiber. Der
Zölibatssturm trat in Baden und Würtemberg mit
solcher Heftigkeit auf, daß sich Papst Gregor XVI.
genötiget sah, demselben in einer Enzyklika (vom

15. August 1832) aufs entschiedenste entgegen=
zutreten. [1])

Es läßt sich unschwer vermuten, von welcher
Beschaffenheit der von Priestern erteilte Religions=
Unterricht gewesen, die ohne Scheu die Fahne der
Empörung gegen eines der wichtigsten Disziplinar=
Geseze der Kirche aufgepflanzt hatten. Der Unterricht
im Katechismus und der biblischen Geschichte wurde
ohne Wärme, Innigkeit und Begeisterung vorgetragen;
er beschränkte sich größtenteils auf das Examinieren
der zum Auswendiglernen aufgegebenen Abschnitte.
Knüpfte der Religionslehrer an dieses und jenes
Dogma eine sogenannte Erklärung, so bestand sie in
einer wässerigen, rationalistischen Auflösung des Dog=
mas in eine moralische Idee. Alles spezifisch Katholische
wurde entweder mit Stillschweigen übergangen oder
als Auswuchs, Mißbrauch und Aberglauben erklärt.

Der große, berühmte Pädagog, Dr. Kellner,
sagt, bezüglich der Wärme, der Ergriffenheit und
heiligen Begeisterung, mit denen der Religions=Un=
terricht zu erteilen ist, in seinen „Aphorismen“,
Seite 69 (IX. Aufl.) sehr richtig: „Der Gewinn
beim Religions=Unterricht ist nur dann zu hoffen,
wenn der Lehrer ganz von seinem Gegenstande be=
seelt und durchdrungen, den Religions=Unter=
richt als einen wahren Gottesdienst ansieht
und mit jener Andacht erteilt, die wegen

---

[1]) Siehe die Belegstelle am Ende dieses Buches!

seiner Wahrheit auch ohne Ostentation auf
jedes Gemüt ihren Eindruck nicht verfehlt."
Wenn ich den uns erteilten Religions-Unterricht mit
dem hier bezeichneten vergleiche, so fängt es an,
mich zu frösteln, und ich erinnere mich unwillkürlich
der Jakobiner und Cordeliers, die das Christentum
abschafften, Gott absezten, die Vernunft auf den
vakanten Gottestron sezten, sämmtliche Kirchen Frankreichs profanierten, dieselben in Heumagazine oder
Tanzsäle umwandelten, die Glocken von den Türmen
herabholten und aus denselben Kanonen gossen oder
sous schlagen ließen.

Als einst ein Schüler der I. (untersten) Klasse
des Gymnasiums zu Offenburg, in Gegenwart des
geistlichen Professors K., der zugleich Religionslehrer
war, mit dem Bleistift einen Rosenkranz aus der
Tasche zog, da verzerrte sich das Antliz des modern-
heidnischen Jugendbildners zur häßlichsten Grimasse,
er ergriff hastig den Rosenkranz, hob denselben
mit höhnischer Miene vor uns allen in die Höhe
und apostrophierte den armen Missetäter folgendermaßen: „Wie, schämst du dich nicht, diese abscheu-
liche mittelalterliche Reliquie der Dummheit und der
Geistesknechtschaft bei dir zu tragen? Ist es nicht
ein wahres Verbrechen, die kostbare Zeit mit solch
mönchischer Leierkasten-Melodie zu vergeuden? Ich
will dir!" Und mit Zorn und Verachtung warf der
Jugendbildner, der, obgleich Priester, notorisch Logen-

bruder war, den Rosenkranz auf die Bank. War das
Benehmen dieses Professors nicht ein Dolchstoß, der
die Religion und deren Übung im Herzen aller
Studenten jener Klasse töblich verwundete?

In einem ganz ähnlichen Falle benahm sich der
Divisions-General Graf Johann Huyn, der als k. k.
Feldzeugmeister vor kurzer Zeit (1889) gestorben ist,
auffallend anders. Als er einst eine Revue abhielt,
bei welcher jeder Tornister revidiert wurde, kam ein
Rosenkranz zum Vorschein. Darüber lachten einige
Offiziere hellauf. General Huyn apostrophierte dieselben aber mit sehr ernster Miene: „Warum lachen
Sie, meine Herrn? Auch ich trage stets einen Rosenkranz bei mir", und bei diesen Worten zog er einen
Rosenkranz aus der Tasche. Das war ein sehr frei-
mütiges, eines Christen und Generals würdiges Bekenntnis, das auch auf die Soldaten einen sehr
guten Eindruck machte. Es bedarf wohl kaum der
Erwähnung, daß den Offizieren, die sich über den
Rosenkranz und dessen Besitzer lustig gemacht hatten,
das Lachen verging, daß sie sich vor ihrem Vorgesezten und den ihnen untergebenen Soldaten eine
große Blöße gegeben und sich in arger Verlegenheit
befanden.

Niemals wurde der Religions-Unterricht mit
Gebet begonnen oder geschlossen. Nie wurden wir
über die Art und Weise unterrichtet, die heilige
Messe würdig und mit Nuzen anzuhören oder die

heiligen Zeiten des Kirchenjahres zu unſerem Heil
und Segen zu durchleben. Nie wurden wir aufge=
fordert, das Faſtengebot gewiſſenhaft zu halten. Nie
ward uns eingeſchärft, nüchtern die heilige Kom=
munion zu empfangen oder die täglichen Gebete ge=
wiſſenhaft zu verrichten. Im Verlaufe der neun
Studienjahre am Gymnaſium und Lyzeum wurde
niemals Unterricht über das chriſtliche Kirchenjahr,
über Symbolik und Kirchengeſchichte erteilt. Blos
in der Unter= und Oberſexta (alten Stils) wurde
Unterricht über die heilige Kunſt: Poëſie, Architektur,
Malerei, Skulptur und Muſik in rhapſodiſcher, über=
ſichtlicher Weiſe erteilt.

Der Erſtkommunion=Unterricht beſtand lediglich
darin, daß das XXII. Kapitel im Evangelium
des heiligen Lukas und die Kapitel XIII—XVIII
im Evangelium des heiligen Johannes nach der
Vulgata überſezt wurden. Von einer gründlichen,
ausführlichen Lehre über das heilige Sakrament des
Altares keine Spur! Daß Jeſus Chriſtus unter den
Geſtalten des Brodes und Weines wahrhaft, wirklich
und weſentlich gegenwärtig ſeie, daß Brod und
Wein bei der heiligen Meſſe in Jeſu Leib und Blut
verwandelt werden, und wie man ſich dem Leib und
der Seele nach auf den Empfang der heiligen
Kommunion vorzubereiten habe, davon geſchah gar
keine Erwähnung. Wir alle waren darum der An=
ſicht, Brod und Wein ſeien blos Sinnbilder von und

für Jesus Christus, und der Empfang der Kom=
munion seie ein Gedächtnis, eine Erinnerung an
Jesus, den Weisen von Nazareth, das Ideal eines
tugendhaften Menschen.

Während ich Schüler der Unter= und Oberquinta
war, bestand der Religions=Unterricht darin, daß das
Evangelium des heiligen Johannes nach dem griechi=
schen Texte gelesen wurde. Der Inhalt dieses Evan=
geliums, die Gottheit Jesu Christi, seine Lehren,
Weissagungen und Wunder wurden gar nicht berück=
sichtiget, sondern blos die sprachlichen Formen durch=
gebeutelt. Diese Lektüre war lediglich eine Repetition
der griechischen Grammatik nach Feldbauschs Lehr=
buch. Besonders auf die Etymologie, die Prosodie,
die Accentenlehre und die unregelmäßigen Zeitwörter
wurde großes Gewicht gelegt. Welch jämmerliche
Parodie des christkatholischen Religions=Unterrichtes!
Es war offenbar darauf abgesehen, jede christliche
Faser aus dem Geist und Herzen der studierenden
Jugend zu ziehen, und das ist leider den geist=
lichen und weltlichen Professoren auch voll=
ständig gelungen.

Von einer eigentlichen Erziehung, von einer mo=
ralischen Pflege des Herzens und Charakters war
überhaupt keine Rede und konnte keine Rede sein,
nachdem das Fundament der Moral und der Ge=
wissenhaftigkeit — die positive Religion — unter=
graben und in die Luft gesprengt worden war. Nur

Weisheit, tiefes Forschen, Selbstbeherrschung, Seelen=
größe, Ehrgefühl, Wahrhaftigkeit, Ruhmsucht und
Vaterlandsliebe in republikanischem Sinn, Frauenkult
und Enthusiasmus für alles Schöne wurden, anläß=
lich der Lektüre der griechischen und römischen
Klassiker, als des Menschen würdige Tugenden aner=
kannt und gepriesen. In diesem mit Flittergold und
Kazensilber verbrämten Rahmen fanden natürlich
die göttlichen Tugenden des Glaubens, der Hoffnung
und Liebe und die sittlichen Tugenden der Demut,
Sanftmut, Geduld, Barmherzigkeit, Feindesliebe,
Mäßigkeit, Keuschheit, Frömmigkeit u. s. w. keinen
Raum, man überließ sie verächtlich den Betbrüdern,
religiösen Schwärmern, Zeloten und Fanatikern. Es
wurde damals nur unterrichtet und eingetrichtert;
das Gedächtnis wurde mit einer Menge von Be=
gebenheiten, Namen, Zahlen, Accenten, Wortfüßen
und Formeln überladen, aber von einer Erziehung
war gar keine Rede, dazu hielt sich Niemand ver=
pflichtet. Es wurde den Studenten kein sittlicher Lebens=
ernst beigebracht, und ihr Herz ward nicht veredelt, man
überließ sie lediglich sich selbst. Wenn nur das
Pensum des Lehrplanes gelöst wurde, die Schüler
recht vieles wußten und im Examen glänzten —
darauf beschränkte sich alle Sorge der Professoren
— mochten jene dabei auch sittlich verwildern und
verkommen — darnach fragte niemand. Ja, das ist
das Richtige, daß man den Studenten den väterlichen

Glauben und die Gottesfurcht raubt und sie mit
Widerwillen und Ekel vor Christentum und Kirche
erfüllt, d. h., daß man den einzigen Zaum, der sie
in Schranken halten, vor Verführung schützen und
vor Verwilderung bewahren kann, ihnen abnimmt
oder, was auf dasselbe hinausläuft, denselben als ein
Spinngewebe erklärt, das sie ungestraft zerreißen
dürfen, und daß die geistlichen Professoren und
Religionslehrer diese dämonische Pädagogik unter-
stützen oder wenigstens mit verschränkten Armen und
untätig diesem Greuel der Verwüstung zusehen! Und
diese Taktik wurde befolgt — und das Resultat?
Nachdem das Werk der Zerstörung vollbracht war,
da kam Belial und führte nach seinen Plänen,
Grund- und Aufrissen einen neuen Bau auf. Wenn
es ohne Sünde geschehen könnte, würde ich dich in
eine Korpsburschen-Kneipe führen und in das tolle,
unbändige, wüste Treiben der vom Christentum
emanzipierten, durch klassisches Heidentum und zeitgemäße Humanität gebildeten Studenten einen Blick
werfen lassen. Ha, welche banale Phrasen und
schlüpferige Wortspiele, welche Zoten und Gassenhauer, welch impertinente und gotteslästerliche Tra-
vestien biblischer oder kirchlicher Texte, welch triviale
und frivole Späße und Lieder, welche Verhöhnung
jeder Autorität, welche Zuchtlosigkeit und greuliche
Trunksucht in den Studentenkneipen!

Da ich dich anstandshalber nicht in eine Stu-

dentenkneipe führen kann, so wollen wir auf der
Gasse auf und abgehen und einige Beobachtungen
anstellen; wir drängen uns dabei nicht in Familien-
geheimnisse und reine Privatangelegenheiten ein —
bewahre! — sondern wir sehen und hören nur,
was durchaus stadtkundig ist.

Vier Studententypen.

1. Siehst du jenes fein gekleidete Frauenzimmer,
das, stolz wie eine Fürstin, am Arme eines Lyzeisten
auf dem Trottoir lustwandelt? Es ist eine arme,
aber geschickte Näherin, die in nobeln Häusern, selbst in
jenem des Lyzeums-Direktors, arbeitet und am Abend
von ihrem Galan abgeholt, spazieren geführt und
dann nach Hause begleitet wird. Sie besucht an
Sonn- und Feiertagen kein anderes Gotteshaus als
die Schloßkirche, obgleich sie weit entfernt von derselben wohnt, allein du mußt wissen: die Schloßkirche ist zugleich Lyzeumskirche, die ihr Liebhaber
zu besuchen hat, und beim Amt hört sie, da er
Mitglied des Sängerkorps ist, dessen prächtige Baß-
stimme erschallen. Beide machen aus ihrer Bekanntschaft so wenig ein Hehl, daß er seinen „Besen"
sogar in der Wohnung des Lyzeums-Direktors des
Abends abholt, denselben an Sonn- und Feiertagen
an öffentliche Vergnügungsorte führt und mit demselben noble Bälle besucht. Da er der Sohn einer
reichen Wittwe ist, so staffiert er seine sogenannte

Geliebte an Kleidern und Schmuck derart heraus, daß keine Honoratioren-Tochter geschmackvoller und kostbarer als sie gekleidet und geschmückt ist. Ich hoffe, du wirst nicht so naiv sein, mich durch die Frage nach dem sittlichen Wert und Gehalt dieser Bekanntschaft in Verlegenheit zu bringen und in die Lage zu versezen, eine Ärgernis gebende Antwort erteilen zu müssen. Ganz Rastatt wußte, was von dieser Studenten-Poussage zu halten war.

---

2. «Gratulamur tibi de nativitate principis secundi!» mit diesen Worten begrüßten einst die Untersextaner ihren Kommilitonen D., als derselbe, kurz vor Beginn des Unterrichtes, das Schulzimmer betrat. Ja, es war richtig schon der zweite Prinz, der dem Untersextaner D., einem Jüngling von 19 Jahren, geboren worden war! D. war ein armer Schlucker, der sich durch „Stundengeben" kümmerlich durchschlug, bei einem Bürger und Professionisten wohnte, mit dessen überständiger Tochter Bekanntschaft angeknüpft hatte und von derselben unterstüzt wurde. Dieses Bürgers Sohn befand sich in derselben Klasse mit D., seinem Schwager in spe, er war dessen intimster Freund und der Taufpate beim ersten und zweiten Prinzen desselben. D. lustwandelte am hellen Tage mit seiner sogenannten Geliebten auf dem Murgdamm und in der „Seufzerallee" und machte mit derselben, sammt Nachkommen-

schaft, Ausflüge in Rastatts Umgebung. Es handelte sich also in diesem Fall um eine stadtkundige „wilde Ehe", das Pärchen blieb aber sowohl von geistlicher als weltlicher Obrigkeit, von Polizei und Gendarmerie, von der Direktion und Professoren-Konferenz ganz und gar unbehelligt und unangefochten. Man ging also betreffs dieses öffentlichen Ärgernisses, dieser Verhöhnung des VI. Gebotes, der Zucht und Sitte und der Lyzealstatuten zur Tagesordnung über und anerkannte, privilegierte und patronisierte damit die free lowe, das Konkubinat und die Winkelehen.

3. „Und wer ist jener flotte Studiosus, der 2 Mädchen an der Hand führt, eines von 8 und das andere von 10 Jahren? Ist er etwa deren Bruder, Onkel oder Hofmeister?", so fragte sich gewiß jeder, der den Untersextaner R. mit den 2 blühenden Mädchen spazieren gehen sah. Ganz Rastatt und noch viel mehr die Kommilitonen R's mußten Bescheid auf diese Frage zu erteilen. Die 2 Mädchen waren die Töchter einer Wittwe, bei welcher der Untersextaner R. wohnte und aß. Beide, die Mutter nämlich und R., lebten so vertraut, intim und in kompleter Gütergemeinschaft mit einander, daß die übrigen Hausbewohner, die Nachbaren zur Rechten und Linken und vis-à-vis, sich oft dahin äußerten, man bemerke zwischen dem Verhältnis, in welchem die Wittwe jetzt mit R. lebe, und jenem, in welchem

sie ehedem mit dem ihr angetrauten Mann gelebt,
absolut keinen wesentlichen Unterschied. Diese Krypto-
gamistin war auch weit entfernt, ihr Verhältnis mit
R. in ein geheimnisvolles Dunkel zu hüllen — wozu
denn auch! Schamrot zu werden, ist eine Eigentüm-
lichkeit, respektive Schwäche der Kinder und Gimpel
und ziemt sich nicht für Personen, die auf der Höhe
der Zeit stehen und denen Übertretungen des mosaischen Dekalogs keine Magenbeschwerden verursachen.
Fühlte sich doch auch jenes Weib im Evangelium,
Johanes IV. 7 und ff., durchaus nicht verlegen, betroffen, beschämt oder verletzt, als Jesus zu ihm
sagte: „Fünf Männer hast du gehabt, und derjenige,
den du jezt hast, ist nicht dein Mann", ja seine
gute Laune und Gesprächigkeit erlitt durch die
Kundmachung seiner Kryptogamie nicht einmal für
einen Augenblick eine Einbuße, sie diskurierte so harmlos und unbefangen weiter, als wäre von Knoblauch
und Zwiebeln die Rede gewesen, warum sollte also
im XIX. Jahrhundert, im Zeitalter der Aufklärung
und Emanzipation, ein Weib, das mitten unter
Wölfen lebt, nicht mit ihnen heulen und sich den
Anschein geben, als habe Eva in ihm nicht gesündigt?

4. Eines Tags stürmte ein Rastatter Bürger
auf die Kanzlei des Lyzeums-Direktors und erhob
Klage gegen die Lyzeisten P. und Z., Schüler der
Untersexta. Als Mitschuldige denunzierte er seine

Frau und seine erwachsene Stieftochter, und zugleich
drohte er: „Wenn die beiden Untersextaner nicht
aus dem Lyzeum entlassen werden, dann mache ich
die ganze skandalöse Geschichte beim städtischen Ober=
amtsgerichte oder beim Oberstudienrate in Karlsruhe
anhängig.“ In diesem außergewöhnlichen Fall mußte
also die Lehrer=Konferenz zusammentreten und einen
Beschluß fassen, und dieser lautete dahin: Die Lyzei=
sten P. und Z. sind zu veranlassen, sich ans Lyzeum
in F. zu begeben, und wird ihnen behufs dessen,
ohne vorher eine Untersuchung des fraglichen Ver=
gehens angestellt und ein Urteil gefällt zu haben,
eine gute Sittennote erteilt. Und so geschah es. Ja,
so stand es damals an der genannten Anstalt mit
der Religion und Sittlichkeit! Das war die klassische
Bildung ohne Christentum und die humanistische
Kultur ohne Religion, solche Früchte zeitigt die mo=
derne Aufklärung und Freigeisterei; und dabei prahlte
noch eine pfauenhafte Gespreiztheit und Koketterie
von Seite der Professoren und Studenten mit den
köstlichen Resultaten der vom Christentum eman=
zipierten Wissenschaft und der modernen Pädagogik!
Sie stolzierten keck und „forsch“ in den Gängen des
ehemaligen Kapuzinerklosters zu Offenburg und des
säkularisierten Piaristenklosters zu Rastatt einher und
priesen sich glücklich, nunmehr in denselben Räumen
im reinsten Licht der Aufklärung und Geistesfreiheit
zu wandeln, in welchen ehedem bornierte Mönche,

umfangen von moderiger Klosterluft und blindem
Wahn, tief niedergebeugt unter dem römischen Joche
und stets bedroht von der Knute fanatischer Vorsteher,
an den Wänden hinschlichen. O wie oft kam dieses
Thema aufs Tapet, wie oft wurde es in Prosa und
Versen als Tendenz- und Sensationsstück von den
Studenten breit geschlagen und von den lichtum=
strahlten, geistdurchwehten, von Tabak= und Gerstensaft
durchtränkten Professoren mit frenetischem Applaus
überschüttet! Und die geistlichen Professoren? Ach,
daß Gott erbarm! Diese hatten so wenig Korpsgeist,
so wenig religiösen, christlichen und kirchlichen Sinn,
daß sie ebenfalls Beifall klatschten! Manche Pro=
fessoren machten bei jedem sich darbietenden Anlaß
solch empörende Ausfälle gegen die Klöster und
solche skandalöse, maliziöse und sarkastische Glossen
über die Mönche, daß man vermuten könnte, sie
hätten die pikantesten Bissen und Kraftstellen aus
Jnaz von Borns «Monachologia», «Anatomia
monachi» oder «Defensio Physiophili» entlehnt.
Erwähnter von Born, der aber nichts weniger als
ein Edelmann, sondern ein unversöhnlicher Feind
des Christentums, ein wütender Kirchenstürmer
und niederträchtiger Verleumder des kirchentreuen
Klerus war, der bei Josef II. in hoher Gunst stand
und großen Einfluß auf das Schulwesen in Öster=
reich ausübte, verfaßte oben genannte Schmähschriften,
in welchen er die Mönche auf die boshafteste, ge-

meinste und brutalste Weise durch die Hechel zog
und mit Kot bewarf. Wessen Geistes Kinder die mit
ihren Titeln angeführten Schriften sind, mag sattsam
aus der Definition erhellen, die der Biedermann und
Logenbruder Born von dem Worte monachus gibt.
Er sagt in der «Monachologia»: Ein Mönch ist
«Animal anthropomorphum, cucullatum, noctu
ejulans, sitiens», d. h. ein Mönch ist ein Tier, das
Menschengestalt hat, eine Kapuze trägt, des Nachts
heult und bürstet. Unter dem Heulen des Nachts
verstand Born das nächtliche Brevier= oder Chorgebet, und mit Dürsten denunzierte er die Mönche
als dem Trunke ergeben. Diese, von Lügen, Verleum=
dungen und Gemeinheit strozenden Schriften Borns
wurden nicht nur in Österreich, sondern in ganz
Deutschland von den Aufklärungsfanatikern, Illumi=
naten und Logenbrüdern übersezt, als kostbare Perlen
gepriesen und in den weitesten Kreisen verbreitet. [1]
Und Borns Monachologie redete aus unseren Professoren, und aus uns ertönte deren Echo.

Mit keiner Silbe wurde von unseren Religions=
lehrern der hohen Verdienste Erwähnung getan, die
sich die Klöster um Wissenschaft, Kunst, Bildung,
Gesittung, Agrikultur und Armenpflege erworben.
Es wurde auch darüber ein unverbrüchliches Still=
schweigen bewahrt, daß gelehrte und berühmte Män=
ner gläubig und fromm gewesen, was Wunder, wenn

---

[1] Siehe die Belegstellen am Ende dieses Buches!

sich die fixe Idee in uns festsezte: es seie ein Haupt-
merkmal und eine Prärogative eines wissenschaftlich
gebildeten, hochstehenden Mannes: keine Religion zu
besizen und mit Verachtung auf die, das Kreuz
schlagende, abergläubige plebs herabzuschauen. Wahrlich, unsere Gelehrtheit und wissenschaftliche, klassische
Bildung stand auf sehr schwachen Beinen, es war
armselig genug mit derselben bestellt, und hätten wir,
im Hinblick auf dieselben, sehr wohl tief religiös,
sehr gläubig, fromm und kirchlich gesinnt sein dürfen.
Dieselben hatten sehr viele Ähnlichkeit mit dem prahl-
hansigen Opferstock in der Kirche zu Söll, meinem
gegenwärtigen Domizil. Dieser Opferstock ist nämlich
von so kolossalen Dimensionen und so tief und weit
ausgehöhlt, daß er bequem 1000 Gulden in Kupfer-
kreuzern fassen könnte. Zudem ist er mit 3 schweren
Schlössern verwahrt. Man könnte also bei seinem
Anblick vermuten, er berge viele und kostbare Schäze,
doch dem ist nicht so. Als derselbe 20 Jahre lang
die Kirchenbesucher stillschweigend, aber dennoch sehr
eindringlich (er steht nämlich hart neben der einzigen
Türe, innerhalb der Kirche, so daß jung und alt
an demselben vorbeigehen muß) um ein Almosen
angebettelt hatte, wurde er, in meiner Gegenwart,
geöffnet und seine Fechtkunst einem eingehenden
Examen unterworfen. Und was zog man de pro-
fundis ans Tageslicht? 30½ Kreuzer! Wäre dieser
originelle Fechtbruder nicht von weißem Kalkstein

… Aberglauben und …
… zu benutzen. … können … dann
… so unparteiisch, gerecht und ehrlich sein
…, und keine Anleitung zur Herabwürdigung.

Verleumbung und Schmähung gelehrter, großer
Männer der Kirche zu geben. Dessen schämten und
entblödeten sie sich aber durchaus nicht. Sie wiesen uns
darauf hin, wie die 2 „unantastbaren Autoritäten",
Schiller und Göthe, über Kirchenväter dachten und
dieselben taxierten. Ich will das zum abschreckenden
Exempel und zum Beweise, daß religiöser Haß blind
macht, hier mitteilen.

Schiller schrieb, am 17. März 1802, an
Göthe: „Ich habe mich dieser Tage mit dem heiligen
Bernhard beschäftigt und mich sehr über diese Bekanntschaft gefreut. Es möchte schwer sein, in der
Geschichte einen zweiten so weltklugen **geistlichen
Schuft** aufzutreiben, der zugleich in einem so treff=
lichen Elemente sich befände, um eine würdige Rolle
zu spielen. Er war das Orakel seiner Zeit und
beherrschte sie, ob er gleich, und eben darum, weil
er blos ein Privatmann blieb und andere auf dem
ersten Posten stehen ließ. Päpste waren seine Schüler
und Könige seine Kreaturen. Er haßte und unter=
drückte nach Vermögen alles Strebende
und beförderte die dickste Mönchsdummheit,
auch war er selbst nur ein Mönchskopf und
besaß nichts als Klugheit und Heuchelei;
aber es ist eine Freude, ihn verherrlicht zu sehen.
Wenn Sie Griesbach (protestantischer Professor der
Theologie in Jena) oder Paulus (protestantischer
Professor der Theologie in Heidelberg, ein seichter

9*

Rationalist und Leugner der Gottheit Christi) sprechen, so lassen Sie sich doch von ihnen erzählen, vielleicht können uns diese einige Schriften über ihn verschaffen." Der tüchtige protestantische Geschichtsforscher Johann Aug. Wilhelm Neander, Professor der Theologie in Berlin, schrieb über den heiligen Bernhard ein Buch, in dessen Vorrede er sagt: „Das von mir entworfene Bild der ersten Blütezeit des Mittelalters, einer in vielfacher Hinsicht so inhaltsreichen und interessanten Zeit, das Bild eines Mannes von so tief christlichem Gepräge und so eigentümlicher Kraft (des heiligen Bernhard) wollte ich nicht untergehen lassen . . . . Nicht allein Protestanten konnten das christliche in den Formen des Katholizismus aufsuchen, sondern auch Katholiken konnten den im Christentum wurzelnden geschichtlichen Geist in protestantischen Staaten bei aller Verschiedenheit des Urteils über einzelne Erscheinungen wohlwollend und ehrend anerkennen. Auf eine ungeschichtliche Zeit war ein neuer geschichtlicher Sinn und ein neues Verlangen, sich in die Geschichte zu vertiefen, gefolgt, ein neues Streben, das Individuelle geschichtlicher Erscheinungen gründlich und tief aufzufassen. Die Zeiten haben sich geändert. Eine dünkelhafte Geistesarmut und Beschränktheit, die vornehm auf alles Alte herabsehen, können von neuem ihr Haupt erheben. Wir sehen jene traurige Erscheinung von grauen, herzverkrüppelten Jünglingen, welche mit dem anfangen, was das Lezte sein sollte, mit dem Fanatismus eines altklugen Verstandes abzuurteilen über die höchsten Fragen der Gegenwart, ehe sie im stillen Studium die Vergangenheit erforscht haben, die Alles reformieren wollen, ehe sie an die erste und wichtigste Aufgabe gedacht haben, sich selbst zu reformieren." Und am Schlusse seines Buches sagt er: „Nicht zu verachten scheint uns das Zeitalter, in welchem ein Mann, von keinem weltlichen Glanze umgeben, durch seine sittliche Kraft, durch die Höhe und Stärke seines Geistes sich so großes Ansehen und so großen Einfluß verschaffte."

Der protestantische Geschichtsforscher Friedr. Wilh. Benjamin Giesebrecht, Professor in Königsberg und später in München, sagt in seiner „Geschichte der deutschen Kaiserzeit": „Man hat die Periode, an deren Ende wir stehen, nicht mit Unrecht das Zeitalter des heiligen Bernhard genannt, denn in der Tat hatte dieser französische Mönch ein Menschenalter hindurch die Weltgeschichte mehr bestimmt als irgend ein mit der Tiara oder der Krone geschmücktes Haupt. Wer die wunderbare Macht dieses außerordentlichen Geistes leugnen wollte, obwohl er überall ihre erstaunlichen Wirkungen wahrnimmt, der gliche einem Menschen, der Licht und Wärme der Sonne in Abrede stellte, deren belebenden Einfluß er doch rings um sich erkennt." So beurteilen zwei protestantische Gelehrte und Geschichtsforscher

den heiligen Bernhard, Schiller aber nennt ihn einen
geistlichen Schuft, der alles Strebende haßte
und nach Vermögen unterdrückte, der die
dickste Mönchsdummheit beförderte, selbst
nur ein Mönchskopf war und nichts besaß
als Klugheit und Heuchelei!

Göthe schrieb, im Mai 1815, in einem Briefe
an Zelter, Direktor der Singakademie in Berlin,:
„Ein Zitat Winkelmanns wieß mich auf die Homilien des Chrysostomus; ich wollte doch sehen, was
der Kirchenvater über die Schönheit zu sagen gewußt
habe, und was fand ich? Einen Pater Abraham a
sankta Klara, der die ganze hohe griechische Kultur
im Rücken hat, in der niederträchtigsten Umgebung
lebt und seinem schlechten Publikum mit goldenem
Munde (Chrysostomus heißt nämlich: „Goldmund")
das dümmste Zeug vorsagt, um es durch Erniedrigung
zu erbauen." Johann Andreas Cramer, protestantischer Professor der Theologie in Kiel, ein sehr
gelehrter Mann, gab eine deutsche Übersezung der
Predigten, Homilien, Abhandlungen 2c. des heiligen
Chrysostomus in 10 Bänden heraus. Am Schlusse
der Biographie des hochberühmten Kirchenvaters sagt
er: „Das ist das Leben dieses großen Bischofs, der,
wenn ihn nicht seine Beredsamkeit allein unsterblich
machte, wegen seiner Wissenschaft und
Heiligkeit, wegen seiner Strenge gegen alles
Laster und wegen seiner außerordentlichen Tugend,

Großmut und Standhaftigkeit in seinen mannigfachen
und unerträglichen Verfolgungen bei allen Jahr=
hunderten unvergeßlich sein wird. Es gibt nicht leicht
einen Kirchenvater, welcher mehr und größere Lobes=
erhebungen erhalten hätte als er. Herman, Tillemont
und Montfaucon haben sie mit großer Sorgfalt ge·
sammelt, und ich werde sie den Lesern mitteilen,
wenn ich weitläufiger von den Schriften dieses
großen Bischofes handeln werde." Dieses Urteil
eines protestantischen Gelehrten und Geschichtsforschers,
der die Schriften des heiligen Chrysostomus genau
kannte und gründlich studiert hatte, und der dieselben
ohne Vorurteil und Parteilichkeit nach ihrem wahren
Wert taxierte, lautet ganz anders als jenes des
Polyhistors Göthe, der bekanntlich dem Christentum,
speziell dem Katholizismus, sehr abgeneigt war und
in Beurteilung religiös=kirchlicher Dinge eine große
Befangenheit und Parteilichkeit verriet. Sagte er doch
unumwunden: „Das Christentum ist mir zuwider
wie Kegelschieben, Tabaksrauch und Hundegebell."
Cramer stellt dem heiligen Chrysostomus das Zeugnis
aus: er seie hochberühmt und unsterblich als Redner,
als Mann der Wissenschaft und Tugendheld, Göthe
aber charakterisiert denselben als einen Verächter der
hohen griechischen Kultur, als einen Fabelhans à la
Abraham a sankta Klara, und einen Possenreißer
und Gaukler, der den byzantinischen Hofschranzen
das dummste Zeug vorsagt. Niemand wird von dem

Protestanten und Logenbruder Göthe verlangen, daß
er den Erzbischof und Kirchenvater Chrysostomus als
einen Heiligen verehrt und als eine wissenschaftliche
Größe und Autorität anerkennt, allein man ist doch
befugt, zu verlangen, daß ein renommierter Schrift=
steller nicht banditenmäßig über einen an Wissenschaft
und Tugend über die Mit= und Nachwelt hervor=
ragenden Mann herfällt und denselben frivol und
hohnlachend an den Pranger stellt. Freilich gilt bei
allen Aufgeklärten und Lichtfreunden bezüglich Göthes
das bekannte αυτος εφα — er hat es gesagt — als
Axiom, Prinzip und unumstößlicher Beweis, und
steht am Sockel einer jeden Göthebüste, wenn auch
dem profanen Auge unsichtbar, der wunderwirkende
Spruch: «Honni soit qui mal y pense!» —
Schmach treffe denjenigen, der schlecht von ihm denkt.
— Von Göthe etwas Schlimmes oder Anstößiges
sagen, wird nicht minder als Pietätslosigkeit, Respekts=
widrigkeit und Vandalismus erklärt als Chams böse,
verruchte Tat.

Schlagfertig und kampfbereit steht die „aufge=
klärte“ Presse stets auf der Wacht, um jeden Angriff
auf den Göthekult energisch abzuwehren und ihr Idol
in Schuz zu nehmen. Die liberale, protestantische
„Magdeburger Zeitung“ brachte, am 28. Okt. 1886,
in dieser Beziehung einen interessanten Artikel, der
seine Spize zunächst gegen die in Berlin erscheinende
konservative, katholische Zeitung „Germania“, in

zweiter Linie aber gegen alle Freveler am Kulte der
größten deutschen Klassiker richtete. Derselbe lautete:
„Der ‚Germania‘ diene unsererseits zum Bescheide,
daß wir nicht erst jezt auf die literarische Propaganda der Jesuiten hingewiesen haben. Der jesuitische
Eifer, durch den Herder'schen Weltverlag in Freiburg
Deutschland mit spezifisch römischer Literatur förmlich zu überschwemmen, ist älteren Datums, nur hat
dieser Eifer in den lezten Jahren sich mehr als ver-
doppelt und in seinen Kreis Disziplinen
gezogen, die zeitweilig für neutral gegolten.
Wir haben hierbei namentlich die Literaturgeschichte
im Auge, die von geschickten jesuitischen Federn jezt
so geschrieben wird, daß in ihr Göthe, Lessing und
Schiller komische Figuren werden. (Bewahre! das
Tatsächliche besteht darin, daß durch katholische
Schriftsteller das leider nur zu lang bestandene protestantische Monopol: Welt-, Völker-, Kultur- und Literaturgeschichte zu verfassen, abgeschafft, der dichte
Schleier, der auf allen diesen Gebieten ausgebreitet
lag, hinweggezogen und die für Göthe, Lessing und
Schiller beanspruchte Verehrung geprüft, nach Verdienst bemessen und auf das richtige Maß reduziert
wurde.) Der Jesuitismus vergreift sich an dem geistig
höchsten Besiztum der deutschen Nation, um es der
heranwachsenden Generation zu verleiden (arme
deutsche Nation, wenn der Göthe-, Lessing- und Schil-
lerkult dein geistig höchstes Besiztum ist! Wir da-

gegen huldigen noch immer der allerdings außer
Kurs und Mode gesezten Ansicht: die Religion,
speziell das positive Christentum, seie das geistig
höchste Besiztum der deutschen Nation) und die im=
mer neuen Auflagen der literarhistorischen Schmäh=
schriften beweisen, daß sie selbst außerhalb der ka=
tholischen Kirche gelesen und pädagogisch benüzt
werden. (Das war freilich ganz in der Ordnung,
daß seit fast 300 Jahren nur von protestantischen
Schriftstellern und Gelehrten tendenziös verfaßte
Lehrbücher der Geschichte und der deutschen Literatur
an allen Unterrichtsanstalten eingeführt waren!)
Angesichts der Überflutung mit jesuitischer Ware
kann die protestantische Literatur nicht rege genug
sein, um die ungeheuern geistigen Gefahren, die un=
serem Volke durch die Schriftstellerei der Jesuiten
erwachsen, nicht noch größer werden zu lassen.“
Beim Vernehmen dieser kräftigen Alarmschüsse könnte
man fast den Mut verlieren, das Idol der aufge=
klärten Welt mit kritischem Aug zu besichtigen, jeden=
falls sezt man sich, wie aus dem angeführten
Zeitungsartikel hervorgeht, dadurch der Gefahr aus,
als Jesuit verschrieen zu werden. Diese Gefahr jedoch
verachtend, sage ich, Göthe betreffend:

Selbst Göthes offenkundige Irrtümer, Böcke und
Schnizer werden in seinen Werken als verehrungs=
würdige Reliquien beibehalten, die dem unendlich
hochstehenden Heros so wenig schaden wie die Son=

nenflecken dem größten Himmelskörper. Göthe sagt
in seinem Werke „Italienische Reise", im Abschnitt
„Vom Brenner bis Verona", Seite 294 und 295.
(IV. Band. Stuttgart. Verlag der Cotta'schen Buchhandlung. 1877): Die Etsch fließe vom Brenner
herab und wende sich bei Bozen gegen Mittag,
während jeder in der Geographie ordentlich bewan-
derte Gymnasist weiß, daß auf dem Brenner der
Eisak und im Vinstgau die Etsch entspringt, und
daß sich der Eisak, eine starke Stunde von Bozen
entfernt, in der Richtung nach Verona, bei Sigmunds-
kron, mit der Etsch vereinigt. Doch — errare hu-
manum, und auch an Göthe haben sich oft die
Sprüche bewahrheitet: «Nihil humani a me alienum puto» und: «Interdum bonus dormitat Ho-
merus». Allein eine lächerliche caprice und abson-
derliche Schrulle der späteren Herausgeber der Göthe'-
schen Werke ists, daß der erwähnte geographische
Schnizer, der dem deutschen Klassiker und Genie, das
sonst das Gras wachsen hörte, den Kirchenvätern am
Zeug flickte und den Päpsten das Pensum korrigierte,
doch gewiß eine Makel anhing, nicht längst beseitigt
wurde. Es verhält sich mit der Konservierung und
Adoration dieses geographischen Schnizers aus Göthes
Feder wie mit der Ehrfurcht eines gewissen Vikars
vor den Druckfehlern im proprium sanctorum
der Erzdiözese Freiburg, und dessen Scheu, dieselben
zu korrigieren. Ab. B. war längere Zeit mein Vikar

(Hilfspriester), und da er kein proprium sanctorum
zum Brevier besaß, lehnte er regelmäßig das meinige.
Da ich desselben aber auch benötiget war und öfters
zu derselben Zeit das Brevier beten wollte, zu
welcher Ab. B. dasselbe persolvierte, so war ent=
weder ich oder er verhindert, von demselben Ge=
brauch machen zu können! Ich forderte daher, um
der steten proprium = Suche und Jagd ein End
zu machen, Ab. B. auf, sich in Freiburg ein proprium zu kaufen oder von dort kommen zu lassen.
Ab. B. ersuchte nun den Herder'schen Verlag, ihm
ein proprium zu übersenden, allein es traf von
demselben, statt eines propriums, die Nachricht ein,
daß die ganze erste Auflage desselben vergriffen sei
und in nächster Zeit eine zweite nicht erscheinen
werde. Nun ersuchte mich Ab. B., ich möchte ihm
mein proprium während eines Monates an jenen
Tagen leihen, an welchen ich dasselbe nicht bedürfe,
da er entschlossen sei, das ganze, 255 Seiten zählende
Buch abzuschreiben. Ich erklärte mich bereit, seinem
Gesuche zu entsprechen. Nun benützte Ab. B. jede
freie Stunde zur Abschrift, dabei verfuhr er aber
so mechanisch und sklavisch, daß er auch die dicksten
Druckfehler dekopierte. Als ich eines Tages diese
Wahrnehmung machte, drückte ich mein Befremden
darüber aus und sagte zu Ab. B.: „Warum inkor=
porieren Sie denn diese augenscheinlichen Druckfehler
Ihrem Manuskript und schänden dasselbe durch diese

Böcke?" Darauf antwortete Ab. B. in vollem Ernst
und mit allem Nachdruck: „Dieses proprium ist ein
liturgisches, von der Kirche verfasstes Buch, also ist
sein Inhalt heiliger Text, an dem ich keinen Buchstaben zu ändern wage." Ich entgegnete dem in
dieser Beziehung hyperorthodoxen Vikar: „Ihr Respekt
vor diesem liturgischen, von der Kirche verfassten
Buch, der sich sogar auch auf die Druckfehler desselben erstreckt, geht offenbar zu weit, denn die
Kirche hat dieses Buch weder gesezt noch gedruckt,
sondern Sezer und Drucker, die möglicher Weise
ganz ungläubige oder häretische Personen gewesen.
Die Druckfehler dieses Buches entstammen entweder
dem Irrtum, dem Leichtsinn oder der Nachlässigkeit
der Sezer, Korrektoren, Drucker oder Lehrbuben,
welche die Lettern von der Druckerschwärze zu reinigen und dann in die betreffenden Abteilungen der
Letternfächer zu legen haben. Nun ist es aber doch
gewiß nicht nur pedantisch, sondern auch absurd und
naiv, den Respekt vor diesem allerdings heiligen
Text auch auf die Druckfehler desselben, das heißt
auf den Irrtum, den Leichtsinn und die Nachlässigkeit der Sezer, Korrektoren, Drucker und Lehrbuben
des Herder'schen Verlags auszudehnen. Ich meine,
der Respekt vor dem heiligen Text dieses Buches
sollte Sie gerade veranlassen, denselben von den
offenkundigen Druckfehlern zu reinigen. Ja, das zu
tun, sind Sie eigentlich sogar verpflichtet, denn am

Schlusse des propriums, Seite 252, wird der Leser
aufgefordert, 5 speziell angeführte Druckfehler zu
verbessern, und wird derselbe gebeten: «caeteris,
quae hic non notantur, erratis, aliisque defectibus
benevolus indulgeat lector», zu deutsch: der wohl-
wollende Leser möge mit den übrigen, hier nicht
verzeichneten Irrtümern und Mängeln Nachsicht
oder Schonung haben". Schnell fiel mir hier Ab. B.
in die Rede und sagte hizig und spizig: „Mein
Verfahren entspricht ganz diesem Ersuchen, denn ich
verschone, um des heiligen Textes willen, die Böcke
der Sezer und Drucker und habe Nachsicht mit denselben, und eben darum gehen sie aus diesem gedruckten proprium in mein Manuskript über. In
meinen Augen entstellen und verunreinigen sie den
heiligen Text dieses Propriums durchaus nicht,
denn: dem Reinen ist alles rein!!" Es scheint mir,
daß der von Göthe geschossene Bock seine hundert-
jährige Lebensdauer einem ähnlichen Syllogismus
oder Sophisma verdankt. Nachdem Göthes, des
deutschen Klassikers, Unsterblichkeit auch ohne den
genannten Bock hinlänglich und ganz zweifellos ge-
sichert ist, so dürften dessen (Göthes und des hundert-
jährigen und millionenmal gedruckten Bockes) Verehrer
sich endlich wohl bemüssigt fühlen, die nur zu lang
hinausgeschobene Etsch=Regulierung und Korrektion
zur Ausführung zu bringen. Bock bleibt Bock,.
gleichviel, ob ihn Göthe oder Kandidatus Jobs ge-

schossen, ob er im Hefte eines Schülers mit Rotstift
angestrichen steht oder sich in einem hochberühmten
Werke eines Klassikers befindet, das, prachtvoll einge-
bunden, in einer berühmten, reichen Bibliothek paradiert.

Unsere Religionslehrer in Offenburg und Rastatt
kritisierten in ihrer Afterweisheit die katholische
Glaubenslehre und Kirche so schneidig und bemän-
gelten und tabelten so vieles an denselben, daß wir
zur Überzeugung kommen mußten, es seie kein guter
Faden an denselben, und das geläuterte, von Aus-
wüchsen und Mißbräuchen purifizierte Christentum
befinde sich nur im Protestantismus. Sie sprachen
in so hämisch-satyrischer Weise von den Übergriffen
Roms in das politische Gebiet, von der Ausbeutung
Deutschlands durch die Päpste, vom Fanatismus des
Klerus gegen die Kezer und der Borniertheit der
Mönche, daß wir uns unserer Konfession schämten
und die Protestanten um ihre Aufklärung und
Freiheit beneideten.

Ihre Kanzelvorträge waren ein Abklatsch der
Zschokke'schen „Stunden der Andacht", der Predigten
Schleiermachers, Reinhards und Klaus Harms'.
Sie enthielten eine philosophische Ethik und aufgeklärte Moral ohne dogmatische Grundlage. Sie waren
durchflochten mit Sentenzen und Sittensprüchen
heidnischer Schriftsteller und deutscher Klassiker; nur
bisweilen wurden, als rari nantes in gurgite vasto.
christlich klingende Floskeln und Parabeln des Weisen

von Nazareth eingestreut. Es wurde alles sorgfältig
vermieden, woran die wenigen protestantischen Studenten Anstoß hätten nehmen können. Effekthascherei
und Sensationsgelüste waren das Triebrad der
Tiradendrechslerei auf der Kanzel.

Auf Kosten des Katholizismus wurde eine an
Verrat grenzende Toleranz kultiviert, die im eigentlichen Sinn des Wortes den Indifferentismus groß-
zog. Der bekannte Spruch:

„Wir glauben all' an Einen Gott
   Jud, Christ, Heid, Türk und Hottentott"
wurde in allen Variationen vorgetragen und zur
Geltung gebracht. Die genannten stiftungsgemäß
katholischen Anstalten trugen ganz das Gepräge
einer olla potrida, eines interkonfessionellen Sammel-
suriums und einer planmäßig invellierten Fläche.
Es war ergözlich anzusehen, wie protestantische und
selbst jüdische Studenten an Sonn- und Feiertagen
in der katholischen Kirche der heiligen Messe bei-
wohnten und sich der Frohnleichnams-Prozession
anschlossen. Wie oft sang der jüdische Student
Ferd. B. in einer Messe das Solo: „Glaub du,
mein Christ, an jenes Leben ꝛc." und bei der Prozession: «Tantum ergo sacramentum», und kein
Mensch stieß sich daran! Selbst als des erwähnten
Studenten Vater, der Rabbiner in dem Amtsstädchen
B. war, seinem Sohn in einem fulminanten Brief
verboten hatte, den katholischen Gottesdienst zu be-

suchen und sich beim Kirchengesang zu beteiligen, ließ sich dieser davon nicht abhalten.

Und warum denn auch! B. war so tolerant, indifferent und aufgeklärt wie wir, er wurde dadurch, daß er mit uns die katholische Kirche besuchte, eine philosophische Predigt anhörte und eine Messe sang, ebenso wenig Christ und Katholik, als wir dadurch Juden wurden, daß wir mit ihm in die Kirche gingen und das «Tantum ergo sacramentum» sangen. Das Paraboxe und die Religions—melange waren damals Modeartikel und standen in üppigem Flor.

Als ich mich, nach absolviertem Lyzealstudium, in einem Marktflecken des badischen Unterlandes, wo sich eine Synagoge befindet, aufhielt, lud mich der dortige Rabbiner, nachdem er gehört hatte, daß ich Theologie studieren wolle und die hebräische Sprache erlernt hatte, sehr freundlich und zuvorkommend ein, am Sabbath die Synagoge zu besuchen und die gebräuchlichen Abschnitte aus der Thora mitzubeten. Ich nahm diese Einladung bereitwillig an. In der Synagoge wurde mir zuerst ein weißer Gebetsmantel umgehängt, dann führte mich der Rabbiner zu einem Lesepult, entrollte die Megille und zeigte mir die zu lesenden Stellen. Dann begann der Gottesdienst, an welchem ich mich als Proselyt des Thores nach Möglichkeit beteiligte.

Wir besuchten in Rastatt bisweilen auch die protestantische Kirche und sangen energisch das Lied

mit: „Eine feste Burg ist unser Gott" — wir
glaubten ja all' an Einen Gott; wir waren weder
engherzig, noch befangen, weder Skrupulanten, noch
Rigoristen, sondern über den Religionen und Kon=
fessionen stehende Eklektiker und Kosmopoliten, die
keine Mücken seihten und einander wegen Textstellen
und Bibelversen nicht in die Haare gerieten. Wir
waren Rationalisten und als solche entweder Deisten
oder Pantheisten; wir konnten, bei gänzlich ver=
fehltem Religions=Unterricht, der nicht nur nicht
aufbaute, befestigte, schützte und verteidigte, sondern
niederriß, zerstörte und jeden religiösen Keim erstickte,
nichts Anderes als Deisten oder Pantheisten werden.

Ich lernte am Gymnasium in Offenburg keinen
positiv gläubigen, kirchlich gesinnten Professor kennen,
in Rastatt dagegen befanden sich zwei Professoren,
ein geistlicher und ein weltlicher, die echte, ent=
schiedene Katholiken waren. Der eine dieser rühm=
lichen Ausnahmen war Professor Wittmer, ein
Laie, der aber trozdem mehrere Jahre lang in den
unteren Klassen Religions=Unterricht mit Sorgfalt,
Liebe und Treue erteilte. Wittmer war aber, da ich
das Gymnasium in Offenburg absolvierte, nie mein
Professor. Der Andere war Professor Bilharz, der
nach Versezung des weiter oben erwähnten Professors
Dr. Beck in der Obersexta Unterricht in der philo=
sophischen Propädeutik erteilte. Bilharz war ein
streng katholischer Priester, ein tüchtiger Philolog

und geistreicher, sehr belesener Philosoph. Infolge seiner religiösen Überzeugung und kirchlichen Richtung wurde er aber als Römling und Jesuit verschrieen, verächtlich und lächerlich gemacht. Man belegte ihn, da er ein kleiner, korpulenter Mann war, mit dem Spottnamen: „Geistliche Leberwurst". Derart widerwärtige Verhältnisse entleideten ihm das Lehrfach so sehr, daß er um die erledigte Pfarrei Kirchzarten im Dreisamtal kompetierte, die er auch erhielt.

Von welcher Beschaffenheit der damals herrschende religiös-kirchliche Geist, sofern von einem solchen überhaupt geredet werden konnte, war, geht daraus zur Genüge hervor, daß Stadtpfarrer B—r, der ehedem Professor und Religionslehrer am Lyzeum in Rastatt gewesen, dem Aschermittwochs-Schmause, der in einem Gasthofe stattfand, an dem sich Katholiken und Protestanten beteiligten und bei dem Fleischspeisen in Hülle und Fülle serviert und verzehrt wurden, beiwohnte. Aber eine noch auffallendere und frivolere Verhöhnung des kirchlichen Fastengebotes war es, daß selbst ein Erzbischof von Freiburg, vor circa einem halben Jahrhundert, eine Generaldispens in seinem öffentlich von allen Kanzeln verkündeten Fastenmandat erteilte, als könnte ein Bischof von einem allgemeinen, jeden Katholiken des Erdbodens bindenden Kirchengebot giltig und in Bausch und Bogen dispensieren! Allerdings erhielt

10

der betreffende Kirchenfürst von Rom einen derben
Verweis, und zugleich wurde er verpflichtet, die,
unbefugterweis erteilte und ungiltige Generaldispens zu widerrufen, allein das gegebene Ärgernis
konnte nicht ungeschehen gemacht und aufgehoben
werden, es hatte sich vielmehr die Überzeugung Bahn
gebrochen, daß die hohe Kirchenbehörde in Freiburg
dem Fastengebot keinen hohen Wert und keine das
Gewissen verpflichtende Kraft beilege, und daß sie
sich gegen die kirchliche Autorität, aus Willfährig-
keit gegen das Ministerium, auflehne. Überdies war
die Pflicht des Gehorsams gegen das Oberhaupt der
Kirche von Seite der Gläubigen in Frage gestellt,
die Achtung vor dem III. Kirchengebote tief erschüttert und der Kirchenfreischärlerei mit dem erwähnten
Fastenpatent ein Privilegium und Generalpardon
erteilt.

c. Von den profanen Lehrfächern.

Man hört und liest sehr oft die Behauptung:
„Die profanen Lehrfächer, namentlich die exakten
Wissenschaften, haben mit der Religion gar nichts
zu tun, sie nehmen von der Religion keine Notiz
und sind in sich abgeschlossen." Besonders zur Zeit
des Kampfes um die Leitung und Beaufsichtigung
der Schule, überall, wo man die Religion aus der
Schule verdrängen, das Christentum zum Falle bringen und das moderne Heidentum an dessen Stelle

sezen will, wird obige Behauptung mit aller Hart=
näckigkeit und Sophisterei verfochten. Der ganze
Troß des niederen und höheren konfessionslosen
Schulmeistertums, die ganze Sippschaft des Libera=
lismus, alle Logenbrüder und Schwärmer für das
klassische Altertum, alle Kämpfer für Licht, Aufklä=
rung, Freiheit und Humanität bilden vor dieser Be=
hauptung eine geschlossene Phalanx und verteidigen sie
mit allen Waffen. Und dennoch ist keine Behauptung
unwahrer und heuchlerischer als diese. Die Verfechter
derselben wissen sehr wohl, daß die Religion mit
allen profanen Lehrgegenständen an zahllosen Punkten
in Berührung kommt und mit denselben zusammen=
hängt. Sie sind von der Überzeugung durchdrungen,
daß jedes weltliche Fach Gelegenheit bietet, gegen
die Religion Ausfälle zu machen und ihr Schach zu
bieten. Und wahrlich sie machen auch den aus=
giebigsten Gebrauch von dieser Gelegenheit! Selbst
die Mathematik, Physik und Chemie werden dazu
mißbraucht, Beweise gegen christliche Dogmen, gegen
das Dasein Gottes, gegen die Trinität, gegen die
Erschaffung durch einen persönlichen Gott, gegen die
Offenbarung Gottes im alten und neuen Testament,
gegen die Erbsünde, gegen die Menschwerdung Jesu
Christi aus Maria, der Jungfrau, gegen die Wunder,
die Unsterblichkeit der Seele, die Auferstehung des
Leibes am jüngsten Tage und gegen Himmel, Hölle
und Fegfeuer zu liefern. „Nur ein Idiot und

Hydrocephalus (Wasserkopf) glaubt an einen persönlichen, überweltlichen. Gott und an Wunder. Nur der Pantheismus ist die wahre, vernünftige Religion", orakelte einst ein Professor der Mathematik und Naturgeschichte während des Unterrichts in der Arithmetik. *)

Derselbe Professor huldigte schon damals der Darwin'schen Deszendenz = Theorie, er sprach sich wiederholt dahin aus: „Der erste Mensch stammte von einem hochentwickelten Affenpaare ab, und hat sich das Menschengeschlecht im Lauf der Jahrtausende,

---

*) Ich gestehe offen: es ist mir rein unbegreiflich, daß man Professoren, die sich öffentlich, und zwar selbst vor ihren Schülern, zum Pantheismus bekennen, in einer so einflußreichen Stellung beläßt, daß man sie aus der Staatskasse flott bezahlt und ihnen noch Orden verleiht, während in den Kirchen beim öffentlichen Gottesdienste für den Landesfürsten gebetet wird, und in den Amtskanzleien Eide abgenommen werden. Und nicht minder unbegreiflich ist es mir, daß kein Hahn darnach kräht, wenn ein pantheistischer Professor an gelehrten Mittelschulen öffentlich das Dasein eines persönlichen Gottes leugnet und diejenigen als blödsinnig und Wasserköpfe erklärt, die am Christentum festhalten und Jesum als Sohn Gottes anbeten, während der Strafkodex die Gotteslästerung mit schwerer Ahndung bedroht. Ist es denn keine Gotteslästerung, wenn man vor studierenden Jünglingen behauptet: „Nur Idioten und Wasserköpfe glauben an einen persönlichen, überweltlichen Gott"? Und sind durch diese Behauptung nicht alle Kirchen als Narrenhäuser prädiziert?

nach den in der Natur liegenden, unabänderlichen
Gesezen, stufenweis, konsequent und so allseitig ent-
wickelt, daß es ans wunderbare grenzt, was der
Affendeszendent nunmehr auf dem Gebiete der
Wissenschaft und Kunst, der Mechanik und Industrie,
der Chemie und Technologie zu leisten imstande ist."
Meine Behauptung: der erwähnte Professor habe
schon damals der Darwin'schen Deszendenz-Theorie
gehuldigt, scheint allerdings sich eines Anachronismus
schuldig zu machen und darum ungereimt zu sein,
denn Darwin hatte damals seine epochemachenden,
mit der heiligen Schrift im Widerspruch stehenden
und jeder positiven Religion Schach bietenden
Schriften: «On the origin of species by means
of natural selection, or the struggle for life»,
«The variation of animals and plants under do-
mestication» und: «The descent of Man and selection in relation to sex» noch nicht verfaßt,
allein das jezt nach Darwin genannte System der
Deszendenz ist älter als Darwin, denn die Naturforscher Lamarck, Geoffroy Saint-Hilaire, Oken,
Treviranus und andere haben vor Darwin die Deszendenz-Theorie aufgestellt. Es ist fast unglaublich,
welche Fortschritte diese höchst gewagte und durchaus
nicht evident beweisbare, im Gegenteil schon oft aufs
schlagendste widerlegte Theorie für Fortschritte und
Eroberungen gemacht hat. Man kann ohne alle
Übertreibung sagen: diese heillose Theorie hat sich

allenthalben eingebürgert und bedroht ernstlich das
Christentum; sie ist als hof= und salonfähig erklärt,
sie ist patentiert und privilegiert, sie hat Besiz er=
griffen von den Kathedern der gelehrten Mittel=
schulen und der Universitäten, sie grinst aus der
häßlichen Physiognomie der Proletarier, sie jauchzt
aus jeder Spalte antichristlicher Blätter und Bücher
und ist das Steckenpferd der meisten Philosophen,
Naturhistoriker, Physiologen, Geologen, Mediziner
u. s. w. Ich führe kürzehalber nur Einen Gelehrten
an, Dr. C. E. Bock, der ein renommiertes, sehr
verbreitetes und in vielfacher Beziehung sehr brauch=
bares Buch verfaßte, das den Titel führt: „Das
Buch vom gesunden und kranken Menschen." In
der Einleitung desselben heißt es, Seite 5 (IX. Auf=
lage): „**Woher** das Material zum Weltenbaue stammt,
und **Warum** dasselbe vorhanden ist? Diese Fragen
stellt sich die Wissenschaft nicht, weil sie weiß, daß
diese niemals beantwortet werden können. Die Ent=
stehung der vorhandenen Materie (des Stoffes) ist
der menschlichen Erkenntnis entzogen und kann deß=
halb niemals Gegenstand wissenschaftlicher Forschung
sein. Während der **Glaube** wohl einen Schöpfer
kennt, der alles zweckmäßig geschaffen und einge=
richtet hat, erklärt die **Wissenschaft** die Materie
für ewig und unvergänglich und sucht zu erforschen,
Wie alles Vorhandene aus dieser Materie hervor=
gegangen ist. Für die Wissenschaft gibt es gar

keine Schöpfung oder Entstehung des Stoffes, wohl aber eine Entstehung der Form und zwar durch allmälige Entwickelung des Vorhandenen aus dem Vorhergegangenen. Sie sucht den innern gesezmäßigen Zusammenhang aller Lebensformen zu finden und die allmälige Auseinanderentwickelung des Vorhandenen darzutun. Sie betrachtet diese Entwickelung, die mit der Bildung der Erdrinde beginnt und sich ununterbrochen vom Unorganischen (Gesteinen, Wasser, Luft, Erdboden) auf das Organische (Pflanzen, Tiere, Menschen) fortsezt, als die notwendige und unabänderliche Wirkung der physikalischen und chemischen Kräfte (Eigenschaften), welche an der Materie haften. — Die Ansicht, nach welcher alles, besonders aber Pflanzen, Tiere und Menschen, Produkte eines gütigen und zweckmäßig tätigen Schöpfers sind, pflegt man als „teleologische, vitalistische, dualistische" zu bezeichnen; sie betrachtet die Entstehung der Materie als die Wirkung einer übernatürlichen Schöpfungstätigkeit und ist ein reiner Glaubensartikel. Dagegen ist die Ansicht, welche das Eingreifen einer übernatürlichen, außerhalb der Materie stehenden schöpferischen Kraft leugnet und alles, die organischen wie die unorganischen Naturkörper, als die notwendigen Produkte natürlicher Kräfte, als die notwendigen Wirkungen ewiger und unabänderlicher Naturgeseze ansieht, als „mechanische, einheitliche, kau-

sale, monistische" bezeichnet worden. In der
Natur geht alles natürlich zu, und das
Glauben fängt da an, wo das Wissen
aufhört." In den Artikeln: „Ursprung des
Menschen" und: „Alter des Menschengeschlechtes"
heißt es, Seite 104 und 105,: „Der Grundplan,
nach welchem der Körper des Menschen und des
Affen gebaut ist, sowie die allmäligen Übergänge
von den höheren Affen zu den niederen Menschen,
führt zur Annahme einer, von Lamarck und Darwin
entwickelten Abstammung des Menschen aus der
Affenwelt und einer allmäligen Heranbildung seiner
besonderen Charaktere, auf dem Wege der Ererbung,
der Entwickelung vorteilhafter Abweichungen und
deren naturgemäßer Befestigung durch weitere erb=
liche Übertragung. — Ob der Mensch von einem
einzigen ersten Paare abstamme (wie die
Monophyleten oder Monogenisten meinen), oder ob
dem Menschengeschlechte mehrfacher Ursprung
zu Grund liege (wie die Polyphyleten oder Poly=
genisten wollen), darüber gibt die Deszendenztheorie
insofern Aufschluß, als sie nachweist, daß der Mensch
nur durch einen langsamen Umbildungsprozeß aus
einer ausgestorbenen (ach wie klug, zur Vermeidung
jeder Kontrole, erdacht!) Affenart hervorgegangen
ist, und daß es ebenso wenig ein erstes Paar Affen,
wie ein erstes Menschenpaar gegeben haben kann.
Ebenso dürfte anzunehmen sein, daß die verschiedenen

Menschenarten, obschon sie alle von einer gemein-
samen Affenform abstammen, doch ebenso, wie die
menschliche Sprache, vielheitlichen (polyphyletischen)
Ursprunges sind. — Die Frage, wo die ersten
Menschen lebten, oder richtiger, wo sich unsere
Urzeuger vom Stamme der Katarhinen (schwanz-
losen Schmalnasen) abzweigten, wird zur Zeit dahin
beantwortet, daß dies wohl die alte Welt gewesen
sei, wo nur derartige Affen existierten, nämlich ein
Stück des südlichen Asiens, von Sclater Lemuria
genannt, ein im indischen Ozean versunkener (wann?
Wer war dessen Zeuge?) Kontinent, zwischen Mada-
gascar und den großen Sundainseln. — Über das
eigentliche Alter des Menschengeschlechtes
läßt sich etwas Bestimmtes nicht angeben, namentlich
ist eine bestimmte Zahlenangabe nach Jahren unmöglich, da die Entwickelung des Menschen jedenfalls so allmälig vor sich gegangen ist, daß man
gar nicht mit Bestimmtheit anzugeben vermag, wann
eigentlich der Mensch nicht mehr Affe war und
als Mensch bezeichnet werden konnte. Die fossilen
Menschenreste deuten darauf hin, daß die Existenz
des Menschen noch weit über die Diluvial= und
Eiszeit rückwärts und bis tief in die Tertiärepoche
hineinreicht, so daß also unser Dasein auf Erden
jedenfalls nur nach Hunderttausenden von Jahren
gerechnet werden kann." So Dr. Bock anno 1872,
und so unser Professor der Mathematik und Natur-

geschichte anno 1842! Und troz all Dem behauptet
man keck und hartnäckig: die weltlichen Fächer, die
weltlichen, exakten Wissenschaften haben mit der
Religion, mit dem Christentum und der Bibel nichts
zu schaffen! Die erwähnten Äußerungen unseres
Professors, während des Unterrichtes in der Naturgeschichte, waren doch gewiß auch ein Religions-
Unterricht, wenn auch ein nur negativer, polemischer
bestruktiver und blasphemischer. Sie waren ein eklatanter Beweis, daß man aus Tendenz und Malise
die Religion in jedes profane Fach hineinziehen und
in demselben, auf die erwähnte Weise, das Christentum auf die Folterbank legen und zu Tod martern
kann. Es ist also ein heuchlerisches Wort: „Religion
und profane Wissenschaften haben nichts miteinander
zu tun, sie nehmen keine Notiz von einander," womit auch bewiesen werden will, daß der Religion
gar kein Einfluß auf weltliche Fächer zu gestatten
seie, z. B. auf Naturlehre, Naturgeschichte, Philosophie, Literatur und Geschichte. Es gibt auf der
weiten Welt keinen Professor und kann keinen geben,
der die genannten Fächer von der Religion isolieren
könnte, der nicht genötigt wäre, zur Erklärung dieses
und jenes Punktes, von Gott, Religion, Konfession
und Christentum zu reden, der sich nicht gezwungen
sähe, bei sich widerstreitenden Ansichten Stellung zu
nehmen und Farbe zu bekennen. Und sie nehmen
auch alle, seien sie gläubige Christen oder moderne

Heiden, Stellung pro oder contra Religion und
Christentum. Wie will denn ein Professor rein ob=
jektiv, wie ein Sprachrohr, aus welchem das vor=
geschriebene Lehrbuch redet, Geschichte, Philosophie,
Literatur und Naturgeschichte vortragen! Da heißt es:
«Hic Rhodus, hic salta!» „das Visier hinauf, und
vom Leder gezogen!" Wie sahs im Mittelalter aus?
Welche Stellung hat die Kirche dem Staat, und der
Staat der Kirche gegenüber eingenommen? Welches
war Luthers Charakter? Was hat Gustav Adolf
nach Deutschland geführt? 2c., 2c. Reicht die Ver=
nunft hin, alle Fragen unseres Geistes befriedigend
zu lösen? Enthält eines der vielen philosophischen
Systeme die ganze, volle Wahrheit? Macht die
Philosophie die christliche Religion entbehrlich? 2c.
Welchen Einfluß übte das Christentum auf die
deutschen Klassiker und diese auf die religiös=kirch=
liche Gesinnung und die Sitten der Gesellschaft
aus? 2c. Woher stammen die ersten Menschen, und wie
sind die verschiedenen Gattungen und Arten der
Tiere, Pflanzen und Mineralien entstanden? 2c.
Welcher Professor kann um diese Fragen, wie die
Kaze um den heißen Brei, herumgehen? Wer von
ihnen kann, darf und wird auf dieselben einen del=
phi'schen Orakelspruch erteilen? Keiner. Jeder kramt
bei Erteilung seines Unterrichtes in den profanen
Fächern seine religiöse Überzeugung, seine Ansichten
und Meinungen aus, er sezt seinen Schülern seine

Brille auf, und sucht ihnen sein Kredo beizubringen;
denn dem Gläubigen und Ungläubigen, dem christlich und antichristlich Gesinnten ist es Bedürfnis,
Proselyten zu machen — das läßt sich weder verbieten, noch durch Heuchelei verheimlichen.

Der berühmte Staatsmann, Schriftsteller und
Redner Graf Montalembert gesteht von sich
selbst: „Als ich das collège (Gymnasium) absolviert
hatte, wußte ich zwar alle Liebschaften Jupiters,
aber dabei nicht einmal die Namen der Gründer
jener religiösen Orden, denen Europa seine Bildung
und die Kirche so oft ihre Rettung zu verdanken
gehabt. Ich bin überzeugt, daß es, wie mir, so allen
Jünglingen an den Staatsgymnasien ergangen ist
und auch in Zukunft ergehen wird." Dieses Wort
ist leider nur zu wahr. Der dem Studium sich
widmende Knabe kommt sehr oft als gläubiger,
frommer, unverdorbener Christ an das Gymnasium,
aber als moderner Heid, Gottesleugner und rabiater Kirchenfeind, der Unschuld beraubt und der Verwilderung überantwortet, verläßt er dasselbe — infolge der dort herrschenden seichten Aufklärung und
schlechten Grundsäze in religiöser und sittlicher Beziehung. Die dort gepflegte und den Studenten bei-
gebrachte klassische Bildung ist in der Regel gleichbedeutend mit Untergrabung und Vernichtung des
Christentums, und die vielgepriesene Humanität er-

weist sich gewöhnlich als eine Überkleisterung innerer
Fäulnis und Verwilderung.

Der Philolog und Dichter Heinrich Voß
war 20 Jahre lang (von 1782—1802) Rektor des
Gymnasiums zu Eutin, und als solcher suchte er
beim Unterricht in den Profanwissenschaften den
Schülern seine antichristlichen, modern heidnischen
Ansichten einzutrichtern. Der Konvertit, Graf Friedrich
Leopold von Stolberg, der streng katholisch und
kirchlich gesinnt war und seine Söhne das erwähnte
Gymnasium besuchen ließ, schrieb betreffs der höchst
verderblichen Einwirkung des Rektors Voß auf die
Eutiner Studenten an die Fürstin Gallitzin, am
25. Februar 1798,: „Voßens und seines Gehilfen
Unterricht ist von der Art, daß ich meine Knaben
nicht lange mehr die Schule besuchen lassen kann.
Beide, aber vorzüglich Voß, dessen Unterricht in
den alten Sprachen, besonders was Sprachkunde
und Eindringen in den Geist der besten Schriftsteller
betrifft, wohl schwerlich seines gleichen hat, sind so
angesteckt vom Gifte der Zeit, daß sie es, selbst ohne
natürlichen Anlaß, in den Unterricht einfließen
lassen. Daß sie Jesus Christus nur für einen von
Gott mit besonderen Gaben ausgerüsteten Mann
ansehen, daß ihnen die Geschichten der heiligen
Schrift Fabeln zu sein scheinen, daß Jehova in
ihren Augen nur ein als Nationalgott von den
Juden verehrtes Wesen sei, daß die Vorstellung

eines gottsühnenden Todes ihnen Thorheit und Är=
gernis sei u. s. w. ist von meinen Knaben schon
bemerkt worden . . . Ich hielt ihn (Voß) für zu
gewissenhaft, oder vielmehr sein Gewissen für zu
schlicht, um zu besorgen, daß er, da er in der
Religion selbst nicht unterrichtet ist, sich in
der Stunde des griechischen und lateinischen Unter=
richtes seinem Fanatismus (gegen das Christentum)
so überlassen würde." Durch den Inhalt dieses
Briefes ist die Gesinnung, Richtung und Taktik fast
aller Professoren zu jener Zeit, als ich in Offen=
burg und Rastatt studierte, trefflich gekennzeichnet,
denn sie bekämpften das Christentum direkt und in=
direkt, positiv und negativ, offen und verdeckt, gleich=
viel, ob sie die lateinische oder griechische Grammatik
handhabten, diesen oder jenen Klassiker verarbeiteten,
an einer Pflanze, einem Stein oder Knochen demon=
strierten, das System Hegels oder Spinozas, Fichtes
oder Trendelenburgs vortrugen, Papst Gregor VII.
durchhechelten oder der „jungfräulichen" Elisabeth
von England Weihrauch streuten.

Nach dem Religions=Unterricht wurde jener in der

Geschichte

unter allen profanen Lehrgegenständen am meisten
zur Bekämpfung des Christentums und der Kirche
mißbraucht.

So oft in der deutschen, italienischen, französischen

und englischen Geschichte von einem Papst, einem
päpstlichen Legaten oder von einer kirchlichen Einrichtung die Rede war, erhielten diese einen obligaten Puff oder Fußtritt.

Die deutsche 2c. Geschichte wurde vom prote-
stantischen, antikirchlichen Standpunkt vorgetragen
und unter diesen Gesichtspunkten behandelt oder viel-
mehr mißhandelt. Zur Lektüre wurden uns nur
rationalistische, liberale und protestantisch angehauchte
Geschichts-Werke und Lehrbücher empfohlen, z. B.
Beckers „Weltgeschichte“, Friedrich Schlossers
„Weltgeschichte für das deutsche Volk“, Rottecks
„Weltgeschichte“, Kohlrauschs „Deutsche Geschichte“,
Rößelts „Weltgeschichte“ und „Deutsche Geschichte“,
Böttgers „Weltgeschichte“, „Allgemeine Geschichte“
und „Geschichte des deutschen Volkes und Landes“,
Adolf und Wolfgang Menzels „Geschichte der
Deutschen“, Pfisters „Geschichte der Deutschen“ —
kurz lauter Lehrbücher der Geschichte, die, mit Ausnahme
der Weltgeschichte Rottecks, von Protestanten ver-
faßt worden sind. Vor Annegarns „Allgemeiner
Weltgeschichte für die katholische Jugend“ wurden
wir, als vor einem tendenziösen, befangenen, einseitig
verfaßten und ultramontanen Machwerke gewarnt.

Als Leitfaden zur Erteilung des Geschichts-
Unterrichtes durch die betreffenden Professoren und
zur Erlernung der Geschichte von Seite der Studenten war Dr. Becks „Lehrbuch der allgemeinen

Geschichte" an den gelehrten Mittelschulen eingeführt.
Nachdem Dr. Beck im Vorwort zur „Allgemeinen
Geschichte" deren Aufgabe kurz angegeben, sagt er:
„Aber was ist aus diesem so wichtigen und herr=
lichen Unterrichtszweige in den Händen so vieler
durch verkehrte entweder mechanisch=objektive
oder subjektiv = räsonnierende Behandlungs=
weise geworden? Die Ersten, weil selbst gedanken=
los, finden sogar in der wundersam mannigfaltigen
Entwicklung des Menschengeistes keinen Gedanken
und geben, statt Geschichte, eine chaotische Masse von
Namen, Zahlen und Tatsachen, worin kein anderer
Geist wehet, als der der Unvernunft, der Lüge und
der Unseligkeit, und was zu nichts Weiterem dient,
als den Geist zu verwirren, das Gefühl abzu=
stumpfen, und das Gedächtnis mit nuzlosem und
eitlem Gepränge zu überlasten. Die Andern nach der
heillosen subjektiven Richtung der modernen Bildung,
die nirgends ein objektiv Seiendes erkennt, wollen
ohne Kenntnis der Tatsachen a priori eine Geschichte
konstruieren, die nirgends objektiv ist als in ihren
Einbildungen, und ermangeln darum alles Grundes
und Bodens. Hier ist die Frucht Anmaßung und
die so verbreitete Sucht, über alles sofort abzu=
sprechen .... Der Verfasser, der seit mehreren
Jahren Geschichte auf Schulen lehrte, hat aus Er=
fahrung kennen gelernt, welchen wohltätigen oder
nachteiligen Einfluß ein wahrer oder falscher histo=

rischer Unterricht auf jugendliche Gemüter übt. Der Wunsch, einen Leitfaden zu haben, der von jenen berührten Abwegen entfernt sich hielte, veranlasste ihn zunächst, ein Lehrbuch der Geschichte für Schulen und zum Privatunterrichte zu verfassen." Man wäre nun zur Annahme berechtigt, Dr. Beck würde in seiner Geschichte, nach Maßgabe der von ihm ausgesprochenen Grundsäze, ohne Vorurteil und Eingenommenheit gegen die katholische Kirche, objektiv wahr und unparteiisch Personen und Tatsachen geschildert haben, allein solches ist vielfach nicht der Fall. Im § 47, Seite 39, der „Geschichte der Deutschen" hat er für Papst Gregor VII., den größten und verdienstvollsten aller Päpste, der ein gewiegter Staatsmann und der berühmteste aller Kirchenfürsten Roms gewesen, der durch den Kampf gegen die Simonie und für den Zölibat der Kirche die Freiheit im Innern und durch den Investiturstreit ihr die Freiheit nach außen errang, kein Wort der Anerkennung, während er, § 110, Seite 125 der „Allgemeinen Geschichte", und § 104, Seite 81, im Abschnitte: „Geschichte Englands", Elisabeth, die Königin Englands, „die ausgezeichnete" Tochter Heinrich VIII. nennt, die „mit vieler Klugheit und Umsicht, kraftvoll, aber willkürlich herrschte".

Nun war aber Elisabeth, nach dem Zeugnis aller wahrheitsliebenden Geschichtsforscher, ein ränkesüchtiges, heuchlerisches, herrschsüchtiges und blutdürstiges

Weib, das vor keiner Gewalttat und keinem Justiz=
mord zurückbebte. Blos in den lezten 20 Jahren
ihrer Herrschaft wurden 142 katholische Priester ihres
Glaubens wegen hingerichtet; 90 Priester und Laien
starben im Gefängnis, 105 wurden aus England
verbannt, und 62 vornehme Laien zu Tod gemar=
tert. In Irland aber ließ sie allen katholischen
Priestern und Mönchen die Hirnschale einschlagen.

Der unter Elisabeth `in Geltung stehende Straf=
kodex enthält gegen die Katholiken folgende Be=
stimmungen:

Wer das 16. Jahr überschritten hat und sich
weigert, am anglikanischen (protestantischen) Gottes=
dienste theilzunehmen, hat jeden Monat 4000 Gulden
zu zahlen; wer nicht zahlen kann, wird ins Ge=
fängnis gesezt und bleibt so lang in demselben, bis
er die über ihn verhängte Geldstrafe bezahlen kann.

Wer die Messe hört, wenn auch insgeheim, er=
hält ein Jahr Gefängnis und bleibt dann noch so
lange in demselben, bis er 24.000 Gulden erlegt
hat; der Priester aber, welcher Messe liest, hat, nebst
einjährigem Gefängnis, die doppelte Geldbuße, also
48.000 Gulden, zu entrichten, und zwar so oft er
Messe gelesen hat.

Jeder Geistliche, der nicht öffentlich der katho=
lischen Religion entsagt oder die Autorität des Papstes
abschwört, verliert alle seine Pfründen, Ämter und
Würden.

Kein Gelehrter oder Studierender kann einen Plaz in akademischen Collegien erhalten oder einen höheren akademischen Grad erlangen, wenn er nicht zuvor dem Papste den Gehorsam aufkündigt.

Volljährig gewordene Kinder sind nur dann erbberechtigt oder können aus dem ihnen zugefallenen Erbe Nuzen ziehen, wenn sie zuvor aus der katholischen Kirche austreten.

Im April 1571, also lange vor dem Tod der Königin Elisabeth, der erst anno 1603 erfolgte, erließ das englische Parlament drei, von Elisabeth sanktionierte Geseze, die folgende Verbrechen mit dem Tod bestraften:

1. Wer behauptet, die Königin Elisabeth seie schismatisch oder häretisch oder nicht rechtmäßige Königin von England;

2. Wer behauptet: es habe jemand Anderer als Elisabeth oder, nach deren Tod, jemand Anderer als einer ihrer Nachkommen Anspruch auf den Tron Englands;

3. Wer päpstliche Bullen, Breven oder Vollmachten in Rom erwirkt und dieselben in England in Anwendung bringen will.

Allein Elisabeth wütete nicht blos gegen die Katholiken, sondern auch gegen jene Protestanten, die sich nicht zu der vom Staat eingeführten Kirche (zur englischen Hochkirche) bekennen wollten und gewöhnlich Puritaner hießen. Sie wurden ihrer Ämter

entsezt, um schwere Summen Geldes gestraft oder
ins Gefängnis geworfen. Am schlimmsten erging es
den Wiedertäufern — sie wurden zum Feuertode
verurteilt. Auch in sittlicher Beziehung war Elisabeth
nichts weniger als musterhaft und ihre „Jungfräulich=
keit" sehr anrüchig. Mehrere ihrer Liebhaber sind
ja bekannt, namentlich der Graf von Leicester und
der Graf von Essex, den sie hinrichten ließ, weil er
„ihre Krone angetastet hatte". Doch troz all Dem
nennt Dr. Beck Elisabeth die „ausgezeichnete"
Tochter Heinrich VIII., die „mit vieler Klugheit und
Umsicht, kraftvoll, aber willkürlich herrschte!" Statt
dessen hätte er sie die ebenbürtige, gleichgesinnte und
würdige Tochter Heinrich VIII., des Wüterichs und
Weibernarren, nennen sollen.

Von einer Charakteristik Gustav Adolphs findet
sich an den betreffenden Stellen, §. 116, Seite 131,
in der „Allgemeinen Geschichte" und §. 20, Seite 18,
in der „Geschichte der Deutschen", II. Abteilung,
keine Spur, dagegen wird als Quellenwerk, bezüg=
lich des dreißigjährigen Krieges, die Geschichte jenes
Krieges vom Dichter und Geschichtsbaumeister Schiller
angegeben. Ein schofleres, oberflächlicheres und von
Vorurteilen befangeneres Geschichtswerk als Schillers:
„Geschichte des dreißigjährigen Krieges" und „Ge=
schichte des Abfalles der vereinigten Niederlande"
kann es nicht geben. Übrigens stellt Schiller sich
selbst das kläglichste Zeugnis aus, das einem Ge=

schichtsschreiber erteilt werden kann. In seinem
Briefe an Karoline von Beulwitz, d. d. den 10. Dezember 1788, sagt er: „Die Geschichte ist nur
ein Magazin für meinen Kopf, und die
Gegenstände müssen sich gefallen lassen,
was sie unter meinen Händen werden."
Und darum warnt er selbst vor der Benützung seiner
genannten Geschichtswerke als historischer Quellen,
er schrieb: „Ich werde immer eine schlechte
Quelle für einen künftigen Geschichtsforscher sein, der das Unglück hat, sich an
mich zu halten." Siehe Janssens „Schiller als
Historiker." II. Auflage. Herder. 1879. Aber trotz-
dem wurden Schillers zwei Geschichtswerke in den
einschlägigen Perioden zitiert und uns deren Lektüre
bringend ans Herz gelegt.

Der ligistische Obergeneral Tilly wurde von meinen
Geschichtsprofessoren ganz in Schiller'scher Weise als
religiöser Fanatiker, Mordbrenner und Teufel in
Menschengestalt dargestellt, während der tüchtige
Geschichtsforscher Onno Klopp der vollen Wahr-
heit gemäß von ihm sagt: „Er hat gelebt wie ein
Held und ist gestorben wie ein Heiliger." Und König
Ludwig I. von Baiern, der dem berühmten Feld-
herrn ein Monument sezen ließ, bekannte bei der
Einweihung desselben in freimütigster Weise: „Zwei
Jahrhunderte hindurch war er (Tilly) arg ver-

leumdet, *) aber endlich drangen die Strahlen der
Wahrheit durch die Nebel des Vorurteiles". Auch ich
las als Unterquintaner die zwei Schiller'schen Ge=
schichtswerke, doch nein, ich las sie nicht, ich ver=
schlang sie vielmehr heißhungerig und schwärmte für
Schiller, den genialen Geschichtschreiber. Gustav Adolf
stand vor meiner Seele vom Nimbus eines Glaubens=
helden und Märtyrers umstrahlt, da er Deutschland
von den papistischen Greueln, von Geistestyrannei
und hirarchischem Despotismus befreite und ihm
Religions= und Gewissensfreiheit erkämpfte, während
ich mich mit Verachtung, mit Zorn und Ingrimm
von Tilly abwandte.

Die Geschichtschreibung war während des XVI.,
XVII. und XVIII. Jahrhunderts faktisch ein pro=
testantisches Monopol, ein Regieartikel, ein Privi=
legium des Protestantismus. Mit höchstem Übel=
wollen, einseitig und befangen, parteiisch und gehässig
wurde alles speziell Katholische beurteilt, respektive
verurteilt. Luthers Testament: „Gott erfülle euch
mit Haß gegen das Papsttum!" war in den pro=
testantischen Geschichtswerken fast ohne Ausnahme
als Drachenzähne=Saat aufgegangen und üppig in
die Ähren geschossen. Bei weitem in den meisten

---

*) Besonders von dem kalvinistischen Professor Friedrich
Spanheim in Genf, der, von Gustav Adolf durch Geld und
gute Worte bestochen, Tilly in seinem «Soldat suédois» als
wahres Scheusal hinstellte.

protestantischen Geschichtswerken wimmelt es von Vorurteilen, längst widerlegten Irrtümern, Anklagen,
Lügen und landläufigen Fabeln. Es findet sich in
denselben keine Spur von Gerechtigkeit und Billig-
keit, von Toleranz und friedfertiger Gesinnung, von
unparteiischer Verteilung von Licht und Schatten.

Der protestantische Geschichtschreiber Karl Adolf
Menzel charakterisiert die parteiische und intolerante
Art und Weise der Geschichtschreibung in seiner „Neueren Geschichte der Deutschen", V. S. 93, sehr tref-
send in folgenden Worten: „Der Haß, mit welchem
das Papsttum betrachtet ward, dehnte sich nach und
nach auf alles Dasjenige aus, was mit der römischen Kirche verwandt oder aus deren Pflege hervorgegangen war. Die Geschichte erschien als Mitschuldige der antichristlichen Arglist, die in der langen Reihenfolge geistlicher Machthaber und ihrer Gehilfen verkörpert, ein Jahrtausend hindurch Lug und
Trug für Wahrheit und Recht verkauft und im
deutschen Bewußtsein von der Verruchtheit ihres Tuns
unablässig daran gearbeitet haben sollte, das gesammte
Christenvolk, vornehmlich aber das deutsche, immer
tiefer in die Nacht des Irrtums und der Sünde zu
verstricken. Eine solche Ansicht war nicht geeignet,
geschichtlichen Sinn zu entwickeln und die Geister
zur Freiheit des Urteils zu erziehen. Die Flur, auf
welcher die Saat der Jahrhunderte geblüht hatte,
verwandelte sich durch sie in eine dürre Steppe voll

Disteln und Dornen, und anstatt das eigentliche
Leben der Zeiten zum heiteren Verständnis zu brin=
gen, anstatt die großen Gestalten der Vergangenheit
dem gegenwärtigen Geschlechte näher zu führen, war
die Geschichtsforschung ängstlich bemüht, Beispiele
und Belege für die Behauptung zu sammeln, daß
zwischen dem fünften und dem sechzehnten Jahrhun=
dert eine tiefe Finsternis die Völker bedeckt habe,
und nur bei einigen Zeugen der Wahrheit ein spär=
licher Funke des Lichtes christlicher Erkenntnis auf=
behalten worden sei. Der Phantasie vertrocknete mit
der liebevollen Anhänglichkeit an die vaterländische
Vergangenheit ihr Lebensquell, und an dessen Stelle
legte sich eine Eisrinde theologischer Begriffe und
scholastischer Lehrformeln um die Herzen. Die ganze
nationale Atmosphäre wurde erkältet, indem die reli=
giösen Gefühle und Gedanken des Volkes an dieser
Eisrinde sich festsezten.“

Die Geschichte wurde infolge tief eingewurzelter
Vorurteile gegen die katholische Religion und unver=
söhnlichen Hasses gegen die katholische Hierarchie zu
einer häßlichen Karikatur der Wirklichkeit, und oft
finden sich diese Vorurteile und dieser Haß in sol=
chen Kreisen, in denen man dieselben nicht vermuten
sollte, und aus denen sie wieder in die Geschichte
zurückwanderten, wodurch sie ein sehr zähes Leben
erhielten. Johann David Preuß, Historio=
graph des königlich preußischen Hauses, ein gewiß

sehr unverdächtiger Zeuge, berichtet in seiner Ge=
schichte Friedrich des Großen, Berlin 1832, I. S. 10.
Friedrich Wilhelm I., König von Preußen, habe in
der Instruktion für den Grafen von Finkenstein und
den Obersten von Kalkstein, die den Kronprinzen
Friedrich, den nachmaligen König Friedrich II., zu
erziehen hatten, verordnet: „Insonderheit muß Mei=
nem Sohn eine rechte Liebe und Furcht vor Gott,
als das Fundament und die einzige Grundsäule
unserer zeitlichen und ewigen Wohlfahrt, recht bei=
gebracht, hingegen aber alle schädliche und zum argen
Verderben abziehenden Irrungen und Secten, als
Atheist=, Arrian=, soll wohl Arminian=, Socinianische,
und wie sie sonst Namen haben mögen, als ein
Gift, welches so zarte Gemüther leicht bethören, be=
flecken und einnehmen kann, aufs Äußerste gemieden
und in seiner Gegenwart nicht davon gesprochen
werden; wie denn ingleichen Ihm auch vor
die katholische Religion, als welche mit
gutem Fug mit unter denenselben gerech=
net werden kann, so viel als immer mög=
lich, einen Abscheu zu machen, deren Ungrund und
Absurdität vor Augen zu legen und wohl zu im=
primieren." Gewiß ein hübscher, einem zukünftigen
König zu erteilender Religions= und Geschichts=Un=
terricht und eine herrliche Anweisung desselben zur
Ausübung von Toleranz und Heilighaltung der
Parität zwischen Katholiken und Protestanten, die

doch in gleicher Weise alle Lasten des Staates, namentlich das Gewehr und die Steuern zu tragen
hatten! O es ist eine schöne, löbliche und rühmliche
Sache um die Unparteilichkeit, Toleranz, Gerechtigkeit und Parität, sofern sie nämlich nicht blos auf
dem Papier stehen, sondern auch wirklich geübt
werden! Aber eben damit „happerte" es schon längst,
namentlich aber seit anno 1517, und damit happerts
noch bis auf den heutigen Tag.

Der Philosoph Ludwig Andreas Feuerbach
schrieb als Universitäts-Student, im Jahre 1824,
an seinen Vater Paul Johann Anselm, Staatsrat
in München, aus Heidelberg: „Wenn ich eine Vorlesung über Kirchengeschichte besuche, so will ich auch
Kirchengeschichte hören, nicht die Meinung dieses
oder jenes Herrn, der sie vorträgt. Unter den erhabenen Theorien vergangener Jahrhunderte will ich
wandeln, nicht unter den Kartenhäusern von Hypothesen und subjectiven Ansichten, die man wohl Kindern zum Spielzeug in die Hände geben mag, aber
nicht Studierenden. Man stelle doch nur rein objektiv die Fakta, sei es in Handlungen oder im
Glauben, hin, wie sie sich aus sich selbst ergeben,
dann erklärt die Geschichte sich durch sich selbst und
in sich; sie bedarf dann keines fremden Kommen-
tators. Um die Größe, Erhabenheit und Schönheit
des Kölner Domes einzusehen, braucht man wahrlich keinen Häuser-, Straßen- und Brückenbaumeister

bei sich zu haben, der einen auf alles aufmerksam mache." Siehe „L. Feuerbach in seinem Briefwechsel und Nachlaß", bei Karl Grün und Joh. Janssen „An meine Kritiker". Seite 5.

Zwei ganz auffallende Beispiele aus neuerer Zeit legen beredes Zeugnis dafür ab, daß die Geschichte noch immer in unwürdigen Banden schmachtet, und daß selbst Gewaltmittel angewendet werden, die Wahrheit zu vertuschen und die landläufigen, bisher privilegierten Geschichtslügen vor Entlarvung zu bewahren.

Onno Klopp, ein talentvoller und scharfsinniger Geschichtsforscher, gab von 1864—1866 „Leibniz' Werke" in 5 Bänden heraus und benützte dazu das königliche Archiv und die Bibliothek in Hannover. Da er sich aber im Jahre 1866, anläßlich des Krieges zwischen Preußen und Österreich, entschieden auf die Seite des Königs von Hannover, Georg V., gestellt hatte und überhaupt großdeutsch und antipreußisch in der Politik gesinnt war, so verweigerte ihm die preußische Regierung, die nach dem für Hannover unglücklich verlaufenen Kriege vom Königreiche Georgs Besiz ergriffen hatte, die fernere Benüzung des Archivs und der Bibliothek zu Hannover zur Fortsezung der Herausgabe der Werke von Leibniz! Sie mochte, und zwar mit Recht, fürchten, Klopp werde auf Aktenstücke stoßen, die zu

Ungunsten Preußens lauten, und die dann veröffent=
licht werden könnten.

Der Berner Regierungsrat hatte zu Ende des
Jahres 1886 beschlossen, die Herausgabe des ge=
schichtlichen Quellenwerkes «Fontes rerum bernen-
sium» einzustellen. Gegen diesen Beschluß protestier=
ten die Mitglieder des historischen Vereines des
Kantons Bern, allein umsonst. Und was bewog den
Berner Regierungsrat, einen so befremdlichen Be=
schluß zu fassen, durch den der Geschichtsforschung
unübersteigliche Hindernisse bereitet wurden? Die
Ergebnisse, zu welchen die Benützung des Berner
Archivs führte, respektive die Sensation, welche die
Veröffentlichung der Quellen der Berner Geschichte
machte, da nämlich in denselben Dinge vorkommen,
die ein sehr schiefes Licht auf die Reformations=
Periode in Bern und der Schweiz überhaupt,
sowie auf das Leben und Treiben, auf den Charakter
und die Sitten Calvins, Zwinglis und der Prädi=
kanten werfen. Solche schmuzige Geschichten haben
allerdings das Licht der Öffentlichkeit zu scheuen und
kompromittieren gar sehr den Abfall von der katho=
lischen Kirche, und darum verschließt man die Archive.

Geschichte und öffentliche Meinung wurden drei
Jahrhunderte lang nach protestantischen Dessins fabri=
ziert; der geschichtliche Stoff ward wie ein Teig ge=
nudelt, gewalzt, gepreßt und — je nachdem — an=
geschwärzt oder vergoldet. Jeder Geschichtschreiber

unterschob den auf der Bildfläche erscheinenden Personen seine Ideen, Ansichten, Meinungen, Urteile, Wünsche, Hoffnungen und Befürchtungen und stellte dieselben dann als objektiv wahr und unantastbar hin. So wanderte denn eine Unzahl von Geschichtslügen, Aufschneidereien, Verleumdungen und Fabeln aus einem Geschichtswerke ins andere und vererbte sich von einer Generation auf die andere. Und daß es damit bis auf den heutigen Tag nicht anders, respektive besser, geworden ist, geht aus einer Korrespondenz der „Germania" aus Baden (Februar 1889) hervor. Es wird in derselben bitterlich Klage geführt, daß am Gymnasium zu Constanz, das 251 katholische und nur 91 andersgläubige Schüler zähle, fast sämmtliche Professoren protestantisch seien, und der Geschichts-Unterricht ganz ausschließlich in protestantischen Händen liege und nach protestantischen Anschauungen erteilt werde. Nun, zu meiner Zeit stand es in dieser Beziehung noch weit schlimmer; denn alle Professoren in Offenburg und Rastatt, die Geschichts-Unterricht erteilten, waren geborene Katholiken, allein sie trugen denselben protestantisch gebeizt und pikant frikassiert vor. Sollten etwa, was aber höchst unwahrscheinlich ist, am Gymnasium zu Constanz die protestantischen Geschichtslehrer durch katholische ersezt werden, so könnte sehr leicht der Fall eintreten, daß der vorgenommene Personen-Wechsel sehr treffend mit der Bibelstelle bei Matthäus,

XII. 45. zu schildern wäre: «fiunt novissima ..
pejora prioribus»; denn es gibt viele nach katholi=
schem Ritus getaufte Professoren, für welche eine
Weltgeschichte von Dr. Weiß, Holzwarth, Cantu, Anne=
garn und Bumüller, eine „Geschichte des deutschen
Volkes“ von Janssen, das Geschichtswerk: „Tilly im
dreißigjährigen Krieg“ von Onno Klopp, ein Ge=
schichtswerk: „Papst Gregorius VII. und sein Zeit=
alter“ von Gfrörer, eine „Geschichte Papst Inno=
zenz' III. und seiner Zeitgenossen“ von Friedrich
Hurter, eine „Apologie des Christentums“ von Het=
tinger und P. Weiß, eine „Geschichte der Religion
Jesu Christi“ von Stolberg, selbst: „Die Reformation“
vom Schismatiker Döllinger, „Die Konvertiten seit
der Reformation“ von Bischof Räß und „Konver=
titen=Bilder“ von Rosenthal, eine „Geschichte der
deutschen National=Literatur“ von Brugier, eine „Ge=
schichte der deutschen Literatur“ von Lindemann ꝛc. ꝛc.
nicht existieren. Ich wiederhole: katholische Profes=
soren gibt es, die sich allem gegenüber, was katho=
lisch oder positiv christlich ist, entweder geradezu
feindselig oder wenigstens abwehrend verhalten, die
jedes von einem katholischen Schriftsteller verfaßte
Buch verächtlich und mit dem burschikosen Schlag=
wort: „Unsinn, Trödel, Mist“ auf die Seite wer=
fen und grundsäzlich kein „ultramontanes“ Buch
kaufen oder lesen. Nachdem David Strauß sein
„Leben Jesu, kritisch bearbeitet,“ verfaßt, der famose

Ronge seine impertinente Epistel an Bischof Arnoldi in Trier geschrieben, Renan sein „Leben Jesu" nach allen Himmelsgegenden ausgesendet, die Physiologen und Diätetiker herausgetüpfelt, daß die Kirchenluft höchst schädlich ist und das Knien die Nerven angreift und schwächt, Darwin, Vogt und Brehm haarscharf bewiesen, daß die ersten Menschen von einem Affenpaare abstammten, Kaulbach den Inquisitor Peter Arbues auf einem Ölgemälde als einen fanatischen und blutdürstigen Tyrannen an den Pranger gestellt, und Hans Makart durch sein Ölgemälde „Der Einzug Karl V. in Antwerpen" aller Zucht und Sitte Hohn gesprochen und der Menschen=, Christen=, Frauen= und Regentenwürde die Sterbglocke geläutet, das Scham= und Ehrgefühl auf dem Schragen der realistisch-naturalistischen Kunst henkermäßig abgestochen und die Lüsternheit, die Fleischeslust und das gemeinste Laster auf den Tron gesezt; gibt es, nach der Ansicht der alltäglichen Gelehrten und Professoren, überhaupt keine unter sich verschiedene Religionen und Konfessionen mehr, sondern nur noch eine wahre, unwandelbare, allein berechtigte Religion: die Humanität, das reine Menschentum, alles Andere ist Humbug und Schwindel. Dieser Grundsaz wird dem Unterricht in den profanen Fächern, namentlich in der Geschichte, zu Grunde gelegt. Das Hauptaugenmerk wird jedoch klugerweise auf die Untergrabung des Katholizismus gerichtet,

weil man anstandshalber nicht blind und plump
direkt gegen das Christentum losfahren darf. Die
hiebei zu befolgende Taktik befiehlt: «festina lente!»
eile mit Weile, das führt am sichersten zum Ziel,
und die Erfahrung lehrt: «gutta cavat lapidem
non vi, sed saepe cadendo.»

Um dem Leser die Beurteilung des uns erteilten
Geschichts-Unterrichtes zu ermöglichen, führe ich eini=
ges an.

Luther war einer der größten und verdienst=
vollsten Männer aller Zeiten. Er bekämpfte mit Be=
geisterung, Mut und Beharrlichkeit Roms Miß=
bräuche, Aberglauben, Herrschsucht und Geldgier.
Er brach die Ketten, in welche die päpstliche Hier=
archie die deutsche Nation geschlagen. Er hob die
Klostergelübbe auf und gab dem Klerus die lang=
entbehrte Freiheit zurück. Er zog die Bibel unter
der Bank hervor, machte sie zum Gemeingut aller
und stiftete, auf Grund derselben, ein geläutertes
Christentum.

Ulrich von Hutten — ein gänzlich verkom=
menes Genie, das die katholische Kirche glühend
haßte, durch alle seine Schriften das Christentum
bekämpfte und endlich an der Lustseuche starb —
war eine wahrhaft moralische Größe. Seine «epi=
stolae obscurorum virorum» sind eine unerschöpf=
liche Fundgrube und der richtige Maßstab zur Be=

urteilung des Mittelalters und eine unschäzbare Perle der deutschen Literatur.

Franz von Sickingen — ein Mordbrenner und Raubritter — war ein echter Ritter, Edelmann, Patriot und Protektor des Protestantismus.

Gustav Adolf glühte von heiliger Begeisterung für das Evangelium; er wollte in selbstloser Uneigennüzigkeit und aus Großmut gegen die deutsche Nation den katholischen Kaisertron stürzen und den deutschen Fürsten die Souveränität erkämpfen.

Das Baseler Konzil (1431—1449) stellte den richtigen Grundsaz auf: „Der Papst steht unter dem Konzil.“

Die Magdeburger Zenturiatoren widerlegten aufs schlagendste die angemaßte Hierarchie Roms über die christliche Kirche und bewiesen aufs klarste die Übereinstimmung des Protestantismus mit dem Urchristentum.

Febronius (Hontheim) bekämpfte in seiner Schrift: «De statu ecclesiae» mit Recht die Allgewalt des römischen Papstes und reklamierte mit gutem Grund die von demselben dem deutschen Episkopat entzogenen Rechte.

Die Jesuiten handeln erwiesenermaßen nach dem Spruche: „Der Zweck heiligt das Mittel“ und lehren, daß der Tyrannenmord erlaubt sei.

Aus dieser kurzen Blumenlese kann der Leser

unschwer auf den Geist schließen, in welchem der
Geschichts=Unterricht damals erteilt wurde.

Von den giftigen Früchten, die der Abfall von
der Kirche, die Vernichtung der kirchlichen Autorität,
die s. g. evangelische Freiheit und die sola-fides,
die Rechtfertigung durch den Glauben ohne gute
Werke und Verdienste, getragen, sagte man uns ab=
sichtlich nichts. Man kennt dieselben aber sehr wohl,
da sich Luther selbst über dieselben mit aller Offen=
herzigkeit ausgesprochen. Ich will hier einige seiner
Geständnisse wörtlich anführen. „Unsere Evangeli=
schen", sagte Luther, „wurden siebenmal ärger, denn
sie zuvor gewesen. Denn nachdem wir das Evan=
gelium erlernt haben, so stehlen, lügen, trügen,
fressen und saufen wir und treiben allerlei Laster.
Da Ein Teufel ist bei uns ausgetrieben, sind ihrer
nun sieben ärgere wieder in uns gefahren, wie
das jezt an Fürsten, Herrn, Edelleuten, Bürgern
und Bauern zu sehen, wie sie jezt tun und sich ohne
alle Scheu, ungeacht Gott und seine Dräuung, ver=
halten." Luthers sämmtliche Werke, 36. 411.

Er sagte ferner: „Man sollte diese Lehre (die
evangelische) billig mit großen Freuden hören und
annehmen, sich daraus bessern und fromm werden.
So kehrt sichs leider um, und wird die Welt aus
dieser Lehre nur je länger, je ärger, das ist des lei-

digen Teufels¹) Arbeit und Geschäft: wie man sieht,
daß die Leute jezund geiziger, unbarmherziger, un=
züchtiger, frecher und ärger sind, denn zuvor unter
dem Papsttum." Sämmtliche Werke, 1. 14.

Er gestand ferner: „Der Adel scharret, reißet
und raubt nur den Fürsten und andern, was sie
können, sonderlich den armen Kirchen, und treten
als eitel Teufel Pfarrer und Prediger mit Füßen.
Auch Bürger und Bauer geizet nur, wuchert, trügt
und treibt allen Trug und Mutwillen ohne alle
Scheu und Strafe, daß es zum Himmel schreit und
die Erde nicht mehr ertragen kann." — „Insgemein
sind Bürger und Bauern, Mann und Weib, Kind
und Gesinde, Fürsten, Amtmann und Untertan alle
des Teufels." — „Bauern, Bürger und Adel sind
jezt unter dem Licht des Evangeliums geiziger, stol=
zer und hoffärtiger und zehnmal ärger, denn sie
unter dem Papsttum gewesen sind." — Den Zustand
der Jugend schildert er kurz mit den Worten: „Es
ist der leidige Teufel, daß jezt die junge Welt so
wüst, wild und ungezogen ist, daß eitel Teufels=
kinder daraus werden." Sämmtliche Werke, 6. 8, 10.

---

¹) Es war Luthers sehr bequeme Gewohnheit, dem Teufel
alles, was ihm nicht nach Wunsch und Willen ging, und alle
seine eigenen Irrtümer, Fehler und Sünden aufzubürden und
in die Schuhe zu schieben. Er machte denselben verantwortlich
für all die entsezlichen Folgen der Kirchenspaltung und der
Vernichtung der Hierarchie, der kirchlichen Autorität und Dis=
ziplin.

123. 441. Welch ein beschämendes Zeugnis, welch
ein klägliches Armutszeugnis, das Luther sich und
der von ihm gestifteten Kirche ausstellen mußte!
Die Berichte, welche lutherische Superintendenten
und Konsistorialräte, anläßlich abgehaltener Kirchen=
visitationen, an ihre betreffenden Regierungen ab=
statteten, waren aber gewöhnlich noch trostloser und
verzweifelter als Luthers Zugeständnisse und Klagen.
Doch, wie gesagt, von all Dem sagte man uns am
Gymnasium und Lyzeum kein Sterbenswörtlein.
Man teilte uns auch nicht mit, daß Humanisten,
Gelehrte und Künstler, die anfänglich das Luther=
tum mit Freuden begrüßt und demselben Vorschub
geleistet hatten, sich alsbald von demselben zurück=
zogen, nachdem sie der verderblichen Folgen desselben
ansichtig geworden, so z. B. Wilibald Pirk=
heimer, Ulrich Zasius, Johann Pistorius,
Albrecht Dürer und andere. Man verschwieg
uns ferner das vernichtende Urteil, das König
Friedrich II., der doch gewiß nicht im Verdachte
steht, ultramontan, ein Römling oder Betbruder ge=
wesen zu sein, über die Reformation, respektive über
den Protestantismus, fällte, er sagte: „Wenn wir
die Ursachen der raschen Fortschritte der Reforma=
tion auf ihren einfachen Grund zurückführen, so
sehen wir, daß sie in Deutschland das Werk des
Eigennuzes (Säkularisierung des Kirchengutes und
dynastische Machterweiterung), in England das der

sinnlichen Triebe (des wollüstigen Königs Hein=
rich VIII.) und in Frankreich das des Reizes nach
Veränderung war." Das ist für jeden, der die „ent=
schillerte", von Lügen, Verleumdungen und Auf=
schneiderei gesäuberte Geschichte kennt, ein authenti=
scher und unanfechtbarer Geburtsschein des Prote=
stantismus. Wie es eine Zeit gab, wo alle Ver=
gnügungslokale und Tanzsäle von Strauß'schen
Walzern widerhallten, und die Richard Wagner'=
schen Tonschöpfungen: Tannhäuser, Lohengrin, Tri=
stan und Isolde ꝛc. durch alle Opernhäuser die Runde
machten, Triumphe feierten und enthusiastisch akkla=
miert wurden, so gab es eine Zeit (und ich bin der
Ansicht, ihre lezte Stunde habe noch nicht geschlagen),
in welcher die Geschichts=Professoren und Linguisten
ihre Schüler durch süße Schlummerlieder in einen
tiefen Schlaf und eine höchst gefährliche Betäubung
des Geistes, Herzens und Gewissens einwiegten, aus
denen nur die Allerwenigsten wieder erwachten und
dann noch Muße und Gelegenheit fanden, die ihnen
beigebrachten irrigen Ansichten und Vorurteile wieder
los zu werden.

Bei den Jahresprüfungen, die vor dem groß=
herzoglichen Prüfungs=Kommissär, dem Lehrer=Kol=
legium und einem oft zahlreichen Auditorium abge=
halten wurden, machte man aus dem antikatholischen
und antikirchlichen Geist, in welchem die deutsche
Geschichte gelehrt und gelernt wurde, durchaus kein

Hehl, und ernteten die diesbezüglichen Bemühungen und Bestrebungen, Ansichten und Grundsäze der Professoren und Studenten stets Anerkennung und Lob, nur Ein Mal schlug eine Bombe unversehens mitten ins Examen.

Als ich am Gymnasium in Offenburg studierte, hielt der Oberstudienrat Dr. Zell, der ein überzeugungstreuer Katholik und ein Mann von allseitiger, gründlicher wissenschaftlicher Bildung war, die Prüfung pro 1842 ab. In der Geschichte wurde über den Investiturstreit im XI. und XII. Jahrhundert examiniert, wobei es sich klar herausstellte, daß wir über diesen Gegenstand, infolge des von protestantischen Anschauungen befangenen Geschichts-Unterrichtes, ganz kirchenfeindliche Ansichten hatten. Da erhob sich denn gegen diese heillose Geschichts-Fälschung, gegen diese schmähliche Verunglimpfung der Päpste und ihres Wirkens, gegen diese einseitige und parteiische Beurteilung des Kampfes zwischen Staat und Kirche Dr. Zell. Er sprach zuerst seine große Befremdung und ernste Mißbilligung darüber aus, daß an einer stiftungsgemäß katholischen Anstalt die Studenten einen völlig kirchenfeindlichen Geschichts-Unterricht erhalten hatten, und daß ihnen beklagenswerte Vorurteile, falsche Ansichten und Irrtümer über wichtige Begebenheiten der Geschichte beigebracht worden waren. Er schilderte dann, unter steter Berufung auf das Urteil gründlicher und un-

befangener Geschichtsforscher, den Investitur-Streit
nach Ursache, Zweck, Verlauf und Folgen und wies
den Geschichts-Professor B. an, in Zukunft unparteiisch
und nach unverfälschten Quellen den Schülern Geschichts-
Unterricht zu erteilen. Es läßt sich denken, in welch
peinlicher Verlegenheit sich Professor B. bei diesem
ganzen Vorgange befand. Sein Gesicht glühte bald
in Purpurröte, bald ward es von Leichenblässe bedeckt. Dr. Zells Auditorium aber, alle anwesenden
Professoren, Studenten und Honoratioren waren ob
solcher Ansichten und Äußerungen eines hochgelehrten Mannes und Oberstudienrates aufs höchste verblüfft und indigniert, und nach beendigter Prüfung
entlud sich die bisher über dieselben gewaltsam unterdrückte Entrüstung in den sehr bezeichnenden Worten:
„Aber der Jesuit, der Ultramontan, der Römling, der Pfaffenknecht! Seine mittelalterlichen Ansichten und mönchischen Winkelzüge sind eine Schmach
für das XIX. Jahrhundert!“ Ja, solcher Geist
herrschte damals an den Staatsanstalten, und dieser
hochliberale, kirchenfeindliche, autoritätslose, freischär-
lerische Geist sprengte teils im Rongesturm, anno
1845, teils in den politischen Stürmen, anno 1848
und 1849, alle Bande und warf jede Schranke
nieder. Religiös-gläubige Überzeugung, kirchlicher
Sinn, Anerkennung irgend einer Autorität und sittlicher Lebensernst waren damals eine so große Rarität
und Kuriosität wie die Republik San Marino in

Italien, die alle Wechselfälle, Kriege, Revolutionen,
Umgestaltungen und Annektierungen innerhalb der
italienischen Grenze in einem Zeitraume von 1500
Jahren überdauert hat.

Mit Wehmut und Schmerz gedenke ich der ba=
bylonischen Verwirrung, die, infolge der heillosen
Geschichts= und des aufgeklärten Religions=Unterrich=
tes, in meinem Kopf entstanden war. Welch hohen
Grad dieselbe nach und nach erreichte,· mögen die
zwei nachfolgenden Beispiele dartun.

Ich hielt Luther für den größten Mann, den
die Geschichte kennt, der sich unsterbliche Verdienste
bezüglich der Religion, der Wissenschaft und der
echten Humanität erworben, und dem die Welt, na=
mentlich Deutschland, zu größtem Dank verpflichtet
ist. Von Luther galt vollinhaltlich das Wort der
Schrift: «Et facta est lux.» Daß er, der arme
Mönch, gegen die Legionen der römischen Hierarchie
in die Schranken trat und die Bannbulle sammt
dem jus canonicum verbrannte, war eine unver=
gleichliche Heldentat. Daß er Klosterpforten sprengte
und eine Nonne heiratete, rechnete ich ihm zum hohen
Verdienste an, und daß er eine von Rom unabhän=
gige Kirche stiftete, dafür wand ich ihm einen Lorbeer=
kranz ums Haupt. Daß Luther alle seine Feinde und
Widersacher, hoch und nieder, den Papst und König Hein=
rich VIII. von England nicht ausgenommen, an Derb=
heit und ungehobelter Naturwüchsigkeit übertrumpfte,

gaudierte mich ungemein und desto mehr, da ich selber da=
mals in den Bengel= und Flegeljahren stand, die
ohnehin bei Studenten ein üppigeres Wachstum be=
günstigen und einige Monate länger dauern, als bei
andern Menschensorten. Nur eines konnte ich dem
großen, originellen, hochverdienten Manne nicht ver=
zeihen, nämlich, daß er so unerschütterlich fest an
den Teufel glaubte, sich stets vom Teufel angefoch=
ten wähnte und dem Teufel dadurch viel zu viel
Ehre antat, daß er ihn zum Souffleur aller katho=
lisch Gesinnten und zum Generalissimus der gegen
die Reformation aufmarschierenden Legionen ernannte,
ja daß er ihm auf der Wartburg höchst eigenhän=
dig das Tintenfaß an den Kopf warf. Das war
denn doch in meinen Augen eine schwer verzeihliche
Schwäche, Kaprize und Marotte und ein Ana=
chronismus, der nur notdürftig damit entschuldigt
werden konnte, daß eben einige Longitudinal=Fasern
seines Gehirns mit den klösterlichen Spuckgestalten
imprägniert geblieben, und daß er als ehemaliger
Mönch und späterer Ehemann nicht mehr imstande
war, gegen dieses korrosiv wirkende Gift zu reagieren.

Ach, wie erschrack mein Vater, als ich ihm einst
diese meine Ansichten über Luther, sein Wirken und
seine Verdienste in beredester Weise mitteilte! Er
war sprachlos und starr vor Schrecken, und als er
sich soweit erholt hatte, daß er seinem Staunen,
seiner Entrüstung und seinem heiligen Zorne Aus=

druck verleihen konnte, hielt er eine Philippika über
Luther, deren sich, nach vorgenommener klassischer
Stilisierung, kein Professor der Kirchengeschichte oder
Symbolik hätte zu schämen brauchen. Mein Vater
war nämlich ein strenggläubiger Katholik, ein treuer
Sohn der Kirche und ein ungeheuchelt frommer
Christ. Es stand ihm eine sehr reiche Lebenserfahrung
zu Gebot. Er war Zeuge der grauenhaften Verwil-
berung der französischen Sansfulotten und lange
Zeit Choralsänger, als die nach Offenburg emigrier-
ten Domherrn von Straßburg in der Pfarrkirche
meiner Vaterstadt Gottesdienst und Chorgebet hielten. Er hatte, für die damalige eisenbahnlose Zeit,
große Reisen in Deutschland unternommen, wobei
er selbst bis in die Kaiserstadt Wien gelangt war; er
hatte vieles gelesen und besaß einen klaren Verstand, richtiges Urteil und vielen Mutterwiz. Er
war sehr für die Klöster eingenommen, da er mehrere ausgezeichnete Patres bei den Franziskanern
und Kapuzinern in seiner Vaterstadt und bei den
Benediktinern in Gegenbach, Schuttern, Ettenheim-
münster und Schwarzach kennen und schäzen gelernt
hatte. Er kannte die unleugbar großen Verdienste,
die sich die Klöster um Wissenschaft und Kunst,
Bildung und Gesittung, um Landwirtschaft und
Armenpflege erworben hatten, und darum mißbilligte
er auf's höchste die Aufhebung derselben. Er war
ferner ein Mann des strengen Rechts, und darum

verdammte er die Säkularisierung des Kirchengutes
als ein schreiendes Unrecht, als Diebstahl und Raub,
als Geiz und Habsucht und als ein dem Volke gegebenes schlechtes Beispiel, von dem er mit Bestimmtheit vorhersagte, daß es in Bälde sehr gelehrige
Nachahmer finden werde. „Siehe,“ sagte er, „die
Klöster wurden von frommen, opferwilligen Christen
gestiftet und bewidmet, damit durch sie Gott verherrlicht, das Christentum erhalten und ausgebreitet,
die katholische Kirche verteidigt, die Jugend gläubig
und gottesfürchtig unterrichtet und erzogen, die
Wissenschaft gepflegt und der Not und Armut des
Volkes gesteuert werde, nun aber wurden diese, der
Frömmigkeit und Tugend, der Wissenschaft und Gesittung, der Nächstenliebe und Armenpflege geweih-
ten Stätten zerstört und der aus dem Verkauf derselben erzielte Erlös seinem stiftungsgemäßen Zwecke
entzogen, zu rein weltlichen und sogar höchst verderblichen Unternehmungen — zur Heranziehung
eines antichristlichen und antikirchlichen Geschlechtes
und josefinisch-freimaurerischer Kirchen- und Staatsdiener — verwendet. Es ist wahrhaft empörend, daß
christgläubige Eltern sich gezwungen sehen, ihre
Söhne solchen Anstalten übergeben zu müssen, in
welchen dieselben systematisch um den väterlichen
Glauben, um Religion und Gottesfurcht betrogen,
zu Kirchenfeinden und neumodischen Heiden heran-
gebildet und an Leib und Seele ruiniert werden.

Man meint gerade, die gelehrten Mittelschulen des
Staates seien zu dem Zwecke gegründet worden, das
Christentum zu untergraben, und alle an denselben
angestellten Professoren wären eiblich verpflichtet wor=
den, im Geiste Julians, des Apostaten, die studierende
Jugend zu unterrichten. Der ganze klassische Plun=
der und alle euch beigebrachten Kenntnisse in der
Mathematik und Physik, Naturgeschichte und Philo=
sophie, Rhetorik und Poesie, Geographie und Ge=
schichte wiegen den furchtbaren Schaden nicht auf,
der durch die verderblichen Grundsäze angerichtet
wird, die euch, wie ich mich tatsächlich überzeuge,
durch s. g. aufgeklärte, geistliche und weltliche Pro=
fessoren beigebracht worden sind. Ich sehe leider,
daß alle Lehren und Ermahnungen, Warnungen und
Zurechtweisungen eines tiefbekümmerten Vaters bei
dir auf unfruchtbares Erdreich fallen und taube
Ohren finden. Möchte es einst, wenn du aus deinen
Träumen und Schwärmereien erwachest, wenn du
deine jezigen Ansichten und Grundsäze als Täuschung,
Verblendung und Verirrung erkennst, zur Umkehr
und Besserung nicht zu spät sein!" Das waren sehr
wahre, ernste und zentnerschwere Worte, allein sie
fielen richtig, wie mein Vater vermutet hatte, auf
unfruchtbaren Boden und fanden taube Ohren.
Kein Wunder übrigens, da wir von einem grenzen=
losen Hochmut und Gelehrtendünkel besessen waren,
uns unendlich glücklich priesen, der Aufklärung des

XIX. Jahrhunderts teilhaftig geworden zu sein, die Errungenschaften auf dem Gebiete der, von allen Schranken befreiten Forschung sehr hoch anschlugen, auf der Höhe der Zeit zu stehen wähnten und darum teils mit Verachtung, teils mit Erbarmen auf die denkfaule, abergläubige und noch tief in mittelalterlicher Finsternis steckende Plebs herabschauten. Hatte doch unser Geschichts-Professor. B. auch für den möglichen Zwischenfall Vorsorge getroffen, daß unsere Aufklärung, unser Fortschritt und unsere, aus der französischen Enzyklopädie geschöpften und nach josefinischer Methode filtrierten Ansichten und Grundsäze von Vater oder Mutter angefochten werden sollten. Er schwadronierte nämlich folgendermaßen: „Alle Individuen, die der Bürgerklasse angehören, und im lezten Jahrhundert geboren wurden, hängen noch steif und starr am Althergebrachten, an dem von den Klöstern gehegten Aberglauben, Schlendrian und Gözendienst. Sie vermögen es nicht, ihre süßen Gewohnheiten der äußerlichen Werk- und Scheinheiligkeit abzulegen, sich unter dem Formelnkram herauszuwinden, den Hokuspokus der Ablaßzettel, Medaillen, Rosenkränze und Stapuliere von sich zu schleudern, das römische Joch abzuschütteln und sich in die Regionen des Lichtes und der Freiheit emporzuschwingen. Fern sei es aber von uns, sie zu verspotten oder zu verachten, sie verdienen vielmehr unser Mitleid und Bedauern. Unnüz und fruchtlos

wäre es jedoch, sie belehren, aufklären und wider=
legen zu wollen, denn Rom verbietet den Gläubigen
das Denken, Forschen und Prüfen. Der ängstlich
geübte Autoritäts= und Wunderglauben, die Anhö=
rung geistloser Kapuzinaden und die Lektüre der
abergläubischen und abgeschmackten Legenden der Hei=
ligen und der Visionen ekstatischer und stigmatisierter
Jungfrauen, à la Katharina von Emmerich, um=
nebeln den Geist, sie machen denselben borniert und
stupid und bringen ihm eine fanatische Verkezerungs=
sucht bei, die ihn rein unfähig macht, den Auf=
schwung des XIX. Jahrhunderts zu begreifen und
sich in die Abschaffung der bankerott gewordenen
Kirchensazungen und gottesdienstlichen Zeremonien
hineinzufinden. Es verhält sich mit ihnen wie mit
den Israeliten in der Wüste. Keiner von denen, die
das goldene Kalb angebetet und sich nach den Fleisch=
töpfen Ägyptens zurückgesehnt, durfte das gelobte
Land betreten, und ebenso dürfen diejenigen, die den
Fleischtöpfen des Klerus Opfergaben dargebracht und
vor dem goldenen Kalb der römischen Hierarchie auf
den Knieen gelegen, im Tempel der Vernunft den
großen Baumeister des Weltalls anbeten. Troz des
Widerspruches und der Opposition der mittelalter=
lichen Sippschaft muß der Augiasstall vom mön=
chischen Unrate gesäubert, der Gözendienst der Heili=
gen abgeschafft und der weiche Pfühl der Denkfaul=
heit den tonsurierten Tagdieben und Müßiggängern

nach und nach, ruckweise, unter dem Leibe hinweg=
gezogen werden." Durch solch kräftige Sentenzen
waren wir allerdings gegen jeden Rückfall in das
finstere Mittelalter gefeit, juravimus in verba ma-
gistri, beteten köhlergläubig die Sentenzen unserer
Leithämmel nach, sonnten uns im Lichte der Auf=
klärung und streckten uns behaglich nieder auf das
weiche Polster der Freiheit, das die Humanitäts=
Religion durch ihre Missionäre uns vor die Füße
gelegt.

Der zweite Mann, über dessen Charakter, Ab=
sichten und Leistungen ich mich in einem argen Irr=
tum, in einem wahren Delirium befand, war
Gregor VII. Dieser große, heilige Mann galt
mir als Inbegriff aller Verschlagenheit und Ränke=
sucht, als ein finsterer, unheimlicher, treuloser, herrsch=
süchtiger Mönch, der den Stuhl Petri über alle
Trone der Erde erhöhen, die Bischöfe zu seinen
Handlangern, die Priester zu seinen Sklaven und
die Fürsten zu seinen Lehensträgern, Satrapen und
Lakaien, ja zum Schemel seiner Füße erniedrigen
wollte, der sich so sehr in seine Rolle hineingelebt
hatte, daß er selbst auf dem Todbett nicht aus ihr
fiel, als er die Welt mit den Worten von seiner
verhängnisvollen Gegenwart befreite: «Dilexi justi-
tiam et odi iniquitatem, propterea morior in
exilio,» d. h.: „Ich liebte die Gerechtigkeit und haßte
das Unrecht, weßwegen ich im Exil sterbe." Wie

groß war darum mein Erstaunen, als ich aus der
Kirchengeschichte erfuhr, daß Gregor den Riesen=
kampf gegen die Simonie, gegen die Investitur, gegen
Heinrich IV., der ein Wüstling und Tyrann war,
gegen die Allgewalt des Staates, der die Kirche
knechten und ausbeuten wollte, und gegen den un=
sittlichen Klerus notgedrungen unternahm, daß er
ein durchaus sittenreiner Mann war und von der
Kirche heiliggesprochen wurde, ja daß selbst prote=
stantische Geschichtschreiber diesem großen, heiligen
Kirchenfürsten Recht widerfahren lassen. Der prote=
stantische Geschichtsforscher Leo sagt in seiner „Ge=
schichte des Mittelalters“, Seite 167, über das Wir=
ken Gregor VII.: „Von den Territorien der Nor=
mannen bis nach Mailand und die Nordgrenze
Italiens war eine Reihe von Männern tätig zu
demselben Ziele: zur Erhebung der Kirche aus ihrer
Ohnmacht, aus ihrer Versunkenheit. Die Seele,
der dominierende Verstand war und blieb Hilde=
brand, der geistig mächtigste und genialste
Staatsmann des Mittelalters.“ Das Ver=
fahren Gregor VII. gegen Heinrich IV. rechtfertigte
Leo, Seite 168, auf folgende Weise: „Ganz von
selbst war das Zusammenwirken politischer und
kirchlicher Mächte gegen Heinrich IV. entstanden, da
er nicht bloß die Kirche in der gleichen herabwür=
digenden Weise behandelte wie seine Vorfahren im
Reiche, sondern durch die Zügellosigkeit, die er seiner

Umgebung gestattete, und durch sein stetes Geld-
bedürfnis hingerissen wurde, das bisherige Verderben
der Kirche auf einen jedermann empörenden Punkt
zu steigern." Der so oft tendenziös und boshaft
ausgebeutete Vorgang auf dem Schlosse zu Canossa
charakterisiert Leo in seiner „Geschichte Italiens"
I., Seite 459. also: „Es hat in Deutschland nicht
an Schriftstellern gefehlt, die diese Szene auf Canossa
als einen Schandflecken betrachtet haben, den ein
übermütiger Pfaffe der deutschen Nation zuge-
fügt. Es ist diese Betrachtungsweise vielleicht von
allem, was die Historie aufzuweisen hat, die roheste
Barbarei. Legen wir, wenn auch nur auf einen
Augenblick, die Vorurteile bei Seite, welche National-
gefühl und Protestantismus erzeugt haben, und versezen wir uns in jene wahrhaft protestantische Sphäre
vollkommener Freiheit des Gedankens! Von diesem
Standpunkte aus gesehen, erblicken wir in Gregor
einen Mann, der, aus einem Stande hervorgegangen,
wo damals für politische Zwecke völlige Mittellosig-
keit herrschte, blos durch die Kraft des eigenen Geistes
und Willens ein ehrwürdiges Institut, das mit Füßen
getreten ward, aus seiner Entwürdigung zu neuem
und früher nie gekanntem Glanze erhob; in Heinrich aber einen Menschen, dem der Vater eine fast
unumschränkte Herrschaft über ein, für die damalige
Zeit reiches und tapferes Volk hinterlassen hatte, und
der, troz dieser Fülle äußerer Mittel, durch die

13*

Niederträchtigkeit eigenen Sinnes in den Schmuz der
niedrigsten Laster versenkt, welche die Zunge nicht
gerne ausspricht, zum elenden Bettler herabgesunken,
und nachdem er alles, was dem Menschen heilig sein
kann, mit Füßen getreten, in innerer Erbärmlichkeit
vor der Stimme jenes geistigen Helden erzitterte.
In der Tat, man muß selbst überaus roh und gei=
stig untergeordnet sein, wenn man die natürliche
Beziehung der Nationalität so hoch anschlägt, nm
sich durch sie hindern zu lassen, jubelnd in den
Triumph einzustimmen, den zu Canossa ein edler
Mann (Gregor VII.) über einen unwürdigen
Schwächling (Heinrich IV.) feierte."

Der protestantische Historiker Gregorovius
äußert sich in seiner „Geschichte der Stadt Rom",
IV, 197, über denselben Vorgang mit folgenden
Worten: „In der Geschichte des Papsttums werden
ewig zwei Sterne glänzen und die geistige Größe
der Päpste dartun: Leo, vor welchem der furcht=
bare Würger Attila zurückweicht, und Gregor, vor
dem Heinrich IV. im Büßerhemde kniete. Aber das
Gefühl des Betrachters dieser weltberühmten Szenen
wird ungleich von ihnen bewegt; denn die erste
wird ihn mit Ehrfurcht vor einer reinen moralischen
Höhe erfüllen, die andere ihn nur zur Bewunderung
eines fast übermenschlichen Charakters zwingen. In=
deß der waffenlose Sieg des Mönchs hat mehr An=
recht auf die Bewunderung der Welt als alle Siege

eines Alexander, Cäsar oder Napoleon. Die Schlach=
ten, welche die Päpste des Mittelalters schlugen,
wurden nicht durch Eisen und Blei, sondern durch
moralische Waffen erkämpft, und die Anwendung
oder die Wirkung so feiner und geistiger Mittel ist
es, welche das Mittelalter bisweilen über unsere
Zeit erhebt. Ein Napoleon erscheint einem Gregor
gegenüber nur als blutiger Barbar . . . Gregors
Erscheinung ist ein wirkliches Phänomen des Mittel=
alters; sie zu betrachten wird alle Zeit reizen, und
die Geschichte der christlichen Welt würde eines ihrer
seltensten Blätter verlieren, wenn dieser urkräftige
Charakter, der Handwerkersohn mit der Tiara, darin
fehlte." So beurteilt ein unbefangener, Wahrheit
und Recht liebender Protestant Gregor VII.

Der protestantische Geschichtschreiber S ch l o s s e r
sagt im zweiten Bande seiner „Weltgeschichte", im
zweiten Theil, Seite 720, vom Lebenswandel Gre=
gor VII.: „Sein Leben blieb übrigens rein, wie es
immer war, das gestehen auch seine ärgsten Feinde,
und die Lüge, die seine Vertraulichkeit mit der (Grä=
fin) Mathildis in späteren Zeiten zu einem verbote=
nen Umgange machte, ist ebenso elend ersonnen als
lächerlich." In ganz ähnlicher Weise spricht sich der
Protestant N e a n d e r in seiner Kirchengeschichte,
V. Band, 1. Abteilung, Seite 197, über denselben
Gegenstand aus.

Das Christentum und die katholische Kirche

haben die Öffentlichkeit und das Urteil der aufrich=
tigen und ehrlichen Geschichte nicht zu scheuen und
zu fürchten. Gläubige Christen und kirchentreue
Katholiken sind weit entfernt, zu verlangen, daß Miß=
bräuche, die sich zu verschiedenen Zeiten eingeschlichen,
daß Übergriffe, Fehler, Sünden und Laster, die sich
einzelne Personen, Priester, Äbte, Bischöfe und Päpste
zu Schulden kommen ließen, vertuscht, gerechtfertigt
oder beschöniget werden, aber das zu erwarten und
zu fordern sind sie berechtigt, daß die Geschichte
nicht tendenziös entstellt werde, daß Personen und
Tatsachen ohne Vorurteil geschildert, daß Katholiken
nicht um ihres Glaubens willen als Idioten, Parias,
Heloten und Prügeljunge behandelt, daß katholische
Glaubenssäze, Einrichtungen und Gebräuche nicht
dem Spott und Hohn überliefert werden, daß die
Historiker die Geschichte nicht in Schiller'scher Weise
als ein Magazin für ihren Kopf betrachten und die
Gegenstände unter ihren Händen zu einem Blend=
werk und zu einer Karikatur gestalten, kurz: daß
die Geschichte, nach gründlicher Erforschung gediegener
Quellenwerke und gewissenhaft geübter Kritik, wahr
und unbefangen dargestellt wird. Der glorreich regie=
rende Papst Leo XIII. stellte im Breve vom
18. August 1883, rücksichtlich der Geschichtschreibung,
folgende Grundsäze auf: „Der Geschichtschreiber wage
es nicht, etwas Unwahres zu sagen und etwas Wah=
res zu verschweigen, auch halte er sich gleichmäßig

vom Verdachte der Zuneigung und Abneigung ferne!" Das ist ein sicherer Wegweiser und Leitstern für jeden Historiker, und wäre die Geschichte stets nach Maßgabe der erwähnten Grundsäze, die jeder Unbefangene und rechtlich Denkende anerkennen und billigen muß, dargestellt worden, so gäbe es nicht so viele skandalöse Geschichtswerke, die für die katholische Kirche, ihre Dogmen, Gebräuche und Diener ein wahrer Lasterstein, ein Schandpfahl und eine Folterkammer sind.

Männer, die von Vorurteilen gegen die katholische Kirche befangen, ja von Haß und Verachtung gegen dieselbe erfüllt waren, wurden, infolge gründlichen Studiums der Geschichte, ihre Freunde, Bekenner und Verteidiger. Ich führe hier einige der hervorragendsten Beispiele an.

Die hochverdienten Gelehrten Philipps und Stolberg wurden nach eifrig und gewissenhaft betriebenen Geschichtsstudien katholisch.

Friedrich von Hurter, der als Protestant die berühmte „Geschichte Papst Innocenz' III. und seiner Zeitgenossen" verfaßte, wobei er 30 Jahre lang alle einschlägigen Quellenwerke gründlich prüfte, kam, infolge dieses tiefen Studiums der Geschichte, zur Überzeugung, daß die katholische Kirche die wahre, von Christus gestiftete Kirche ist, und — wurde katholisch.

Gfrörer, ein eminentes Talent, gründlicher

Gelehrter und unermüdeter Geschichtsforscher, wurde
auf Grund der von ihm betriebenen Geschichtsstudien
katholisch.

Newman, protestantischer Pfarrer (der englischen Hochkirche) rechtfertigte als Schriftsteller und
Redakteur, sowie durch Abhandlungen, die er in der
größten und verbreitetsten Zeitung Englands, der
Times, veröffentlichte, die 39 Fundamental-Artikel
der englischen Hochkirche und warnte eindringlich vor
dem Übertritt zur katholischen Kirche. Ernstes Studium der Geschichte führte ihn aber selbst in den
Schoß derselben Kirche.

Manning, Kardinal und Primas der katholischen Kirche in England, war protestantischer Archi-
diakon, dann Universitätsprediger zu Oxford und
stellte sich hierauf an die Spize einer anglikanischen
Sekte, der Puseyiten. Eifriges Studium der Geschichte führte ihn aber in den Schoß der katholischen Kirche.

Marquis of Ripon, der englischen Hochkirche angehörend, wollte als Großmeister der englischen Freimaurerlogen die katholische Kirche aus
ihren eigenen Quellen des Irrtums überführen,
d. h. aus der Bibel und Tradition den Beweis
liefern, daß die katholische Kirche von der im Urchristentum vorhanden gewesenen grundwesentlich
verschieden sei, also vom Christentum abgefallen
und nicht jene Kirche sei, die Christus gestiftet hat.

Behufs dessen musste Ripon die Werke der Kirchenväter studieren. Und was fand er in denselben?
Das gerade Gegenteil von dem, was er gesucht, —
den klarsten Beweis, daß die katholische Lehre, die
katholischen Gebräuche und Einrichtungen wesentlich
mit der Lehre, den Gebräuchen und Einrichtungen
der Urkirche übereinstimmen, und daß die Aussprüche
der lateinischen und griechischen Väter der katholischen Kirche das Zeugnis geben, daß sie die von
Jesus Christus gestiftete, apostolische, wahre Kirche
ist. Und da Ripon ein ehrlicher und zugleich unab-
hängiger Mann war, trat er, infolge seiner gewon-
nenen religiösen Überzeugung, 1. aus dem Frei-
maurer-Orden aus und 2. in die katholische Kirche
ein. Im Jahre 1880 wurde dieser ausgezeichnete
Staatsmann zum General-Gouverneur und Vize-
König von Ostindien ernannt.

Gabriel Jogand-Pagès (Leo Taxil),
der lange Zeit Freimaurer und ein verbissener
Kirchenfeind und Revolutionär gewesen, gelangte
durch das Studium der Geschichte zur Überzeugung,
daß die katholische Kirche die wahre, von Christus
gestiftete Kirche sei und daß die Feinde derselben
mit allen verwerflichen Mitteln, mit Lüge, Verleumdung und Haß dieselbe verfolgen. Solches gesteht er
unumwunden in seiner Selbstbiographie, die er „Bekenntnisse" titulierte.

Gründliches Studium der Geschichte veranlassten

ferner die hervorragenden Gelehrten: Joh. Fried.
Heinrich Schlosser, Friedrich Daumer,
Onno Klopp, Hugo Lämmer, Wilhelm
Amadeus Arendt, William Faber, Johann
Bernhard Dalgairns, Johann Spencer
Northcote, Robert Isaak Wilberforce,
Thomas Wilhelm Marschall u. s. w. zu kon-
vertieren. Die Konversion all dieser Männer liefert
den unumstößlichen Beweis, daß das gründliche, gewissenhafte Studium der Geschichte weder zum Unglauben, noch zum modernen Heidentum führt, daß
es nicht die katholische Kirche, sondern alle von ihr
abgefallenen Sekten anklagt, vom Urchristentume ab-
gewichen zu sein, und sie überführt, dasselbe zu verleugnen, und daß die Geschichtsfälschung ein, an der
unbefangenen studierenden Jugend begangenes Verbrechen ist, indem sie, die studierende Jugend, durch
dieselbe dem Christentum entfremdet, mit Haß und
Verachtung gegen die katholische Kirche erfüllt, um
die Religion betrogen, um die Religiosität gebracht,
schändlich irregeführt und gewöhnlich auch dem
Sittenverderbnis in die Arme geworfen wird. Und
am Schlusse dieses sehr düsteren Abschnittes sage und
bestätige ich: solches war bei uns der Fall, wir
waren, infolge des gefälschten Geschichtsunterrichtes
und der ewigen Ausfälle gegen die christliche, speziell
gegen die katholische Kirche, in religiöser Beziehung
völlig abgestorben und indifferent. Wir standen jeder

Religion und Konfession fremd und interesselos
gegenüber. Heidentum, Judentum, Islam und Christentum waren, nach unserem Dafürhalten, vier verschiedene Rubriken des der Geschichte angehörenden Faches
oder Abschnittes: „Religion". Die Religion trat
uns, als etwas geschichtlich Vorhandenes, blos ob-
jectiv gegenüber, subjektiv standen wir mit derselben
in keiner Verbindung und Berührung, wir hatten
mit ihr keine andere Fühlung oder für sie keine
andere Sympathie als höchstens in der Art, daß
wir den uns in der Jugend beigebrachten, aber
nunmehr abgelegten Aberglauben und jene religiösen
Gebräuche und Übungen, die man uns ehedem angewöhnt hatte, denen wir aber als tiefe Denker und
gelehrte Forscher valet gesagt, gerade so belächelten,
wie ein aus unserer Jugendzeit übriggebliebenes
Schaukelpferd oder A B C-Buch. Bei allen Streit-
punkten zwischen Häresie und Kirche, Kaiser und
Papst, Staat und Hierarchie, Protestantismus
und Katholizismus schlugen wir uns auf die
Seite der Feinde Roms und raisonnierten wie
Rohrspazen über dessen geistige Blindheit, Anmaßung und Herrschsucht. Wir standen in allen
symbolischen oder kirchenrechtlichen Fragen auf Seite
der Protestanten, ohne jedoch dem protestantischen
Bekenntnisse beizupflichten. Wir ergriffen gerade
so für den Protestantismus Partei, wie man sich,
anläßlich eines, in einem fremden Weltteil aus-

gebrochenen Krieges, eines fremden Prozesses oder Schwurgerichtsfalles, für die eine oder andere Partei entscheidet. Jede Einschränkung der katholischen Kirchengewalt und Bevormundung des Klerus hatte sich unserer Zustimmung zu erfreuen, und hätten wir es mit Jubel begrüßt, wenn die badische Staats= regierung — wie 1821 die Kalvinisten und Luthe= raner — die Katholiken und Protestanten zu Einer Kirche vereinigt hätte, obschon wir dann ebenso schlechte Protestanten gewesen wären, als wir vorher nichtsnutzige Katholiken waren, — solche Früchte trägt die falsche Aufklärung, die Geschichtsbaumeisterei und das giftige Gekläff gegen die katholische Kirche.

Sehr verderblich wirkte ferner

das Studium der alten und die Lektüre der deutschen Klassiker.

Das Studium der alten und die Lektüre der deutschen Klassiker wirken nicht an und für sich, nicht absolut und ohne Ausnahme verderblich, son= dern nur in jenem Falle, wenn sie in verkehrter Weise betrieben werden. Zum Beweise dessen führe ich zwei eklatante und sehr lehrreiche Beispiele an: den heiligen Kirchenvater Gregor von Nazianz und den Kaiser Julian, den Abtrünnigen. Beide Männer lebten zu derselben Zeit, beide rangen nach hoher wissenschaftlicher Bildung, beide betrieben sehr eifrig das Studium der antiken Klassiker, beide be=

suchten dieselbe Schule zu Athen und saßen miteinander vor demselben Katheder, und dennoch, welch himmelweiter Unterschied zwischen beiden! Gregor von Nazianz wurde ein begeisterter Kirchenvater und tapferer Bekämpfer der arianischen Irrlehre, Julian aber fiel vom Christentum ab, wollte die heidnische Religion wieder einführen und bekämpfte das Christentum mit allen Mitteln, nur nicht mit blutiger Verfolgung, weil ihn die Geschichte lehrte, daß aus dem Blute der Märtyrer Christen erstehen. Gregor von Nazianz wurde ein großer Heiliger, Julian aber, vor seinem Abfall vom Christentum ein niederträchtiger Heuchler und nach demselben ein lächerlicher Komödiant, der sich selbst zum pontifex maximus ernannte, Opfertiere schlachtete, aus ihren Eingeweiden weissagte und um den Opferaltar tanzte. Gregor von Nazianz erlebte den vollen Sieg des Christentums und den Untergang des, durch Julian künstlich wieder erweckten Heidentums, Julian aber sah noch zu Lebzeiten die von ihm wieder aufgerichteten Götzenaltäre und Götterstatuen in den Staub sinken. Als er einst das Apollofest zu Daphne mit allem Pomp zu feiern beabsichtigte, dazu zahllose Aufforderungen und Einladungen ergehen ließ und kostspielige Vorbereitungen traf, wurde er in seinen hochfliegenden Erwartungen und Hoffnungen bitterlich enttäuscht — es erschien nämlich ein einziger, alter, heidnischer Priester, der eine Gans

unter dem Arme trug, die er dem Apollo
zu opfern gedachte! Als Julian in der Schlacht
bei Ktesiphon töblich verwundet wurde, rief er ster=
bend aus: „Galiläer (Jesus Christus), Du haft ge=
siegt!" Wie erklärt sich nun dieser himmelweite
Unterschied zwischen Gregor von Nazianz und Julian,
d. h. zwischen dem Einfluß und den Folgen der
Lektüre und des Studiums der heidnischen Klassiker
bei Gregor und Julian, da doch beide Verehrer der
antiken Klassiker waren? Gregor von Nazianz be=
trieb das Studium des klassischen Altertums zur
formellen Bildung seines Geistes, zur Erlernung der
Beredsamkeit und eines eleganten Stiles; Julian
aber warf sich mit Feuereifer auf die Lektüre der
heidnischen, besonders der griechischen Klassiker, er
sog gierig ihre Ideen, ihre Ansichten und Grund=
säze in sich und machte sich dieselben zu eigen, er
wurde ihr Nachbeter, Verehrer und Anhänger und
eben dadurch ein Heide, aber ein Heide im Philo=
sophen=Mantel. Er führte eine neue Religion ein,
die von der alten die Namen der Gottheiten und
Feste beibehielt, durch neuplatonische Ideen und dem
Christentum entlehnte Einrichtungen den damaligen
Zeitverhältnissen angepaßt, aber ihrem innersten
Wesen nach mit dem Pantheismus nahe verwandt
war. Julian war eigentlich ein Sektenstifter inner=
halb des hellenischen Gözendienstes, und ein solcher
wurde er durch den Einfluß folgender Männer:

durch den Pädagogen Mardonius, den Philosophen Nikokles, den Neuplatoniker Maximus und den Rhetor Libanius, die Heiden, Gegner des Christentums und Bewunderer der griechischen Klassiker waren, und denen es gelang, Julian mit hoher Verehrung für dieselben, mit Begeisterung für deren Nachfolge und, infolge dessen, mit Verachtung und Haß gegen das Christentum zu erfüllen.

Einen ganz ähnlichen Einfluß übten jene Professoren, unter deren Anleitung wir die alten Klassiker übersezten, auf uns aus. Sie stellten uns durch ihre zur Schau getragene Verachtung des Christentums auf den Isolirschemel und sezten uns so lange dem elektrischen Strome der Klassikermanie aus, bis Paroxismen eintraten, aus denen mit Zuversicht geschlossen werden konnte, daß wir dem Christentume völlig entsagt und uns den heidnischen Klassikern mit Leib und Seel verschrieben hatten.

Die bewährte ratio studiorum der Jesuiten lautet: „Die Erklärung der antiken Schriftsteller geschehe in der Weise, daß alle, obgleich weltlich und heidnisch, gleichsam Herolde Christi werden (quodammodo Christi paecones)." Nennt doch auch der große, gelehrte Kirchenvater Klemens von Alexandrien das gebildete Heidentum und Judentum eine Schule, eine Anstalt, welche die Menschen für Christum erzogen hat (paedagogum ad Christum), ja er führt alle Wahrheit, Schönheit und Tiefe in

der griechiſchen Philoſophie auf Gott, als ihren Ur=
heber, zurück. Stromata I. 4.

Die klaſſiſch gebildeten Kirchenväter Gregor
von Nazianz, Baſilius und Chryſoſtomus
ſchäzten die griechiſchen und lateiniſchen Klaſſiker hoch,
und ſind ihre Schriften eine muſtergiltige Darſtellung
der griechiſchen Sprache. Die Studenten der gelehr=
ten Mittelſchulen würden, wenn zur Erlernung der
griechiſchen Sprache die Lektüre der geeigneten Schrif=
ten der genannten drei Kirchenväter, ſtatt jener des
Xenophon, Homer, Plato, Herodot u. ſ. w., vor=
geſchrieben wäre, nicht beeinträchtigt werden. Es
dürfte auch durchaus nichts ſchaden, wenn auf den
genannten Anſtalten z u r A b w e c h ſ e l u n g dieſe oder
jene Schrift eines lateiniſchen Kirchenvaters oder
Kirchenſchriftſtellers, z. B. des Laktantius, Fulgen=
tius, Prudentius, Caſſiodor, geleſen würde. Doch
welch ein Vorſchlag, welche Zumutung, welch ein
Verbrechen der beleidigten Majeſtät heidniſcher Schrift=
ſteller, heidniſcher Klaſſiker und des modern=heidni=
ſchen Zeitgeiſtes, und welche, dem zur Rüſte gehen=
den XIX. Jahrhundert angetane Schmach! Homer
und Horaz, Sophokles und Cicero würden ſich im
Grabe umdrehen, wenn dieſer ultramontane Vor=
ſchlag zur Ausführung gebracht würde. Aber daran
muß die katholiſche Kirche, daran müſſen chriſtgläu=
bige Eltern und alle Jene, denen Religion und
Moral keine leeren Worte ſind, und die das Chriſten=

tum als die höchste Stufe der Kultur anerkennen,
festhalten, daß die regula VIII indicis, die Papst
Pius IV. in seiner, im Jahre 1564 erlassenen Bulle
«Dominici gregis» allen Pädagogen und allen Hü=
tern und Wächtern des christlichen Glaubens ein=
schärfte, befolgt werde. Die erwähnte regula VIII
verpflichtet den christlichen Professor aufs strengste,
keine obszönen Schriftsteller in den Händen der
Schüler zu dulden und dieselben auf die Irrtümer
und den Aberglauben, die in den Schriften nicht
obszöner heidnischer Klassiker vorkommen, aufmerksam
zu machen; sie verpflichtet ihn, die in den heidnischen
Klassikern enthaltenen abergläubischen Anschauungen
gründlich zu widerlegen und an deren Stelle die
entsprechenden christlichen Glaubenssäze und Sitten=
lehren zur Geltung zu bringen. Große Weisheit und
ernste Fürsorge für echte wissenschaftliche Bildung
legte auch das Konzil von Trient durch seine in der
V. und XXIII. Sizung erlassenen Beschlüsse an
den Tag. Sollten dieselben und die erwähnte
regula nicht befolgt werden, so ist es heilige Pflicht
und Schuldigkeit der Bischöfe, dagegen bei den welt=
lichen Regierungen Protest zu erheben, und jeden=
falls dafür zu sorgen, daß diejenigen Knaben und
Jünglinge, die sich dem geistlichen Stande widmen
wollen, in solchen Anstalten unterrichtet und erzogen
werden, deren Beschaffenheit das Konzil von Trient

ganz genau angegeben und deren Errichtung es
strenge befohlen hat.

Wenn überhaupt schon jeder Professor sein zu
lehrendes Fach als das wichtigste des ganzen Studienplanes betrachtet, so trifft das ganz besonders bei
jenen Professoren zu, die griechische oder lateinische
Klassiker zu verarbeiten oder deutsche Literaturgeschichte vorzutragen haben. Es wäre ein großer
Irrtum, zu glauben, blos kleine Knaben hätten ein
Steckenpferd und ritten es con amore e furore, denn
auch Männer, und unter ihnen ganz besonders gelehrte Häupter, geben sich diesem Sporte hin. Es
sind die Nachfolger der Humanisten, die im XVI. Jahrhunderte lebten und, nur mit sehr wenigen Ausnahmen, dem Christentum, speziell der katholischen
Kirche, sehr feindlich gesinnt waren. Jene Humanisten, die vor der Reformation lebten, waren durch-
gängig gläubige, überzeugungstreue Christen, die
weder den Kirchenglauben noch die christliche Moral
antasteten, sondern das Studium der antiken Klassiker zum Nuzen und Frommen, zur Begründung
und Verteidigung des Christentums betrieben und
dasselbe andern zu demselben Zwecke anempfahlen.
Sie hegten und pflegten dasselbe, weil es sich als
ein vorzügliches Mittel zur formellen Bildung des
Geistes bewährt, weil es sehr geeignet ist, zum logischen Denken anzuleiten, und zugleich methodisch lehrt,
die Gedanken in eine edle Form zu kleiden. Nicht

sowohl um des Inhaltes als vielmehr um des Stiles
willen beschäftigten sie sich mit den antiken Klassikern.
Zu diesen Humanisten zählen besonders Agrikola,
Regimontanus (Johann Müller), Geiler von
Kaisersberg, Sebastian Brant und Reuchlin,
Celtes dagegen fing schon an, auf dem kirchlichen
Gebiete zu rumoren, während er in seinem Privat-
leben ein echter Epikuräer war.

Der hochgelehrte und charakterfeste Jakob Wimpheling, Professor der klassischen Literatur zu Heidelberg, gestorben 1528, sagte bezüglich des Studiums
der Humaniora: „Nicht das Studium des heidnischen Altertums an sich ist der christlichen Bildung
gefährlich, sondern nur die falsche Auffassung und
Behandlung desselben. Es wäre ohne Zweifel grund-
verderblich, wenn man, wie es in Italien häufig
geschieht, mit Hilfe der Klassiker heidnische Denk-
und Gesinnungsweise verbreiten und in den Kreis
des Unterrichtes Schriftsteller oder Dichter herein-
ziehen würde, welche der guten christlichen Sitte und
der vaterländischen Gesinnung der Jugend gefährlich werden müßten. Die rechte Behandlung des Altertums kann dagegen dem christlichen Leben und der
christlichen Wissenschaft die ersprießlichsten Dienste
leisten: haben doch auch die Kirchenväter aus den
profanen Studien den größten Nuzen gezogen, sich
derselben als Beihilfe zur Erklärung der heiligen

14*

Schriften bedient und darum diese Studien stets hochgeachtet und empfohlen."

Der als Gelehrter und besonders als Geschicht= schreiber berühmte Trithemius (Johann Heiden= berg), gestorben 1516, äußert sich über denselben Gegenstand ganz ähnlich, er sagt: „Mit gutem Ge= wissen können wir das Studium der alten Autoren einem Jeden empfehlen, der sie nicht aus weltlicher Gesinnung, blos zur geistigen Tändelei, sondern zur ernsten Ausbildung seiner Geisteskräfte benuzt und aus ihnen, nach dem Vorbilde der Kirchenväter, ge= reifte Früchte zum Besten der christlichen Wissen= schaften sich aneignen will. Wir betrachten ihr Studium sogar als notwendig für diese Wissen= schaften." Siehe, rücksichtlich beider Zitate: Janssen, „Geschichte des deutschen Volkes". II. 3 u. 4. Ganz ähnlich sprach sich der hochgelehrte Humanist Erasmus von Rotterdam über die Lektüre der heidnischen Klassiker aus, er sagte bekanntlich: „Ich begünstigte die Sprachen und die alte Literatur, um durch sie die bisher gebräuchlichen Studien zu verbessern und um die Ehre Jesu Christi zu fördern, aber nicht, um das alte Heiden= tum zurückzuführen." Sonst haben freilich die meisten, eigentlichen und nach der Reformation lebenden Humanisten sich dahin ausgesprochen: der Zweck des Studiums der antiken Klassiker bestehe darin, ein Bildungsmittel an und für sich zu sein.

Die literarisch-ästhetische Bildung, die durch das
Studium der Klassiker des Altertums vermittelt
werde, genüge vollständig, Geist, Herz und Willen
des Menschen auf die höchste Stufe der Kultur zu
heben. Es bedürfe hiezu keiner Religion, keiner
Offenbarung, keines Christentums, keiner Kirche und
keiner Dogmatik und Moral, die von diesem und
jenem Katechismus gelehrt werden. Vernunftgründe,
philosophisch-ethische Motive und die dem Menschen
angeborenen Ideen des Wahren, Guten und Schönen
reichten hin, denselben vor Verirrung zu bewahren
und tugendhaft zu machen. Sokrates, Plato, Pyta-
goras, Zeno, Seneka und unzählige andere Philosophen und Koryphäen der Menschheit seien lediglich
durch diese Faktoren, und bevor das Christentum
gestiftet worden, nicht minder tugendhafte, exempla-
rische Menschen geworden wie die s. g. Heiligen der
katholischen Kirche. Zu diesen Ansichten bekannte sich
namentlich der berüchtigte Ulrich von Hutten,
dessen weiter oben schon Erwähnung getan wurde.
Dieser gänzlich verkommene Humanist hat sogar eine
„Ermahnung zur Tugend“ verfaßt, er wurde von
Kaiser Max I. zu Augsburg als Dichter gekrönt
und zum Ritter geschlagen, Erzbischof Albrecht von
Mainz nahm ihn in seinen Dienst auf und ließ
sich von demselben auf den Reichstag von Augsburg (1518) begleiten, und auf der Insel Usenau
im Züricher See starb Hutten an der — Lustseuche,

nachdem er diese schändliche Krankheit, die er sich durch geschlechtliche Ausschweifungen zugezogen, in klassischen Versen besungen hatte!

Die meisten Humanisten waren vom Christentum abgefallen und suchten den Plan zu verwirklichen, die christliche Kirche zu untergraben und zum Falle zu bringen. Zu diesem Zwecke beuteten sie die antiken Klassiker aus und eiferten die studierende Jugend an, sich der Lektüre derselben hinzugeben. Sie wollten die Wissenschaft überhaupt auf einem neuen, von dem bisherigen wesentlich verschiedenen Fundamente — auf einem modernisierten Heidentum — aufbauen. Bisher konnte eine gelehrte Bildung nur in den Kloster=, Dom= und Kathedralschulen sowie an den Universitäten, die am Christentum festhielten, erlangt werden; um nun den Kloster=, Dom= und Kathedralschulen den Nachwuchs zu entziehen und die Universitäten vom Christentume zu emanzipieren, arbeiteten sie aus allen Kräften daran, weltliche Schulen, in welchen humanistische Studien betrieben werden sollten, ins Leben zu rufen, die Universitäten in ihrem Sinn und Geist umzugestalten, alle Unterrichts=Anstalten zu verstaatlichen und zu monopolisieren und den Klerus aus denselben hinauszudrängen, welches Ziel im Laufe der Zeiten vollständig erreicht worden ist. Die jezigen konfessionslosen Schulen sind das nunmehr vollendete Werk der Humanisten, der Illuminaten und Freimaurer.

Meine Professoren schwärmten sammt und son=
ders für das Studium der antiken und deutschen
Klassiker. Sie waren von Ehrfurcht, Pietät und Be=
geisterung für dasselbe erfüllt, sie stellten die Er=
langung und Pflege echter Humanität als höchstes
Ziel unseres Ringens und Strebens hin, legten ihre
Verachtung des Christentums durch Wort und Wan=
del an den Tag und suchten jede christliche Faser
unseres Herzens mit dem humanistischen Höllenstein
zu ertöten. Dabei leisteten sie dem, mit dem Huma=
nismus und modernen Heidentum stets verschwister=
ten Frauenkult allen möglichen Vorschub. Ach, wie
pflegte einer meiner Professoren sehnsüchtig die Augen
zu verdrehen und vergnüglich zu schmazen, wenn
eine erotische Szene in Sicht kam, oder eine, mit
allen Reizen des Leibes und der Seele geschmückte
Frauensperson auf der Bildfläche eines antiken Klas=
sikers erschien! Professor W. verfiel stets in einen
der Ekstase ähnlichen Zustand, wenn in einem Briefe
Ciceros die Worte vorkamen: «Vale Tulliola, de=
licia nostra!» Als er in einem solchen supernaturalen,
ekstatischen Zustande die Glückseligkeit Ciceros dithy=
rambisch pries, konnten sich einige von uns eines
satyrischen Lächelns nicht enthalten; darob höchlich
entrüstet, fuhr er wie ein Kampfhahn mit gespreiz=
ten Federn und purpurrotem Kamm auf uns los
und apostrophierte uns für die Verleugnung der
erhabenen und idealen Gefühle der Humanität mit

den vernichtenden Worten: „Ihr Böotier, ihr Bar=
baren, ihr Vandalen, ihr Mameluken und Eu .....!
Ihr lacht spöttisch, wenn ich von Tullia, die, nebst
Penolope, die erhabenste, ehrwürdigste und lieb=
reizendste Frauengestalt des ganzen klassischen Alter=
tums war und noch ist, voll Begeisterung rede!
Ayez honte! Hélas, quand finira votre âge des
folies?" d. h. Schämt euch! Ach, wann werden
euere Flegeljahre zu Ende gehen? Bei einer andern
Gelegenheit hätten wir aber den Humanisten W.
mit seinen eigenen Worten auch apostrophieren kön=
nen. Es war nämlich einst die Rede von Kaiser
Heinrich II., der mit seiner Gemalin Kunigunde in
einer s. g. Josefs=Ehe lebte. Ha, wie öffneten sich
da alle Schleusen der humanistischen Ironie und
Satyre! „Welche mittelalterliche Verschrobenheit,
welche religiöse Überspanntheit, quae contradictio
in adjecto, quod oxymoron: ein jungfräulicher
Ehemann, ein jungfräuliches Eheweib!" rief W.
emphatisch aus. Man ersieht aus dieser Äußerung,
daß W., christliche Dinge betreffend, der reinste
Böotier und ein großer Ignorant war, und daß er,
trotz seiner starken Glaze, sich noch inmitten der
Flegeljahre befand. Ja, ja, die Virginität galt da=
mals als eine grenzlose Lächerlichkeit, als ein
Wahngebilde aus Utopien, als eine phantastische
Borniertheit und bornierte Phantasterei, und eben
darum trat der bacillus carnarius et concupis-

centiae epidemisch auf. Das VI. Gebot galt, infolge
des Klassiker-Fanatismus, als abgeschafft, weil es von der
Aufgeklärtheit für „eine veraltete mosaische Einrichtung,
ein, der Menschennatur widerrechtlich angetaner Zwang"
erklärt worden war; wer diesem, ehemals in Geltung
gestandenen Gebote zuwider handelte, der verlor
nichts an Ehre, Ansehen und gutem Namen, im
Gegenteil, er ward als echtes Kind des Zeitgeistes,
als Galantuomo, als aufgeklärter Mann und echter
Recke des Fortschrittes, der unweigerlich der „gesun=
den Sinnlichkeit" den schuldigen Tribut bezahlt,
hochgehalten. Ich erinnere hier nur an den grund=
liederlichen Ulrich von Hutten, der von vielen Pro=
fessoren, Literaturhistorikern und Konversations=Lexicis
als ein, um Bildung und Gesittung hochverdienter
Mann gepriesen wird. Der Leitfaden, der zu meiner
Zeit bei Erteilung und Erlernung der deutschen
Literaturgeschichte im Gebrauch war — „Leitfaden
zur Geschichte der deutschen Literatur" von F. A. Pischon,
Archidiakonus und Prediger an der Nikolaikirche und
Professor am königlichen Kadettenkorps in Berlin,
sagt, Seite 50, IV. Aufl., über Hutten: „Ulrich
von Hutten, 1488 geb. zu Stackelberg in Franken,
aus altadelichem Geschlecht, ging aus dem Kloster
Fulda 1506 nach Frankfurt a. d. O. Nachher mit
Maximilians Heer in Italien. Später sehr unstätes
Leben, länger in Mainz, dann in Italien, wieder in
Deutschland, oft verfolgt (als ob man auf so durch

und durch revolutionär gesinnte und zur Revolution
auffordernde Männer wie Hutten, als ob man auf
solche Wildschweine, wie Hutten eines war, und auf
solche geistige Brandstifter wie Hutten, keine Jagd
machen sollte!) † auf der Insel Ufenau 1523. Aufrichtig, kühn, feurig (sollte wohl heißen: frech, frivol,
verkommen und boshaftes Lästermaul), heftiger Gegner des Papsttums" (das ist buchstäblich wahr, allein
es fehlt der notwendige Beisaz: der nicht nur das
Papsttum, sondern auch das Christentum nebst Zucht
und Sitte glühend haßte, der im Glauben und Leben
dem modernen Heidentum huldigte). Pischon fügt
kein Wort des Tadels über Huttens Leben, Tendenzen und Schriften an, obschon, wenn Huttens Schriften allgemein gelesen würden, und Huttens Leben
und Treiben im ganzen und großen in Gang kämen,
alle kirchliche, staatliche und sittliche Ordnung sich
lösen, eine schauerliche Barbarei über die menschliche
Gesellschaft hereinbrechen, und die Welt eine Rotte
gottloser Banditen und frivoler Wüstlinge und ein
Siechenhaus für syphilitische Affensprößlinge würde.
Das literarhistorische Lexikon von Heinrich Kurz
nennt Hutten „eine wahrhaft moralische
Größe"!! — eine wahrhaft impertinente Lüge!

Ein nicht minder wunder Fleck als die Lektüre
der antiken, war jene der modernen deutschen Klassiker zur Zeit, als ich in Offenburg und Rastatt
studierte.

Göthe, Schiller, Lessing, Herder und Wieland
standen gleichsam auf dem Altare, und mit hochernster, feierlicher Miene führten uns die Professoren
vor denselben, legten kostbaren Weihrauch in die
Glutpfanne, sangen Hymnen und Psalmen und forderten uns auf, vor diesen verkörperten Genien der
Menschheit, vor diesen ruhmgekrönten Helden, die
mit den Waffen der Wissenschaft, der Humanität,
des Wizes und der Satyre den scheußlichen Lind-
wurm des Aberglaubens und der päpstlichen Tyrannei getötet, in den Staub niederzusinken und zu
schwören, in ihren heiligen Fußtapfen zu wandeln.
Ja, es war ein förmlicher Kult, den sie namentlich
Göthe erwiesen, es war eine eigentliche Idololatrie,
die sie mit diesem Originalmenschen getrieben. Göthe
wurde als Urtypus der Menschheit, als Befreier
und größter Wohltäter der in Nacht und Finsternis, Irrwahn und Gözendienst tief versunken gewesenen
Menschen erklärt, seine Werke wurden uns als heilige Evangelien und seine Aussprüche als unschäzbare, echte Perlen und Diamanten vor Augen gehalten und gepriesen, und zugleich erging die ein-
bringlichste Aufforderung an uns, mit heiliger Ehrfurcht seine Geistesprodukte zu lesen, zu studieren,
ihrem Inhalte uns zu assimilieren und dadurch würdige Schüler dieses größten aller Sterblichen und
berechtigt zu werden, im Pantheon des Lichtes und
der Wahrheit zu wohnen.

Ich bin weit entfernt, das, was an Göthe groß
und lobenswert war und ist, in den Schatten zu
stellen und zu mißachten, weit entfernt, seine wirklichen Verdienste zu leugnen oder zu schmälern. Ich
halte Göthe für ein eminentes Talent, für ein dichterisches Genie und für den ersten, vielseitigsten und
originellsten deutschen Dichter und Klassiker. An
schöpferischer Erfindungsgabe, an Schärfe des Verstandes, Humor und Witz überragt er alle Poeten
und Prosaiker. Die deutsche Sprache verdankt Göthe
unberechenbar viel, denn er hat ihr die höchste Reinheit, Schönheit und Fülle verliehen; allein der Inhalt seiner Schriften ist in sehr vielen Fällen un-
korrekt, tadelnswert und entschieden verwerflich, weil
er mit der geoffenbarten Religion, mit dem Christentum und mit der christlichen Moral in direktem
Widerspruche steht. Gerade die geistreiche Art und
der Zauber seiner Darstellung, das attische Salz,
mit dem er seine Aussprüche und die dem Leser vor-
geführten Szenen würzt, sein Talent, das überall
durchblitzt, und die weltmännische routine, mit der
er sich in allen Verhältnissen zu bewegen weiß, verleihen ihm in den Augen aller Derjenigen, die nicht
das Christentum zum Ratgeber, Leitstern und Führer
haben, ein sehr großes Ansehen und eine bezaubernde
Macht, die sie unwiderstehlich mit sich fortreißen,
zu Anbetern derselben und darum zu Feinden des
Christentumes machen.

Göthes reiche Phantasie, humanistische Auffassung und Beurteilung aller Lebensverhältnisse, seine schwärmerische Verehrung für Kunst und Ästhetik und seine elegante Sprache haben von jeher die Leser und Bewunderer seiner Werke elektrisiert und in einen phantastischen Enthusiasmus versetzt.

Göthe war Deist, er glaubte aus Vernunftgründen an einen persönlichen Gott und die Unsterblichkeit der Seele und gestand den Evangelien, deren Inhalt er aber symbolisch deutete, eine gewisse Berechtigung zu. Göthe ist darum, in anbetracht all Dessen, als eine jener feindlichen Mächte zu betrachten, die den kostbaren Schatz des deutschen Volkes — seinen positiv christlichen Glauben und seine positiv christliche Gesittung — besonders bei der studierenden Jugend, aufs höchste bedrohen. Das sicherste Mittel, die letzte Faser christlichen Glaubens aus dem Herzen der studierenden Jünglinge zu reißen, ist die absolute, bedingungslose Anpreisung der Werke Göthes und seines Privatlebens. Das geschah aber zu der Zeit, als ich studierte, und bekanntlich geschieht es noch heute. Zum Beweise dessen führe ich aus jüngster Vergangenheit ein konkretes Beispiel an. Ich wähle gerade dieses Beispiel, weil es recht handgreiflich zeigt, daß die Jugendbildner einen eigentlichen Kultus für die hervorragendsten deutschen Klassiker einführen wollen, daß sie demselben die wunderbarsten Wirkungen und Erfolge zuschreiben,

die Erreichung nämlich des höchsten Zieles aller
modernen wissenschaftlichen Bildung und Erziehung
der studierenden Jugend — die Annahme der Huma-
nitäts=Religion — und daß sie (die Professoren)
gegenwärtig ganz dasselbe Steckenpferd reiten wie
jene, die in den vierziger Jahren mit der Göthe=
und Schillermanie behaftet waren. Meine damaligen
Professoren trugen nur einen andern Namen, als
derjenige, dessen Ausspruch ich sogleich anführen
werde, aber sie pfiffen ganz dasselbe Lied.

Blume, Professor am k. k. akademischen Gymnasium zu Wien, schreibt in einer Broschüre, betitelt:
„Über den deutschen Unterricht in der 7. und 8. Klasse
des Gymnasiums": „Lessing, Göthe, Schiller stehen
im Mittelpunkte des Unterrichtes in den beiden lezten Klassen. In diesen beiden Klassen gibt es kein
würdigeres Ziel, als der Jugend das Verständnis
dieser Männer zu erschließen. Ich sage dieser Männer, denn ich möchte das Persönliche durchaus in
den Vordergrund gestellt und zur Hauptsache gemacht
wissen. Darum soll das Biographische im Mittelpunkte stehen. Briefe, Tagebuch, Blätter und Dich-
tungen, die uns in die Seele des Dichters blicken
lassen, sollen zur Mitteilung kommen, dann hat der
deutsche Unterricht sein Ziel erreicht . . . er hat damit den wichtigsten Beitrag zu einer wahrhaft.
national=ethischen Erziehung geleistet." Da der genannte Professor den Lessing=, Göthe= und Schiller=

kult als das erprobteste Universalmittel der Bildung und Erziehung der studierenden Jünglinge hinstellt und ausdrücklich verlangt, das Persönliche dieser Männer seie in den Vordergrund zu stellen und den Studenten vor Augen zu halten, so erlaube ich mir diesbezüglich, was Göthe, den größten deutschen Klassiker, anbelangt, die Frage zu stellen: sollen die Studenten etwa dadurch „wahrhaft national=ethisch erzogen" werden, daß sie, Göthes Lebenswandel untersuchend, in Erfahrung bringen, daß er 18 Jahre lang mit Christine Vulpius, einer ordinären Person, die weder grammatikalisch noch orthographisch richtig schreiben konnte und sich in gebildeten Kreisen nicht in der üblichen Weise zu benehmen wußte, die aber eine für Göthe höchst wertvolle Eigenschaft besaß, nämlich: nicht eifersüchtig zu sein, in „wilder Ehe" *)

*) Göthe nannte zwar seine Verbindung mit Christine Vulpius eine „Gewissensehe", allein damit hat er absichtlich einer häßlichen und verwerflichen Sache durch ein in Anwendung gebrachtes Wortspiel und eine ins Treffen geführte Begriffsverwirrung einen plausibeln, gefälligen Anstrich zu geben versucht. Göthes Ausspruch: „Wo Begriffe fehlen, stellt ein Wort zur rechten Zeit sich ein", läßt sich mit vollstem Rechte auch auf ihn in fraglicher Sache anwenden, da er nämlich keinen richtigen Begriff von der Ehe hatte, verwandelte er durch sprachliche Eskamotage die „wilde Ehe" in eine „Gewissens-Ehe". Mit demselben Recht, mit welchem Göthe seine „wilde Ehe" eine „Gewissensehe" nannte, könnten alle Fabrikler, Pfannenflicker, Zigeuner, vagabundierenden Komödianten und verwandtes Gelichter ihre gewöhnlich „wilden Ehen" auch „Ge-

gelebt? Werden sie für Frauenwürde, Heiligkeit der
Ehe und sittlichen Lebensernst begeistert werden,
wenn sie den Brief lesen, den Christian Gottfried

wissensehe" nennen. Und wenn Göthes Ehe eine Gewissensehe
war, sind dann die, nach staatlicher und kirchlicher Vorschrift
geschlossenen, von Staat und Kirche sanktionierten Ehen viel=
leicht gewissenlose Ehen, d. h. Ehen, die gewissenlose, an Reli=
gion und sittlichem Ehr= und Schamgefühl bankerott gewordene
Menschen geschlossen haben? Und wenn Göthes „Gewissensehe"
eine normale, in keiner Weise zu beanstandende Ehe war, so
ist es höchst befremdlich und verwunderlich, daß er sich, anno
1806, am 19. Oktober, 5 Tage nach den für Preußen un=
glücklich ausgefallenen Schlachten von Auerstädt und Jena, in
der Schloßkirche zu Weimar, mit seiner „Freundin", Christine
Vulpius, und in Gegenwart seines sechzehnjährigen Sohnes
Julius August Walther, des Sprößlings seiner „Gewissensehe",
dennoch kirchlich trauen ließ. Solches geschah offenbar nicht
blos in der Absicht, um die Vulpius finanziell sicher zu stellen,
d. h. sie als Erbin seines Vermögens und als Mutter seines
Sohnes öffentlich anzuerkennen und seinen Sohn zu legiti=
mieren, sondern auch infolge von Gewissensbissen, die sich
während der breitägigen Plünderung Weimars durch die
Franzosen einstellten; Göthe geriet nämlich bei derselben in
ernstliche Lebensgefahr, aus der ihn nur die Geistesgegenwart
und Entschlossenheit der Vulpius rettete. Auch hatte der früh=
zeitige Tod Schillers (1805) sehr mächtig auf Göthe eingewirkt,
ihn aus seinem Schariwari-Leben aufgeschreckt, ernst gestimmt
und eindringlich an den eigenen Tod, an Gericht und Ver=
antwortung erinnert. Ich sage endlich: wenn Göthes „Gewissens=
ehe" ganz korrekt und infolge der, Göthe zugestandenen Auto=
rität sogar exemplarisch war, wie läßt es sich dann erklären,
daß die s. g. Intelligenz, die Honoratioren, die haute-volée

Körner, am 21. Oktober 1800, an Schiller schrieb,
in welchem er den sittlichen Lebenswandel Göthes
beleuchtete? Zu welchen Grundsäzen und Lebens=
ansichten müssen nicht studierende Jünglinge gelan=
gen, wenn sie voll Staunen und Verwunderung
lesen, was der protestantische Geschichtschreiber Karl
Eduard Vehse in seiner „Geschichte der deutschen
Höfe seit der Reformation" von Göthes Lebenswandel
schreibt? Die betreffende Stelle lautet wörtlich: „Die
praktische Richtung (ist offenbar ein am unrechten
Ort angebrachter Euphemismus, denn es sollte, im
Hinblick auf das, was sogleich erwähnt wird, jeden=
falls heißen: die epikuräische Richtung), die beide
Freunde (Herzog Karl August von Weimar und
Göthe) eingeschlagen hatten, bekundete sich auch in
ihren Herzensverhältnissen (sollte jedenfalls heißen:
erotischen oder sexuellen Verhältnissen). Die inter=
essante Frau von Stein, (die, obgleich verehelicht,
dennoch in sehr intimem Verhältnisse zu Göthe stand,)
und die interessante Gräfin Werthern (die längere
Zeit Karl Augusts Sukkursalweib gewesen), waren

in Weimar und ganz Deutschland dieselbe entweder mitleidig
belächelten oder höchlich mißbilligten oder sich darüber lustig
machten? Göthes „Gewissensehe" rief in Deutschland fast dieselbe
Sensation hervor, wie z. B die unerwartete Verehelichung Luthers
mit der Exnonne Katharina von Bora und die von Luther
und Melanchthon gestattete Doppelehe des Landgrafen Philipp
von Hessen mit Margaretha von der Saal.

nicht mehr die Herzensmagnete, sondern die Demoi-
selle Vulpius und (Karoline) Jagemann (die der
Gräfin Werthern Nachfolgerin beim Herzog wurde),
kommen jezt, und zwar als maitresses en titre, an
die Reihe."

Mit dem Engagement der Karoline Jagemann
hatte es, nach dem Berichte des protestantischen
Schriftstellers Adolf Stahr in seinem „Tagebuch aus
Weimar", und des katholischen Schriftstellers Seba-
stian Brunner in seinem lehrreichen und humoristisch,
bisweilen drastisch geschriebenen Werke: „Hau- und
Bausteine zu einer Literaturgeschichte der Deutschen",
II. Band, Seite 96, folgende Bewandtnis: Karoline
Jagemann war die Tochter des Weimar'schen Rates
und Bibliothekars Jagemann. Sie war eine vielge-
priesene Schönheit und besaß eine ungewöhnlich
schöngeistige Bildung. Als der mit der Prinzessin
Luise von Hessen-Darmstadt verehelichte Herzog von
Weimar, Karl August, nach Entlassung der Gräfin
Werthern, sein Aug auf Karoline Jagemann gewor-
fen, erhielt er anfänglich einen Korb von derselben.
Es war ihr denn doch zu schofel, das Sukkursal-
Weib eines Herzogs zu werden, da sie sich mit der
Hoffnung schmeichelte, an einem Residenztheater erste
Schauspielerin zu werden. Auch regte sich in ihr
das dem Menschen angeborene Ehr- und Scham-
gefühl sowie das Gewissen, den ihr vom Herzog ge-
machten Antrag anzunehmen. Religiöse und spezifisch

christliche Gründe dürften es ihr dagegen schwerlich
widerraten haben, sich dem Herzoge willfährig zu
zeigen, denn Religion und Christentum, Gottesfurcht,
jungfräuliche Gesinnung und echte Frauenwürde
waren damals in Weimar außer Kurs gesezte Artikel.
Da wandte sich denn der Herzog in seinem Anliegen
an Göthe, der in solchen Dingen sehr findig, dienst-
eifrig und keineswegs engherzig war, und bat ihn,
den Vermittler zwischen ihm und der Jagemann zu
machen. Und Göthe entsprach dieser Bitte, er räson-
nierte der Jagemann alle Bedenken wegen Sitte und
Ehrbarkeit, alle Gewissens-Strupel und Furcht vor
Verantwortlichkeit hinweg und brachte sie dahin, sich
den Wünschen des Herzogs zu fügen. Welche Ansichten von Ehe, Sittlichkeit und Frauenwürde müssen
demnach am herzoglichen Hofe zu Weimar geherrscht
haben! Damit aber jeder Zweifel an der Wahrheit
des oben Angeführten verscheucht werde, führe ich
die Worte Adolf Stahrs wörtlich an. Er schreibt in
dem schon erwähnten Buche: „Es war so ziemlich
zur gleichen Zeit, in welcher der Herzog die Gräfin
Werthern aufgab und die Jagemann begünstigte, als
Göthe denselben Wechsel mit der Frau von Stein
und Vulpius vornahm. (Mit welcher Leichtfertigkeit
und Unverfrorenheit wird hier von den schwersten
Verlezungen des VI. Gebotes, von den skandalösesten
Sünden geredet, man könnte fast vermuten, es handle
sich hier nicht um Ehebruch, sondern um den Wechsel

15*

von Handschuhen oder Gänsekielen.) Die Jagemann
war eine Tochter des Weimar'schen Rates und Bibliothekars Jagemann, für sie schrieb Göthe die Eugenie
in der ‚natürlichen Tochter‘. Ihre hinreißende Schönheit, die Frische und Schnellkraft ihres Geistes ent-
zückten den Herzog, aber seine Bewerbungen wurden
anfangs nicht begünstigt. Karoline Jagemann war
jung, war Künstlerin (sie hatte sich in Mannheim,
unter Ifflands Leitung, zur Schauspielerin heran-
gebildet) und als solche von einem Ehrgeize, dem es
im Angesicht einer großen künstlerischen Laufbahn
nichts allzu Verblendendes schien, als Maitresse eines
Herzogs sich in einem kleinen Staat an eine Bühne
zu fesseln. Der Widerstand (Karolinens) erhöhte die
Leidenschaft (Karl Augusts) bis zur Verzweiflung.
Da, so wird glaubwürdig erzählt, vermochte Göthes
Überredung und ein eigenhändiger Brief der Herzogin Luise (d. h. eine von derselben unrechtmäßig
und ungiltig erteilte Dispens von der Beobachtung
des VI. Gebotes) sie dazu, eine Stelle einzunehmen,
gegen welche auch andere Gefühle in ihr sich gesträubt
haben mochten. Die Herzogin hatte sich nach der
Geburt ihres letzten Kindes genötigt gesehen, con-
jugali consortio renuntiare.“

Mit großem Widerwillen habe ich hier auf zwei
Schattenseiten Göthes hingewiesen, aber durch die
grenzenlose Lobhudelei desselben von Seite fast aller
Professoren, und da dieselben den studierenden Jüng-

lingen Göthes Leben als einen Tugendspiegel vor
Augen halten und sie anfeuern, sich Göthes Privatleben konform zu machen, hab ich mich aufgefordert
gefühlt, zu zeigen, daß Göthe gerade als Privatmann
kein Tugendheld gewesen, und daß die Studenten
sehr schlecht dabei fahren, wenn sie sich nach Göthe'-
schem Muster bilden wollen. Wahrlich, wem Religion und Christentum teuer und heilig und Tugend
und Laster keine leere Phrasen sind, wem das Wohl
der menschlichen Gesellschaft und die solide Bildung
und Erziehung der heranwachsenden Generation und
ganz besonders der zukünftigen Staats- und Kirchendiener, am Herzen ligt, der wird zu einem Attentate
nicht schweigen, durch das Religion und Christentum
untergraben, die menschliche Gesellschaft und Familie
der sittlichen Fäulnis überantwortet und die studierenden Jünglinge der kostbarsten Güter — der Religion und Tugend — beraubt, argliftig verführt,
und dann in den schauerlichen Abgrund der Gottes-
leugnung und der sittlichen Verwilderung hinab-
geschleudert werden. Wer durch den unsinnigen
Göthekult und durch eine, aller Vorsichtsmaßregeln
bare Lektüre der Schriften Göthes schweren Schaden
gelitten, aber sich später davon wieder erholte, der
wird es gewiß nicht unterlassen, ja es für seine heilige Pflicht und Schuldigkeit halten, auf Göthes
Irrtümer, Schwächen und Fehler aufmerksam zu
machen, die verführerischen Schriften desselben zu

bezeichnen und die studierende Jugend davor zu
warnen, sich durch den mit éclat betriebenen Göthekult und die, zu dessen Verherrlichung von den Professoren verfaßten Hymnen und Panegyriken den Kopf
verdrehen zu lassen; er wird sie ernstlich ermahnen,
an Göthe und seine Produkte kalt und nüchtern den
unfehlbaren Maßstab des Evangeliums zu legen.
Was mit dem Evangelium, mit Dogmatik und Moral
nicht harmoniert, ist verwerflich, troz Göthes Geniali-
tät und Autorität, troz Rekommandation und
Reklameschwulst zahlloser Legionen von Professoren
und Literarhistorikern. Nachdem doch offen zu Tag
ligt und von Protestanten und Katholiken wiederholt und unwiderlegbar nachgewiesen worden, daß
Göthes Ansichten, Werke und Wandel sich in einem
unversöhnlichen Widerspruch sowohl mit der Bibel
als auch mit der Tradition, sowohl mit der Lehre
der katholischen Kirche als auch mit den symbolischen
Büchern des Protestantismus befinden, gehört gewiß
eine starke Dosis Arroganz und eine, einer englischen
Bulldogge entlehnt zu sein scheinende Verbissenheit
dazu, die studierende Jugend fort und fort in einen
wahren Göthe-Fanatismus hineinzuhezen. Daß Göthes
Werke das factotum, die Quintessenz und Elixir
aller Bildungs- und Erziehungskunst an den gelehrten Schulen sei, ist vielen Professoren zur fixen Idee
geworden, und kann diese Sorte pedantischer Prä-
zeptoren auch das Studium des Privatlebens Göthes

nicht oft, warm und nachdrücklich genug empfehlen.
Das Traurigſte aber beſteht darin, daß die Studen=
ten, infolge deſſen, ſich mit einem wahren Feuereifer
und Heißhunger auf Göthes Schriften werfen, gründ=
liche Studien in der Erforſchung des Lebens am
Weimar'ſchen Hofe machen, die endloſen Liebſchaften
und Kabale desſelben kennen lernen und dadurch
gründlich verbildet werden, um nicht mehr zu ſagen.
Sie ſchlürfen das Gift, das ihnen in eleganten
Redensarten und klaſſiſchen Verſen geboten wird,
gierig ein, werfen den lezten Reſt von Glauben und
Religioſität, von Gewiſſenhaftigkeit und Sittlichkeit
über Bord und treibens dann im kleinen, wie man's
im großen zu Göthes Zeiten an dem genannten Hof
getrieben. Ein Profeſſor, der Göthes Privatleben
der ſtudierenden Jugend als exemplariſch und nach=
ahmungswürdig anpreiſt, obgleich er die großen
Mängel und Gebrechen desſelben kennt, und der
ſeinen Schülern Göthes Werke bedingungslos und
ohne Kautel als Lektüre empfiehlt, obgleich er weiß,
daß dieſelben ſehr viel Irrtümliches und Verführeriſches
enthalten, der iſt gewiß in den Augen eines jeden
erfahrenen, weiſen und gläubigen Mannes ein Meu=
chelmörder an denſelben, was Religion und Sittlich=
keit, Seele und Herz betrifft.

Nachdem der uns die deutſche Literaturgeſchichte
lehrende Profeſſor am Schluß einer Unterrichtsſtunde
Göthe mit folgenden Worten pathetiſch verhimmelt

hatte: „Welcher Geistesflug, welche Tiefe der Gedanken, welche Glut der Empfindung, welche Begeisterung für alles Wahre, Gute und Schöne, welche
farbenprächtige, bilderreiche, elegante Sprache —
jeder Saz Göthes nach Inhalt eine kostbare Perle
und nach Form eine syntaxis ornata, ohne Hiatus
und Diskrepanz"; da entbrannte in mir eine heftige
Sehnsucht, die von Geist und Feuer sprühenden, von
Blumen duftenden und von Honig und Honigseim
triefenden Schriften Göthes zu lesen, zu genießen,
zu verschlingen. Spornstreichs eilte ich daher, nach
beendigtem Unterrichte, zu einem Herrn, der sich des
beneidenswerten Glückes erfreute, im Besize des kostbarsten Bücherschazes — der Schriften Göthes —
zu sein. Ich bat ihn fast fußfällig, meine Sehnsucht,
meine brennende Begierde und meinen Wissensdurst
dadurch zu stillen, daß er mir ein Werk des größten, „göttlichen" Klassikers deutscher Zunge, und
zwar: „Wilhelm Meisters Lehr= und Wanderjahre"
leihe. Verwundert und mit ironischem Lächeln betrachtete mich der schon ziemlich bejahrte Herr einige
Sekunden, dann sagte er mit vielem Humor: „Ei, ei,
Herr studiosus, Sie stehn ja ganz in Feuer und
Flammen, und da soll ich noch mit ‚Wilhelm Meisters Lehr= und Wanderjahren' Öl ins Feuer gießen?!
Minime vero! (Das sei ferne von mir!) Um Göthe
mit Nuzen zu lesen, muß man eine gewisse Reife
des Alters, der Bildung und des Charakters erreicht

haben, was aber, Sie erlauben mir schon, mich des richtigen Ausdruckes zu bedienen, bei einem imberbis (Gelbschnabel) nicht der Fall ist." Dann wurde er sehr ernst und sagte mit großem Nachdruck: „Manche Werke Göthes taugen überhaupt nichts, einige derselben sind Parasiten (Schmarozerpflanzen), die gesunde Bäume, d. h. das Menschengewächs, langsam aussaugen und ausdorren, einige sind narcotica, die das moralische Gefühl abstumpfen und das Gewissen betäuben, und einige sind toxica, die das Christentum mit Stumpf und Stiel aus dem Herzen reißen. ,Wilhelm Meisters Lehr- und Wanderjahre' gehören in diese drei Klassen. Professor B's Steckenpferd ist, wie ich wohl weiß, Göthe, der göttliche Klassiker; jener Herr handelt aber dadurch sehr unklug und unpädagogisch, daß er studierenden Jünglingen, die so leicht Feuer fangen, Schwärmer und Phantasten werden, und gewöhnlich schon durch die Lektüre der antiken Klassiker an Religion und Moral Schiffbruch gelitten, Göthes Werke überliefert, die sie dann in kurzer Frist von Tauf und Chrisam reinigen, was die modernen Klassiker auch ganz unumwunden als den Hauptzweck ihrer literarischen Tätigkeit erklären. Dazu will ich aber die Hand nicht bieten, denn ich achte und schäze das Christentum als eine göttliche Institution, der die Menschheit unendlich vieles zu verdanken hat. Sie würden, statt Göthe zu lesen, weit besser daran tun, die vortrefflichen Schriften Dantes, Shakespeares, Calderons, Lopez de Vegas in guter Übersezung, oder jene von Görres, Brentano, Eichendorff, Tieck, Friedrich von Schlegel, Claudius, Leopold von Stolberg und anderer Geistesmänner zu lesen. Ihre Werke bieten Ihnen eine für Geist und Herz gesunde Nahrung. Sollten Sie später Theologie studieren, so werde ich Ihnen, sobald Ihre Dogmatik und Moral niet- und nagelfest sein werden, Göthes Werke leihen, vorausgesezt, Sie hätten dann noch Lust und Liebe zu solcher Lektüre, was ich aber sehr bezweifle. Göthes Schriften sind durchaus nicht imstand, einen gläubigen, sittlichen Christen zu befriedigen und ihm Nuzen und Gewinn zu bringen, sie sind vielmehr blos als Surrogat für das entweder nie angenommene oder später verleugnete Christentum zu betrachten; Sie befinden sich aber weder in dem ersten noch zweiten Fall, wie ich hoffe, und darum bedauere ich, Ihnen die gestellte Bitte abschlagen zu müssen. Leben Sie noch lange göthelos und glücklich!" Bittersüß grüßend, kehrte ich dem mir völlig rätselhaft vorkommenden Göthebesizer, der ein pensionierter Beamter und ein Mann vom alten, echten Schrot und Korn war, den Rücken. Ich befand mich in einer höchlich entrüsteten und erbitterten Gemütsstimmung, denn fürs erste war ich, um mich in der Studentensprache auszudrücken, „mit Glanz abgefahren"; fürs zweite hatte der spröde Göthebesizer mich, den Ober-

quintaner (alten Stils), mich, der ich im 19. Lebensjahre stand, 5' 9" rheinisch maß und mit Stolz
auf den hoffnungsvoll sprießenden Flaum der Ober-
lippe und des Kinnes hinweisen konnte, einen „Gelbschnabel" genannt, und Göthe, den hochverehrten,
angebeteten Göthe, den Stolz und Ruhm der deutschen
Nation, in unverantwortlicher Weise angegriffen, ver-
leumbet und herabgewürdigt; er hatte manche seiner
Werke Parasiten, Betäubungsmittel und Gifte genannt, er hatte es versucht, mit frevler Hand das
Ansehen des von uns hochverehrten Professors der
deutschen Literatur zu untergraben, — welche
Impertinenz, Majestätsbeleidigung und Verleumdung! Ich war durch die von einem verknöcherten
Philister gegen mich, Göthe, seine Werke und Professor B. abgedrückten Pfeile mitten ins Herz getroffen, und in der ersten Aufwallung des Zornes
wünschte ich, die mir, Göthe und meinem Professor
angetane Beschimpfung auf der Mensur, das Rap-
pier in der Faust, mit Blut abzuwaschen. Da solches aber untunlich war, verschaffte ich meinem ver-
wundeten, gepreßten Herzen wenigstens dadurch Erleichterung, daß ich den alten Pensionär mit dem
Interdict belegte und den fürchterlichen Bannstrahl
gegen ihn schleuderte: Fahre hin in deinem Wahn,
Schandfleck des XIX. Jahrhunderts! Du bist gar
nicht würdig, den reinen Äther der Aufklärung zu

atmen und dich in dem Himmelslicht der Freiheit
zu sonnen, das wir Göthe verdanken!

Nach dieser mir verschafften Satisfaktion verfügte ich mich sogleich zu einem anderen Göthebesizer
und stellte die nämliche, oben erwähnte Bitte an
denselben. Dieser lobte meine Wißbegierde und Vorliebe für Göthe; er sagte: „Göthe ist ein tiefer
Denker, ein geistreicher Dichter, ein Mann, der alle
religiösen Vorurteile abgestreift und unserer Zeit
einen eigenen Typus, denjenigen der Aufklärung und
der echten Humanität, aufgeprägt. Die Lektüre seiner
Werke wird Sie intellektuell und sittlich fördern und
in hohem Grad befriedigen. ‚Wilhelm Meisters Lehr-
und Wanderjahre‘ sind ein köstlicher Roman voll
Menschenkenntnis, Wiz und Humor.“ Mit diesen
Worten überreichte er mir das gepriesene Werk und
erklärte sich gerne bereit, mir nach und nach Göthes
sämmtliche Schriften zu leihen.

Ich kann nicht umhin, noch ganz extra darauf
hinzuweisen, wie verschieden Göthe, je nach dem
Standpunkte, nach den Ansichten und Meinungen,
namentlich nach der religiösen und sittlichen Qualität des Beurteilers und Richters, des Rezensenten,
Kritikers oder Literarhistorikers beurteilt wird und
stets beurteilt werden wird. Als ein ganz auffallen-
des, höchst interessantes Beispiel einer wahrhaft per-
fiden, parteiwütigen und durch und durch verlogenen
Kritik führe ich an, daß das weiter oben schon ein-

mal erwähnte literarhistorische Lexikon von Heinrich
Kurz, im III. Band, Seite 772, Eulogius
Schneider als Schriftsteller und Mensch also
prädiziert: „Eines der bedeutendsten Talente war
der schon als Dichter besprochene Eulogius Schneider,
dessen Predigten von der christlichen Toleranz (Stuttgart, 1781) und Predigten für gebildete Menschen
und denkende Christen (Breslau, 1792) **von tiefer
Frömmigkeit und wahrer Menschenliebe durchdrungen
sind** und durch ihre warme Beredsamkeit hinreißen."
Für diejenigen meiner Leser, denen Eulogius Schneider
eine unbekannte Größe ist, führe ich folgendes an:
Derselbe wurde zu Wipfeld im Würzburg'schen, 1756,
geboren, besaß viel Talent und studierte in Würzburg. 1777 trat er, nach leichtsinnig verlebter Jugendzeit in den Franziskanerorden zu Bamberg, studierte
zu Salzburg Theologie, wurde 1784 zum Priester
geweiht, 1786 Hofprediger des Herzogs Karl Eugen
zu Stuttgart, 1789 Professor der schönen Wissenschaften zu Bonn und trat dort aus dem Franziskanerorden. 1790 veröffentlichte er Gedichte, die,
à la Luther, Wein, Liebe und Freiheit verherrlichten. 1791 ward er von den Jakobinern wegen seiner
fanatischen Schwärmerei für „Freiheit, Gleichheit
und Brüderlichkeit" als Professor der geistlichen Beredsamkeit und des Kirchenrechtes an die Universität
nach Straßburg berufen, und bald darauf von dem
konstitutionellen Bischof Brendel von Straßburg zum

Generalvikar ernannt. 1792 ward er Bürgermeister
von Hagenau und durchzog als Zivilkommissär,
öffentlicher Ankläger und blutdürstiger Jakobiner das
Elsaß. Er wütete gegen königlich Gesinnte und den
Adel, gegen Priester und jene, die Vermögen besaßen oder das heilige Kreuzeszeichen machten. Vor
seiner Blut- und Geldgier flohen 50.000 Elsässer
nach Deutschland oder in die Schweiz. Er ließ zahllose Personen unter den nichtigsten Vorwänden ins
Gefängnis werfen und beraubte sie ihres Vermögens.
30 Personen lieferte er unter das Messer der Guillotine, und wenn eine Frauensperson seiner Lüsternheit Widerstand entgegenzusezen wagte, so machte er
sie durch den Hinweis auf die Guillotine gefügig.
An demselben Tage, an welchem er sich mit der
Tochter des Ober-Steuereinnehmers Stamm von
Barr verehelicht hatte, wurde er verhaftet, dann nach
Paris transportiert, von seinen Gesinnungsgenossen
zum Tod verurteilt und am 1. April 1794 guillo-
tiniert. Eulogius war ein Gottesleugner, ein blutdürstiger Tiger, ein lasterhaftes Scheusal und einer
der größten Schurken und Banditen, welche die Welt
kennt, und von diesem Subjekte sagt der Literar-
historiker Kurz: seine „Predigten waren von tiefer
Frömmigkeit und wahrer Menschenliebe durchdrungen." Gibt es wohl eine größere Heuchelei und
Niederträchtigkeit?! Schneider wird lediglich aus dem
Grund als berühmter Dichter und Prediger, und

Hutten als wahrhaft moralische Größe prädiziert, weil beide dem Christentum entsagt hatten, Gottesleugner und wutverbissene Kirchenfeinde waren. Nach diesem ins Gebiet der Bücherkritik gemachten Abstecher wollen wir zu Göthe zurückkehren.

Mit Würde und Stolz schritt ich, den kostbarsten Schaz der deutschen Literatur ehrerbietig auf — nicht unter — dem Arme tragend, meiner Wohnung zu. Ich hätte vor Freude und Lust jauchzen und jodeln mögen — so glücklich und seelenvergnügt fühlte ich mich. Ich glaubte, alle mir begegnenden Personen müßten es mir ansehen, daß mir heute das größte Heil widerfahren, indem ich Göthes berühmtes Werk: „Wilhelm Meisters Lehr= und Wanderjahre" als kostbares Kleinod auf dem Arme trug, und eben darum wunderte es mich, daß mir dennoch niemand gratulierte und „Wilhelm Meister" seine schuldige Reverenz bezeugte. Zu Hause angekommen, schlug ich mit, vor Aufregung zitternder Hand das kostbare Buch auf und durchblätterte, mit, vor Ehrfurcht und heiliger Scheu feuchtem Aug, die 11 Bücher der „Lehr= und Wanderjahre" Göthes (denn unter Wilhelm Meister ist bekanntlich Göthe selbst zu verstehen) und dabei vermeinte ich, ein kostbarer Duft steige aus dem herrlichen Buche auf und verseze meinen Geist und mein Herz in die geeignete Disposition, zu meinem Segen und Heil das berühmte Geistesprodukt des größten Denkers deutscher

Nation in mich aufzunehmen. Voll Andacht begann
ich die Lektüre, und mit Beharrlichkeit und jugend-
lichem Ungestüm sezte ich sie fort, allein je weiter
ich vorwärts drang, desto mehr wurde ich enttäuscht
und ernüchtert, desto mehr erblaßte der Nimbus,
den meine Professoren und ich selbst um Göthes
Haupt gewunden, desto mehr erkaltete meine Verehrung für Göthe und die Begeisterung für seine
Werke. Ich fand an „Wilhelm Meisters Lehr- und
Wanderjahren" einen bandwurmartigen Roman, zahl-
los ineinander geschachtelte Geschichten und an den
Haaren herbeigezerrte Episoden. Von einer idealen
Lebensanschauung, von sittlichem Lebensernst, von
Verachtung und Geißelung des Lasters, von Begeisterung für Tugend und echte Humanität, für alles
Wahre, Gute und Schöne, und selbst von einer syntaxis ornata, von gesundem Humor und Wiz
fand ich keine Spur in diesen „Lehr- und Wanderjahren". Göthe ist namentlich in seinen Lehrjahren
in eine wahre Kloake sittlicher Verkommenheit hinab-
gestiegen und hat mit sichtlichem Wohlbehagen Exempel der größten Gemeinheit ausgewählt und dieselben
vor den Augen der Lesewelt ausgestellt. Welche
schamlosen, schandbaren Szenen werden da enthüllt,
welche nichtswürdigen Personen werden da vorge-
führt, und welche schlüpfrigen, trivialen, obszönen
und skandalösen Bilder werden in frivolster Weise
enthüllt! Ich erinnere nur an die schmählichen Per-

sönlichkeiten: Marianne und die alte Barbara, die
Dienerin, Vertraute, Ratgeberin, Haushälterin und
Kupplerin Mariannens; Philine, den Schauspiel-
direktor Serlo und den Stallmeister des Grafen X.;
ich erinnere ferner an den schnöden Mißbrauch, der
mit dem Wort „Liebe" getrieben wird, sowie daran,
daß immer nur die sinnliche, fleischliche Liebe verkörpert erscheint; ferner daran, daß die laszivsten
Szenen schmunzelnd und mit erkünstelter Harmlosigkeit und Naivität, ja sogar anziehend, reizend und
verführerisch dargestellt werden. Allerdings muß der
Schriftsteller bisweilen auch in die Region der sittlichen Verkommenheit und des Lasters hinabsteigen,
doch niemals, um dieselben harmlos, oder reizend,
oder verführerisch hinzustellen — im Gegenteil: um
dieselben zu geißeln und zu brandmarken, um vor
denselben zu warnen und zurückzuschrecken. Er wird
mit Ekel und Abscheu von Sünde und Laster reden,
er wird mit heiligem Ernst auf die entsezlichen Folgen derselben für Leib und Seel, für Staat und
Kirche, für Familie und Gemeinde, für Zeit und
Ewigkeit hinweisen und seine Leser bitten und beschwören, sich vor diesen Banditen und Mordbrennern
der menschlichen Gesellschaft aufs sorgfältigste und
gewissenhafteste zu hüten. Von all Dem ist aber in
„Wilhelm Meisters Lehr- und Wanderjahren" auch
nicht eine leise Spur zu finden; da gibts keinen
Ekel und Abscheu, keine Mahnung und Warnung

vor den flagrantesten Verlezungen des Sittengesezes,
der Schamhaftigkeit und des Anstandes und vor den
frivolsten Exzessen sittlicher Korruption. Solche Histörchen, die von Schmuz und Gemeinheit triefen,
kann man allenthalben, namentlich von wandernden
Schauspielerbanden, Schnurranten und Landstreichern,
in Winkelkneipen und Werkstätten von Schuster- und
Schneidergesellen, von Fabriklern und „Soldaten-
besen" hören, dazu bedarf es keines Göthe. Mein
sittliches Gefühl war durch die Bekanntschaft mit
der skandalösen Wirtschaft des olympischen Götter-
himmels, durch die in der Burschenkneipe zirkulieren-
den Gassenhauer und die chronique scandaleuse
der Rastatter Garnison schon in dem Grade abge-
stumpft, daß ich durchaus nicht behaupten könnte,
eine allzu zarte, delikate und heikle Gewissenhaftigkeit
und Strupulosität hätten mir die in „Wilhelm Meisters Lehr- und Wanderjahren" vorkommenden Szenen
als höchst anstößig erscheinen lassen, aber ich fragte
mich, ob die uns empfohlene Lektüre der Göthe'schen
Schriften geeignet sei, Geist und Herz studierender
Jünglinge zu bilden und zu veredeln? Diese Frage
mußte ich entschieden verneinen. Wie konnte ein ernster, hochgebildeter Mann sich so lange in dem ver-
pesteten Dunstkreise eines verkommenen Gesindels,
das in „Wilhelm Meisters Lehr- und Wanderjahren"
sein Wesen treibt, aufhalten, an ihrer Verworfenheit
einen Gefallen finden und dieselbe in breiter Behag-

lichkeit schildern? Heißt das nicht, dem Leser absichtlich Ärgernis geben und ihn verführen? Göthe ließ
„Meister Wilhelms Lehrjahre" anno 1795, also in
seinem 46. Lebensjahre, und die „Wanderjahre" erst
anno 1821, also in seinem 72. Lebensjahre drucken.
Die s. g. Sturm= und Drangperiode Göthes war
also damals längst vorüber, und kann darum die
Veröffentlichung eines so verderblichen und verwerflichen Romans durch Göthe in keiner Weise entschuldigt werden. Barthold Georg Niebuhr,
einer der ausgezeichnetsten Geschichtsforscher, Kritiker
und Philologen, ärgert sich in den „Lebensnach-
richten" I. 521. über die Nichtswürdigkeit und Ge-
ringfügigkeit der in „Wilhelm Meisters Lehr= und
Wanderjahren" auftretenden Personen und nennt
dieselben mit vollem Recht „eine Menagerie von zah-
mem Vieh". Der Schriftsteller und Kritiker Wolfgang Menzel charakterisiert Göthe überhaupt sehr
treffend, indem er von ihm sagt: „Er ist ein Meister schöner Form bei unsittlichem Gehalt." Siehe:
Vischer, Ästhetik §. 55.

Nachdem ich die genannte Schrift Göthes, die
meinen hochgespannten Erwartungen nicht entsprochen
und mich durchaus nicht befriedigt hatte, gelesen,
verfügte ich mich zu einer Zeit in die Wohnung des
Herrn M., in welcher, wie ich wußte, derselbe nicht
anzutreffen war. Ich wollte nämlich, da ich voraussah, Herr M. würde mich fragen, wie mir „Wil-

helm Meisters Lehr= und Wanderjahre" gefallen
hätten, und da ich Herrn M., der ein enthusiastischer
Verehrer Göthes war, meine Mißbilligung der ge=
nannten Schrift nicht mitteilen wollte, einer persön=
lichen Begegnung mit demselben ausweichen. Ich
war entschlossen, mir von der Frau des Herrn M.
noch zwei renommierte Schriften Göthes: „Leiden
des jungen Werther" und „Aus meinem Leben.
Wahrheit und Dichtung" zu erbitten. Bereitwillig
übergab mir die Frau des Herrn M. die gewünsch=
ten Schriften. Um mich kurz zu fassen, führe ich,
bezüglich der „Leiden des jungen Werther", die Kritik
des Konversations=Lexikons von Josef Manz, VI. Band,
Seite 796, III. Auflage, an. Es heißt dort: „Wer=
ther wurde das Prototyp der ganzen Empfindungs=
literatur, welche mondscheinsüchtig alle zartbesaiteten
Herzen mit einem Tränenstrom überschwemmte.
Napoleon nahm das Buch mit nach Ägypten und
versicherte später, den Werther siebenmal gelesen zu
haben." Mir genügte eine einmalige Lektüre Wer=
thers, denn derselbe war mir von A bis Z zu phan=
tastisch und krankhaft sentimental, auch konnte ich
nicht billigen, daß die Heiligkeit und Unverlezlichkeit
der Ehe durch denselben angetastet und der Selbst=
mord direkt verherrlicht und indirekt empfohlen wurde.

Es ist eine unleugbare, geschichtlich nachgewie=
sene Tatsache, daß die „Leiden des jungen Werther"
sehr viele jugendliche Personen verleiteten, sich „aus

unglücklicher Liebe" ums Leben zu bringen. Ich
führe hier ein eklatantes Beispiel dieser Art an. Am
27. Januar 1778 stürzte sich Christiane von Laß-
berg, Tochter des Obersten Maximilian von Laß-
berg, aus Liebesgram, in die, an Weimar vorüber-
fließende Ilm und ertrank. Sie glaubte nämlich,
von ihrem Geliebten, dem Lieutenant von Wrangel,
verlassen worden zu sein. Die Selbstmörderin hatte,
als man sie aus dem Wasser zog, die „Leiden des
jungen Werther" von Göthe in einer Tasche ihres
Kleides. Dieser hypersentimentale Roman, in welchem
die Geschlechtsliebe verhimmelt und der Selbstmord
empfohlen und verherrlicht wird, hatte dem sentimentalen, aufgeklärten und religionslosen Geschöpf
den Kopf verdreht und dasselbe in den Tod getrieben.

Was die zweite Schrift „Aus meinem Leben.
Wahrheit und Dichtung" anbelangt, so gestehe ich,
daß sie mich, den im 19. Lebensjahre stehenden
Jüngling, in hohem Grad fesselte und befriedigte,
woraus aber nicht hervorgeht, daß sie in jeder Beziehung korrekt und empfehlenswert ist. Auch „Nathan
der Weise" von Lessing, „die Räuber" von Schiller,
„Lichtenstein" von Hauff, „Hesperus" von J. P. Fr.
Richter u. s. w. fesselten und begeisterten mich damals in hohem Grade, während sie mich jetzt unan-
gesprochen und kalt lassen. «Tempora mutantur,
et nos mutamur in illis.» Die Ansprüche, Bedürfnisse und Wünsche des Geistes und Herzens halten

mit der geiftigen und fittlichen Entwicklung des
Menfchen gleichen Schritt und verlangen deßwegen
auf jeder erreichten höhern Stufe der Kultur eine
geeignete Nahrung.

Unter allen Lehrgegenständen wurde

die philofophifche Propädeutik

am Lyzeum in Raftatt am beften vorgetragen, nur
litt diefer Unterricht an folgenden Gebrechen:

1. wurden wir mit den Syftemen der Philo-
fophen der neueren und neueften Zeit (Spinozas,
Kants, Wolfs, Fichtes, Schellings, Hegels, Trendelenburgs ꝛc.) blos bekannt gemacht, ohne daß diefelben
kritifch beleuchtet und das Wahre vom Falfchen ge-
fchieden worden wäre;

2. wurde der Unzulänglichkeit der Philofophie,
alfo der menfchlichen Vernunft, zur vollen Erkenntnis der lezten Gründe alles Seienden, der Wahrheit der göttlichen Offenbarung und der chriftlichen
Religion, z. B. der Menfchwerdung Jefu Chrifti, der
Wunder ꝛc. zu gelangen, keine Erwähnung getan;

3. wurde nicht darauf hingewiefen, daß die
menfchliche Vernunft und die göttliche Offenbarung
fich nicht widerfprechen können, da beide aus derfel-
ben Quelle, aus Gott, ftammen, daß folglich die
Philofophie nicht naturgemäß, prinzipiell und logifch
eine Feindin der Theologie feie. Es wurde nicht

darauf aufmerkſam gemacht, daß gerade die Theo=
logie alle Fragen des denkenden, forſchenden und
prüfenden Geiſtes zur vollſten Befriedigung desſelben
löſt, daß ſomit die Theologie der Wegweiſer, der
Leitſtern, die Leuchte und der Prüfſtein der Philo=
ſophie und dieſe die Dienerin und eine Hilfswiſſen=
ſchaft der Theologie iſt;

4. wurden Scholaſtik und Spekulation nicht
nach Gebühr gewürdigt, ſondern geringſchäzig, en
bagatelle, behandelt, als ob nicht die tiefſten Den=
ker und größten Gelehrten, z. B. Anſelm von Canter=
bury, Petrus Lombardus, Bonaventura, Thomas
von Aquin, Duns Scotus, Scholaſtiker geweſen
wären. Und

5. wurde der ſchweren Verſuchung: durch das
Studium der philoſophiſchen Propädeutik von einem
ſehr unphiloſophiſchen Dünkel und Hochmut ange=
kränkelt zu werden, kein Riegel vorgeſchoben, was
doch von dem Profeſſor der Philoſophie ſehr leicht
zu bewerkſtelligen und für uns ſehr notwendig und
heilſam geweſen wäre. Statt echte Philoſophen —
Freunde der Weisheit — wurden wir renommierende
Sophiſten, Rabuliſten, Skeptiker, Rationaliſten oder
Pantheiſten. Wie im Traume Pharaos die ſieben
mageren Kühe die fetten aufgezehrt, ſo verzehrten in
uns die klapperdürren philoſophiſchen Syſteme in
der Wirklichkeit den Katechismus und die Bibel bis
auf das lezte Blatt. Wir ſchwammen ohne Steuer

und Kompaß in den brandenden Fluten der Anthro-
pologie, Psychologie, Metaphysik und Ethik, des
Nominalismus, Realismus und Idealismus, unter
Peripatetikern, Stoikern, Platonikern, Epikuräern,
Cynikern, Eudämonisten, Hedonisten, Skeptikern und
Eklektikern, umher, und wurden bei weitem die Meisten an die Gestade der Insel der Phäaken verschla-
gen, wo sie landeten, dem Lebensgenusse sich hin-
gaben und über alle philosophischen Systeme hohes
Gras wachsen ließen. Nur sehr wenige erreichten,
nach langer Irrfahrt und mit knapper Not, jenen,
allen Stürmen trozenden Felsen, von dem Jesus
Christus gesagt: „Auf ihn will ich meine Kirche
bauen, und die Pforten der Hölle werden sie nicht
überwältigen."

Eine eigene Bewandtnis hatte es damals an
allen Lehranstalten des Großherzogtums Baden
mit dem

Patriotismus.

Ich kann mich zwar mit dem besten Willen
nicht mehr erinnern, ob die Geseze oder der vorgeschriebene Lehrplan darüber irgend eine Bestimmung
enthielten, aber an das erinnere ich mich sehr wohl,
daß von einem großherzoglich badischen Patriotismus
weder jemals die Rede war, noch irgend ein Professor den Versuch gemacht hätte, uns einen solchen

beizubringen. Eine, man könnte fast sagen: mit dem
Größenwahn behaftete, lächerliche Kleinstaaterei, die
stets auf allerhöchst ihre „unantastbaren Majestäts=
rechte“ der Kirche und dem Frankfurter Bundestag
gegenüber pochte, und ein, alles bis ins Detail an=
ordnender, leitender und beaufsichtigender Bureau=
kratismus führten damals das gouvernementale
Steuerruder des Staates. Das ganze badische Reich
war mit rot und gelb angestrichenen Schlagbäumen
eingezäunt, das Paßwesen erschwerte und verteuerte
die Kommunikation mit dem Auslande, zu welchem
selbstverständlich auch Würtemberg, Baiern, Hessen
und die Hohenzollernschen Lande gehörten, das Ver=
einswesen war auf das diesseitige Gebiet der Grenz=
pfähle beschränkt, das Verlangen nach Vereinigung
aller deutschen Bundesstaaten zu Einer Monarchie
und ein sich auf ganz Deutschland beziehender
Patriotismus als staatsgefährliche Häresie, als
Landesverrat und Majestätsverbrechen verpönt. Der
Ausspruch des Romantikers und Dramatikers:
Fried. Lud. Zacharias Werner in seinem
Schauspiele: „Kaiserin Kunigunde“:
„Baiern, Sachsen Franken und Schwaben,
Die gibts noch — Deutsche sind nicht zu haben,“
war damals Norm und Regel innerhalb der Grenz=
pfähle aller deutschen Länder. Wer großdeutsch ge=
sinnt war, galt als Landesverräter, und wer eine
deutsche Fahne, die in den Farben: schwarz, rot

und Gold prangte, zu entrollen oder ein derartiges
Band auf der Brust zu tragen wagte, der wurde
als staatsgefährliches und regierungsfeindliches Subjekt gemaßregelt.

Die Vaterlandsliebe muß auf einem soliden
Fundamente fußen, sie muß sich auf bestimmte Rechts-
titel berufen und stüzen und auf empfangene Wohl-
taten berufen können, namentlich aber muß sie in
der Liebe des Herzens wurzeln und in der Dankbarkeit ihren Halt finden. Der Patriotismus beruht
auf Gegenseitigkeit, d. h. von Seite des Vaterlandes
auf solchen staatlichen und bürgerlichen Einrichtungen, die das allgemeine Beste, das Wohl des Volkes
in religiöser, sittlicher, pädagogischer und sozialer Beziehung bezwecken, und von Seite der Untertanen
auf der Dankbarkeit für die weise, väterliche Regierung und auf der begeisterten und opferwilligen
Hingebung an das Vaterland, an die vaterländischen
Institutionen, Gewohnheiten, Sitten und Gebräuche.
Wird ein Staat weise, gerecht, unparteiisch und väterlich regiert, so werden seine Untertanen echte Patrioten sein, sie werden ihr Privatinteresse dem allgemeinen Besten unterordnen und mit Gut und Blut
für die Erhaltung und Verteidigung des Vaterlandes
einstehen. Von diesen Grundbedingungen des Patriotismus war, als ich studierte, blutwenig vorhanden.
Der badische Staat war infolge des Lüneviller Friedens im Jahre 1801 aus einer Menge mediatisierter

Fürstentümer, Grafschaften, bischöflicher Territorien
und Klostergüter zusammengestoppelt worden. Das
Großherzogtum Baden war „durch Napoleons Gnaden" entstanden und hatte sich unter dem Protekto-
rate desselben konsolidiert. Söhne des Vaterlandes
kämpften im napoleonischen Heere in Deutschland,
Spanien und Rußland, sie kämpften, auf Napoleons
Befehl, gegen Österreich und Preußen, und noch in
der Schlacht bei Leipzig standen sie auf Napoleons
Seite. Der Rheinbund, den viele deutsche Fürsten
1806, 1807 und 1808 mit Napoleon schlossen, durch
den sie sich von Kaiser und Reich losrissen und
unter Napoleons Protektorat stellten, war doch, sehr
mild ausgedrückt, eine höchst undeutsche und un-
patriotische Tat. Der Kurfürst Karl Friedrich von
Baden trat ebenfalls dem Rheinbunde bei. Im
Jahre 1818 wurde dem Land eine konstitutionelle
Verfassung durch den Großherzog Karl gegeben.
Seit der ersten landständischen Versammlung im
Jahre 1819 wogte der parlamentarische Kampf zwischen der Regierung und den Kammern hin und
her und erreichte seinen Höhepunkt, als Itzstein,
Welker, Bassermann und Mathy an die Spize der
Opposition traten. Wir Studenten nahmen an diesen heißen parlamentarischen Kämpfen durch Kanne-
gießerei in der Kneipe lebhaften Anteil. Daß wir
uns stets auf die Seite der Opposition stellten, nur
regierungsfeindliche Zeitungen lasen, allem entgegen-

jubelten, was den Stempel der Freisinnigkeit an der
Stirne trug, und den reaktionären Ministern Blittersdorf und Rettig hinter dem Bierglas energische,
aber ganz ungefährliche Pereat darbrachten, bedarf
wohl keiner ausdrücklichen Erwähnung. Wir nahmen
mit hoher Befriedigung Notiz von dem, am 27. Mai
1832 gefeierten Hambacher Fest, von den Bestrebungen des „Jungen Deutschlands" und der „Deutschen
Burschenschaften". Wir verschlangen heißhungrig
die demokratischen, republikanischen und anarchischen
Pamphlete, die von Hand zu Hand gingen, und
brüllten wie rasend und toll die travestierte badische
Volkshymne. Der richtige Text derselben begann mit
den Worten:

„Heil unser'm Fürsten, Heil!"
Die Travestie hob dagegen also an:

„Fürsten zum Land hinaus!"
Aus diesem ersten Vers läßt sich unschwer schließen,
wessen Geistes Kinder die nachfolgenden waren —
man konnte sie mit vollstem Recht einen Abklatsch
und Nachklang der mordschnaubenden Lieder der
Bluthunde der französischen Revolution und jener
Megären und Hetären nennen, die in Paris zur
Schreckenszeit unter Gesang um die Guillotine tanzten und das noch rauchende Blut der ermordeten
Priester, Aristokraten und Royalisten tranken.

Durch solche Gesinnung und deren Kundgebung
vermeinten wir, in der Wolle gefärbte Patrioten zu

sein! Dieser eigentümliche, und richtig bezeichnet: kriminelle Patriotismus wurde von Seite unserer Professoren in keiner Weise beeinträchtigt, es wurde ihm vielmehr von denselben kräftig Vorschub geleistet. Zum Beweise dessen führe ich folgendes an.

1. wurde niemals eine badische Geschichte vorgetragen. Wohl befand sich in dem an den Lehranstalten eingeführten Leitfaden der Geschichte von Dr. Beck, in der ersten Abteilung, als Anhang zur allgemeinen Weltgeschichte, von Seite 166—173, also auf 7 Seiten, ein „kurzer Abriß der badischen Geschichte", allein dieser Abriß wurde beharrlich totgeschwiegen, was übrigens nicht zu beklagen war, denn derselbe war so lückenhaft, armselig und farblos, daß wir durch seine Ignorierung durchaus nichts verloren.

2. beförderten sie den Göthekult so kräftig und konsequent, daß infolge dessen weder ein klein- noch großdeutscher Patriotismus aufkommen konnte. Göthe war bekanntlich nichts weniger als Patriot, er hat seine Feder niemals der Verteidigung des Vaterlandes, oder der Befreiung desselben aus der schmachvollen Sklaverei, in welche Napoleon es geschleppt hatte, geweiht. Als Deutschland 1790 seine Truppen gegen die französischen Armeen, die unser Vaterland an der ganzen Westgrenze bedrohten, mobil machte, beschäftigte sich Göthe mit verschiedenen literarischen und naturhistorischen Grillen, er schrieb über die

Theorie des Lichtes, des Schattens und der Farben,
über die Metamorphose der Pflanzen und die Ge=
stalt der Tiere. Und als Napoleon längst in Deutsch=
land eingefallen war, die deutschen Fürsten als fran=
zösische Vasallen behandelte und das Volk erbar=
mungslos aussog, beschäftigte sich Göthe mit dem
Druck und der Aufführung der von ihm verfaßten
Tragödie „Die natürliche Tochter". Aber auch später,
als Deutschland tatsächlich eine französische Provinz
unter so und so vielen napoleonischen Satrapen ge=
worden war, und Napoleons Ehrgeiz, Ruhmsucht
und Ländergier keine Grenzen mehr kannte, blieb
Göthe neutral und teilnahmslos für sein Vaterland!
Wie hätte er sich auch zu einer patriotischen Begei=
sterung erschwingen können, da er von Napoleon den
Orden der Ehrenlegion angenommen! Dieses Pro=
totyp der ganzen gebildeten und aufgeklärten Mensch=
heit, diesen Zentenarmenschen, diesen Heros der Wissen=
schaft, Kunst und Humanität stellten uns die Pro=
fessoren aber als ein in allem zu befolgendes Mu=
ster und Vorbild vor Augen! In heiligem Zorn
schrieb Friedrich Christof Perthes, ein Ehrenmann
und Patriot sondergleichen, im Jahre 1804 an
Fr. H. Jacobi: „Scham, glühende Scham über die
Zerreißung unseres Vaterlandes sollte und müßte
unser Herz foltern; aber was tun unsere Edelsten?
Statt sich zu waffnen durch Nährung der Scham
und sich Kraft, Mut und Zorn zu sammeln, ent=

fliehen sie ihrem eigenen Gefühle und machen Kunst-
stücke (damit ist Göthe und die von ihm verfaßte
Tragödie „Die natürliche Tochter" gemeint). So
wenig aber Rettung zu hoffen ist für einen Sünder,
der, um die Reue nicht zu fühlen, Karten spielt,
so wenig wird unser Volk, wenn seine Besten sich
so betäuben, dem Schicksale entgehen, ein verlaufenes,
über die Erde zerstreutes Gesindel ohne Vaterland
zu werden." Das sind sehr scharfe, aber ebenso
wahre und verdiente Worte. Neben dem Göthekult
kann kein Patriotismus aufkommen. Weil ohne
Patriotismus, schwärmten wir für schrankenlose Freiheit, unbegrenzte Aufklärung und unaufhaltsamen
Fortschritt, und namentlich gehörte unsere Sympathie
der französischen Revolution im lezten Dezennium
des vorigen Jahrhunderts, troz ihrer Ausschreitungen,
ihres Terrorismus und der 44.000 Guillotinen.

Es spielt oder vielmehr: es sprudelt immer dieselbe Geschichte, wie damals so noch heute. Am
4. August 1889 sendete der czechische „akademische
Leseverein" in Prag eine Deputation mit einer
Adresse an den „internationalen Studenten-Kongreß"
in Paris, die in überschwenglichen Tiraden die französische Revolution zu Ende des lezten Jahrhunderts
pries. Infolge dessen wurde der genannte Verein
aufgelöst. Daraufhin hat nun die czechische Studentenschaft in Prag eine zweite Adresse an den genannten
Kongreß gerichtet, in welcher es heißt: „Wenngleich

die Zentrale der czechischen Studentenschaft wegen ihrer Sympathie-Kundgebung für die französische Nation aufgelöst worden ist, so werden trozdem die czechischen Studenten heute als akademische Bürger und nach Jahren als Volksberater unverbrüchlich festhalten an den Idealen der französischen Nation: Aufklärung und Freiheit" (sollte unverblümt heißen: an der Abschaffung des Christentums und der Einführung der Republik nach französischem Muster. Gott bewahre das österreichische Volk vor solchen Beratern; dasselbe ist leider ohnehin vielfach übel beraten.

3. Die genaue Kenntnis einzelner Perioden der echten, wahren Geschichte der Deutschen ist kaum geeignet, im Herzen der studierenden Jünglinge Patriotismus zu wecken, denn es gab zu allen Zeiten viele deutsche Fürsten geistlichen und weltlichen Standes, die sehr schlechte Patrioten waren, da sie nur auf Vergrößerung ihrer Hausmacht und auf Erweiterung ihrer Souveränität zum Schaden, zum Verderben und Untergang des deutschen Reiches bedacht waren. Wie oft haben sie Landesverrat geübt, gegen Kaiser und Reich konspiriert, den Feind herbeigerufen oder sich von demselben bestechen lassen! Der dreißigjährige Krieg ist und bleibt ein unvertilgbarer Schandfleck in der deutschen Geschichte, und die mit Feuer und Blut in die Blätter derselben eingezeichneten Taten Christians von Braunschweig-Wolfenbüttel,

Bernhards von Weimar, Moriz' von Sachsen, Philipps von Hessen und Comp. werden jedem ehrlichen Deutschen die Schamröte ins Gesicht jagen. Von ähnlichen Heldentaten deutscher Fürsten, die in unauslöschlichen Zügen der Geschichte eingezeichnet sind, erwähne ich nur folgende:

Als es sich im Jahre 1257 um die Wahl eines deutschen Königs handelte, verkaufte der Churfürst Konrad von Köln seine Stimme an Richard von Cornwallis, einen englischen Fürsten, für 12.000 Mark, die beiden Herzoge von Baiern für 9000, und jeder der übrigen, für Richard eingenommenen Fürsten, für 8000 Mark! Trozdem Richard am 13. Januar 1257 vor Frankfurt auf dem freien Felde von der Majorität der deutschen Fürsten gewählt worden war, ernannte die Minorität derselben, an deren Spize der Herzog von Sachsen, der Markgraf von Brandenburg und Arnold, Erzbischof von Trier, standen, Alfons von Castilien und Leon, also einen Spanier, am 1. April 1258, zum Könige von Deutschland, und warum diesen Ausländer? Weil derselbe einem jeden Fürsten für dessen Stimme 20.000 Mark „Handsalbe", wie man derlei Bestechungsgelder und Schmieralia damals nannte, versprochen hatte!

Nach dem Tode Kaiser Maximilians I. — den 12. Januar 1519 — traten drei Bewerber um die deutsche Kaiserkrone auf: Franz I., König von Frankreich, Heinrich VIII., König von England, und Karl, Erzherzog aus dem Hause Habsburg. Franz und Heinrich schickten Unterhändler, die mit ungeheuren Summen versehen waren, nach Deutschland, damit sie die Churfürsten mit Gold für die Wahl ihrer Kandidaten bestechen sollten. Der Unterhändler des Königs Franz, von Bonnivet, Admiral von Frankreich, gab, behufs der Bestechung jener Churfürsten, die sich auf die Seite Franz I. neigten, 400.000 Goldthaler — nach dem damaligen Geldwerte eine ungeheuere Summe — aus. Der Geschichtschreiber Dr. J. B. Weiß sagt im IV. Bande seiner Weltgeschichte, Seite 430: „Ihre (Franz I., Heinrich VIII. und Karls) Agenten kamen mit vollen Geldsäcken, und die Churfürsten verkauften, Sachsen ausgenommen, ihre Stimmen: der von Trier war von Anfang für Franz, der von Mainz, von der Pfalz und von Brandenburg wurden um ungeheure Summen erkauft. Franz schien gewonnen zu haben."

Nachdem Kaiser Ferdinand III., am 2. April 1657, mit Tod abgegangen war, gelüstete Ludwig XIV., König von Frankreich, nach der deutschen Kaiserkrone, und darum wurden alle Hebel angesezt, die deutschen Kurfürsten zu Gunsten Ludwigs zu bestechen. Karl Ludwig, Churfürst von der Pfalz z. B. gab dem französischen Premierminister Mazarin schriftlich das Versprechen, gegen eine Barzahlung

von 140.000 Talern und einen Gehalt von 40.000
Talern auf drei Jahre, beim Wahltag lediglich nach
dem Befehle des Königs von Frankreich zu stimmen
und zu handeln, d. h. zu intriguieren! Allein troz
aller Bestechungen, troz der Ränke und Machinationen
des französischen und des Pfälzer Ludwig, wurde
Leopold, Erzherzog von Österreich, zum deutschen
Kaiser gewählt. Aber noch zu Lebzeiten des genannten Kaisers ließ Ludwig XIV. alle Minen seiner
diabolischen Diplomatie springen, um sich die deutsche
Kaiserkrone bei der nächsten Wahl zu verschaffen.
Er bestach zu diesem Zwecke mehrere der mächtigsten
deutschen Fürsten, z. B. den Churfürsten von
Brandenburg, der ihm seine Stimme um
100.000 Livres auf zehn Jahre verkaufte; er erhielt
überdies während zwei Jahren ein Gratiale von
300.000 Livres. Der Churfürst von Sachsen
erbettelte 90.000 Livres bar und vier Jahre hindurch, à 60.000 Livres!

Die französischen Könige haben in den vier
lezten Jahrhunderten, behufs Zerrüttung des deutschen
Reiches und Vernichtung der habsburg'schen Dynastie,
Millionen Livres gespendet und unter den deutschen
Fürsten jederzeit willige Abnehmer und Helfershelfer
gefunden. Es dürfte wohl sehr schwer sein, diese
geschichtlichen Tatsachen im Interesse des Patriotismus zu verwerten.

Aber noch weit empörender als diese Bestech-
17*

lichkeit und hochverräterische Gesinnung vieler deutschen
Fürsten war der schändliche und schmachvolle Sklaven=
handel, den die nachbenannten „Landesväter" mit
ihren „Landeskindern" trieben.

Während des Krieges, den die 13 Kolonien
Nordamerikas zur Erringung der politischen Selbst=
ständigkeit, also der Befreiung vom Sklavenjoche
Englands, vom Jahre 1775—1783, führten, be=
durften die Engländer vieler Soldaten, die sie sich
zuerst von Rußland zu verschaffen suchten. Allein
Katharina II., Kaiserin von Rußland, erklärte
Georg III., König von England: „Es ist mit der
Würde Rußlands unverträglich, seine Untertanen zu
verkaufen, und ebenso mit der Würde Englands,
fremde Mietstruppen gegen seine eigenen Untertanen
zu gebrauchen." In Deutschland dagegen fanden
es viele Fürsten nicht unter ihrer Würde, ihre Landes=
kinder an England zu verkaufen.

Der erste deutsche Fürst, an den sich der eng=
lische Unterhändler, Oberst Faucitt, mit dem schmach=
vollen Ersuchen wendete, an England Soldaten zu
verkaufen, war Karl Wilhelm Ferdinand,
Herzog von Braunschweig. Dieser „Landes=
vater" verkaufte 4300 seiner „Landeskinder" um
den Preis von 280.000 Pfund Sterling an Eng=
land. Für jeden Mann erhielt er 51 Taler Werbe=
geld, für jeden der im Kampfe fiel, 30 Kronen
(à 3 fl. rh.), und drei Verwundete galten für einen

Toten; wenn also viele Soldaten verwundet und ge=
tötet wurden, so war das für den Herzog vorteil=
haft. Derselbe erhielt als Vergütung für die Aus=
rüstung und Mobilmachung der 4300 Mann den
Soldbetrag von zwei Monaten zum Voraus und
von sechs Monaten nachträglich zu Ende des Krieges.
Überdies erhielt derselbe einen jährlichen Zuschuß
von 64.000 Kronen, so lange der Krieg dauerte,
und nach Beendigung desselben noch für zwei Jahre
den doppelten Betrag. Man ersieht aus diesen Ver=
tragsartikeln, daß der Herzog durch den Verkauf
seiner „Landeskinder" ein sehr profitables Geschäft=
chen gemacht hatte, um das ihn jeder Hebräer hätte
beneiden dürfen.

Der zweite deutsche Fürst, an den sich Faucitt
mit dem erwähnten Antrag wendete, war Fried=
rich I., Landgraf von Hessen=Kassel. Dieser
verkaufte 12.000 Mann für eine jährlich, während
der Dauer des Kriegs, und noch ein Jahr lang nach
Beendigung desselben, zu zahlende Summe von
772.600 Talern. Die hessischen Soldaten erhielten
vertragsmäßig ihre Löhnung nicht von englischen
Zahlmeistern, sondern vom Landgrafen, und zwar
aus dem Grunde, „damit mehr Leute in Anrech=
nung gebracht werden konnten, als wirklich im Dienste
waren"! In der Landgrafschaft Hessen=Kassel entstand
unter den Eltern, denen ihre Kinder auf so nichts=
würdige und grausame Weise entrissen wurden, große

Trauer und Erbitterung, allein der Herzog erstickte
und unterdrückte diese Klagen und diese Erbitterung
durch ein sehr kräftig wirkendes Mittel: er ließ nämlich
jene Väter, die über den Verkauf ihrer Söhne klag-
ten oder murrten oder sich der Abführung derselben
widersezten, in Eisen legen, jene Mütter dagegen,
die sich solcher Majestätsbeleidigungen schuldig machten, verurteilte er zu langjähriger Zuchthausstrafe!

Der dritte deutsche Fürst, der sich Faucitt
sehr willfährig zeigte, war Wilhelm IX., Graf
von Hanau. Dieser Fürst besaß ein kleines Land,
aber trozdem verpflichtete er sich, England ein In-
fanterie-Regiment zu liefern. Er erhielt für jeden
Mann 30 Kronen Werbegeld, für jeden Toten oder
3 Verwundete ebenfalls 30 Kronen und überdieß
jährlich 25.000 Kronen für die ganze Dauer des
Kriegs, welche Summe nach Beendigung desselben
noch ein Jahr lang bezahlt werden musste.

Der vierte deutsche Fürst, der seine „Landeskinder" an England verschacherte, war Friedrich,
Fürst von Waldeck, der nur ein kleines Land
von 30.000 Einwohnern besaß. Da er dessen ungeachtet schon zwei Regimenter Holland abgetreten hatte,
so kostete es unsägliche Mühe, noch ein Regiment
für England auf die Beine zu bringen. Die teils
blutjungen, teils dem vorgerückteren Mannesalter
angehörenden Rekruten, mussten, damit sie nicht
sammt und sonders desertierten, wie Sträflinge, von

Scharfschützen bis zum Orte der Einschiffung eskortiert werden. Die Verkaufsbedingungen waren die nämlichen wie die hanauischen.

Der fünfte deutsche Fürst, der seine „Landeskinder" an England verhandelte, war Christian Friedrich Karl Alexander, Markgraf von Brandenburg=Anspach. Er überlieferte an John Bull 1500 Untertanen um den Preis von 305.000 Pfund Sterling.

Auch König Georg III. von England verhandelte, da er zugleich Churfürst von Hannover war, einige tausend „Stück seiner Landeskinder" um den Preis von 448.000 Pfund Sterling an das, den Menschenhandel abschließende englische Parlament. Auch Karl Eugen, Herzog von Würtemberg und selbst ein Fürstbischof von Münster beteiligten sich am deutschen Sklavenhandel. Schließlich verkaufte der Landgraf Georg Wilhelm von Hessen=Kassel, anno 1794, viertausend seiner „Landeskinder" an die englischen Krämer für den Preis von 5,652.000 Gulden.

Im Ganzen lieferten deutsche Fürsten für den amerikanischen Krieg 29.166 Mann, von denen 11.853 in Schlachten und Treffen, im Lazaret und auf dem Transport zu Grund gingen; es kehrten also blos 17.313 — meistens als Krüppel und arbeitsunfähig — in ihre Heimat zurück! Für diese deutschen Sklaven zahlte England alles in allem 7 Millionen

Pfund Sterling, nach heutigem Geldwert 14 Mil=
lionen Pfund oder 140 Millionen Gulden, die größten=
teils vergeudet und verpraßt wurden und Schmarozern,
Hofschranzen und Hetären in den Schoß fielen. Wahr=
lich, man ist versucht, indem man diese mit Fluch
beladenen Blätter der deutschen Geschichte liest, zu
glauben, es handle sich nicht um Fakta, die sich in
Deutschland, sondern im Königreiche Dahomei er=
eigneten!

Der Geschichtschreiber Dr. J. B. Weiß spricht
im VII. Bande, Seite MVII., seiner „Weltgeschichte"
mit Recht sein Befremden darüber aus, daß drei
der angesehensten deutschen Schriftsteller der damali=
gen Zeit sich jeder Äußerung über den schmachvollen
Sklavenhandel innerhalb der Grenzen Deutschlands
enthielten; er sagt: „Weder bei Göthe, noch bei
Lessing, noch bei Klopstock finden wir ein Wort
des Zornes über diesen Menschenverkauf. Nur
Schiller spricht in ‚Kabale und Liebe' sein Entsezen
darüber aus."

Sehr entschieden und kräftig haben sich zwei
Ausländer, ein Engländer und ein Franzose, über
diesen schändlichen Menschenschacher ausgesprochen,
nämlich Lord Irnham und Mirabeau.

Irnham sagte im englischen Parlamente, dem
jeweils die Verträge mit den betreffenden deutschen
Fürsten wegen Lieferung von Soldaten zur Prüfung
und Genehmigung vorgelegt werden mußten: „Wir

haben von Sancho Pansas heiterem Wunsche gelesen,
der, für den Fall seiner Erhebung zum Fürsten,
wünschte, alle Menschen möchten Mohren sein, damit
er sie alle verkaufen könnte und recht viel bares
Geld in die Hand bekäme; aber dieser Wunsch, so
lächerlich und unwürdig er auch für einen Herrscher
erscheinen mag, ist viel unschuldiger als die Handlungs-
weise der deutschen Fürsten, die ihre Untertanen in
einem blutigen Kriege opfern und zu diesem Verkaufe
noch das Verbrechen hinzufügen, sie zur Vernichtung
viel besserer Menschen, als sie selbst sind, auszusenden."

Der große Redner Mirabeau apostrophierte
die von ihren Fürsten geknechteten Völker Deutschlands folgendermaßen: „Ihr seid verkauft wie elende
Neger; Ihr werdet, wie Vieh, in fremden Schiffen
zusammengepfercht, Ihr ziehet gegen Männer in den
Kampf, die stärker, tüchtiger, kühner und rascher
sind, als Ihr möglicher Weise sein könntet! Sie
sind von großartigen Interessen beseelt, Euch aber
leitet nur schmuziger Gewinn! Euer Blut ist der
Preis der Verderbtheit und der Spielball des Ehr-
geizes Euerer Fürsten! Ein geldgieriger Wucherer,
eine verächtliche Mätresse, ein gemeiner Komödiant
werden die Guineen in die Tasche schieben, welche
gegen Euer Leben eingetauscht werden."

Der deutsche Kaiser, Josef II., verbot allerdings den von deutschen Fürsten betriebenen Sklavenhandel, allein die Macht des deutschen Kaisers war

damals schon dahin, niemand kehrte sich an sein
Verbot und seine Drohung. Erst Friedrich II.,
König von Preußen, gelang es, dem fluchwürdigen
Handel ein Ende zu machen. Er schritt jedoch nicht
aus religiösen Gründen, nicht wegen verlezter Humanität und Menschenliebe, nicht aus nationalem
Ehrgefühl und als Schirmherr des Rechtes gegen
das himmelschreiende Verbrechen des Menschenhandels
ein, sondern aus Abneigung und Übelwollen gegen
England, und weil er fürchtete, er selbst könnte für
den, wegen der baierischen Erbschaft, in Aussicht
stehenden Krieg nicht genug diensttaugliche Soldaten
aus den kleinen Fürstenstaaten ziehen.

Wer sich über den hier in aller Kürze bespro-
chenen Gegenstand näher interessiert und informieren
will, der lese folgende Schriften: „Der Soldaten=
handel deutscher Fürsten nach Amerika, 1775—1783,“
von Friedrich Kapp, Berlin, 1864; „Mein Leben“,
von Joh. Gottfried Seume, der, von hessischen Wer-
bern „gepreßt“, den nordamerikanischen Krieg mit=
machen mußte; die einschlägigen Stellen in Dr. J. B.
Weiß' „Weltgeschichte“, VII. Band, Seite MII—MVIII,
und Kapitel 438, Seite 646—649, in Wolfgang
Menzels „Geschichte der Deutschen“, II. Auflage.
Da aber der, beim Lesen der genannten Schriften
hoffentlich schon vorhandene Patriotismus, möglicher
und sogar wahrscheinlicher Weise, einige Havarien
erleiden könnte, so ist es sehr rätlich und zu empfehlen,

denselben in einer geeigneten Lebensversicherung für
so lange unterzubringen und zu salvieren, bis die
Lektüre beendet sein wird, und dann kann der bekannte Vers der „Wacht am Rhein" mit absoluter
Ruhe und Sicherheit wieder gesungen werden:

„Lieb' Vaterland magst ruhig sein!"
und nicht minder sind dann auch jene Verse eines
bekannten Studentenliedes:

„Den Jüngling reißt es fort mit Sturmesweh'n,
   Fürs Vaterland in Kampf und Tod zu geh'n",
gegen jeden Angriff Bels, des Drachen, gefeit.

4. wurde das unvermeidliche, stereotype Thema:
«Dulce et decorum est, pro patria mori», süß
und ehrenvoll ist der Tod fürs Vaterland, wiederholt abgehandelt und uns aufgegeben, dasselbe in
einer Rede ausführlich zu behandeln. Das war
Wasser auf unsere Mühle, und wir befanden uns
während der Fertigung dieser Rede in unserem Elemente, denn sie versezte uns nach Hellas und Rom
und gab uns Gelegenheit, unserer Begeisterung für
die Helden der Vorzeit, namentlich für die Republikaner unter ihnen, und unserer Schwärmerei für die
antiken Klassiker die Zügel schießen zu lassen. Wir
ließen den Leonidas bei den Thermopylen und Epa-
minondas bei Mantinea aufmarschieren; wir schilderten in glühenden Farben die Heldentat des
Marcus Curtius, Mucius Scävola, Horatius Cocles,
Marcus Attilus Regulus, Lucius Junius und

Marcus Junius Brutus und des Cato Uticensis.
Aus christlicher Zeit ließen wir Arnold von Brescia,
Arnold von Winkelried und Wilhelm Tell als republikanische Helden auftreten, die der Freiheit eine Gasse
bahnten. Wo sich Gelegenheit bot, schlugen wir heftig
gegen dynastische, bureaukratische und reaktionäre Despotie, sowie gegen den Polizeistaat und die Kamarilla
aus, und unsere Ansichten und Äußerungen blieben
— unangefochten! Ich glaube nicht, daß ein einziger
meiner Professoren monarchisch und loyal gesinnt
war, und bestärkt mich die Tatsache in meinem
Glauben, daß

5. vier derselben bei der anno 1849 ausgebrochenen Revolution entschieden und offen die Fahne
der Empörung aufpflanzten. Einer derselben war damals Vorstand eines Gymnasiums. Er animierte
die Studenten der oberen Klassen zum Kampf gegen
die in Baden eingerückten Preußen und anderweitigen
Bundestruppen und trug zum Zeichen seiner revolu-
zionären, republikanischen Gesinnung einen Vollbart.
Jener Bart wurde, nach niedergeschlagener Empörung,
ein gravierender Belastungszeuge für Direktor G.
Die Preußen rückten im Mittelrheinkreise sehr schnell,
fast im Sturmschritte, vor und überraschten durch
ihr unerwartet schnelles Erscheinen gar manchen Re-
voluzer noch in seinem Barte oder mitten im Barbier-
geschäfte. Nachdem Direktor G. den Einmarsch der
Preußen erfahren, hatte er nichts eiliger zu tun,

als seinen marzialischen Bart abzunehmen. Da sol=
ches aber in heftiger Angst geschah und mit großer
Eile vollzogen werden mußte, schnitt er sich mit dem
Rasiermesser kreuz und quer und so tief in Wangen
und Kinn, daß er nicht genug Zunder und Spinnen=
gewebe zur Stillung des Blutes auflegen konnte.
Kaum war diese chirurgische Operation vollendet,
polterte schon ein Piquet Preußen die Treppe her=
auf. Der dasselbe kommandierende Offizier fragte
die wie Aspenlaub zitternde Frau G's nach dem
gegenwärtigen Aufenthaltsorte des Direktors. Nach=
dem sie mit dem Finger dessen Zimmer bezeichnet,
trat er rasch in dasselbe und verhaftete sogleich den
leichenblaß gewordenen, wie in einem Husaren=Schar=
mützel übel zugerichteten und heftig blutenden Di=
rektor. In dem gegen denselben angestrengten Pro=
zeß wurde namentlich auch der Vollbart und die
nach dem Einmarsch der Preußen erfolgte blutige
Abnahme desselben als Ankläger und Belastungs=
zeuge gegen denselben ins Treffen geführt. G. wurde
für einige Zeit seines Dienstes entlassen, später aber
wieder, in untergeordneter Stellung, reaktiviert.

Der Zweite, der früher ebenfalls Gymnasiums=
Direktor gewesen, rasselte 1849 gewaltig mit einem
Schleppsäbel, forderte energisch zum Kampf gegen
die Preußen auf und pries die Republik als die
vollkommenste und wünschenswerteste Staatsform.

Auch er wurde verhaftet und abgesezt, war einige
Zeit broblos und wurde dann wieder angestellt.

Der Dritte war geistlicher Professor, er hielt
Reden und schrieb gegen die Monarchie und für die
Republik. Er fungierte einige Zeit auch als Mitglied der provisorischen Regierung, flüchtete sich,
nach der militärischen Besezung Badens, nach England und ward dort Privatlehrer.

Der Vierte, ebenfalls geistlicher Professor und
rabiater Anhänger der Umsturzpartei, war ein schlauer
Fuchs, der sich noch zur rechten Zeit aus der Schlinge
zog und darum mit heiler Haut davonkam.

Bereits alle Schüler der großherzoglich badischen
Gymnasien und Lyzeen traten, sofern sie Waffen
tragen konnten, in die Studentenlegion und kämpften gegen die Okkupations-Truppen.

Die Studenten der beiden großherzoglich badischen Universitäten und selbst die katholischen Theologen von Freiburg, die allerdings durch ein drako-
nisches Gesez der provisorischen Regierung zum
Waffendienste aufgerufen worden waren, beteiligten
sich als Blousenmänner an der Revolution. Es
hätte aber keines solchen Gesezes für die waffenfähigen
Studenten aller Staatsanstalten bedurft, denn der
revoluzionäre, republikanische Geist saß ihnen tief in
Nerven und Blut, in Kopf und Herz und drückte
ihnen die Waffen zur Bekämpfung des, die Monarchie verteidigenden Okkupationsheeres in die Hand.

Dieser Geist kam aber nicht von ungefähr und plözlich über sie, sondern er war ihnen schon längst durch
die modern-heidnische Erziehung, durch das Schwär-
men für das klassische Altertum und die Republik
und durch das Beispiel der Professoren eingepflanzt
worden, die das Christentum und die Autorität
untergraben, der moralischen Verwilderung nicht gesteuert und sich nie als großherzoglich badische Patrioten und loyale Staatsbürger gezeigt hatten.

Weitaus die Majorität der Beamten leistete
der provisorischen Regierung den Eid der Treue und
begünstigte direkt und indirekt die Revolution, kurz:
diejenigen, die an den gelehrten Anstalten studiert
hatten oder damals noch studierten, waren vom
Gifte des Unglaubens, des Rationalismus und Radi-
kalismus angefressen, revolutionäre Gesinnung galt
ihnen als Patriotismus, die Republik war ihr Ideal
und das Diesseits ihr Himmel. Dahin führts, wenn
nicht das Christentum als Fundament aller Bildung,
Gesittung und Erziehung gelegt wird, wenn man
den segensreichen Einfluß der Kirche auf die Volks-
schule und die gelehrten Anstalten verkennt, die Kirche
zur dienenden Magd des Staates erniedrigt, ihre
Pulsadern unterbindet, die Kirchenregierung byzan-
tisch bevormundet, die Heranbildung und Erziehung
der zukünftigen Priester von Staatswegen im Geiste
einer falschen Aufklärung leitet und die studierende
Jugend ungläubigen Professoren überantwortet.

Ich führe hier vier Aussprüche an, die meine Behauptung bestätigen und die nicht genug beherziget werden können.

König Wilhelm IV. von Preußen sagte, im Jahre 1849, zu den in Berlin versammelten Schul=seminar=Lehrern: „All das Elend, das im verflossenen Jahre über Preußen hereingebrochen, ist Ihre, einzig Ihre Schuld, die Schuld der Afterbildung, der irreligiösen Menschenweisheit, die Sie als echte Weisheit verbreitet, mit der Sie den Glauben und die Treue im Gemüte meiner Untertanen ausgerottet haben. Diese pfauenhaft aufgeputzte Schulbildung habe ich schon als Kronprinz gehaßt, und ich werde mich auf dem betretenen Wege nicht beirren lassen. Nicht den Pöbel fürchte ich, aber die unheiligen Lehren einer modernen, frivolen Weltweisheit."

Nachdem die badische Revolution von 1849 durch preußische Bajonnete, unter dem Generalkommando des Prinzen Wilhelm, des nachmaligen Kaisers von Deutschland, niedergeworfen war, sagte eben=derselbe Prinz, 1850, zu einer Deputation des preußi=schen Abgeordnetenhauses: „Als lezten und tiefsten Grund der vollständigen staatlichen und sozialen Auf=lösung in Baden erkenne ich nichts Anderes, als die Entfremdung der Schule der Kirche, als die Ent=christlichung der Schule." Das sind sehr wahre, goldene Worte, die, wären sie stets befolgt worden, keinen unglückseligen Kulturkampf heraufbeschworen

und der preußischen Regierung den Gang nach Canossa
erspart hätten.

Der hochgelehrte Dr. Döllinger, dessen Namen
ganz besonders bei den Gegnern der katholischen Kirche
einen guten Klang hat, sagte in einer, im Herbste
1849, gehaltenen Rede: „Sie alle, meine Herrn,
kennen die jüngsten Ereignisse im Großherzogtum
Baden. Jene sinnlose Revolution mit ihrem langen
Gefolge fast beispielloser Thorheiten, Verbrechen und
Greuel ist wie ein blutiges Trauerspiel in rasch
aufeinander folgenden Akten vor Ihren Blicken vorübergegangen. Wie war es nur möglich, haben gewiß auch Sie mit mir gefragt, daß das, was man
noch vor wenigen Jahren in Deutschland für undenkbar hielt, dort in dieser Weise sich begeben konnte?
Daß ein sonst biederes Volk sich das Joch eines
in Deutschland seit Jahrhunderten nicht erhörten
Terrorismus auflegen ließ? Seit ich — vor wenigen Wochen erst — an Ort und Stelle mir die Zustände des Landes besehen, sind mir die wahren Ursachen dieses schmachvollen Ereignisses nicht mehr
zweifelhaft. In keinem Lande Deutschlands
hat man die Religion so beharrlich
untergraben und die katholische Kirche
so planmäßig zerrüttet, als in Baden.
Die Mittel und Werkzeuge dazu bot eine
bis ins einzelne und kleinlichste ausgebil-
dete Bevormundung oder vielmehr völ-

lige Unterjochung der Kirche durch die
Staatsbeamten, hohe und niedere, in
reichem Maße dar. Zwei Mittel aber waren
es vorzüglich, welche die wirksamsten Dienste hiebei
geleistet und in ihrer, nicht etwa seit gestern begon=
nenen, sondern seit 30 Jahren bereits konsequent
fortgesezten Anwendung jene Saat ausgestreut haben,
die nun in so üppiger Fülle aufgeschossen ist. Der
eine Haupthebel zur Verführung und Entsittlichung
des Volkes war — der Ausdruck ist nicht zu stark
— die Brunnenvergiftung, ich meine die Korrup=
tion des öffentlichen Unterrichtes in den
Schulen, den höheren sowohl als den
Volksschulen . . . . Die Jünglinge ver=
ließen bereits als bewußte und erklärte
Atheisten (Gottesleugner) die badischen
Gymnasien."

Da ich alle Klassen eines Gymnasiums und
die zwei obersten eines Lyzeums durchgemacht und
Augenzeuge der badischen Revolution gewesen; kann
ich auf Ehre und Gewissen bezeugen, daß Döllinger
das Verhältnis zwischen Staat und Kirche und den
religiös=sittlichen Zustand an den badischen Gymna=
sien, die er mit Recht als Haupturfachen der, 1849
in Baden ausgebrochenen Revolution bezeichnet und
anklagt, sehr zutreffend, wahr und klar geschildert
hat. Männer von Einsicht, Scharfblick und Erfah=
rung täuschten sich, im Hinblick auf die, in ein fal=

sches Geleise geratene Staatsmaschine und die, auf
allen Gebieten — namentlich der Religion und des
Unterrichtes — zur Herrschaft gelangten verderb=
lichen Grundsäze, durchaus nicht über unsere Lage und
Verhältnisse und über die Folgen, die sich mit absoluter
Notwendigkeit aus denselben ergeben mussten; sie er=
hoben, wie weiland Kassandra, mahnend und warnend
ihre Stimme, sie signalisierten mit Bestimmtheit das
rasche Nahen des Sturmes und Aufruhres, soferne
nicht die geeigneten Mittel, sie zu beschwören, un=
gesäumt ergriffen würden. Doch alles umsonst! Jene
Männer, die am Steuerruder saßen, hatten den Kopf
verloren, sie schirrten das Pferd vom Schweife auf,
tasteten unsicher hin und her, ergriffen halbe Maß=
regeln, waren ohne Mut und Energie und flohen,
ohne Schwertstreich, vom Kampfplaze. Da brach die
Revolution über das herrenlose Land herein und
zertrümmerte, sonder Mühe, die ganze, aus Rand
und Band geratene Staatsmaschine. «Quisque sua
exempla debet pati», sagt Phädrus in den äsop=
schen Fabeln, und die badische Revolution von 1849
hat diesen alten und wahren Spruch in grellen Far=
ben illustriert, das badische Volk aber (und zwar
meistenteils Nichtrevolutionäre) haben die Ehre und
das Vergnügen gehabt, die Kosten der Revolution,
d. h. die Folgen verkehrter Regierungsgrundsäze,
der Kopflosigkeit und Feigheit mit 3½ Millionen
Gulden bezahlen zu dürfen.

18*

Nachdem die österreichische Regierung, 1849,
mit harter Not die Revolution bezwungen hatte,
brach sie, für einige Zeit, mit dem Liberalismus,
mit der byzantinischen Bevormundung und der poli=
zeilichen Überwachung der Kirche, kurz: mit dem
falschen Regierungs=System und ließ sich von echt
staatsklugen und christlichen Grundsäzen leiten. Aus
jener Zeit stammt ein Artikel oder Ausspruch des
Regierungs=Organs „Österreichischer Lloyd", der sich
(Nr. 327, vom Jahre 1849) über das Verhältnis
zwischen Staat und Kirche so ausdrückt: „Glaubt
etwa eine Staatsregierung, wenn sie auf die Leitung
einer Kirche einen ihr nicht gebührenden positiven
Einfluß nimmt, dadurch der Kirche und der Regie=
rung mehr Ansehen zu verschaffen, so begeht sie
einen unverzeihlichen Irrtum; denn die Kirche würde
dann als Staatsanstalt betrachtet und mit Mißtrauen
angesehen werden; ihre Organe besäßen bei weitem
nicht das Vertrauen wie die selbstgewählten, und nie
würde sich bei den Laien ein lebendiges Interesse am
kirchlichen Leben entwickeln. Es gäbe dann auch mehr
Heuchelei als echte Religiosität, und die Folgen für
den Staat liegen auf der Hand. Nichts verträgt
weniger eine unzarte, zwingende Hand des Staates
als das kirchliche Leben, wenn es gedeihen soll; je
ferner sich der Staat hier hält, desto mehr fördert
er das religiöse Leben." Diese ganz richtigen Worte
haben aber durch die, im Jahre 1869, erlassene

Schulgesezgebung und die, im Jahre 1870, vollzogene
Aufhebung des, 1855, vereinbarten Konkordates einen
sehr düsteren Hintergrund erhalten. Echte Weisheit
scheint sich eben nur als Ephemere und sporadisch
zu zeigen.

Ich kann dieses Kapitel „Rückblick auf die
Studienjahre am Gymnasium und Lyzeum" nicht
schließen, ohne zu erwähnen, daß an keiner einzigen
gelehrten Mittelschule eine Sodalität, ein geistlicher Verein oder ein kirchlich approbier-
ter Jünglingsbund existierte. Wer hätte auch
in so unendlich trostloser Zeit, bei der religiösen
Verschwommenheit, bei der sorgfältigst betriebenen
Desinfektion der Volks- und Gelehrtenschulen vom
Christentum und dem herrschenden Rationalismus auf
den Gedanken verfallen oder den Mut besizen sollen
oder können, eine so spezifisch christliche und kirchliche
Einrichtung ins Leben rufen zu wollen! Selbst der
leiseste Versuch, den nach allseitiger Freiheit dürsten-
den Studenten einen „ultramontanen, mittelalterlichen
Kappzaum" anzulegen und an ihnen „Zeloten, Fanatiker und Jesuiten" heranzuziehen, würde einen Schrei
der Entrüstung und des Entsezens hervorgerufen
und die sofortige und energische Intervention des
Polizeistockes veranlaßt haben. Ach nein! Die Studenten von damals wurden keineswegs durch geistliche Vereine der Gefahr ausgesezt, „Finsterlinge"
und „Pfaffenknechte" zu werden und in „die Ketten

der päpstlichen Sklaverei" und „Geistestyrannei" ge=
schlagen zu werden! Dieses „entsezliche Unglück"
stand erst der nachfolgenden Generation bevor. Und
siehe da: Von einer nachteiligen Wirkung solcher
Vereine zeigte sich keine Spur, im Gegenteil! Jene
Studenten, die denselben angehörten, gaben zu Klagen
nicht nur gar keinen Anlaß, sondern sie rechtfertig=
ten alle Erwartungen, die echte Pädagogen an ihre
Schüler stellen können: sie waren fleißig, gehorsam
und eingezogen. Allein mit dem Beginne des Kultur=
kampfes schlug der Wind in den höheren Regionen
plözlich um. Der unselige Versuch, die Katholiken,
den Klerus und Episkopat Deutschlands von Rom
loszureißen, um sie nach und nach dem Protestantismus
inkorporieren und der Cäsareopapie unterwerfen zu
können, führte notwendig dahin, den Einfluß der
katholischen Kirche auf allen Gebieten zu beschränken,
und sie selbst, wo möglich, zu beseitigen. Infolge
dessen wurde den katholischen Studenten befohlen,
aus den geistlichen Vereinen auszutreten, und bald
wurden, wo derartige Vereine an gelehrten Mittel=
schulen bestanden, dieselben aufgelöst, und zwar mit
der Begründung: allen Studenten seie die Teilnahme
an Bündnissen und Vereinen schulgesezlich verboten!
Wie dehnbar und sophistisch! Das in Frage stehende
Gesez bezog sich offenbar nur auf geheime, poli=
tische, sozialistische, verderbliche Verbindungen, Ver=
eine und Korps=Burschenschaften, nicht aber auf

Sodalitäten und Kongregationen, welche die Pflege
christlicher Gesinnung und Gesittung zum Zwecke
haben und die Studenten vor Verführung und Ver=
irrung bewahren. Wenn die Auslegung des betref=
fenden Gesezes=Paragraphen richtig wäre, dann hätte
man den Studenten auch befehlen können, ja befeh=
len müssen, aus der katholischen Kirche auszutreten,
da dieselbe auch ein Verein, eine Verbindung, eine
geschlossene Korporation ist, die überdies unter einem
„auswärtigen, fremdländischen“ Oberhaupte steht.
Und mit demselben Rechte hätte man über dem
Haupte eines jeden Katholiken das Damokles=Schwert
der staatspolizeilichen Hierarchie an einem Roßhaare
aufhängen, d. h. allen befehlen können: Bei Ver=
meidung schwerer Geldstrafe, langer Kerkerhaft oder
sofortiger Verbannung habt ihr, innerhalb sechs Wo=
chen, den Nachweis zu liefern, daß ihr euch von
Rom losgesagt und in den Schoß der evangelisch=
protestantischen Kirche begeben habt. Man ist, ange=
sichts des oben erwähnten Verbotes, zur Vermutung
berechtigt, gar manche consules et politici betrach=
teten es als ihre hauptsächlichste Pflicht, aus Miß=
trauen und Argwohn die katholische Kirche aus allen
Gebieten des geistigen und werktätigen Lebens zu
verdrängen, sie sorgfältig zu überwachen und ihre
Rechte derart zu schmälern, daß sie schließlich einer
unheilbaren Phthisis anheimfallen muß, und es stän=
den Sozialdemokraten, Anarchisten, Kommunisten und

Nihilisten ihrem (der Staatsgebieter) Herzen näher als eifrige, fromme Christen und marianische Sodalen, weil sie von diesen mehr Gefahr für den Staat als von jenen zu fürchten hätten. Auch in Baiern fielen, sogleich nachdem in Preußen der Kulturkampf entbrannt war, die marianischen Kongregationen, die an mehreren gelehrten Mittelschulen bestanden, der erwähnten „Obsorge für das Staatswohl" zum Opfer; der Kultusminister Lutz hob dieselben, anno 1871, durch einen kühnen Federstrich auf. Allein es zeigten sich sehr bald die traurigen Folgen dieser unpädagogischen, verkehrten und sehr kurzsichtigen Repressiv- und Prohibitiv-Maßregel, es riß nämlich an mehreren Gymnasien eine so grauenhafte Verwilderung ein, daß konservativ gesinnte, echt patriotische Mitglieder des Abgeordnetenhauses zu München, am 18. Januar 1886, sich genötiget sahen, den schauerlichen Zustand eines solchen Gymnasiums öffentlich zur Sprache zu bringen. Sie erbrachten den Beweis, daß unter den Schülern der obersten Klasse des Gymnasiums zu Regensburg eine Verbindung bestand, die sich „Absolvia" nannte, und deren Mitglieder sich durch Saufgelage, Geldverschwendung, Nachtschwärmerei und was damit zusammenhängt, auszeichneten. Es herrschte innerhalb dieser Verbindung aber auch eine Zotenreißerei und Sittenlosigkeit, die grauenhaft war. Der Abgeordnete W a l t h e r enthüllte aus mehreren Nummern des „Kneiporganes" der „Absolvia" den

hohen Grad der Verkommenheit jener frivolen Bur=
schen, die bereits voll Verachtung gegen jede Autorität, voll gemeiner Liederlichkeit und Revolutions=
wut waren. Die Abgeordneten erklärten, daß ihren
nie etwas Schändlicheres zu Ohren gekommen sei,
als eine ebenfalls im „Kneiporgan" sich befindende
„Backfisch= und Besenlitanei". Diese Litanei war
die frechste, unzüchtigste und gotteslästerlichste Parodie
und Verhöhnung der „lauretanischen Litanei". Der
Abgeordnete Dr. Orterer konnte es sich nicht ver=
sagen, mit Ironie und Bitterkeit darauf hinzudeuten,
daß das königliche Kultusministerium, vor circa
15 Jahren, allen Gymnasialstudenten in Baiern
den Eintritt in die marianische Kongregation unter
Androhung schwerer Strafe verboten habe.[1]) Ist es
nun nicht himmelschreiend, wenn die Söhne christ=
licher Eltern an staatlichen Bildungs= und Erziehungs=
anstalten, infolge von Blindheit und Fahrlässigkeit,
von Glaubenslosigkeit und heidnischer Gesinnung
s. g. Pädagogen, und infolge von Haß gegen das
Christentum und Verfolgungssucht gegen die Kirche
von Seite der Staatslenker, an Leib und Seele zu
Grunde gerichtet werden? Wer und was kann einen
christlichen Vater dafür entschädigen, wenn er seinen
Sohn, den er als unschuldigen, frommen Knaben

---

[1]) Zwei ähnliche Fälle habe ich in dem von mir ver=
faßten Buche: „Drei Schoßkinder des Zeitgeistes", S. 170
und 171 angeführt.

einem Gymnasium übergab, nach etlichen Jahren als
Gottesleugner und Wüstling und sehr oft überdies
als Tagdieb und Taugenichts zurückerhält? Unter
solchen Umständen ists freilich kein Wunder, daß
manche Eltern ihre Söhne klösterlichen oder streng
konfessionellen Privat=Bildungs= und Erziehungs=An=
stalten übergeben, oder, wenn keine solche vorhanden
sind, dieselben sogar außer Lands schicken, sofern es
ihre finanziellen Mittel erlauben, damit sie in christ=
lichem Geiste unterrichtet und zu gesitteten, charakter=
festen Menschen erzogen werden. Es klingt zwar
paradox und erscheint barock, daß durch und durch
aufgeklärte Väter, Rationalisten und Freimaurer
ihre Söhne und Töchter nicht selten „klerikalen"
Bildungs= und Erziehungs=Instituten, ja — horri=
bile dictu — schrecklich ists, es auszusprechen —
selbst Jesuiten=Schulen übergeben! Die liberale italie=
nische Zeitung «Diritto» brachte, im Oktober 1886,
die überraschende Nachricht, daß der liberale italie=
nische Minister Tajani das Kloster Monte Cassino
besucht habe, jedoch nicht in der Absicht, um dem
„staatsgefährlichen Treiben" der dortigen Benediktiner
nachzuspüren und Einhalt zu gebieten, sondern um
denselben — seinen Sohn als Zögling zu übergeben.
Der «Diritto» knüpfte an diese Nachricht folgende
Bemerkung: „Es ist geradezu unbegreiflich, daß ein
Minister des Königs gerade in der Erziehung seines
Sohnes die Heiligkeit der liberalen Grundsäze ver=

lezt." Die liberale italienische Zeitung «Osservatore
romano» äußerte sich diesbezüglich folgendermaßen:
„Wir kennen eine große Anzahl von Deputierten und Senatoren, die ihre Kinder in Klöstern
erziehen lassen, und nicht selten ereignet es sich, daß
einer von diesen Gesezgebern gerade eine Rede gegen
den Papst und die Kirche gehalten hat, und unmittelbar darauf lauft er zum Pater X. oder zur
Klosterfrau Y. und fragt, wie es seinen Söhnen
und Töchtern bei denselben geht, und ob sie sich gut
betragen. Das beweist, daß diese Menschen als
Familienväter, wenn es sich um das Wohl und
Interesse ihrer Kinder handelt, gerade das Gegenteil von dem tun, für was sie sich als Politiker
aussprechen, und daß sie darum nicht das Wohl
und Interesse des Staates im Auge haben, sondern
ihren Ruf als Liberale und Kirchenfeinde." Diese
Schlußfolgerung des «Osservatore romano» ist
völlig unlogisch, denn wenn es das Wohl und Interesse der Kinder erheischt, daß sie in Klöstern eine
solide, christliche Erziehung erhalten; so ligt es auch
im Interesse des Staates und fördert dessen Wohl,
daß die Klosterschulen nicht nur nicht verfolgt, sondern beschüzt und unterstüzt werden. Und wenn die
Klosterschulen ihre Zöglinge, die Kinder der Honoratioren, der Deputierten, Senatoren und Minister
gründlich unterrichten und zu religiös-sittlichen Menschen erziehen, so ist der Haß und die Feindschaft

gegen jene Institute unbegründet, unvernünftig, ver=
derblich und verwerflich. Ein Vater, seie er nun
Privatmann, Staatsdiener, Deputierter, Senator oder
Minister, der die Religion und Kirche verfolgt, aber
dennoch seine Kinder klösterlichen Instituten zur Bil=
dung und Erziehung übergibt, handelt allerdings
inkonsequent und charakterlos, denn man kann, so=
ferne man darauf Anspruch macht, als vernünftiger,
gewissenhafter und pflichttreuer Mann und Charakter
zu gelten, nicht die nämliche Sache — Christentum
und Klöster — einesteils verwerfen, anfeinden und
verfolgen und anderteils anerkennen, loben und
unterstüzen. Wer Christentum und Kirche anfeindet,
aber trozdem seine Kinder religiös=sittlich, christlich
und kirchentreu erziehen läßt, der legt damit unzwei=
deutig an den Tag, daß ihn der Unglauben per=
sönlich nicht befriedigt und ihm keinen sittlichen Halt
und keinen Seelenfrieden verleiht, und daß er eben
darum wenigstens seine Kinder vor diesem kläglichen
Zustand der Seele bewahren will. Wer selbst un=
gläubig ist und dennoch seine Kinder religiös=sittlich
erziehen läßt, der legt dadurch seine Überzeugung
an den Tag, daß er die Pädagogik der Ungläubigen
verwerfe und derselben die Fähigkeit nicht zutraue,
die Jugend solid zu erziehen, ihr gediegene Grund=
säze einzupflanzen und sie an Gehorsam, Selbstver=
leugnung, Zucht und Ordnung zu gewöhnen. Das

heißt aber offenbar: Den Unglauben auf dem wich=
tigsten praktischen Gebiete bankerott erklären.

Sehr oft haben Gottesleugner und Rationalisten
die Folgen, die Früchte des Unglaubens erkannt und
denselben vom Standpunkte der praktischen Vernunft
verworfen. Friedrich II., König von Preußen,
hatte sich vom Christentum förmlich und gründlich
emanzipiert und der Freigeisterei auch bei seinen
Untertanen lange Zeit Vorschub geleistet. Als er
aber der schlimmen Folgen dieser falschen Aufklärung
ansichtig wurde, bereute er jenen Mißgriff und be=
mühte sich, die Religion wieder zu Ehren zu brin=
gen. In seinem lezten Lebensjahre sagte er zu seinem
Großkanzler Carmer: „Glaub er mir, meine schönste
Bataille wollte ich darum geben, wenn ich Religion
und Moralität unter meinem Volke wieder da haben
könnte, wo ich sie bei meiner Tronbesteigung gefun=
den." (Seb. Brunners „Joseph II.", Seite 4.) Im
Interesse der Mannszucht und Subordination in der
preußischen Armee beförderte er stets die Militär=
seelsorge. Für jedes Feldlazaret wurde auch ein katho=
lischer Priester angestellt, und mußten die katholischen
Soldaten an allen Sonntagen durch Unteroffiziere
in den Gottesdienst geführt werden, soferne sich in
deren Garnisonsort eine katholische Kirche befand.
Als der Minister des geistlichen Departements und
Präsident des Konsistoriums, von Brand, sammt
dem Konsistorial=Vizepräsidenten von Reichenbach,

am 22. Juni 1740, eine Beschränkung der katholi=
schen Soldatenschule in Berlin (in welcher besonders
Religions=Unterricht erteilt wurde) in Antrag ge=
bracht, schrieb Friedrich II. an den Rand des Akten=
stückes: „Die Religionen Müsen alle Tollerieret
werden und Mus der Fiscal nur das Aug darauf
haben, daß keine der andern abtrug Tuhe, den hier
mus ein jeder nach Seiner Fasson Selich werden."
„Kirchen=Lexikon" von Wetzer und Welte, VIII,
Seite 738.

Als einst Gesinnungsgenossen Voltaires bei
diesem zechten, kam das Gespräch auch auf die Re=
ligion. Gott, Himmel und Hölle wurden mit lachen=
dem Munde geleugnet, verspottet und verhöhnt.
Voltaire aber rief ihnen, bekanntlich, erschrocken zu:
„Still, still, meine Herrn! Ich will zuerst meine
Diener aus dem Zimmer schicken, denn die Leugnung
Gottes und der Ewigkeit sollen sie nicht mit anhören,
sonst möchten mich die Kerls noch heute
berauben und ermorden." Voltaire hatte wenig=
stens praktischen Menschenverstand, er wußte, daß
ein Mensch, der an keinen Gott, an keine Unsterb=
lichkeit der Seele, an keine Ewigkeit, keine Verant=
wortung vor dem Richterstuhle Gottes, an keinen
Himmel und keine Hölle glaubt, kein Gewissen hat,
daß er vor keiner Sünde und keinem Laster, vor
keinem Verbrechen und keiner Greueltat zurückbebt,
und daß ihm alles zuzutrauen ist. Nur täuschte er

sich darin, daß er glaubte, das seie blos bei solchen Ungläubigen, Gottesleugnern und Rationalisten der Fall, die keine höhere Bildung besäßen, die nicht studiert hätten, die dem gemeinen Volke angehörten, bei denjenigen aber, die eine klassische Bildung genossen, vor den Kathedern grundgelehrter Professoren gesessen und den privilegierten Regionen der Honoratioren angehören, bedürfe es keiner Religion, da reiche die klassische Bildung, die Philosophie und Ethik aus, den Menschen vor Exzessen und Verbrechen zu bewahren. Das ist aber absolut nicht wahr. Wer die Welt kennt, der wird wissen, daß ein gut gespickter Schulsack, Gala, noble Etikette, feine Manieren, Frack und Glacé-Handschuhe an und für sich Gemeinheit, Charakterlosigkeit und Korruption nicht fernhalten, daß die Religion dagegen ein kräftiges, sicheres und unfehlbares Präservativ gegen Verirrung, Sünde und Laster ist.

Selbst David Strauß, der sich, wie aus dem zulezt von ihm verfaßten Werke: „Der alte und der neue Glaube" hervorgeht, schließlich dem Materialismus in die Arme geworfen, bekennt, wenn auch mit einer gewissen Frivolität, daß der Unglauben höchst trostlos ist und den Menschen nach seiner intellektuellen und sittlichen Seite nicht befriedigt. Er sagt in dem genannten Buche: „Gegen die Pein, die das Bewußtsein der Flecken, die Vorwürfe des Gewissens, uns bereiten, bietet das Christentum den

Versöhnungstod (Jesu Christi); dem ängstlichen Ge=
fühle, in der Welt dem rohen Zufalle preisgegeben
zu sein, öffnet es die bergenden Arme des Vorsehungs=
glaubens, während es diese ganze trübe Erdennacht
durch den Ausblick auf ein unsterbliches himmlisches
Leben erhellt. Daß diese sämmtlichen Tröstungen auf
unserem Standpunkte unrettbar dahinfallen (sollte
wohl heißen: der aus Hochmut und Gelehrtendünkel
stammenden Gottes= und Christusleugnung zum Opfer
fallen), haben wir gesehen, und muß jeder begriffen
haben, der sich auch nur mit Einem Fuß auf den=
selben stellt; aber er wird fragen, was wir ihm denn
unsererseits dafür zu bieten vermögen. Aber wie?
Sollte er nach allem Ausgeführten diese Frage sich
nicht selbst zu beantworten wissen? .... Wer ein=
mal weiß, daß es auch im sittlichen Gebiete einen
Zauberspruch, der das Bewußtsein der Schuld hin=
wegnehme, in Wirklichkeit nicht gibt, der wird sich
in der Pein des Gewissens an den Trost halten, der
in dem Bewußtsein des unabläßigen ernsten Stre=
bens ligt, und durch das Ungenügende dieses Trostes
eben nur zur Verdoppelung seines Strebens sich er=
muntert finden." Wie trostlos und armselig! Ein
würdiges Seitenstück zu dem vergeblichen Bemühen
der Danaiden und des Tantalus in der griechischen
Mythologie. Strauß schildert diesen trostlosen Zu=
stand, in welchem sich der Ungläubige befindet, noch
anschaulicher und schauerlicher, indem er sagt: „Der

Wegfall des Vorsehungsglaubens gehört
in der Tat zu den empfindlichsten Ein-
bußen, die mit der Lossagung von dem
christlichen Kirchenglauben verbunden
sind. Man sieht sich in die ungeheuere Weltmaschine
mit ihren eisernen, gezahnten Rädern, die sich sausend
umschwingen, mit ihren schweren Hämmern und
Stampfen, die betäubend niederfallen, in dieses
furchtbare Getriebe hilf= und wehrlos hineingestellt,
keinen Augenblick sicher, bei einer unvorsichtigen Be=
wegung von einem Rade erfaßt und zerrissen, von
einem Hammer zermalmt zu werden. Dieses Ge=
fühl des Preisgegebenseins ist zunächst
wirklich ein entsezliches. Allein was hilft
es, sich darüber eine Täuschung zu machen? Unser
Wunsch gestaltet die Welt nicht um, und unser Ver=
stand zeigt uns, daß sie in der Tat eine solche
Maschine ist." Also eine Maschine soll die Welt
sein, nun, angenommen sie seie es, so muß doch zu=
gestanden werden, daß sie eine bewunderungswürdig
künstliche, zweckmäßige, nach bestimmten Gesezen ein=
gerichtete und wirkende, tief durchdachte, herrliche
und schöne Maschine ist, und diese Maschine, eine
solche Maschine, sollte sich selbst hervorgebracht, zu=
sammengesezt und eingerichtet haben? Sie sollte sich
durch sich selbst stets in richtigem Gange erhalten,
mit einem Worte: keines Erfinders, Schöpfers, In=
genieurs, Direktors, Maschinisten bedürfen? Eine

solche Behauptung ist, troz der anderweitigen Ge=
lehrtheit und Gescheitheit der Gottesleugner, ein
barer Unsinn. Geseze, Zweckmäßigkeit, Planmäßig=
keit, Harmonie, realisierte Gedanken und höchst ver=
nünftige und weise Einrichtungen sezen apodiktisch
einen persönlichen, denkenden, allmächtigen Urheber,
Schöpfer und Gesezgeber voraus.

Heinrich Heine, ein großes dichterisches
Talent, voll zynischen Trozes, beißenden Sarkasmus
und renommierender Liederlichkeit, der die poetische
Freiheit dazu mißbrauchte, um die obszönsten Szenen
in frivolster Nacktheit vorzuführen, hatte während
seiner langen und schmerzlichen Krankheit (der Rücken=
marksdarre) wiederholt Anwandlungen religiöser Ge=
danken und Gefühle. Einige Zeit vor seinem Tode
schrieb er im „Nachwort zum Romancero", Seite 6:
„Mein Leib ist so sehr in die Krimpe gegangen,
daß hier schier nichts übrig geblieben als die Stimme
.... kein grünes Blatt rauscht herein in meine
Matrazengruft zu Paris, wo ich früh und spät nur
Wagengerassel, Gehämmer, Gekeife und Klavierge=
klimper vernehme. Ein Grab ohne Ruhe, der Tod
ohne die Privilegien der Verstorbenen, die kein Geld
auszugeben und keine Briefe oder gar Bücher zu
schreiben brauchen, das ist mein trauriger Zustand.
Man hat mir längst das Maß genommen zum Sarg,
auch zum Nekrolog, aber ich sterbe so langsam, daß
solches nachgerade langweilig wird für mich wie für

meine Freunde. Doch Geduld, alles hat sein Ende!
Ihr werdet eines Morgens die Bude geschlossen fin=
den, wo euch die Puppenspiele meines Humors so
oft ergözten . . . Wenn man auf dem Sterbebett
ligt, wird man sehr empfindsam und weichherzig und
möchte Frieden schließen mit Gott und der Welt.
Ich gestehe es: ich habe manchen gekrazt, manchen
gebissen und war kein Lamm. Aber glaubt mir, jene
gepriesenen Lämmer der Sanftmut würden sich min=
der fromm geberden, besäßen sie die Zähne und
die Tazen des Tigers. Ich kann mich rühmen, daß
ich mich solcher angeborenen Waffen nur selten be=
dient habe. Seit ich selbst der Barmherzigkeit Gottes
bedürftig, habe ich allen meinen Feinden Amnestie
erteilt; manche schöne Gedichte, die gegen sehr hohe
und sehr niedrige Personen gerichtet waren, wurden
deshalb in vorliegender Sammlung nicht aufgenom=
men, Gedichte die nur halbwegs Anzüglichkeiten gegen
den lieben Gott selbst enthielten, habe ich mit ängst=
lichem Eifer den Flammen überliefert. Es ist besser,
daß die Verse brennen als der Versifex. Ja, wie
mit der Kreatur, hab ich auch mit dem Schöpfer
Frieden geschlossen, zum großen Ärgernis meiner
aufgeklärten Freunde, die mir Vorwürfe machten
über das Zurückfallen in den alten Aberglauben,
wie sie meine Heimkehr zu Gott zu nennen belieb=
ten. Andere äußerten sich in ihrer Intoleranz noch
herber. Der gesammte hohe Klerus des Atheismus

19*

hat sein Anathema über mich ausgesprochen, und es
gibt fanatische Pfaffen des Unglaubens, die mich
gerne auf die Folter spannten, damit ich meine
Kezereien bekenne. Zum Glück stehen ihnen keine
andern Folterinstrumente zu Gebot als ihre Schrif=
ten. Aber ich will auch ohne Tortur alles bekennen.
Ja, ich bin zurückgekehrt zu Gott wie der verlorene
Sohn, nachdem ich lange Zeit bei den Hegelianern
die Schweine gehütet. War es die misère, die mich
zurücktrieb? Vielleicht ein minder miserabler Grund.
Das himmlische Heimweh überfiel mich und trieb
mich fort durch Wälder und Schluchten, über die
schwindeligsten Bergpfade der Dialektik. Auf meinem
Wege fand ich den Gott der Pantheisten, aber ich
konnte ihn nicht gebrauchen. Dies arme, träumerische
Wesen ist mit der Welt verwoben und verwachsen,
gleichsam in ihr eingekerkert, und gähnt dich an
willenlos und ohnmächtig. Um einen Willen zu
haben, muß man eine Person sein, und, um ihn zu
manifestieren, muß man die Ellenbogen frei haben.
Wenn man nun einen Gott begehrt, der zu helfen
vermag — und das ist doch die Hauptsache — so
muß man auch seine Persönlichkeit, seine Außerwelt=
lichkeit und seine heiligen Attribute, die Allgüte, die
Allweisheit, die Allgerechtigkeit u. s. w. annehmen.
Die Unsterblichkeit der Seele, unsere Fortdauer nach
dem Tode wird uns alsdann gleichsam in den Kauf
gegeben. . . . . Ich habe vom Gott der Pantheisten

geredet, aber ich kann nicht umhin, zu bemerken, daß er im Grund genommen gar kein Gott ist, sowie die Pantheisten überhaupt eigentlich nur verschämte Atheisten sind, die sich weniger vor der Sache, als vor dem Schatten, den sie an die Wand wirft, vor dem Namen, fürchten."

Es ist bekannt, daß selbst Diderot, der mit d'Alembert die berüchtigte französische Enzyklopädie herausgab, seine Tochter christlich erziehen ließ, ja ihr in eigener Person Unterricht im Katechismus erteilte. Solches verdroß den infernalen Christus-Hasser, Voltaire, so sehr, daß er im Briefe an Damilaville, d. d. den 30. Januar 1767, schrieb: „Mit Diderot bin ich nicht zufrieden; es heißt, er lasse seine Tochter in Grundsäzen erziehen, die er selbst verabscheut." (Siehe: Kirchenlexikon von Wetzer und Welte, II. Auflage, III. 1708.)

Nach Anführung obiger Beispiele, die für die Notwendigkeit der Religion und des Glaubens sprechen, sage ich: einen Baum, dessen Früchte man schäzt und genießt, entweder selbst zu fällen, oder ohne Widerspruch und Gegenwehr von andern umhauen zu lassen, ist Thorheit, Sünde, und Frevel. Doch Logik, Konsequenz und Charakterfestigkeit sind nicht jedermanns Sache!

Endlich lag das Lyzeum hinter mir. Rastatt ist ein trauriger, ungemütlicher Wohnort. Sein Fundament und seine ganze Umgebung sind topf-

ebener Sandboden, dem die Landwirtschaft mit un=
säglicher Mühe und durch ausgiebiges Düngen
Früchte abringt. Im Sommer brütet eine orienta=
lische Hize über der Stadt, das Wasser — Horizontal=
wasser der Murg und des nahen Rheines — ist
schlecht und erzeugt leicht Fieber, und sind Legionen
Rheinschnaken, Wanzen und Flöhe ein trauriges An=
gebinde dieses Musensizes. Der Aufenthalt an dem=
selben war zu meiner Zeit umso widerwärtiger, weil
am 15. November, dem Namensfeste des damaligen
Großherzoges Leopold, 1842, der Festungsbau be=
gonnen wurde, der eine Menge Arbeiter und Gesin=
del dorthin lockte; durch diese Einquartierung, d. h.
durch ihre Unreinlichkeit, ward Rastatt in ein wah=
res Ungeziefer=Brutnest verwandelt. Der Abschied
von demselben fiel mir darum schon in dieser Be=
ziehung nicht schwer. Aber auch in anderer Hinsicht
entlockte mir das Scheiden von Rastatt weder Trä=
nen noch Seufzer.

Fürs erste war das Bier in denjenigen zwei
Kneipen, die wir besuchen durften, gewöhnlich jäm=
merlich schlecht, der Besuch derjenigen Brauerei aber,
die vortreffliches Bier erzeugte, war uns verboten.
Überdies war uns der Besuch einer jeden Bierkneipe
während eines halben Jahres gänzlich und streng=
stens, infolge einer Keilerei, die in einer Bierkneipe
stattgefunden hatte, verboten. Ich glaube aber, daß
niemals unsinniger gekneipt wurde als während der

Zeit jenes Verbotes. Troz Karzers und schlechter Sittennote lassen sich eben die Studenten der oberen Klassen das Kneipen nicht wehren.

Fürs zweite sehnt sich jeder Student der obersten Klasse des Lyzeums nach Entlassung aus den lästigen Schranken des „Teiches"; denn er lechzt nach der goldenen Freiheit, die ihm das akademische Bürgerrecht verheißt. Und fürs dritte wird dem Abiturienten das tägliche Examiertwerden ein unerträglicher Greuel. Er glaubt ohnehin, das Ziel der klassischen Bildung, die das Lyzeum vermittelt, längst schon erreicht, ja bereits überschritten zu haben. Er hat den Vorsaz gefaßt, nach seinem Abgang vom Lyzeum, den Plato und Homer, den Thucydides und Sophokles, den Livius und Tacitus, den Cicero und Horaz, den Virgil und Ovid mit keinem Finger mehr zu berühren, um sich aber davor zu salvieren, diesen Vorsaz zu brechen, ist er bereits mit jüngeren Studenten zu dem Zweck in Unterhandlungen getreten, die von ihm „ausgebrauchten und ausstudierten" Bücher zu bedeutend herabgesezten, ja zu wahren Spottpreisen, an dieselben zu verschachern. Er hofft, durch Beibehaltung dieses sehr beliebten und tief eingewurzelten Studenten-usus sich ein erklecliches Ferien-Kneip- und Reisegeld herauszuschlagen! Erwähnter usus ist aber entschieden eine verwerfliche Unsitte, denn man sieht sich in späteren Jahren gewöhnlich in die Lage versezt, der verkauften Bücher sich bedienen zu sollen. Der als Staatsbeamter in diesem oder jenem Fach Angestellte, der Arzt, der Verwalter 2c. hat Söhne, denen er Unterricht in den Gymnasial-Fächern erteilen oder deren Studien er überwachen will, dazu bedarf er aber der lateinischen und griechischen Autoren und der Lehrbücher in der Mathematik, Geometrie, Geographie, Naturgeschichte, Naturlehre 2c. Hat er sie also verkauft und den Erlös verjubelt, io ist er genötigt, dieselben wieder anzuschaffen. Geradeso verhält es sich bezüglich der Unterrichtserteilung bei demjenigen, der sich dem Priesterstande widmet; denn wie oft ist es nicht der Fall, daß katholische Priester armen, aber talentvollen Knaben Unterricht in jenen Gegenständen erteilen, die in den drei oder vier unteren Klassen des Gymnasiums gelehrt werden! Nicht selten erinnert man sich in späteren Jahren an diesen und jenen merkwürdigen Ausspruch eines griechischen oder lateinischen Klassikers, man möchte ihn mündlich oder schriftlich nach seinem Wortlaute anführen, allein dem Gedächtnis ist dieses oder jenes Wort entfallen, oder man kann sich nicht mehr entsinnen, wo, in welcher Abhandlung, in welchem Buch, in welchem Kapitel der betreffende Ausspruch sich befindet; man will oder sollte also diese Stelle nachschlagen, allein das fragliche Buch fehlt, weil verkauft, in der eigenen Bibliothek — nun „steht", wie man zu sagen pflegt, „der Ochs vor dem Scheuertor". Mein wohl-

meinender Rat geht also dahin: die am Gymnasium
und Lyzeum gebrauchten Lehrbücher, Grammatiken,
Lexika und Klassiker sollen nicht verschachert werden.

Bezüglich der an den genannten Anstalten zu
lehrenden Sprachen und des Unterrichtes in den=
selben, äußere ich den gewiß sehr berechtigten Wunsch:
es möchte 1. neben der französischen auch die eng=
lische Sprache als obligater Lehrgegenstand eingeführt
werden, da die englische Literatur sich in Deutsch=
land immer mehr und mehr Bahn bricht, und die
wissenschaftliche Bildung es erfordert, mit den Kori=
phäen derselben sich bekannt und vertraut zu machen.
2. sollten die Professoren der lateinischen, französi=
schen und, eventuell, der englischen Sprache mit den
Schülern der oberen Klassen während der betreffen=
den Unterrichtsstunden in den genannten Sprachen
reden; auf diese Weise würden und müßten dieselben
leicht, schnell und spielend erlernt werden. Zu meiner
Zeit hat leider niemals ein Professor mit uns latei=
nisch oder französisch gesprochen (der Unterricht in
der englischen Sprache war damals nicht eingeführt);
wir lernten darum nur übersezen, aber uns der
lateinischen und französischen Sprache zu bedienen
und uns geläufig, sicher und korrekt in denselben
auszusprechen, das lernten wir nicht — gewiß ein
großer Fehler! Was nüzt denn die Kenntnis, nament=
lich einer lebenden Sprache, z. B. der französischen
und englischen, wenn man sich derselben im Leben,

im Umgang, auf der Reise, nicht bedienen kann!
«Hic Rhodus, hic salta!» Dieses Sprüchwort sollte
beim Unterricht in den genannten Sprachen auf
allen gelehrten Schulen zur praktischen Anwendung
kommen. Man wird, sollte man auch Fénelons „Tele=
mach" oder Voltaires „Henriade" fehlerfrei übersezen
können, höchst unbequem in Frankreich reisen und sich
über die einfachsten Dinge weder aussprechen, noch
informieren können, sofern man in der französischen
Konversation nicht geübt ist. Aber noch viel schlim=
mer ist derjenige beraten, der sich einbildet, er kenne
die englische Sprache aus dem Fundament und könne
sich in London als echter Gentleman bewegen, wenn
er Goldsmiths „Vikar of Wakefield" oder Miltons
„The Paradiese lost" flott übersezen kann. Jener
wird in Frankreich und dieser in England eine sehr
traurige Rolle spielen, unzähligemale nicht verstan=
den werden und nicht verstehen, und beide werden
sich mit Ach und Krach, mit Verdruß und unter
vielfacher Blamage blos durchhaudern. Wie oft habe
ich es auf meinen Reisen bitterlich empfunden und
tief beklagt, daß die lateinische, französische (und
für kurze Zeit auch die englische) Sprache nicht ge=
sprochen wurden, daß sie, wie ein Kadaver, seziert
oder wie getrocknete Pflanzen, zwischen den Einband=
decken verwahrt blieben. In Privatinstituten, Missions=
anstalten (für auswärtige Mission) und in Kloster=
schulen, die ihre Zöglinge fürs tätige Leben heran-

bilden, lernen diese die lateinische und die lebenden Sprachen, namentlich französisch, englisch, italienisch, in verhältnismäßig sehr kurzer Zeit geläufig und korrekt sprechen, während es die Schüler der gelehrten Staats= anstalten nicht dahin bringen, sich in denjenigen Spra= chen, auf deren Erlernung sie viele Jahre verwenden müssen, auch nur einigermaßen gewandt, sicher und fertig auszudrücken. Woher diese auffallende Erschei= nung? In den Anstalten der zuerst genannten Kate= gorie muß in jeder Sprachunterrichtsstunde in der betreffenden Sprache gesprochen, d. h. gefragt und geantwortet werden, und überdies müssen die Zög= linge zu bestimmter Zeit entweder lateinisch oder englisch oder französisch oder italienisch unter sich, also außerhalb des offiziellen Unterrichtes, reden, in den Staatsanstalten dagegen wird nur in der Mutter= sprache gefragt, geantwortet und konversiert. Ich kannte einen Jüngling, der, ohne ein besonderes Sprachtalent oder ein ausgezeichnetes Gedächtnis zu besizen, in einem kirchlichen Institut in der kurzen Zeit von zwei Jahren ganz geläufig und korrekt latei= nisch, englisch und französisch sprechen gelernt hat. Und woher diese glänzende Leistung? Jeder Sprache wurden zwei Tage, eventuell drei, in der Woche aus= schließlich gewidmet, so zwar daß z. B. am Mondtag, Donnerstag und Sonntag alles in lateinischer Sprache, am Dienstag und Freitag alles in englischer und am Mittwoch und Samstag alles in französischer

Sprache geredet wurde. In den eigentlichen Sprach-
Unterrichtsstunden wurde aber in den betreffenden Sprachen geredet, also in der lateinischen Unter-
richtsstunde lateinisch u. s. w. Bei dieser Einrichtung
wars freilich kein Wunder, daß die Zöglinge in dem
sehr kurzen Zeitraum von zwei Jahren drei Sprachen erlernten. Neben diesen Sprachstudien wurden
aber die Realien, namentlich Mathematik, Naturgeschichte, Naturlehre, Geographie, Geschichte und
Zeichnen, nicht vernachlässigt.

Ausgerüstet mit dem Zeugnis über das bestandene Maturitäts-Examen und jenem über das ab-
gesessene lezte Semester der Oberserta, zog ich fröh-
lich, den Tornister auf dem Rücken, zu Fuß, obgleich die Eisenbahn bis Offenburg schon im Betrieb
war, ins badische Oberland, in meine Vaterstadt.

Zweites Kapitel.

Die Standes- und Berufswahl.

Nachdem das Lyzeum absolviert war, musste ich die ernste Frage an mich stellen und beantworten: welchem Beruf willst du dich widmen, welches „Brodfach", wie man zu sagen pflegt, willst du studieren? Willst du Rechtsgelehrter oder Arzt, Philolog oder Theolog werden? Zum Studium der Rechtswissenschaft und der Philologie hatte ich keine Lust; es blieb mir also nur die Wahl zwischen der Medizin und der Theologie übrig. Zur Medizin hatte ich die meiste Neigung und eine große Vorliebe, allein es machten sich gegen das Studium derselben manche und zwar so erhebliche Erwägungen, Bedenken und Rücksichten geltend, daß ich mich schließlich für die Theologie entschied. „Wie, was, für die Theologie?" fragst Du teils staunend, teils entrüstet; „kann denn ein Jüngling, der von sich selbst eingestanden, er sei in religiöser Beziehung ein Nihilist, ein Pantheist oder im besten Fall ein Deist, sich entschließen, Theologie zu studieren und sich

unterfangen, Priester werden zu wollen?" Deine
oratorische Frage, Dein Staunen und Deine Ent=
rüstung sind durchaus berechtigt, und darum fühle
ich mich verpflichtet, wenigstens Deine Frage mit
aller Aufrichtigkeit zu beantworten, da ich Deinem
Staunen und Deiner Entrüstung rat= und machtlos
gegenüberstehe.

Ich wiederhole, was ich weiter oben schon er=
wähnt: wir waren durch Wort und Beispiel unserer
Professoren dem Christentum im Glauben und Leben,
theoretisch und praktisch, völlig entfremdet worden.
Wir unterwarfen uns der Pflicht, den Gottesdienst
zu besuchen und die Sakramente zu empfangen, aus
Zwang und betrachteten beides als eine leere For=
malität, als einen, aus dem Mittelalter ins XIX. Jahr=
hundert mitgeschleppten Zopf. In der Theorie be=
kannten wir uns entweder zum Pantheismus oder
Deismus, in der Praxis aber waren wir Epikuräer.
Luthers „heitere" Devise und Trilogie:

„Wer nicht liebt Wein, Weib und Gesang,
Der bleibt ein Narr sein Leben lang"
wurde von uns adoptiert und von dem Einen en
miniature, von dem Andern im Lapidarstile befolgt.
Daß bei solchen Anschauungen und Gepflogenheiten
das Gebet verstummte, das Gewissen durch tägliche
Narkotisierung in eine todesähnliche Betäubung sank,
und das Unkraut üppig in Herz und Seele empor=
wucherte, ist wohl selbstverständlich. Außer der natür=

lichen Vernunft und unseren s. g. Grundsäzen, an-
erkannten wir keinerlei Autorität und gestatteten keiner
faktisch bestehenden Macht, Gewalt und Schranke,
von rechtswegen einen Einfluß auf uns auszuüben.
Jedes Gesez und Gebot, das uns entgegentrat, erklärten wir für einen unbefugten Eingriff in unser
Recht, unsere Freiheit und Souveränität. Unsere
Ansichten, Prinzipien und Maxime waren unfehlbar,
maßgebend und unantastbar. Was nicht in unseren
Kram taugte, wurde als veraltet und unbrauchbar,
als Trödel und Humbug, als Anmaßung und Willkür erklärt und verächtlich auf die Seite geschoben.
Um es kurz zu sagen: wir trugen unverkennbar das
Gepräge des von Gott abgefallenen und darum der
eigenen Thorheit anheimgefallenen Geschöpfes an uns.
Allein bei all diesem geistigen und moralischen Siech-
tum und Elend wähnten wir, ganz und gar mustergiltige Ehren- und Biedermänner, wahre „Tugend-
bolde" und echte Repräsentanten des unverfälschten
Zeitgeistes des XIX. Jahrhunderts zu sein — das
Lezte war leider wirklich der Fall.

Ich kann nicht umhin, hier eine Bemerkung zu
machen. Wir lieferten nämlich den klarsten, unumstößlichen Beweis, daß die Behauptung richtig ist:
„Wer im Besiz der Schule ist, wem die Schule
untersteht, wer den Schulunterricht anordnet, leitet
und beaufsichtigt, wer der, die Schule besuchenden
Jugend seinen Geist einpflanzt, dem gehört die heran-

wachsende Generation oder, was damit gleichbedeu=
tend ist, dem gehört die Zukunft." Nichts ist folge=
richtiger, natürlicher und wahrer als diese durch alle
Jahrhunderte bestätigte Tatsache. Die Majorität der
Schüler war sowohl in Offenburg als in Rastatt
katholisch, nur ein kleiner Bruchteil derselben war
protestantisch oder jüdisch. Die katholischen Schüler
stammten größtenteils aus streng kirchlich gesinnten
Familien, von christgläubigen, frommen Eltern, der
Wortlaut der Statuten war untadelhaft, es wurde
Religionsunterricht erteilt und Gottesdienst gehalten,
wir mußten beichten und kommunizieren, und wer=
den nur die Wenigsten niemals im Karzer einquar=
tiert worden sein, und trotz all Dem ging es in reli=
giöser und moralischer Beziehung mit uns allen
hurtig bergabwärts, wir alle waren über einen Leist'
geschlagen, wir hatten uns von dem geoffenbarten
Gotte, von Jesus Christus, seinen Lehren und seiner
Kirche emanzipiert; es regierte uns auf religiösem,
kirchlichem, staatlichem und sozialen Gebiete der Geist
der Revolution, der Negation, des Nihilismus.
Dieser Geist beseelte alle, gleichviel ob sie Katholiken,
Protestanten oder Israeliten waren. Luzifers Losungs=
wort: «Non serviam!» ich will nicht dienen, ich
will mich nicht unterwerfen, sondern ich will mein
eigener Herr, ganz unabhängig, frei und selbständig
sein, prangte als Epigramm auf der von uns auf=
gepflanzten und hochgehaltenen Fahne. Wir waren

Ein Guß, weil wir aus einem und demselben Model
stammten. Die Professoren waren unsere Modellierer,
sie brachten uns von Klasse zu Klasse ihre Ansichten
und Irrtümer, ihren Unglauben und ihre revolutionäre Gesinnung gegen Christentum und Kirche,
moralische und staatliche Ordnung bei. Und bei
diesen Ansichten und Gesinnungen, die uns am Gymnasium und Lyzeum, namentlich in den oberen Klassen, beigebracht worden waren, verharrten alle bis
auf einen verschwindend kleinen Bruchteil im Leben
und Sterben — natürlich! denn der Jüngling bleibt
in der Regel das, was die Professoren im Laufe
der Studienjahre an den Staatsanstalten aus ihm
gemacht haben, er erstarrt gleichsam in der Form,
in welche er von seinen Lehrmeistern und Erziehern
gegossen wurde, er behält das Gepräge bei, das sie
ihm aufgedrückt. Und eben darum ligt so viel daran,
ja es hängt alles davon ab, wem die Schule gehört,
wer sie leitet und regiert, wer ihr seinen Geist ein-
haucht und seinen Stempel aufdrückt. Es ist eine
himmelschreiende Rechtsverletzung gegen Kirche und
Schule und ein an der Jugend, an der Familie,
am Christentum, an der echten Bildung und Gesittung verübtes Attentat, wenn die zur Erziehung
der Menschheit, also ganz besonders der Jugend, sowohl der studierenden, als auch der nicht studierenden, von Jesu Christo selbst bevollmächtigte, berechtigte und verpflichtete Kirche von der Leitung und

Beauffichtigung der Schule ausgeschlossen wird. Doch
nicht nur das ist ein vielfaches Attentat, das sich
unfehlbar bitterlich in seinen Folgen rächt, sondern
auch der frivole Eingriff in das Recht der Kirche:
ihre zukünftigen Diener a pueritia, von Kindesbeinen
an, im Geiste des Christentums, gläubig, fromm,
sittlich und aszetisch zu erziehen, denn nur ein derart erzogener Klerus bietet die sichere Garantie
dar, daß er die ihm anvertraute Jugend gewissenhaft unterrichten und nach den längst bewährten
Grundsäzen unserer Kirche zu wirklich gebildeten
und tugendhaften Christen erziehen werde. Auch wir
waren neun Jahre lang von katholischen Priestern
in der Religion unterrichtet und, sofern sie Klassen-
vorstände waren, von ihnen, wie man zu sagen
pflegt, erzogen worden, allein wie jämmerlich waren
dieser Unterricht und diese Erziehung und wie kläglich die Früchte derselben, weil sie uns nicht nach
den weisen, erprobten Grundsäzen und Anordnungen
des Christentums, sondern nach ihren eigenen Heften,
nach den verkehrten Maximen einer falschen Aufklärung und den ephemeren, trügerischen Prinzipien
einer rein rationalisten, haltlosen Humanitäts-Religion erzogen, oder richtiger gesagt: verzogen und
einer grenzenlosen Verwahrlosung überantwortet
hatten. Das sind die Leistungen der von der Kirche
emanzipierten Schule, der aufgeklärten, rein rationalistischen Pädagogik!

Nachdem ich bisher generalisierend verfahren,
d. h. alle damaligen Studenten des Gymnasiums
und Lyzeums über Einen Kamm geschoren, will
und muß ich nunmehr individualisierend oder spezia-
lisierend vorgehen, d. h. mich selbst vor die Front
stellen.

Ich hatte mich nicht infolge ernster Studien
und ehrlichen, aufrichtigen Forschens vom Christentum und seinen Vorschriften emanzipiert, weit gefehlt! denn sonst wäre aus dem mir von Vater und
Mutter eingepflanzten Autoritäts-Glauben ein erleuch-
teter, überzeugungstreuer und unerschütterlicher Glauben geworden. Bacon von Verulam, ein tüchtiger, protestantischer Gelehrter, der am Christentum
festhielt, sagte ja: „Ein oberflächliches Studium
führt zum Atheismus, zur Leugnung Gottes, ein
gründliches dagegen zur Religion," d. h. im Sinne
Bacons, zur Annahme der christlichen Religion.
«De dignitate et augmentis scientiarum.» I. 30.
Ich war vom Christentume hauptsächlich aus den,
im ersten Kapitel angegebenen Gründen, deren Wieder-
holung überflüssig ist, abgefallen. Ich betrachtete das
Christentum ferner aus dem Grunde für einen überwundenen Standpunkt, weil ich mich täglich mehr
und mehr davon überzeugte, daß die s. g. Gebildeten,
die Aufgeklärten, die Studierten, die Intelligenzen
und alle, die dem Zeitgeiste huldigten, der geoffenbarten Religion, dem Kirchen- und Autoritätsglauben

20*

Rom und dem Papste den Rücken gekehrt hatten. Ich hielt es für eine Ehrensache, mich ihnen hierin gleichförmig zu machen, ich wähnte, es sei ein Vorrecht aller Derjenigen, die durch wissenschaftliche Bildung und biedermännische Gesinnung über den beschränkten Pöbel mit seinem Köhlerglauben weit hervorragten, eine eigene, selbstfabrizierte, geläuterte, weder durch unantastbare Dogmen noch durch moralische Gewaltmaßregeln, weder durch hierarchische Machtsprüche noch durch das anathema der Konzilien eingezäunte Religion zu haben. Die zwei, den Ausschlag gebenden und tiefer liegenden Ursachen aber, warum ich mich vom Christentum abwandte, waren, ich bekenne es ohne Hehl, so beschämend auch dieses Bekenntnis ist, der Stolz und die Feigheit. Ja, ja, der Jüngling, der Student, vornehmlich jener an derartigen Anstalten, wie die zwei geschilderten, will autonom sein und strebt nach absoluter Autokratie. Jede Schranke ist ihm verhaßt, jeder Zaum erregt seinen Zorn, jedes Joch ist ihm ein Greuel. Er wehrt sich gegen alles, was ihn einengen und zügeln will, was Demut, Gehorsam und Selbstverleugnung auferlegt, was ihn beunruhigt, ihm ins Gewissen redet, ihn kontroliert und mit Strafe bedroht. Er sucht darum auf kluge, listige Weise sein Gewissen zu beschwichtigen und einzuschläfern — durch Aufstellung eines vagen, verschwommenen und dehnbaren Gottes-Begriffs und einer demselben entsprechenden laxen Moral, bei der man ganz bequem Kameele verschlucken kann und, troz Schelmenstreichen, Pokulierens und Weiberkult, ein unbescholtener und unantastbarer Ehrenmann bleibt. Der Gott des Christentums erscheint ihm zu erhaben und zu majestätisch, seine Heiligkeit und Gerechtigkeit — Furcht und Schrecken einjagend, seine Gebote zu streng und seine an den Menschen gestellten Anforderungen zu rigoros, zu pedantisch und skrupulös. Die christliche Moral steckt dem Menschen, nach seiner Ansicht, ein viel zu hohes Ziel, und verkennt seinen eigentlichen Zweck und seine Leistungsfähigkeit, indem sie ihm die Welt entleidet, ihn der Erde entfremdet und zu einem ätherischen, rein geistigen Wesen emporschrauben will; daher ihre überspannten Vorschriften für sittliches und aszetisches Leben, die wohl für verschrobene Skrupulanten, exaltierte Phantasten und exzentrische Mönche, Nonnen und Anachoreten taugen mögen. Im Grund genommen verschanzt sich aber hinter diese landläufigen Tiraden eine große Feigheit und Willensschwäche, die vor der erhabenen Sittenlehre des Christentums zurückbebt, die sich den Mut nicht zutraut und sich dazu nicht begeistern mag, den strengen Pflichten der christlichen Moral gerecht zu werden. Was den Großmogul Akbar abgehalten, das Christentum anzunehmen, das veranlaßt die Musensöhne und unzählige Weltkinder, dem Christentum zu entsagen.

Erwähnter Großmogul, der von Geburt ein
Mohammedaner und ein geistig hochbegabter, wiß=
begieriger Mann war, ließ, um die christliche Reli=
gion gründlich kennen zu lernen, sogar einige Jesuiten=
Patres von Goa an seinen Hof in Futtibur kommen,
wo sie 27 Jahre lang, von 1578—1605, verweilten
und Akbar in das Verständnis der christlichen Reli=
gion einführten. Er räumte dem Christentum den
Vorzug vor allen andern Religionen ein, er bekannte
laut, daß es über Gott, den Ursprung, die Be=
stimmung des Menschen und dessen Erlösung solche
Glaubenssäze aufstellte, welche die Vernunft vollkom=
men befriedigen, und daß es die des Menschen wür=
digste Moral verkündige, ja Akbar wohnte oft selbst
der heiligen Messe und zwar mit größter Ehrerbietung,
knieend und mit unbedecktem Haupte an und trug
ein kirchlich geweihtes Amulet, ein s. g. Agnus dei,
allein troz alldem nahm er das Christentum nicht
förmlich an, und warum nicht? Er gestand dem
heiligmäßigen P. Aquaviva: „Meine Sinnlichkeit
und Verdorbenheit (die Sympathie für den Harem)
halten mich, in Erwägung der Heiligkeit des Evan=
geliums, von der Annahme des Christentums ab.
Das Christentum ist zu rein, meine Sitten aber
sind zu verdorben." So berichtet Catrou, Arzt am
Hofe des Großmoguls, in seiner «Histoire générale
de l'empire du Mogol etc.» I. 254 u. ff. Auch
der chinesische Kaiser Schün=Tschi, gestorben 1661,

wurbe durch den hochberühmten Missionär P. Adam
Schall von der Wahrheit des Christentums über=
zeugt und zur Annahme desselben geneigt gemacht,
allein trozdem ließ er sich dennoch nicht taufen. Auch
er ließ sich durch eine Leidenschaft, die ihn zu einem
willenlosen Sklaven machte, von der Annahme des
Christentums abhalten: er unterhielt nämlich mit
der Frau eines seiner Offiziere, die eine eifrige
Gözendienerin war, ein unerlaubtes Verhältnis.
Wäre er Christ geworden, so hätte er dieses sünd=
hafte Verhältnis aufgeben müssen, und überdies be=
schwor ihn das erwähnte ehebrecherische Weib, sich
nicht taufen zu lassen, um sich nicht von ihm tren=
nen zu müssen. So erzählt Dr. J. B. Weiß in
seinem „Lehrbuche der Weltgeschichte" I, 126 und
IV, 912. Ganz Ähnliches veranlaßte von jeher un=
zählige zum Abfall vom Christentum, zur Fahnen=
flucht, zur Überläuferei und zum Rückfall ins Heiden=
tum. Auch ich ließ mich von dieser Legion verräte=
rischer Renegaten und Deserteure anwerben. Als
flotter studiosus, als discipulus poeseos et philo-
sophiae, als Schwärmer für Aufklärung, Zeitgeist,
Fortschritt und Freiheit mußte ich notwendig mit
dem Glauben meiner Kindheit, mit dem Kirchen=
glauben, mit der Bibel und dem Katechismus, mit
P. Goffine und P. Cochem, der „rigorosen" christ=
lichen Moral und Disziplin in Konflikt geraten.
Entweder mußte ich den genannten Mächten den

Abschied geben, oder, wenn nicht, dann erwartete mich das „grauenhafte" Schicksal: in die Nacht und Finsternis des Mittelalters zurückzusinken und von meinen Kommilitonen als ultramontanes Ungeheuer verachtet und gemieden zu werden. Ich konnte bei der zu treffenden Wahl nicht lange schwanken und unschlüssig sein, denn in den Flegel- und Tölpeljahren entscheidet man sich stets nach Schöpsen- und Wanderratten-Art: man rennt dem größten Haufen nach und schlüpft sonder Bedenken und Prüfung in die dargereichte Uniform, sobald man an derselben die Abzeichen der Aufklärung und des Fortschrittes wahrgenommen. Ich gab also das Christentum als eine unhaltbare Position auf, allein was sollte an dessen Stelle treten? Atheismus, Pantheismus, Materialismus oder Deismus? Mein innerstes Wesen, mein Denken und Fühlen sträubte sich vor dem Atheismus, Pantheismus und Materialismus. Die praktische Vernunft, die Betrachtung des Weltalls und der Natur, die aus der Welt- und Völkergeschichte sich ergebenden Schlußfolgerungen, die Erkenntnis der Notwendigkeit und des Vorhandenseins einer sittlichen Weltordnung, die ein höchstes Wesen als Gesezgeber, Richter und Vergelter der guten und bösen Tat voraussezt, die angeborene Gottesidee und die Stimme des Gewissens, das wohl vorübergehend eingeschläfert und betäubt, aber nicht ertötet werden kann, das Alles nötigte und zwang mich zum Glau-

ben an ein höchstes, überirdisches Wesen, an einen
persönlichen, überweltlichen Gott, zwang mich, die
Unsterblichkeit der Seele, ein jenseitiges göttliches
Gericht, die Belohnung der Tugend und die Bestra-
fung des Lasters als wahr und gewiß anzunehmen
und festzuhalten. All die Hypothesen und Konjekturen
vom Urschleim, von der Urzelle, von der ewigen,
nach unabänderlichen Gesezen automatisch und autokratisch wirkenden Urkraft, von dem immanenten
Gott, der durch uns zum Bewußtsein kommen soll,
von der Abstammung des Menschen vom Gorilla,
von der Bestimmung des Menschen lediglich zum
Genuß, und der Rückkehr desselben, beim Tod, entweder in das absolute Nichts oder in die Naturkraft erschienen mir von jeher als ein gelehrter Unsinn, als eine Lächerlichkeit, als unlogische Philo-
sopheme und als läppische Persiflage des im Menschen sich offenbarenden wunderbaren Mikrokosmus
— als moralische Beohrfeigung der Menschenwürde.
Die Existenz eines persönlichen Gottes, die Unsterblichkeit der Seele, die Verantwortung des Menschen
vor dem Richterstuhle Gottes in der Ewigkeit und
die Vergeltung der tugendhaften und lasterhaften
Handlungen — diese Postulate, diese Schlußfolgerungen logischen Denkens, diese Prinzipien der theoreti-
schen und praktischen Vernunft waren bei mir über
jeden Zweifel erhaben; alles Andere aber galt mir
entweder als Aberglauben, Willkür und Mißbrauch

ober als, für das Volk berechnete Zierde und Aus=
schmückung; das Erste: Aberglauben, Willkür und
Mißbrauch fand in hohem Grad meine Mißbilligung,
das Zweite aber: fürs Volk berechnete Zierde und
Ausschmückung war mir höchst gleichgiltig und
wirkte auf mich mehr abstoßend als anziehend.

Eine positive Offenbarung Gottes hielt ich für
überflüssig, da die Vernunft und die angeborene
Gottesidee imstande wären, die Existenz eines höch=
sten Wesens zu beweisen. Ich war der Ansicht, das
Gewissen und das dem Menschen angeborene Rechts=
bewußtsein und Rechtsgefühl genügten zur Ermitt=
lung jener Pflichten, die der Mensch Gott, sich selbst
und den Mitmenschen gegenüber zu erfüllen habe.
Ich glaubte, einer Erlösung, einer Heilsanstalt und
der Sakramente bedürfe es nicht, damit der Mensch
sittlich leben, getrost sterben, also: seine Bestimmung
erreichen und selig werden könne. Die Erbsünde mit
ihren angeblichen Folgen verwies ich natürlich ins
Reich der Fabeln. Tempel und vorgeschriebenen
Gottesdienst erachtete ich als überflüssig, da, nach
meinem Ermessen, die Natur der prachtvollste Tem=
pel Gottes und die andächtige Betrachtung seiner
Werke und die Pflege echter Humanität der vernünf=
tigste und würdigste Gottesdienst seie.

Weil es, von meinem rationalistischen Stand=
punkte aus betrachtet, lediglich von mir abhing, den
Gottesbegriff und meine subjektive Privatreligion

nach meinen Ansichten und Bedürfnissen zu gestalten,
so läßt es sich unschwer erraten, welche Karrikatur
des wahren Gottes an dessen Stelle trat. Es war
ein Gott von Menschen-Gnaden, ein Phantasiegebilde,
eine fixe Idee, eine Marionette. Es war ein Gott,
der keine Autorität, keine Macht besizt, der weder
verehrt, noch geliebt, noch gefürchtet, vielmehr nur
auf Wohlverhalten und Widerruf geduldet wird.
Es war ein Gott, der nur Liebe und Güte atmet,
der unendlich tolerant und mindestens so nachsichtig
gegen seine Kinder ist, wie der Hohepriester Heli es
gegen seine Söhne Ophni und Phinees gewesen. Es
war ein Gott, der nicht wie ein grimmiger Zucht-
meister rumort und mit dem Prügel d'reinschlägt,
der manches ignoriert oder dabei durch die Finger
sieht; ein Gott, der mit sich reden und markten
läßt, der dem jugendlichen Leichtsinn vieles zu gut
hält, nicht alles auf die Goldwage legt, stets die
menschliche Schwäche in Anschlag bringt und das
bedauerungswürdige Opfer einer schweren Versuchung
und verhängnisvollen Stunde nicht auf ewig verdammt. Es war ein Gott, der wohl zu unterscheiden
weiß und gewisse Rücksichten gegen Gebildete und
Studierte walten läßt, der diesen namentlich weit-
gehende Privilegien und Dispensen erteilt. Das also
der Inhalt des Kompendiums „meiner" Theologie,
„meiner" Dogmatik und Moral! Man sucht in demselben vergeblich eine christliche Idee, ein wirkliches

Dogma und ein feststehendes, korrektes Sittengesez
— geschweige denn katholischen Glauben und Gehorsam gegen die von Jesu Christo gestiftete Kirche,
ihre Lehren und Gebote. Alles ist nach persönlichem
Ermessen konstruiert und fabriziert, von A bis Z
purer Rationalismus, nacktes Heidentum und von
der Kirche aufs entschiedenste verdammte Häresie.
Wer die religiösen Ansichten und Meinungen der
s. g. Intelligenz, der Aufgeklärten, der Kinder des
herrschenden Zeitgeistes kennt und dieselben mit dem
dargelegten Inhalte des Kompendiums „meiner“ Theologie vergleicht, wird zwischen beiden die vollstän-
digste Übereinstimmung finden. Alle freisinnigen
Tagesblätter, Familienjournale, Romane und Novellen predigen unverblümt denselben Rationalismus,
dasselbe moderne Heidentum und dieselben Häresien,
sie untergraben das Christentum, bekämpfen die Kirche
und zerstören dadurch die Grundpfeiler, auf denen
Tron und Altar, die sittliche und soziale Weltordnung ruhen.

Dein Staunen und deine Entrüstung waren
also vollständig berechtigt, als Du meinen Entschluß
vernahmst, Theologie studieren zu wollen. Ich selbst
konnte mir ja auch nicht verhehlen, daß mir gerade
die unerläßlichsten Eigenschaften, die Grundbedingungen zur Wahl der Theologie als Universitäts-
Studium und des Priesterstandes als Lebensberufes
fehlten. Zu beiden gehört vor allem Lust und Liebe,

durch die sich der Beruf überhaupt ankündigt. Zur
Wahl des Priesterstandes aber gehört ganz beson=
ders unerschütterlicher Glauben, Überzeugungstreue,
Anhänglichkeit an die Kirche, heilige Begeisterung
für den apostolischen Beruf, fester Entschluß zur ge=
wissenhaften Übung der vielen und schweren Pflich=
ten jenes Berufes, das Ringen und Streben nach
Heiligung der Seele und des Herzens, und daß der
Theologie=Aspirant und Kandidat schon eine Vor=
schule der Tugend durchgemacht, in welcher er sich
eifrigst bemühte, jene Tugenden seinem Herzen ein=
zupflanzen, die ihm, dem zukünftigen Priester, uner=
läßlich sind, damit er segensreich wirken und Seelen
für den Himmel gewinnen kann. Wenn man be=
denkt, daß es des Priesters Amt und Pflicht ist,
das Wort Gottes zu verkündigen, die vom christ=
lichen Glauben Abgefallenen zu demselben zurückzu=
führen, die Gegner und Feinde desselben zu wider=
legen und zu entwaffnen, die Sünder zu bekehren,
den Verführern mit apostolischem Mute und heiligem
Zürnen entgegenzutreten, die Trostlosen und Ver=
zagenden aufzurichten, den Sterbenden im Todes=
kampfe beizustehen und den ihm anvertrauten See=
len Muster und Vorbild in einem echt christlichen
Wandel zu sein; so ist es einleuchtend, daß er, um
all diese ihm obliegenden Pflichten erfüllen zu kön=
nen, unerschütterlich fest im Glauben, ein Mann
des Gebetes, sittenrein und für seinen hohen und

heiligen Beruf begeistert sein muß. Das Alles wird
er aber nicht plözlich, nicht über Nacht, nicht auf
wunderbare Weise, nicht lediglich durch die Priester=
weihe, nicht ohne sein Zutun und seine Mitwirkung,
nicht ohne jahrelange Vorbereitung und Übung,
sondern nach und nach, mit vieler Mühe und An=
strengung, unter heißem Ringen und Kämpfen, in=
folge flehentlichen Gebetes und dadurch erlangter
Gnade Gottes. In dieser Beziehung war aber von
meiner Seite bisher nichts geschehen, und darum
war ich mir wohl bewußt, daß ich, für den Priester=
stand mich entscheidend, ein Wagnis sonder gleichen
unternehme und ein frevelhaftes Spiel mit meinem
Leben, mit meiner Zukunft, mit meinem Lebensziel
und meiner Bestimmung für Zeit und Ewigkeit treibe.
Und was veranlaßte mich dennoch, einen so verhäng=
nisvollen Schritt zu wagen?

Ich war, was die Berufswahl, meine Bestim=
mung und Zukunft anbelangt, Fatalist, ich glaubte
für den Priesterstand prädestiniert zu sein, obgleich
dieser Glauben keinen Anhaltspunkt für sich hatte,
ja, obgleich jede ruhige und vernünftige Erwägung
für das Gegenteil sprach. Ich wendete die Bibelstelle
im Hebräer=Briefe, V. 4.: „Niemand darf diese
Würde (des Priestertums) selbst nehmen, sondern er
muß dazu von Gott berufen sein wie Aaron," auch
auf mich an, wobei ich jedoch weit davon entfernt
war, mich mit Aaron zu vergleichen. Es galt in

unserer Familie als ausgemachte Sache, daß ich das
geistliche Kleid tragen werde. Meine Mutter hat,
wie sie oft beteuerte, mich bei ihrer Aussegnung in
dieser Meinung und Absicht dem Herrn dargebracht.
Ich ministrierte schon in einem Alter, in welchem
ich unfähig war, das Meßbuch zu tragen, und konnte
mit acht Jahren schon das «Gloria» und «Credo»,
die «Praefatio» und das «Ite, missa est», das
«Tantum ergo» und «Ecce panis!» singen. Als
meine Mutter in eine schwere, langjährige Krankheit
fiel, besuchte ich aus freiem Antrieb fast täglich die
Muttergottes-Wallfahrtskirche im „Bühlweg", eine
Stunde von Offenburg entfernt, rief dort inbrünstig
die mächtige Fürbitte Mariens an und versprach ihr,
mich dem Dienste ihres göttlichen Sohnes zu weihen,
sofern sie vor Gottes Tron meiner Mutter die Ge=
sundheit erflehen würde. Solches geschah denn auch,
obgleich die Ärzte meiner Mutter Krankheit als un=
heilbar erklärt und dieselbe, als dem nahen Tod
verfallen, aufgegeben hatten. Ich hielt mich darum
von jener Zeit an verpflichtet, das von mir gemachte
Gelübde zu erfüllen, d. h. Priester zu werden. Wenn
ich, besonders als junger Student, gefragt wurde,
was ich werden wolle, antwortete ich resolut: „Pfarrer
will ich werden." Ich war in dem aufgehobenen
und in ein Gymnasium umgewandelten Kapuziner=
kloster meiner Vaterstadt geboren worden und auf=
gewachsen; alle meine Jugenderinnerungen gruppier=

ten und drehten sich darum um religiöse, kirchliche
und klösterliche Institutionen und Bilder, was Wun=
der also, wenn, auf Grund dessen, sich an mir das
Wort bewährte: «Semper aliquid haeret», es bleibt
immer etwas hängen!

Meine Eltern, die streng gläubig, durch und
durch religiös und fromm waren, die mit Leib und
Seel an der katholischen Kirche hingen und sich ge=
wissenhaft deren Anordnungen und Geboten unter=
warfen, wünschten sehnlichst, ich möchte Priester
werden. Sie priesen oft in bereden Worten und
mit Begeisterung die hohe Gnade und das große
Glück, Gott auf der Kanzel und am Altare, in der
Schule, im Beichtstuhl und am Krankenbett dienen
zu dürfen. Sie rühmten den Priesterstand als den
erhabensten, ehrwürdigsten, gnadenreichsten und ver=
dienstlichsten, da er seinen Angehörigen täglich Ge=
legenheit darbiete, Seelen zur Bekehrung zu bringen,
sie zu führen und für den Himmel zu gewinnen.
All Das verfehlte nicht, einen tiefen Eindruck auf
mich zu machen und den Beschluß in mir zu be=
festigen, Priester zu werden. Meine Eltern waren
aber weit davon entfernt, einen ungebührlichen Druck
auf mich auszuüben oder mir Zwang anzutun.

Mein Vater war eifrig bestrebt, dem verderb=
lichen Einfluß, den die Professoren durch Lehre und
Beispiel auf mich ausübten, in wohl berechneter
Weise entgegen zu arbeiten. Er wies namentlich auf

die schlimmen Folgen hin, die der Abfall vom Christen=
tum, die falsche Aufklärung, das moderne Heiden=
tum, der Freiheitsschwindel, das herkömmliche Studen=
tenleben und die Jagd nach Genuß und Sinnen=
taumel nach sich ziehen. Er belegte alle seine Be=
hauptungen und Aussprüche, Warnungen und Be=
fürchtungen mit packenden Beispielen, da ihm eine
reiche Lebenserfahrung zu Gebot stand. Allein er
konnte sich, angesichts deutlich wahrnehmbarer Symp=
tome der Überzeugung nicht verschließen, daß seine
wohlmeinenden, väterlichen Worte bei mir auf stei=
nigen Grund und unter die Dornen gefallen, daß
ich „aus der Art geschlagen" und ein Kind des Zeit=
geistes geworden.

Als ich ihn davon in Kenntnis sezte, daß ich
den Entschluß gefaßt habe, Theologie zu studieren,
äußerte er sich diesbezüglich in folgender Weise:
„Es ist zwar, wie du weißt, stets mein sehnlichster
Wunsch gewesen, daß du Priester werdest, allein
dein gefaßter Entschluß, Theologie zu studieren, erfüllt
mich nichtsdestoweniger mit Angst und Bangen, da
ich im Hinblick auf deine religiösen Ansichten, deinen
weltlichen Sinn und deine studentischen Gepflogen=
heiten, mit Recht fürchten muß, du habest keinen Be=
ruf zu dem erhabenen und heiligen Priesterstande.
Mir graut vor dem Gedanken, du möchtest ein nichts=
würdiger, pflichtvergessener und eidbrüchiger Priester
werden, der, anstatt ein seeleneifriger Hirt zu sein,

ein treuloser und feiger Mietling ist. Durch dieses
entsezliche Unglück und Verbrechen würdest du mich
und deine Mutter unter den Boden bringen. Ich
bitte und beschwöre dich, ein anderes Berufsfach zu
ergreifen, sofern du keine Lust und Liebe zum Studium der Theologie besizest, sofern du weder den
Willen hast, noch die Kraft dir zutraust, dereinst die
schweren Pflichten des geistlichen Standes zu erfüllen,
oder wenn dich das Studium der Theologie auf der
Universität nicht in den Schoß der katholischen Kirche
zurückführt." Auf diese, mit hohem Ernst und tiefer
Ergriffenheit geäußerten Worte entgegnete ich meinem
Vater: „Ich sehe sehr wohl ein, von welcher Wichtigkeit und wie folgenschwer der Schritt ist, den ich
zu tun entschlossen bin, und nicht minder würdige
ich Euere Angst und Euer Bangen, da mein und
Euer Schicksal, meine und Euere Zukunft, die un-
zertrennlich miteinander verbunden sind, bei der
Wahl meines Berufes auf dem Spiele stehen. Es
ist wahr: ich stehe außerhalb der katholischen Kirche,
und raten mir meine religiösen, politischen und sozialen
Ansichten eher ab als zu, mich für die Theologie zu
entscheiden; allein trozdem habe ich dieses Berufsfach gewählt. Ich bin fest entschlossen, aufrichtig,
ehrlich und eifrig Theologie zu studieren. Überzeugt
mich dieses Studium von der Falschheit meiner jezigen Ansichten und Meinungen, wandelt es mich in
einen gläubigen Christen um, und versöhnt es mich

mit der katholischen Kirche, mit ihren Lehren und Geboten, so ist jedes Hindernis aus dem Wege geräumt, ein Diener der Kirche zu werden. Sollte aber das Gegenteil der Fall sein, dann wird keine Macht der Welt imstande sein, mir die Stola umzuhängen, denn ich will kein Heuchler, kein Mietling und kein Verräter werden." Damit war mein Vater einverstanden, und mit diesem festen Entschluß verließ ich die Heimat und bezog die Universität in Freiburg, im Spätjahre 1844.

Drittes Kapitel.

Das Studium der Theologie an der Universität zu Freiburg im Breisgau und im Konvikte dortselbst.

Dort walteten, sowohl die theologische Fakultät als auch das Konvikt betreffend, höchst merkwürdige Verhältnisse ob, die ich hier in Kürze beleuchten will. Zuerst einige Mitteilungen über das Konvikt und dann einige über die theologische Fakultät.

Der überaus drückende Priestermangel nötigte sowohl die Kirchenbehörde als auch die großherzogliche Staatsregierung, für die Studenten der Theologie ein

Konvikt

zu errichten. Diese Anstalt sollte ein Surrogat für die vom Konzil von Trient vorgeschriebenen Knaben-Seminare sein. Das Konvikt war ein zwitterhaftes Institut und ein verfehltes Unternehmen; denn es war

1. gleichzeitig eine Staats- und eine Kirchenanstalt, deren Statuten nach gegenseitiger Verein-

barung aufgestellt waren, und die unter staatlicher und
kirchlicher Aufsicht und Leitung stand.*) Das Konvikts-
Siegel trug das großherzoglich badische Wappen mit der

---

*) Sogleich nach Besezung des erzbischöflichen Stuhles,
anno 1827, trat der Metropolit Bernhard Boll, respektive
die Kirchenbehörde in Freiburg, mit dem Staatsministerium
in Karlsruhe in Unterhandlung wegen Errichtung eines Konviktes. Allein dieselbe zog sich durch 15 Jahre hin, und zwar
aus dem Grund, weil das Staatsministerium die zu errichtende
Anstalt als ein dem Summepiskopat des protestantischen Landesherrn unterstehendes und in allen wesentlichen Dingen von
demselben abhängiges Institut erklärte, obgleich das Konvikt
lediglich mit Kirchenmitteln bewidmet werden sollte und nach
seiner Errichtung tatsächlich durch Kirchengut unterhalten wurde.
Das Staatsministerium verlangte z. B. in dem von ihm entworfenen Statut, der Konviktsdirektor müsse ein vom Großherzog angestellter Laie sein, die Repetenten seien lediglich von
der Regierung zu ernennen, dem Erzbischof stehe keinerlei Recht
der Aufsicht oder Leitung des Konviktes zu, und alle wichtigen
Konvikts-Angelegenheiten seien durch den Senat und Kurator
der Universität im Einverständnis mit dem Ministerium des
Innern zu erledigen! Das Konvikt sollte also akkurat nach
dem Muster und Vorbild der Generalseminare Kaiser Josefs II.
eingerichtet werden, in welchen die Theologen fünf Jahre lang,
nach den vom Kaiser auf das genaueste vorgeschriebenen Lehr-
büchern in der Philosophie und Theologie, im Polizei- und
Kameralfache zu geistlichen Staatsdienern gedrillt und mit
kirchenfeindlichem Geiste imprägniert werden sollten. Sowohl
der Erzbischof Ignaz Demeter als auch ter Weihbischof Hermann
von Vicari und das Domkapitel erklärten dieses Statut für
unannehmbar, und zugleich machten sie jene Rechte namhaft,
welche der Kirche, dem zu errichtenden Konvikte gegenüber, von

Umschrift: «Collegium theologicum». Schon das genügte, damit jeder Sachverständige im Konvikte ein exemplarisches Produkt des echten byzantinischen Staatskirchentums erkennen musste; denn welcher nicht auf den Kopf Gefallene wüsste nicht, daß der Staat überhaupt, und speziell der moderne, neu= ärarische, interkonfessionelle Staat mit der erblichen Krankheit behaftet ist: die Kirche zu bevormunden, ihre Kraft zu lähmen und sie an die Wand zu drücken? Wann und wo wurde denn die Kirche in jenen Fällen, in welchen sie mit dem Staate wegen Festsezung der Grenzen der beiderseitigen Rechtssphäre in Unterhandlungen trat oder mit demselben als gleich= berechtigte und koordinierte Partei ein, beide Teile gleichmäßig interessierendes Unternehmen begann, von demselben nicht arglistig getäuscht und um die Früchte ihrer Bemühungen gebracht? Die den omnipotenten, konfessionslosen Staat, der Kirche gegenüber, leitenden Prinzipien sind: Mißtrauen, Neid, Eifersucht und Annexierungsgelüste. Indem die großherzoglich badische

---

Seite des Staates unbedingt eingeräumt werden müssten. Nach= dem sich die Staatsregierung in der Person des Ministerial= rates von Stengel in Freiburg selbst, vom 12.—18. März 1842, von der Unmöglichkeit überzeugt hatte, ihre ungeheuerlichen Prätensionen aufrecht erhalten und ihre omnipotenten Gelüste befriedigen zu können, gab sie endlich nach, wobei sie sich aber immerhin noch damit schmeicheln konnte, in der Konvikts= Aufsichts=Kommission die erste Violine zu spielen und das Heft in den Händen zu haben.

Staatsregierung zur Errichtung eines Konviktes die
Hand bot und sich an diesem religiös-kirchlichen Werk
beteiligte, beurkundete sie ihre Staatsklugheit, die es
unmöglich in Abrede stellen konnte, daß ein religiöses
Volk um Gotteswillen, aus Gewissenhaftigkeit und
Pflichtgefühl sich der Obrigkeit unterwirft, ein un-
gläubiges dagegen leicht verführbar, widersezlich und
zur Aufpflanzung der Fahne des Umsturzes geneigt
ist. Die großherzoglich badische Staatsregierung reser-
vierte sich bei Errichtung des Konviktes den Löwen-
anteil in der zuversichtlichen Hoffnung, sie könne
dieser Anstalt ihren Geist einimpfen, einen aufgeklärten, josefinisch gesinnten und regierungsfreundlichen,
servilen Klerus heranziehen und Baden vor dem
schrecklichen Unglücke bewahren, in die mittelalterliche
Finsternis zurückzusinken und eine Beute Roms und
der Jesuiten zu werden. Der Kirchenbehörde war es
aber, bei Errichtung des Konviktes, hauptsächlich
darum zu tun, dem drückenden Priestermangel abzuhelfen, also einen, wenn auch nur einigermaßen
tauglichen Nachwuchs in der Seelsorge zu erlangen.
Es war leicht begreiflich und fast verzeihlich, daß
die Kirchenbehörde in ihrer großen Bedrängnis und
Verlegenheit mehr die Zahl als die Tauglichkeit,
mehr die Quantität als die Qualität der sich prä-
sentierenden Theologie-Rekruten berücksichtigte. Sie
mochte sich getrösten, daß jeder einrückende Saulus
während des vierjährigen Studiums der Theologie

im Konvikt und Seminar, durch Gebet, Meditation, Exerzitien, Gnade Gottes, Gewöhnung an Ordnung, Fleiß und Subordination und namentlich durch die Bemühung des vortrefflichen Subregens Lender zu St. Peter in einen Paulus, in einen würdigen Nachfolger der heiligen Apostel umgewandelt würde. Sie mochte auch hoffen, daß diejenigen, die keinen Beruf zum Priesterstande haben, nach kurzer Probezeit das Studium der Theologie an den Nagel hängen und sich einem anderen Berufsfach zuwenden würden. Die Errichtung des Konviktes war

2. ein verfehltes Unternehmen, weil in dasselbe nur solche Studenten aufgenommen wurden, die das Lyzeum schon absolviert hatten, die also mindestens 18 Jahre alt waren; die meisten hatten aber das zwanzigste Lebensjahr schon zurückgelegt, und einige näherten sich sogar schon dem Schwabenalter. Es ligt auf der Hand, daß das Konvikt schon aus diesem Grunde die zur Heranziehung eines tüchtigen Klerus so notwendigen und allein zweckmäßigen und vom Konzil von Trient vorgeschriebenen seminaria **puerorum** nicht ersezen und für deren Mangel kaum annehmbare Entschädigung bieten konnte. Barmherziger Himmel, welche Musterkarte wies das Konvikt, dieser Werbeplaz für die militia Christi, auf, als ich in dasselbe eintrat! Wie es in der Apostelgeschichte, II. 9., anläßlich der Beschreibung des ersten Pfingstfestes, heißt: „Parther, Meder, Elamiter und An-

kömmlinge aus Mesopotamien, Judäa, Kappadocien,
Pontus, Asien, Phrygien, Pamphylien" 2c. waren
damals in Jerusalem versammelt, so konnte man
von der Einquartierung des Konviktes sagen: Baden-
ser, Würtemberger, Baiern, Hechinger und Sigma-
ringer, Abiturienten der Lyzeen von Constanz, Freiburg, Rastatt, Karlsruhe, Mannheim und Heidelberg
waren herbeigeströmt, um am Born der Weisheit
ihren Wissensdurst zu stillen und sich zur Predigt
des Evangeliums und zur Ausspendung der Gnadenschäze der Erlösung zu befähigen. Was im Evangelium vom großen Gastmahle, Lukas, XIV. 21
und 23, geschrieben steht: „Geh schnell hinaus auf
die Straßen und Gassen der Stadt, und führe die
Armen, Schwachen, Blinden und Lahmen hier
herein, . . . Geh auf die Landstraßen und an die
Zäune, und nötige sie, hereinzukommen, damit mein
Haus voll werde!", das konnte dem Sinne nach auch
vom Konvikte gesagt werden, denn es bot ein reiches
und reizendes Quodlibet aller akademischen Fakultäten dar. Da waren im Staatsexamen durchgefallene
oder demselben scheu ausgewichene Mediziner und
Juristen, Kameralisten und Philologen. Aus Verzweiflung wendeten sich viele der Theologie zu, weil
sie es in ihrem Fach nicht zum Ziel bringen konnten. Sie wollten Brod, Anstellung und Versorgung
haben. Dazu boten ihnen Konvikt und Theologie,
Priestermangel und Verlegenheit der Kirchenbehörde

sehr günstige Gelegenheit. Wer unbemittelt war, fand
im Konvikt unentgeltliche Unterkunft und Verpflegung.
Wer wenig Vermögen besaß, hatte die Hälfte, und
wer viel besaß, den ganzen Pensionsbetrag ad 180 Gulden zu bezahlen. Ähnlich verhielt es sich mit den
Kollegiengeldern. Im Seminar dagegen waren alle
kostenfrei. Diese materiellen Vorteile, diese fröhliche
Perspektive in die Zukunft hatten für viele, die im
Staatsexamen Schiffbruch gelitten oder mit einem
inkurablen Kanonenfieber vor demselben behaftet waren,
für manchen Lazarus, der sich kümmerlich mit Erteilung von Privatunterricht, Kosttagen und Geld-
unterstüzung bis zur Schwelle der Universität hin-
durchgehaudert, etwas sehr Verlockendes und Ver-
führerisches: das Studium der Theologie als einen
rettenden Notanker zu ergreifen und an der Pforte
des Konviktes anzuklopfen. Von vielen derartigen
Beispielen seie hier eines angeführt.

In meiner Vaterstadt vegetierte ein bemoostes
Haupt, das längst das Studium der Jurisprudenz
absolviert hatte, vor dem Staatsexamen einen holli-
schen Respekt besaß und seinem Vater, einem pensio-
nierten Amtmann, zur Last gefallen war. Dessen
Eltern und Geschwister sezten nun dem alten Studiosus solange zu und schilderten ihm die sorgen-
freie Existenz im Konvikt, Seminar und auf einer
einträglichen Pfründe in so verführerischer und
packender Weise, daß er sich endlich, obgleich er zum

Priesterstande durchaus keinen Beruf in sich fühlte, entschloß, sich der Theologie als ultima spes in die Arme zu werfen. Ich war nicht wenig erstaunt, als ich in Offenburg den Omnibus bestieg, um als angehender Theolog nach Freiburg zu fahren, den alten B. in demselben zu finden. Er, der früher einen martialischen Schnurrbart sammt Knebel getragen, war glatt rasiert, und das kurze polnische Studentenröcklein hatte er mit einem langen schwarzen Priestergewand vertauscht. Nachdem ich B. begrüßt hatte, sagte ich in jovialer Weise zu ihm: „Herr B., Sie scheinen wie Saul unter die Propheten gegangen zu sein und dem Jus den Rücken gekehrt zu haben. Wenn mich der Schein nicht trügt, so wollen Sie die Pandekten mit der Pastoral vertauschen und sich, statt den weltlichen Richterstuhl zu besteigen, in den Beichtstuhl setzen." Höchst befangen und verlegen und bittersüß lächelnd, entgegnete das bemooste Haupt, das in seiner theologischen Adjustierung einen gar possierlichen Anblick darbot: „Es hat sich allerdings eine Metamorphose in und mit mir vollzogen. Der große Priestermangel und der Notschrei der Kirche nach Arbeitern im Weinberge des Herrn hat in mir den Entschluß zur Reife gebracht, die juristische Laufbahn zu verlassen und mich der Kirche als miles Christi anzubieten." Diese Motive zur Vornahme einer so gründlichen Umsattelung ließen sich hören, allein sie entpuppten sich gar bald als das, was sie

in Wirklichkeit waren, als Schein und Dunst. B.
hatte durch langjähriges Bummeln und Kneipen „das
Sizleder" verloren, sein Gedächtnis glich einem leck
gewordenen Faß, das mit einer unheilbaren Diarrhöe
behaftet ist. Die stramm durchgeführte Hausordnung
des Konviktes, das Sizen und Nachschreiben im Kolleg,
das anstrengende Studium und der gänzliche Mangel des Berufs zum Priesterstande wirkten so mächtig
auf B. ein, daß er schon nach einem Vierteljahre
gemütskrank wurde, das Studium der Theologie
aufgeben und aus dem Konvikte entlassen werden
musste. Überhaupt hielt nur die Hälfte von denjenigen, die mit mir ins Konvikt eingetreten waren,
stand, mehrere gingen zur Philologie über, einige
gaben das Studium gänzlich auf, und einige wurden
wegen Exzessen, die sie sich hatten zu Schulden kommen lassen, aus dem Konvikte ausgeschlossen. Man
darf aber keineswegs glauben, es seien nur verzweifelte Subjekte, durchgefallene Juristen, Mediziner,
Kameralisten und Philologen, Bettelstudenten, Pfrün-
denjäger und Ausschußware ins Konvikt eingetreten,
nein, sondern dasselbe beherbergte auch solche Studenten, die sehr talentvoll waren, die sich zum Priesterstande berufen fühlten, die sich mit eisernem Fleiße
dem Studium der Theologie widmeten, die Vermögen besaßen und aus guter Familie stammten. Diese
absolvierten in drei Jahren mit bestem Erfolg die
Theologie und bewährten sich, nach · empfangener

Priesterweihe, in der Seelsorge als sehr brauchbare, musterhafte, seeleneifrige Geistliche.

Daß die Hälfte derjenigen, die das Studium der Theologie im Konvikte begonnen hatten, es nicht zum Ziele brachten, findet seinen Erklärungsgrund darin, daß, statt eines großen, unter ausschließlich kirchlicher Aufsicht und Leitung stehenden Knabenseminars ein zwitterhaftes Institut, ein zur Aufnahme von Theologie studierenden Jünglingen bestimmtes Konvikt gegründet wurde. Schon der Name „Konvikt" ist ominös und verhängnisvoll, denn Konvikt bezeichnet eine Anstalt, in welcher bestimmte Personen Unterkunft, Wohnung, Kost, leibliche Pflege und ein Nachtlager finden. Offiziell und in den Ministerial- und Ordinariatsakten hieß das Konvikt allerdings «collegium theologicum», allein auch der Ausdruck «collegium» ist sehr vieldeutig und dehnbar, da er jeder Versammlung, jedem Verein, jeder Korporation, Genossenschaft und Innung, ja selbst einer Vorlesung beigelegt werden kann und oft tatsächlich beigelegt wird. Die richtige Bezeichnung der in Frage stehenden Anstalt wäre «seminarium theologicum» gewesen. Freilich hätte sie dann, sollten Wesen und Namen, Zweck und Bezeichnung sich decken, ganz nach kirchlicher Vorschrift eingerichtet und lediglich der Aufsicht und Leitung des Erzbischofes unterstellt werden müssen. Seminarium heißt „Pflanzschule, Vorbereitungs- oder Bildungs-

anstalt," und «seminarium theologicum» — „Pflanz=
schule zur Heranbildung von Priesteramts=Kandidaten".
Seminare im eigentlichen Sinne des Wortes, seminaria puerorum tun der Kirche zur Heranbildung
eines exemplarischen Klerus not. Ein Seminar im
Sinn und Geist der Kirche war aber das Konvikt
durchaus nicht, denn zu einem kirchlichen Seminar
gehört Klausur, gehört Unterricht im Seminariums=
Gebäude, gehört Anleitung zu einem aszetischen
Leben, gehören öfters vorgenommene geistliche Exerzitien. An all Dem gebrach es im Konvikte. An zwei
Nachmittagen war freier Ausgang, wo jeder hingehen
konnte, wo es ihm beliebte. Die meisten benützten
diesen freien Ausgang dazu, eine Kneipe zu besuchen,
und einige derselben kamen jederzeit „angetrunken",
„stark angeheitert" oder förmlich „bezopft" nach Hause.
Alle theologischen und philosophischen Fächer wurden
auf der Universität gelehrt, infolge dessen das Kon=
vikt mehr einem Taubenschlag*) als einem collegium
theologicum ähnlich war. Gar manchen, die mehr
Bier= als Wissensdurst besaßen, boten die auf der
Universität zu hörenden Vorlesungen, besonders die
philosophica: Geschichte und eigentliche philosophische
Diszi plinen, über die gewöhnlich abends von 6 bis

---

*) Jene akademischen Bürger, die weltliche Fächer stu-
bierten, nannten das Konvikt sehr despektierlich: «stabulum»
oder «cavea caponum», welche Bezeichnung anstandshalber
hier eine Übersetzung nicht zuläßt.

7 Uhr Vorträge gehalten wurden, willkommene Ge=
legenheit, statt der Hochschule, dem Gambrinus einen
Besuch abzustatten. Solches war freilich verboten und
wurde im Betretungsfalle mit Arrest bestraft, allein
wer sollte solche Verstöße gegen die Statuten zur
Anzeige bringen? Allerdings war in jedem Kurse
ein Zensor aufgestellt, dessen Pflicht es war, jede
von ihm wahrgenommene Statuten=Übertretung der
Direktion anzuzeigen, allein dieses Amt existierte
blos pro forma, und wehe demjenigen Zensor, der
nach Vorschrift seine Schuldigkeit hätte tun wollen!
Als in meinem Kurse, bald nach meinem Eintritte
ins Konvikt, ein Zensor aufgestellt werden sollte, er=
klärten sich alle einstimmig gegen die Annahme eines
so „verächtlichen und verhaßten" Amtes. Keiner
wollte der „Verräter, Denunziant" oder „Sykophant"
seiner Kommilitonen sein. Alles Zureden, Ermahnen
und Bitten des Direktors vermochte es nicht, unsere
Widersezlichkeit zu brechen. Um aber diese „wider=
wärtige" Angelegenheit nicht vor die Kommission ge=
langen zu lassen, faßten wir endlich den Beschluß,
denjenigen zu unserem Zensor zu wählen, der am
wenigsten dazu taugte, da sein Wandel am meisten
eine Kontrole zu scheuen hatte. Als es sich nun gar
bald herausstellte, daß wir einem Zensor unterstan=
den, der blind, taub und stumm war, und der Di=
rektor demselben deßwegen einen derben Verweis er=
teilte, weil er die flagrantesten Verstöße gegen die

Hausordnung nicht zur Anzeige gebracht hatte, er=
klärte unser censor stramineus: „Ich lege mein Amt
unwiderruflich nieder, da ich nicht der Denunziant
meiner Kommilitonen sein will." Mein Kurs war
also ohne Zensor, und er blieb auch ohne Zensor
während seines dreijährigen Aufenthaltes im Konvikte.

Die Konviktoren wurden ferner zur Führung
eines aszetischen Lebens im eigentlichen Sinne nicht
angeleitet, blos im weitesten Sinne des Wortes konnte
man das Leben im Konvikte ein aszetisches nennen,
da die Hausordnung befolgt, zur bestimmten Zeit
aufgestanden und studiert, täglich die heilige Messe
angehört und das Nachtgebet, in Form einer geist=
lichen Lesung, verrichtet werden musste, da an den
Abstinenz=Tagen keine Fleischspeise aufgetragen wurde,
vor und nach dem Essen gebetet, der anfänglich zwei=
oder dreimal wöchentlich verabreichte Schoppen Wein
in Abgang dekretiert wurde, und, wenn ich mich
recht erinnere, alle drei Monate gebeichtet und kom=
muniziert werden musste. Allein all Das genügte
nicht für Jünglinge, die sich dem entsagungs= und
opferreichen, dem heiligen und vorbildlichen Priester=
stande widmen wollten. Alles, was das Konvikt in
oben genannter Weise vorschrieb, muß in jedem welt=
lichen Institut, in welchem katholische Schüler unter=
richtet und erzogen werden, und das Anspruch auf
eine religiös=sittliche Bildungsanstalt erhebt, eingeführt
sein und beobachtet werden. Es war namentlich ein

großer Fehler und eine schwere Unterlassungsünde,
daß mit den Konviktoren niemals Exerzitien vorgenommen wurden. Solches dürfte fast unglaublich
und unerklärlich erscheinen, wenn man bedenkt, wie
tiefgreifend, nachhaltig und segensreich Exerzitien auf
Geist, Herz und Willen des Menschen wirken, sofern
sie nämlich in der rechten Art und Weise und von
dazu geeigneten Männern gehalten werden. Damals
wußte man aber überhaupt nichts von Volksmissionen und geistlichen Exerzitien. Beide, von der
Kirche gutgeheißene, eingeführte und mit Ablässen
begnadigte Einrichtungen waren längst als ein Rüst-
zeug des Mittelalters und Mönchtums zum alten
Eisen geworfen, sie galten als eine Extravaganz, als
Mittel zur Beförderung des Obskurantismus und
Ultramontanismus und zur Heranziehung von Muckern,
Zeloten und Fanatikern. Man war den Exerzitien
schon aus dem Grunde abhold und gram und hielt
dieselben mit dem größten Mißtrauen fern, weil sie
von dem Stifter des Jesuitenordens, dem heiligen
Ignatius, eingeführt worden waren. Wem geistliche
Exerzitien kein spanisches Dorf sind, wer selbst schon
Exerzitien mitgemacht oder Volksmissionen beigewohnt,
der ist gewiß davon vollkommen überzeugt, daß dieselben für Studenten, die an den gelehrten Mittelschulen des Staates neun Jahre lang studiert hatten
und sich dem geistlichen Stande widmen wollten, ein
absolut notwendiges Bedürfnis waren, es ist darum

aufs höchste zu beklagen, daß der damals herrschende
Zeitgeist ihnen die Türe des Konviktes verschloß.
Ha, wie sehr bedurften die weiter oben geschilderten
Konviktoren — solche Vagabunden und Hospitaliten
auf dem Gebiete der Dogmatik und Moral — einer
ernsten, durchgreifenden Kur, einer geistigen und
sittlichen Wiedergeburt und Umwandlung, einer klugen, umsichtigen Führung auf der via purgativa,
illuminativa et unitiva! Welche Erfolge hätte ein
vortrefflicher Exerzitienmeister, ausgerüstet mit Menschenkenntnis, Erfahrung, Seeleneifer, heiliger Begeisterung und väterlich wohlwollender Gesinnung, ohne
allen Zweifel bei den Meisten erzielt! Allerdings
würden solche geistliche Übungen eine schnelle Scheidung zwischen dem Weizen und der Spreu herbeigeführt haben, allein solche Scheidung wäre nicht
nur nicht zu beklagen, sondern als ein großes Glück
zu begrüßen gewesen.

Wenn ich weiter oben sagte: «Seminaria
puerorum tun der Kirche zur Heranziehung eines
exemplarischen Klerus not," so bin ich auch verpflichtet, die Wahrheit dieser Behauptung zu beweisen;
solches wird mir jedoch nicht schwer werden.

Der Staat besitzt zur Heranziehung tüchtiger
Offiziere Kadettenhäuser, in welche diejenigen, die
den Wehrstand als ihren Beruf erkennen und Offiziere werden wollen, schon als Knaben eintreten.
Zur Rechtfertigung der Kadettenhäuser und der früh-

zeitigen und langjährigen Erziehung der zukünftigen
Offiziere führt man als Hauptgrund an: Der mili=
tärische Geist muß schon dem Knaben, der sich dem
Wehrstande widmen will, beigebracht werden, dieser
Geist muß sorgfältig gepflegt, groß gezogen und viel=
fach erprobt werden. Korpsgeist, militärisches Ehr=
gefühl, Mut, Geistesgegenwart, soldatisches Benehmen
müssen schon dem Knaben eingepflanzt und anerzogen
werden. Auch muß er an strengste Subordination,
Abhärtung und willige Ertragung von Strapazen
von Kindesbeinen an gewöhnt werden. Gegen all
Das läßt sich nichts Stichhaltiges einwenden, und
eben darum fürchte ich nicht, einem Widerspruch zu
begegnen, wenn ich behaupte: Sind Kadettenhäuser
zur Heranziehung tüchtiger Offiziere notwendig, so
sind nicht minder, ja noch viel mehr Knabenseminare
zur Heranziehung tüchtiger Priester notwendig. Früh=
zeitig, systematisch, methodisch und konsequent müssen
diejenigen gebildet und erzogen werden, die sich dem
geistlichen Wehrstande, der militia Christi et ec=
clesiae weihen. Es kann keinem Zweifel unterliegen,
daß es für den zukünftigen Diener der Kirche min=
destens ebenso wichtig und schwer ist, sich den echt
kirchlich=klerikalen Geist anzueignen, als es für den
zukünftigen Offizier notwendig und schwierig ist, sich
den militärischen Geist zu eigen zu machen. Es hieße,
das Wesen, die Genesis und den Wert der Tugend
verkennen, wenn man glaubte, es sei leichter, ein

22

gläubiger, überzeugungstreuer, charakterfester, frommer, demütiger, sanftmütiger, opferwilliger, wahr-
heitsliebender, mäßiger, sittenreiner und gewissenhafter
Priester als ein gut disziplinierter, strammer Offizier zu werden. Dazu gehört ein viel größerer Helden-
mut und ein festerer Charakter, und es kostet mehr
Anstrengung, Selbstverleugnung, Opfer und Kampf:
ein exemplarischer Priester als ein tüchtiger Offizier
zu werden, allein trozdem sollte die Vorbereitungs-,
Übungs- und Prüfungszeit, um das höhere, erhabe-
nere und schwerere Ziel — die Priesterwürde — zu
erreichen, kürzer sein als jene, um Offizier zu werden?!

Um Priester zu werden, handelt es sich hauptsächlich um die Erlangung der sittlichen Befähigung
zu diesem heiligen Beruf, um die Aneignung jener
Tugenden, durch deren Übung der Priester in Wahrheit ein Diener Christi, ein Nachfolger der heiligen
Apostel, eine Zierde der Kirche, ein treuer Hirt der
ihm anvertrauten Seelen und ihr Muster und Vorbild wird. Allerdings soll der Priester auch eine
schulmäßige, allgemeine und speziell eine gründliche
theologische Bildung besizen, namentlich heutzutag,
wo der Glauben von allen Seiten angefeindet, untergraben und als Aberglauben und Wahn erklärt,
verspottet und verhöhnt wird, wo man das Laster
verherrlicht, den Menschen zu einem Affensprößling
erniedrigt, die Geschichte fälscht und die infamsten
Lügen über Kirche und Klerus mit eiserner Stirne

verbreitet. Allein wenn die Kirche vor die Wahl ge=
stellt würde, entweder in der theologischen Wissen=
schaft gründlich unterrichteten, aber unsittlichen Jüng=
lingen, oder tugendhaften und seeleneifrigen, aber in
der Theologie ungenügend unterrichteten Priesteramts=
Kandidaten die Hände aufzulegen; so würde sie sich
ganz gewiß für die Lezteren entscheiden, d. h. sie zu
Priestern weihen.

Aus dem Gesagten erhellt aber, daß nicht Kon=
vikte à la collegium theologicum zu Freiburg, wie
es in den vierziger Jahren existierte, sondern nur
Knabenseminare, wie das Konzil von Trient sie vor=
geschrieben, geeignet sind, einen tüchtigen Nachwuchs
des Klerus heranzuziehen. Es war doch gewiß höchst
töricht, diejenigen, die dereinst Theologie studieren
und Priester werden sollten und wollten, zuerst an
den Gymnasien und Lyzeen dem Christentum zu ent=
fremden und der sittlichen Verwahrlosung anheim=
fallen zu lassen, sie vorerst dem modernen Heiden=
tum, dem trostlosen Pantheismus oder hektischen
Deismus in die Arme zu werfen, ihnen durch das
geduldete Korpsburschenwesen, die Kneiperei, den
Weiberkult und die politische Kannegießerei den Kopf
zu verdrehen, das Herz krank zu machen und den
Willen lahm zu legen und sie dann erst als Maro=
deurs und sieche Krüppel dem Konvikt zu übergeben,
wo sie, einem Wechselbalge ähnlich, in staatskirchliche
Pflege genommen wurden. Warum denn nicht das

einzig taugliche, längst bewährte und, man darf mit
Recht sagen, nur in den seltensten Fällen fehlschla=
gende Mittel anwenden, um einen gründlich unter=
richteten, sittenreinen, seeleneifrigen und musterhaften
Klerus heranzuziehen? Und dieses Mittel besteht
darin: Der talentvolle, gläubig=fromme, unschuldige
Knabe, der Lust und Liebe zum geistlichen Stande
äußert, geht aus dem Schoß der christlichen Familie,
aus den Händen kirchentreuer Eltern in ein seminarium puerorum über, wo ihn weise Pädagogen
und fromme, gelehrte geistliche Väter aufs gewissen=
hafteste und sorgfältigste in wissenschaftlicher, moralischer und aszetischer Beziehung zum Eintritt in
den Priesterstand vorbereiten. Dort wird er ängst=
lich behütet vor dem verderblichen Zeitgeist, vor Ver=
führung und Ärgernis, geübt in Selbstverleugnung,
Überwindung und Kampf gegen Satan, Welt und
Fleisch, begeistert für die Nachfolge Jesu und den
heiligen Priesterstand, mit Abscheu und Haß erfüllt
gegen Sünde, Laster und Gemeinheit und ausgerüstet
mit einem unerschütterlichen Charakter, der stand
hält in allen Versuchungen, Gefahren und Kämpfen.
Und endlich, nachdem er in Glauben, theologischem
Wissen und Tugend erstarkt ist, bekannt gemacht
mit den gleißenden Lehren, den gottlosen Tendenzen
und der raffiniert klugen Taktik und Strategie der
Gottesleugner, Kirchenfeinde, Freiheitsschwindler und
Lasterknechte, sowie mit der Bekämpfung dieser athei=

ſtiſchen und antichriſtlichen Legion, legt ihm der
Biſchof die Hände auf, weiht ihn zum Prieſter und
verleiht ihm die Vollmacht, das Wort Gottes zu
predigen, Sakramente zu ſpenden und Zucht und
Ordnung in der chriſtlichen Gemeinde aufrecht zu
erhalten. Nach dieſen Grundſäzen und dieſer Methode
ſollen die zukünftigen Prieſter, laut Abſicht und Befehl der Kirche, erzogen werden, und dieſe Art der
Erziehung des Nachwuchſes des Klerus iſt durch die
Erfahrung erprobt.

Wenn Knabenſeminare beſtänden und die zukünftigen Prieſter in der angegebenen Weiſe dort-
ſelbſt erzogen würden, dann wäre auch dem Prieſter-
mangel für immer geſteuert. Man darf und muß
annehmen, daß Gott einer hinlänglich großen Anzahl chriſtkatholiſcher Knaben den Beruf zum Prieſterſtande verleiht. Dieſe Annahme ſtüzt ſich auf die
Tatſache, daß in jenen Ländern, die entweder faſt
ganz katholiſch ſind oder unter einer, der katholiſchen
Kirche nicht feindſelig geſinnten, wirklich toleranten
Regierung ſtehen, ein Mangel an Prieſtern durchaus nicht vorhanden iſt. Tirol und Vorarlberg ſoll
als ein ſolches Beiſpiel hier angeführt werden.

Tirol und Vorarlberg zerfallen in zwei Diözeſen und ein Generalvikariat, nämlich in die Diözeſen Brixen und Trient und in das Generalvikariat
in Feldkirch. Laut den Schematismen dieſer Diözeſen
von 1889 zählten beide Diözeſen einſchließlich des

Generalvikariates 949.072 Seelen, 2384 Weltpriester, 1017 Ordenspriester, Kleriker und Novizen inbegriffen, ohne 349 Laienbrüder, und 2642 Klosterfrauen, einschließlich der Laienschwestern.*)

In Tirol und Voarlberg befinden sich folgende Mannesklöster:

der Benediktiner,

der Franziskaner,

der Kapuziner,

der Zisterzienser,

der Chorherrn,

der Jesuiten,

der Serviten,

der Redemptoristen und

der Deutschordensherrn,

und folgende Frauenklöster:

der Klarissinen,

der Dominikanerinnen,

der Ursulinen,

---

*) Ein Teil von Nordtirol mit 62.259 Seelen in fünf Dekanaten und mit 105 Welt- und 11 Ordenspriestern in zwei Klöstern gehört zur Erzbiözese Salzburg. Nebstbei wirken an vielen Seelsorgsstationen dieser fünf Dekanate barmherzige Schwestern als Lehrerinen an den Schulen und als Krankenpflegerinen in den Spitälern. (Siehe Schematismus der Erzbiözese Salzburg von 1890.) Dieser Teil von Tirol mit seiner Seelenzahl, seinem Klerus und seinen Ordensschwestern ist in obiger Rechnung nicht inbegriffen, wird aber der Vollständigkeit wegen hier noch angefügt.

der Karmelitinen,

der Salesianerinen,

der Zisterzienserinen,

der Benediktinerinen,

der Servitinen,

der Englischen Fräulein,

der Tertiarinen,

der Herz-Jesu-Frauen,

der Armen Schulschwestern,

der Barmherzigen Schwestern,

der Töchter der Barmherzigkeit (filiarum charitatis),

der Mägde der Barmherzigkeit,

der Schwestern der göttlichen Vorsehung,

der Deutschordensschwestern,

der Töchter Jesu (filiarum Jesu)

der Schwestern der heiligen Kindheit Jesu und

der Kreuzschwestern.

Welch ein imposantes Heer von Priestern und Ordenspersonen, von Jünglingen und Männern, Jungfrauen und Frauen — alles in allem: 6392 Welt- und Ordenspriester, Kleriker, Novizen und Laienbrüder, Klosterfrauen und Ordensschwestern — die sich freiwillig, freudig und vorbehaltlos dem Dienste Jesu und seiner heiligen Kirche hingegeben, die in heiliger Begeisterung für ihr und der Nächsten Seelenheil den ehelosen Stand erwählt, die auf die vergänglichen, irdischen Güter Verzicht geleistet, um dafür die unvergänglichen, himmlischen zu erlangen!

Und wer ſtellt dieſes Heer auf die Beine, wer er-
hält es komplet und ſorgt für deſſen Unterhalt?
Das chriſtgläubige, kirchentreue, echt katholiſche Volk.
Die chriſtlichen Familien, die chriſtlichen Väter und
Mütter, die ihre Kinder in der Gottesfurcht erziehen,
ſie Jeſu und Maria aufopfern und vor Verführung
bewahren; die chriſtlichen Eltern, die ſich glücklich
ſchäzen, hochbegnabigt fühlen und unendlich freuen,
wenn eines oder mehrere ihrer Kinder den Prieſter-
oder Ordensſtand erwählen. Es gibt in Tirol gar
manche Familien, aus denen fünf oder ſechs, ja ſelbſt
alle Knaben Prieſter werden, oder ſämmtliche Töchter
ins Kloſter treten. Ich kenne zwei nahe miteinander
verwandte Familien, die im Laufe eines Menſchen-
alters der Kirche zehn Prieſter, Ordensleute und
Kloſterfrauen ſchenkten. Hall, im Unterinntal,
eine Stadt, die anno 1888, laut Schematismus der
Diözeſe Brixen, 5436 Seelen zählte, wird der Kirche
wohl die meiſten Prieſter ſchenken; im Jahre 1889
lebten 63 Prieſter, die in Hall geboren worden
waren. In jedem größeren Orte Tirols gibt es
mehrere Perſonen, Manns- und Weibsleute, die um
des Himmelreiches willen, um Gott beſſer dienen zu
können und aus reiner Begeiſterung für den jungfräulichen Stand, ledig bleiben. Nach dem Rate des
heiligen Paulus (I. Kor. V_I.) und der ausdrücklichen Lehre der katholiſchen Kirche, daß der ledige
Stand vollkommener als der Eheſtand iſt, verzichten

sie auf das, wornach der große Haufe lechzt und rennt, was in Wort und Bild, in Prosa und Versen, in Romanen und Novellen, auf dem Theater und in den feuilletons der Zeitungen so reizend und verführerisch dargestellt, gepriesen und verherrlicht wird, in der Wirklichkeit aber sehr oft einen gar prosaischen und tragischen Verlauf nimmt und jämmerlich und mit Verzweiflung endet. In großen Städten zählen diejenigen, die aus freiem Entschluß und in der oben angegebenen Absicht ledig bleiben, nach Hunderten, und ich sage, es ist für Tirol schon in sozialer Beziehung eine sehr große Wohltat, daß so viele Personen den ledigen Stand erwählen, denn Tirol ist, weil Gebirgsland und sich, größtenteils, ja fast ausnahmslos, von Landwirtschaft und Viehzucht nährend, im ganzen und großen kein reiches Land; würden also nicht viele seiner 949.072 Bewohner den jungfräulichen Stand erwählen, so müßte sich in sehr kurzer Zeit eine Übervölkerung mit all ihren schlimmen Folgen, namentlich Pauperismus, Proletariat und kommunistischen Bestrebungen einstellen, wovor Gott Tirol in Gnaden bewahren möge. Tirol ernährt seine Bewohner schon jezt spärlich, kümmerlich und mit harter Not, wie also erst dann, wenn es 7—8000 Familien mehr ernähren sollte? Dann bliebe den Stiefkindern Fortunas, den s. g. Enterbten, nur die Wahl zwischen dem Hungertyphus und der Auswanderung nach Amerika.

Der zweite Grund, warum in Tirol sehr viele Jünglinge den Priester= oder Ordensstand wählen, sind die vorhandenen Knabenseminare und die von geistlichen Orden unterhaltenen und besorgten Gymnasien, die das Öffentlichkeitsrecht besizen und den vom Staate unterhaltenen und von weltlichen Professoren besorgten Gymnasien bezüglich der Leistungen auf dem Gebiete der Wissenschaft in keiner Weise nachstehen, bezüglich der auf dem Gebiet der eigentlichen Pädagogik erzielten Erfolge aber denselben weit überlegen sind.

Der dritte Grund, welcher zur Erklärung der in Frage stehenden Erscheinung wesentlich beiträgt, ist die Resistenz, welche die Tiroler dem neuen, konfessionslosen Schulgeseze vom Jahr 1869 entgegensezen. Dasselbe wurde von dem Tiroler Landtage niemals anerkannt, und darum mussten sowohl die vom Staate zur Leitung und Beaufsichtigung der gesezlich konfessionslosen Schulen provisorisch eingesezten Behörden als auch das Lehrerkollegium der Präparandien und die Lehrer neuärarischer Gesinnung sehr behutsam verfahren, um die, Gegenwehr leistenden und der konfessionslosen Schule sehr abholden Tiroler nicht vor den Kopf zu stoßen und zu erbittern. Wenn also die durch Beschluß einer liberalen Mehrheit des Reichsrates von der Staatsregierung eingeführte konfessionslose Schule in Tirol noch nicht in auffällig verheerender Weise gewirkt hat, d. h.

den christlichen Glauben, die Kirche und die religiö=
sen Gebräuche, Sitten und Gewohnheiten der Tiroler
nicht offen und systematisch bekämpft, so ist das
nicht auf die Rechnung des konfessionslosen Schul=
gesezes, sondern der klugen Rücksichtnahme auf die
bestehenden und einstweilen unüberwindlichen, also
zu respektierenden oder wenigstens zu tolerierenden
Verhältnisse zu sezen. Sollte das erwähnte Schul=
gesez rücksichtslos, systematisch und konsequent in
Tirol durchgeführt werden, dann würde es, nament=
lich in Verbindung mit der allgemeinen Wehrpflicht,
unfehlbar einen töblichen Rückschlag auf den Nach=
wuchs des Klerus ausüben, es müßte ein drückender
Priestermangel eintreten. Der Priestermangel ist stets
die Folge ungünstiger religiöser, kirchlicher oder
sozialer Verhältnisse und Zustände. Als die Refor=
mation auch in Tirol Eingang gefunden hatte, wollte
kein Jüngling mehr Theologie studieren, Weltpriester
oder Ordensmann werden. Im Jahre 1529 beklagte
sich der Bischof von Brixen, Georg III., Herzog von
Österreich, bitter darüber, daß seit vier Jahren
im ganzen Bistum nicht mehr als zwei
Jünglinge die Priesterweihe empfiengen!!
Hier ligt ja der klarste Beweis auf der Hand, daß
die Untergrabung des Christentums, die Vernichtung
der göttlichen, kirchlichen und staatlichen Autorität,
die falsche Aufklärung und die Emanzipation des
Fleisches, die Knabenseminare, die theologische Fakul=

tät und die Priesterseminare auf den Aussterbe6tat
sezen. Gott hört nicht auf, vielen Knaben und Jünglingen den Beruf zum Priesterstande zu verleihen,
aber ob dieser Beruf in ihnen geweckt wird, ob sie
diesen Beruf ergreifen, das hängt von sehr vielen
Umständen und Verhältnissen, namentlich vom freien
Willen der Berufenen ab. In ungläubigen, verlot-
terten Familien, in konfessionslosen Schulen, in gelehrten Mittelschulen, wo das Antichristentum, der
Haß gegen Kirche und Klerus, der Pantheismus,
der Darwinismus und Epikuräismus auf dem Katheder
sizen und fulminante Vorträge gegen Aberglauben
und Gözendienst, Geistestyrannei und mönchische
Selbstpeinigung, Frömmelei und religiösen Fanatismus, Inquisition und jesuitische Leisetreter halten,
durch das heillose Kneipen und Korpsburschenwesen,
durch den Besuch des Theaters und die Lektüre
schlüpfriger Romane und Novellen, liberaler Zeitungen und giftgeschwollener Logen- und Judenblätter,
durch die Schwärmerei für den Olymp und das
triviale Götterleben, für die antiken und modernen
Klassiker, für „Frauenkult" und „gesunde Sinnlichkeit" — daß Gott erbarm! — kurz, durch all diese
feindlichen Mächte geht der Beruf zum Priesterstande
verloren. Und nicht selten ist es der Fall, daß solche
Subjekte, die entweder durch eigene oder fremde
Schuld um den ihnen von Gott verliehenen Beruf
zum Priesterstande gekommen sind, die rabiatesten

Wüteriche gegen Gott und das Christentum, gegen
die Kirche und ihre Diener werden.

Es war ein sehr schlimmes Zeichen, daß im
Jahre 1847 nur 16 Priesteramts-Kandidaten ins
Seminar zu St. Peter eintraten, nachdem das Kon=
vikt schon fünf Jahre lang bestanden hatte. Wie
sollten denn 16 Hilfspriester genügen, um all die
Lücken auszufüllen, die der Tod in den Klerus des
großen Bistumes Freiburg gerissen, das damals
zirka 800.000 Katholiken zählte! Es traf also erst
auf 50.000 Katholiken einen Priester, d. h. von
50.000 Katholiken sollte blos Einer den Beruf
zum geistlichen Stande gehabt haben!

In Tirol mit Vorarlberg trifft es gegenwärtig
einen Priester auf 302 Seelen (denn die Seelenzahl
beläuft sich auf 949.072 und jene der Priester auf
3145), im Bistum Freiburg aber 1 Priester auf
863 (denn die Zahl der Katholiken beläuft sich auf
rund 950.000 und jene der Priester rund auf 1100.)
Als ich in die Seelsorge eintrat, kam es häufig vor,
daß ein Pfarrer oder Pfarrverweser zwei selbstän=
dige Pfarreien jahrelang vollständig pastorieren mußte,
und daß viele Geistliche, jahraus jahrein, an allen
Sonn= und Feiertagen binieren mußten. Es war ein
harter, aufreibender Dienst, dem jährlich einige Prie=
ster in der Blüte der Jahre zum Opfer fielen. Am
beschwerlichsten waren jene Posten, die viele Filiale
und Schulen zählten, z. B. Schönau im Wiesentale

mit dreißig Filialen und elf Schulen, Gengenbach
mit vier großen, weit entlegenen Filialen, vielen
Zinken und acht Schulen u. s. w. nebst jenen großen
Städten Badens, die, außer mehreren Volksschulen,
noch etliche Pensionate, Institute, Spitäler, eine An=
stalt für verwahrloste Kinder, ein Zuchthaus u. s. w.
hatten. Es war eine beständige Hezjagd unter der
Woche von Schule zu Schule, vom Versehgang ins
Institut, vom Spital ins Zuchthaus, und am Sonn=
tag vom Pfarrort in das oder jenes Filial, zwischen
Altar, Kanzel und Beichtstuhl. Dazu kam noch eine
endlose Schreiberei, Führung der bürgerlichen Standes=
bücher und der Kirchenbücher, Anfertigung tabella=
rischer Übersichten fürs Physikat, Amtsrevisorat und
Bezirksamt, Fertigung von Zeugnissen und Auszügen
aus den Standesbüchern, Korrespondenz mit Pfarr=
ämtern wegen auswärts Geborenen, Verstorbenen,
Verehelichten, Schul= und Christenlehrpflichtigen, Be=
antwortung der notamina über verschiedene Fonds=
rechnungen, Stiftungssizung und Erledigung ver=
schiedener Vereinsangelegenheiten oder Bruderschaften.
Endlich, nachdem die Sonne längst untergegangen,
erwartete den total erschöpften, schachmatten Priester
noch ein Vergnügen oder eine Erholung ganz eigener
Art: das officium breviarii, und zwar vom «Aperi
Domine os meum» bis zum «Sacrosanctae et in-
dividuae Trinitati». Am rührendsten nahm sich
dieses officium aber namentlich dann aus, wenn es

in der Faſtenzeit de dominica currente mit den zwölf Pſalmen der I. Nokturn zu perſolvieren war. Doch faſt hätte ich mich hier aufs liturgiſch-aſzetiſche Gebiet verirrt, darum ſolls ſchnell zum Rückzug blaſen.

Seit Menſchengedenken war in mancher Stadt und in manchen Orten des Freiburger Bistums kein Jüngling Prieſter geworden! Welch ein Armuts-zeugnis, welch klägliches testimonium phthisis religiosae! Und dennoch gab es damals noch viele durch und durch chriſtliche, gottesfürchtige Familien, deren Söhne ſtudierten, deren Söhne, ſo lange ſie im elterlichen Hauſe lebten, Luſt und Liebe zum Prieſterſtande an den Tag legten, und deren Eltern ſehnlich wünſchten, ſie möchten den geiſtlichen Stand erwählen. Rätſelhaft und unerklärlich möchte es darum erſcheinen, warum nur Einer von 50.000 Katholiken Prieſter wurde. Wer aber die zur Linken liegenden Blätter dieſes Buches aufmerkſam geleſen, der beſizt den Schlüſſel zur Löſung dieſes Rätſels.

Das Konvikt war ein verfehltes Unternehmen, weil: 4. in den zwei größeren Studierſälen 10 bis 15 Theologen zuſammengepfercht waren, die einander am Studieren hinderten, einander neckten und aufzogen. Unter den Studenten des erſten Kur-ſes waren mehrere ſchalkhafte, urkomiſche und ge-ſchwäzige Naturen, Anekdoten-Jäger, Poſſenreißer und Spottvögel, die ihr loſes Spiel auch während der Studierzeit trieben, das silentium ſtörten und

jedes ernste, anhaltende Studium zur Unmöglichkeit
machten. Diesem Übelstande wäre dadurch sehr leicht
und gründlich abzuhelfen gewesen, daß die drei großen
Studiersäle in 12 bis 15 einzelne Zimmer umge=
wandelt worden wären, die dann 24 beziehungsweise
30 Konviktoren als Studierzimmer hätten zugewiesen
werden können. Zwei einander schon befreundete,
gleich=gesinnte und gestimmte Theologen würden, e i n
Zimmer gemeinsam bewohnend, einander im Studium
nicht gestört haben. Solche Theologen, denen es mit
dem Studium ernst war, und die Vermögen besaßen,
verließen auch gar bald, aus dem angegebenen Grunde,
das Konvikt und mieteten in der Stadt ein ruhiges
Quartier, in welchem sie sich ungestört dem Studium
der Theologie hingeben konnten. Je zwei, drei oder
höchstens vier Studenten des II. und III. Kurses
bewohnten gemeinschaftlich ein Zimmer, ja ein Stu=
dent des ersten Kurses, ein alter, kränklicher Medi=
ziner, der sehr unreinlich war, den ganzen Tag Tabak
rauchte, dazu Kaffee trank und Opiumpillen ver=
schluckte und der aus purer Verzweiflung sich der
Theologie, als der ultima spes, an den Hals ge=
hängt hatte, genoß das Privilegium, einen großen
Studiersaal allein bewohnen und in demselben schla=
fen zu dürfen. Man brauchte nicht Prophet zu sein,
um mit aller Bestimmtheit vorhersagen zu können,
daß jener alte Mediziner, wenn er auch Priester

werden sollte, gar bald der Kirche zur Last fallen
und als Tischtitulant das Zeitliche segnen würde.

Ich bemerke noch schließlich, daß die Hausord=
nung im allgemeinen den obwaltenden Umständen
angepaßt war und entsprach, daß es uns aber eine
schwere Überwindung kostete, dieselbe zu befolgen,
was jedoch oft genug auch nicht der Fall war, und
daß die beiden Direktoren, Fidel Haiz, der aber we=
nig fibele Tage im Konvikt erlebt haben mag, und
der berühmte Volksschriftsteller Alban Stolz, die zu
meiner Zeit die absonderlichen Theologen des ersten
Kurses zu hüten hatten, eine wenig beneidenswerte
Stellung zwischen uns leichtlebigen, ungebändigten,
in der Blüte der Flegeljahre stehenden Studenten
und der oft übel berichteten und aus sehr hetero=
genen Elementen zusammengesezten Aufsichts=Kommis=
sion einnahmen. Ich nehme keinen Anstand, zu
behaupten, daß, wenn die ausgezeichneten und heilig=
mäßigen Pädagogen: Gerhard Groot, Johann de
la Salle und Don Bosco oder die wirklich Heiligen:
Josef Calasanza und Philipp Neri Direktoren des
Konviktes gewesen wären, sie sehr wenig ausgerichtet
haben würden, ja wenn Gott Vater selbst auf dem
„Salzbüchle“ des Freiburger Schloßberges eine un=
übertreffliche Hausordnung verfaßt, dieselbe in Stein
gemeißelt und dann durch die drei Erzengel Michael,
Gabriel und Raphael ins Konvikt hätte tragen und
dort vor aller Augen aufhängen lassen, und wenn

er die genannten drei heiligen Erzengel zu Hütern und Wächtern derselben ernannt und einen derselben als Direktor und die zwei andern als Repetitoren aufgestellt hätte; so wäre es gewiß nicht zum Biegen, wohl aber zum Brechen gekommen. Es gibt eben Individuen und Subjekte, über die Weisheit und Kunst, göttliche und kirchliche Autorität, sittliche Virtuosität und Heiligkeit nichts vermögen.

Was nun die

theologische Fakultät

anbelangt, so muß freudig anerkannt werden, daß sie, nach überstandener schwerer Krankheit, durch die Berufung der ausgezeichneten Gelehrten Hirscher und Staudenmaier, im Jahre 1837, ihre Auferstehung feierte, zu löblichem Ruf und einer gesteigerten Frequenz gelangte. Bevor die genannten Männer die Lehrkanzeln der zwei sehr wichtigen theologischen Fächer, der Dogmatik und Moral, bestiegen, herrschten bei der theologischen Fakultät unerhörte, ganz verzweifelte Mißstände, indem nämlich die Kirchengeschichte, die Moral und das Kirchenrecht von Männern vorgetragen wurden, die dem positiven Christentum den Rücken gekehrt hatten, die Kirche, Disziplin und Hierarchie angriffen, lästerten und untergruben und sich bestrebten, aus den Theologen und zukünftigen Priestern ein rabiates, antichristliches Freischärler=Korps heranzubilden. Der Lehrstuhl des Kirchenrechtes blieb nach der Berufung Hirschers und Staudenmaiers noch einige Jahre durch den halbverrückten Professor Amann besezt, den die Biblio= theks=Kommission schon 1839 als wahnsinnig erklärt und als Oberbibliothekar abgesezt hatte.

Die Universität Freiburg ist eine eminent katho= lische Stiftung. Erzherzog Albert, der sie errichtete, sagt im Stiftungsbrief vom 28. August 1456: „. . . So schetzen wir zuvoran (vornehmlich) seinen götlichen gnaden anneme (angenehmen) Dienst vnd gevallen zubeweisen, in solchem dadurch seiner All= mechtigkait an (ohne) vnderlaß lob vnd ere begangen wirdet. Auch die Muter der heiligen Cristenhait darob trost enphahnt vnd dem herligen Cristenlichen Glauben gegen seinem viderstannd hilff vnd Rettung dauon erstehen mügen." Also vornehmlich zur Ehre Gottes und zur Befestigung, Erhaltung und Ver= teidigung des christlichen Glaubens stiftete Erzherzog Albert die Universität Freiburg, er erbat sich dazu, laut desselben Stiftungsbriefes, päpstliche Vollmacht und Genehmigung (von Calixt III.) und unterstellte sie der Aufsicht des jeweiligen Bischofes von Con= stanz (erstmals des Bischofes Heinrich). Der Stiftungs= brief tut allerdings des katholischen Glaubens und der katholischen Kirche keine Erwähnung, und zwar aus dem Grund, weil es zur Zeit der Stiftung der Freiburger Universität noch keinen

Protestantismus gab, also die Worte „christlich" und „katholisch" ganz dasselbe bezeichneten. In der Er=richtungsbulle des Papstes Calixt III., vom 18. April 1455, heißt es ausdrücklich: die Universität Frei=burg seie gestiftet «ut ibidem simplices erudiantur ac fides catholica dilatetur», zum Unter=richt der Unwissenden und zur Ausbreitung des katholischen Glaubens.

Zur Zeit der Reformation zeigten sich einige Professoren geneigt, von der katholischen Kirche ab=zufallen, doch blieb weitaus die Majorität des Lehr=körpers derselben treu. Auf Religion und Sittlichkeit wirkte damals sehr verderblich die Schwärmerei für die klassische Literatur der Alten, die s. g. humani=stischen Studien, die gewöhnlich in einen erbitterten Vernichtungskrieg gegen das positive Christentum ausarteten. Aber noch verheerender zeigten sich später die Folgen der Lektüre der französischen Enzyklopädie, die, Hand in Hand mit dem Humanismus, die christlichen Altäre zu zertrümmern und ein modernes Heidentum einzuführen drohte. Dadurch verleugnete die Freiburger Universität dem Wesen nach ihren katholischen Charakter und entsagte ihrer stiftungs=gemäßen Bestimmung: der Hort und Schild des katholischen Glaubens zu sein. Zum Beweise dessen führe ich an, daß alle Fakultäten wetteiferten, die Gegenwart der Prinzessin Marie Antonie, der Toch=ter der Kaiserin Maria Theresia und Schwester des nachherigen Kaisers Josef II., die mit dem französischen Kronprinzen Ludwig verlobt war und auf ihrer Reise nach Paris, 1770, nach Freiburg kam, auf echt heidnische Weise zu fetieren. Die von der Universität auf dem Franziskanerplatz errichtete Triumphpforte trug lediglich solche Inschriften, in welchen heidnische Götter und Göttinnen redend auftraten und um Schutz, Gnade und Segen für die Braut aus dem Habsburg'schen Hause angewinselt wurden. Zeus, Venus, Cupido, Amor, Hymen, Grazien, Nymphen, Tritonen 2c. traten handelnd auf und wurden bei dem veranstalteten pompösen Triumphzuge von Professoren und Studenten theatralisch dargestellt. Man glaubte sich in das heidnische Athen oder Rom versetzt. Auch nicht Eine christliche Idee, nicht Ein kirchliches Symbol, Wort oder Bild durfte es wagen, auf der Bildfläche dieses durch und durch paganistischen Schauspiels zu erscheinen. Der ganze, der Universität zur Schmach gereichende und im höchsten Grad Ärgernis gebende heidnische Hokuspokus findet sich ausführlich dargestellt in der „Beschreibung der Ehrenpforte, welche bei Gelegenheit der Durchreise Ihrer Königlichen Hoheit der Dauphine Erzherzoglichen Österreichischen Prinzessin Antonie von der hohen Schule zu Freiburg im Breisgau errichtet worden." Druck und Verlag von Joh. Andreas Satron. 1770.

Bis zum Jahre 1784 hatte die Freiburger

Universität ihren Charakter als eine ungemischte, rein katholische Hochschule insofern bewahrt, daß niemals ein Professor angestellt worden war, der nicht katholisch gewesen, in dem genannten Jahre aber, als die josefinische Aufklärung in Deutschland zur herrschenden Mode wurde, und nachdem auch in Freiburg, 1783, ein Generalseminar nach dem von dem berüchtigten Abte und Kulturförster Rautenstrauch aufgestellten Muster eingerichtet worden war, wurde der Protestant Johann Georg Jacobi, ein allerdings friedliebender und toleranter Mann, als Professor der schönen Wissenschaften an die Universität berufen und einige Jahre später sogar zum Prorektor gewählt. Damit war in die Stiftungsurkunde Alberts eine verhängnißvolle Bresche geschossen, der Charakter der Universität war preisgegeben, immer häufiger hielten protestantische und auchkatholische Professoren mit fliegender Fahne ihren Einzug in die ausschließlich katholische Stiftung, und in kurzer Zeit war sie eine konfessionslose Staatsanstalt, die bei jeder sich darbietenden Gelegenheit die katholische Kirche mit bulldoggartigem Ingrimme anfiel. Der ausgezeichnete Rechtsgelehrte Karl von Rotteck, der nichts weniger als ultramontan, aber ein aufrichtiger und ehrlicher Mann war, sagte, anläßlich maßloser Übergriffe protestantischer Professoren der Freiburger Universität: „Wir haben euch Protestanten gastlich bei uns aufgenom-

men, ihr werdet uns aber noch zu unserm eigenen
Hause hinauswerfen."

Die Urkundenfälschung des Rektors der Wiener
Universität scheint an allen stiftungsgemäß katholi-
schen Hochschulen ansteckend gewirkt zu haben. Die
„Geschichte der kaiserlichen Universität zu Wien" von
Kink, Iᵃ 308 und 315, berichtet nämlich: K a s p a r
P i r i p a c h, Rektor der Universität zu Wien, habe,
anno 1568, aus der Ferdinandeischen Refor-
mations-Urkunde vom 1. Januar 1554 das Wort
„katholischen" Glauben ausradiert und an dessen
Statt „christlichen" Glauben hineingeschrieben. Selbst
Kaiser Maximilian II., welcher der katholischen Kirche
gegenüber eine höchst zweideutige Stellung einnahm,
dem Protestantismus direkt und indirekt Vorschub
leistete und für seine Person, sowohl in mündlichen
Äußerungen als auch im Leben mehr Protestant als
Katholik war, duldete es, daß die Universität Wien
während seiner Regierung faktisch paritätisch und ein
wahres Seminar irrgläubischer Neuerungen wurde.
Jezt ist sie längst interkonfessionell, da nach genauen
statistischen Ausweisen von den circa 6000 Studenten derselben 2000 jüdischer Religion sind. Von den
Professoren der medizinischen Fakultät sind zwei
Fünftel und von den Studenten zwei Drittel Juden!
Es dürfte also die Zeit nicht mehr fern sein, in
welcher auch ein jüdischer Piripach sich in der Ra-
dierungskunst versucht, indem er das, 1568 unter-

ſchobene Wort „chriſtlich" ſein ſäuberlich ausradiert
und dafür „israelitiſch" ſubſtituiert. Angeſichts der
bekannten und ſprüchwörtlich gewordenen Beſcheiden=
heit und Anſpruchsloſigkeit der Kinder Abrahams
und der grenzenloſen Indifferenz= und Toleranz=
duſelei der Chriſten dürfte es kaum überraſchen,
wenn der, von Rudolf IV., anno 1365, geſtifteten
Wiener Univerſität der Charakter einer israelitiſchen
Hochſchule beigelegt würde. Wenn, was bald der
Fall ſein dürfte, die Majorität der Profeſſoren und
Studenten an den weltlichen Fakultäten den Israeliten
zugefallen ſein wird, dann iſt die Wiener Hochſchule
ohnehin faktiſch eine ſemitiſche Anſtalt. Iſt der ner-
vus rerum in verhältnißmäßig kurzer Zeit in den
Beſiz der Juden übergegangen; warum ſollte es
denn nicht möglich ſein, daß auch der spiritus rec-
tor ihre Domäne wird? Was St. Paulus an die
Korinther geſchrieben, II. Kor. XI. 20.: „Ihr er-
traget es, wenn einer euch unterjocht, wenn einer
euch aufzehrt, wenn einer von euch nimmt, wenn
einer ſich erhebt, wenn einer euch ins Angeſicht
ſchlägt," das gilt auch von Nicht=Korinthern, nament=
lich von jenen Katholiken, die ſich ohne Gegenwehr
wohlerworbene oder ſtiftungsgemäß beſeſſene und
verbriefte Rechte entreißen laſſen.

Wie viele Fürſten proteſtantiſchen und katholi=
ſchen Bekenntniſſes haben ſich nicht einmal die Mühe
genommen, aus einer Menge katholiſcher Stiftungs=

urkunden das Wort „katholisch" auszuradieren, son=
dern durch einen Machtspruch ihrer sich beigelegten
und faustrechtlich ausgeübten unumschränkten Regie=
rungsgewalt über Staat und Kirche haben sie die
Katholiken aus ihrem wohlerworbenen und verbrief=
ten Besizstande hinausgeworfen und ihr Vermögen
sequestriert!

Infolge davon, daß die großherzoglich badische
Staatsregierung die Freiburger Universität ihres
katholischen Charakters beraubte, ihre Autonomie auf
ein Minimum einschränkte, aufgeklärte, dem Christen=
tum und der Kirche spinnenfeindlich gesinnte Pro=
fessoren der Theologie ernannte, rief sie einen höchst
beklagenswerten Zustand in der theologischen Fakul=
tät hervor und überschwemmte das Bistum Freiburg
mit „aufgeklärten", unkirchlich gesinnten und heirats=
lustigen Priestern. Diese anscheinend herben und
derben Worte versündigen sich durchaus nicht gegen
die bare Wirklichkeit, was eine wahrhaftige Schilde=
rung des vorhandenen Tatbestandes beweisen wird.
Ich führe in Kürze folgendes an.

Reichlin=Meldegg, einem freiherrlichen Adels=
geschlechte Baierns entsprossen, wurde schon mit 24
Jahren Hilfslehrer der Kirchengeschichte an der Uni=
versität Freiburg, und in welchem Geiste trug er
die Kirchengeschichte, nota bene die christkatholische
Kirchengeschichte vor? In der denkbar skandalösesten
Weise. In einer enorm weitschweifigen Einleitung

wurde zuerst die Geschichte Roms von Romulus bis
Tiberius, dann jene des heidnischen Kultus und
Ritus Roms, dann jene aller philosophischen Systeme
der Griechen und Römer und endlich jene der Israe=
liten von Abraham bis Christus vorgetragen!!
Dann wurde das Christentum anatomisch mit dem
Seziermesser zergliedert. Der Stifter desselben war
nichts mehr und nichts weniger als ein purer Mensch,
ein Jude, der Sohn Josefs und Marias. Er akkom=
modierte sich und seine Lehre den Anschauungen,
Wünschen und Hoffnungen der Juden. Seine s. g.
Wunder, seine Auferstehung und Himmelfahrt sind
blos sinnbildlich und moralisch zu verstehen. Die
Christen besaßen in den ersten Jahrhunderten keine
eigentliche Dogmatik u. s. w. So und ähnlich war
damals und unmittelbar vorher im Zeitalter der
Aufklärung, des Lichtes und des Fortschrittes die
Kirchengeschichte an der theologischen Fakultät der
Hochschulen beschaffen.

Um noch ein eklatantes Beispiel der absurdesten
Darstellung der Kirchengeschichte anzuführen, lasse
ich den Kirchenhistoriker Franz Berg, den leider
der sonst untadelhafte und entschieden katholische Fürst=
bischof von Würzburg Franz Ludwig Erthal, anno
1790, an der dortigen Universität angestellt hatte,
aus seiner, 800 Manuskriptbogen umfassenden Kirchen=
geschichte, die noch vorhanden ist, eine kurze Vor=
lesung halten. Im Abschnitt: „Jesus von Nazareth",

salbaderte er also: „Der Urheber des Christentums
kann vor der Hand nur mit allgemeinen Zügen bezeichnet werden, soferne aus den Urkunden des Christentums nur das dokumentarisch Gewisse und von äußer-
licher Zeugenautorität Unabhängige herausgehoben
und zusammengestellt wird. Aus Nazareth, von gemeiner Herkunft, etwa dreißig Jahre alt, trat
er im fünfzehnten Regierungsjahre des Tiberius öffentlich auf, um auf seine Nation zu wirken.
(Wie sad und erlogen, da die Urkunden des Christentums, die vier Evangelien und die Apostelgeschichte,
den unumstößlichen Beweis erbringen, daß Jesus
Christus Gottes Sohn gewesen, der aus Maria der
Jungfrau, Mensch geworden, um die gefallene
Menschheit zu erlösen und ihr die ewige
Seligkeit zu verdienen. Doch dessen tut die
Berg'sche Kirchengeschichte von A bis Z mit keiner
Silbe Erwähnung!) Er hatte noch einen Mann
neben sich, mit dem er in Berührung kam; (welche
Grammatik und Logik!) Johannes, eines Priesters
Sohn, hatte in Galiläa und Judäa einen weit ver-
breiteten Ruf.

Auch Josephus, der von Jesus von Nazareth
nichts meldet, denn die eingeschobene Stelle (bei
Flavius Josephus)*) beweist nur, daß man sich)

---

*) Die betreffende Stelle befindet sich in seinem Werke
„Die jüdischen Altertümer", XVIII. 3. 3. Keiner der alten
Kirchenväter und Kirchenschriftsteller, z. B. Eusebius und Hiero-

dieses befremden ließ und gern ein Zeugnis von
Josephus gehabt hätte, gedenkt dieses Johannes auf
sehr vorteilhafte Weise. Er hieß Johannes, der Täufer,

---

nymus haben an der Echtheit fraglicher Stelle gezweifelt. Erst
in neuerer Zeit erschien sie manchen Gelehrten verdächtig und
unterschoben, doch offenbar nicht wegen schwerwiegenden Bedenken und Anständen einer unparteiischen, vorurteilsfreien
Kritik, sondern vielmehr wegen religiöser, dogmatischer Anti=
pathie. Sie konnten es nicht verwinden, daß ein jüdischer, gelehrter Schriftsteller, der blos vier Jahre nach Christi Tod in
Jerusalem geboren worden, bezeugt haben sollte, daß Jesus
Wunder wirkte, Christus, d. h. der verheißene Messias, war
und den Aposteln am dritten Tage nach seinem Tod lebendig
erschien. Diese Stelle heißt, nach der Übersetzung des heiligen
Hieronymus aus dem Urtexte: «Eodem tempore fuit Jesus
vir sapiens, si tamen virum oportet eum dicere. Erat
enim mirabilium patrator operum et doctor eorum, qui
libenter vera suscipiunt; plurimos quoque tam de Judaeis
quàm de gentibus sui habuit sectatores et credebatur
esse Christus. Quumque invidia nostrorum principum
cruci eum Pilatus addixisset, nihilominus qui eum primum
dilexerant, perseveraverunt. Apparuit enim eis tertia die
vivens; multa et haec et alia mirabilia carminibus Pro-
phetarum de eo vaticinantibus. Et usque hodie Christia-
norum gens, ab hoc sortita vocabulum, non defecit»
Flavius Josephus berichtet und bezeugt also: daß Christus
Wunder wirkte, für den verheißenen Messias gehalten wurde,
aus Neid der vornehmsten Juden (der Hohenpriester, Schrift=
gelehrten und Pharisäer) angeklagt und von Pilatus zum
Kreuzestode verurteilt wurde; daß er am dritten Tage nach
seiner Grablegung seinen Aposteln lebendig erschien, die, wie
ehedem die Propheten, viel Wunderbares von ihm verkündeten.

gab sich (!) den Beruf, wie ein alter Prophet, das
Volk auf bessere Wege zu bringen und der Moral
eine mehr moralische Richtung zu geben; zum Zeichen
der Bekehrung bediente er sich, gleich den Essäern,
des Symbols eines Bades, einer der alten Welt be=
kannten Lustration. Man kann eben daher den essäi=
schen Anstrich an Johannes nicht verkennen, wenn
sich gleich nicht sagen läßt, er sei ein Mitglied dieser
Gesellschaft gewesen. Taufe mit moralisch-religiöser
Tendenz, Einsamkeit in der den Essäern bekannten
Wüste, strenges Leben, Genuß der einfachsten Kost,
die ihm die Wüste bot, alles kündet den Essäer an,
nur darin unterscheidet er sich, daß er sich nicht
ganz von der Welt zurückzog und auf die Sinnes=
änderung der Menschen hinarbeitete. Er fand beim

---

und daß es bis heute (d. h. bis zur Zeit des Flavius Josephus)
Christen, die sich nach ihm (nach Christus) nennen, gegeben habe.
Wie hätte der Archäolog und Geschichtschreiber Flavius
Josephus, der in seinen „jüdischen Altertümern", XVIII. 5. 2.,
des Johannes Baptista, und XX. 9. 1. des zitierten Werkes,
des Apostels Jakobus gedachte, Jesum mit Stillschweigen über=
gehen können! Das ist nicht nur höchst unwahrscheinlich, son=
dern geradezu undenkbar. Übrigens hat der hochgelehrte und
scharfsinnige Huet, der Bischof von Avranches und, mit Bossuet,
Erzieher des französischen Dauphin Ludwig war, in seiner
«Demonstratio evangelica» siegreich die Echtheit der ange=
führten Stelle verfochten. Daß der antichristliche und rationa=
listische Kirchengeschichts-Professor Franz Berg sich dagegen
dahin aussprach, jene Stelle seie unecht, ist ganz und gar nicht
verwunderlich, denn sie taugte nicht in seinen Kram.

Volk vielen Beifall. Sein Vetter (sonst nichts!)
Jesus selbst stellte sich durch die Taufe unter die
Schar der Johannesjünger (welche Verdrehung der
klaren Worte der heiligen Schrift! Siehe: Matth.
III. 13—17., XI. 2. 15. Markus I. 2—14. Lukas
I. 76—79. III. 16. und 17. VII. 18—28. Joh.
I. 20- 37. III. 26—36!). Allein Jesus verband
mit der moralischen Tendenz des Johannes die An=
kündigung der Messiasschaft in seiner Person: das
Reich Gottes ist nahe, und den liberalen Umgang
mit Menschen ohne Unterschied; er verband damit
eine schärfere Zensur der praktischen Religionsweise
der Priester und Pharisäer, was dem theokratischen
Charakter des Messias paßte. Daher der Haß dieses
mächtigen Ordens, der seinen Missionsberuf kritifiert;
war er ja ein Galiläer, und als solcher vor dem
Nationaldünkel der eigentlichen Juden dieser Würde
nicht fähig!

Eben diese sonst mit Sehnsucht gewünschte
Messiasschaft lieh den Punkt, woran beleidigte Prie=
ster und Pharisäer ein Intriguenspiel knüpften, das
Jesus verderben sollte. Sie opferten ihre schönste
dogmatische Idee, um den sittlichen Reformator der
Priester und Pharisäer zu opfern. Wer sich für einen
Messias ausgibt, ist nach dem Staatsrecht der Römer
ein Empörer gegen den Imperator. Angeklagt des
Hochverrates bei Pilatus, starb Jesus am Kreuz.
Wenn aber der Tod dem Johannes, der nur das

moralische Interesse im Aug hatte, Ehre brachte, so
schien der Tod Jesu, der außer dem moralischen
Zwecke noch das messianische Reich sich vorgesteckt
hatte, nur Schande und unvermeidliche Zerstörung
des lezten Planes zu bringen. Ein gekreuzigter Messias, welch ein Widerspruch in den Augen der Juden!
Allein eben sein Tod gab der Sache eine höchst unerwartete Wendung. Die durch den Tod Jesu ver-
schüchterten Jünger, eine geringe Zahl und ein gemeiner Haufe, Fischer, Galiläer, ein Zöllner und
etliche Frauenspersonen erschienen mit einemmale,
verkündend, den Wiedererstandenen gesehen zu haben.
Ungeachtet der Gegenrede der Priester und Pharisäer, die Jünger hätten den Leichnam Jesu aus dem
Grabe entwendet, um sagen zu können, er sei erstan-
den, fand diese Erzählung bei vielen Glauben, die
sich sogleich durch die Taufe — dieser Johanneische
Einweihungsritus ward beibehalten — (es gab also
kein heiliges Sakrament der Taufe, Jesus hat keine
Kirche gestiftet und den heiligen Geist nicht gesendet!)
zur Buße und zum Glauben an den Messias Jesus
bekannten. Man erstaunte, daß diese armen Fischer
nicht zu ihrer Arbeit zurückkehrten, und hielt es für
unmöglich, daß sie einmütig einem Traume oder
Gesicht die Ruhe ihres Lebens aufopferten und ihr
Leben selbst für den wagten, der sie betrogen hätte."
Siehe „Franz Berg, geistlicher Rat und Professor
der Kirchengeschichte an der Universität Würzburg",

von J. B. Schwab. Seite 155—157. Auf solch
unwissenschaftliche, schmachvolle und verräterische Weise
mißhandelten Priester, Professoren, Doktoren der
Theologie, die bei Empfang der Priesterweihe die
confessio tridentina beschworen hatten, die eiblich
gelobt hatten, den Glauben an Jesum Christum und
sein Evangelium zu verkündigen und seiner Kirche
unverbrüchlichen Gehorsam zu leisten, den Sohn
Gottes und Welterlöser, seine Apostel und die Heilsanstalt, die er gegründet hat! Auf diese Weise unterrichteten sie in einem der wichtigsten Fächer der Theologie ihre Zuhörer, die dereinst als Priester das
Evangelium im Sinn und Geist der Kirche auf der
Kanzel, in der Christenlehre und Schule verkündigen
sollten!

„Aber um Gottes willen“, wirst Du fragen,
„hat denn der Erzbischof von Freiburg, dem diese
himmelschreiende Kirchengeschichts-Folterung durch
Reichlin-Meldegg gewiß nicht verborgen blieb, dagegen nicht feierlich protestiert und bei der großherzoglich badischen Regierung die Entfernung des genannten Professors beantragt, d. h. kategorisch verlangt? Allerdings hat Erzbischof Bernhard Boll
beides getan. Nachdem Reichlin-Meldegg die unsägliche Frechheit gehabt hatte, in der Aschaffenburger
„Allgemeinen Kirchenzeitung“ vom 6. Juni 1830
einen mordbrennerischen Artikel gegen die katholische
Kirche, ihr Dogma, ihre Disziplin und Hierarchie

erscheinen zu lassen und Vorschläge zur Verbesserung
der „deutschkatholischen Kirche" zu machen, und
da fast gleichzeitig damit der I. Band seiner häreti-
schen Kirchengeschichte erschienen war, wendete sich Bernhard Boll direkt an den Großherzog Leopold und
bat bringend um schleunige Abhilfe. Zugleich legte
er Reichlin-Meldegg, am 28. Juni des erwähnten
Jahres, schriftlich drei Fragen vor, erstens: Ob er
der Verfasser des I. Bandes der „Geschichte des
Christentums" seie? Zweitens: Ob er bereit seie,
seine Irrtümer zu widerrufen? und drittens: das
Glaubensbekenntnis zu erneuern? Frage 1 wurde
von Reichlin-Meldegg mit ja, Frage 2 und 3 mit
nein beantwortet, doch erklärte er sich — ganz ana-
log der Gepflogenheit aller Häretiker — bereit, über
die ihm zur Last gelegten irrtümlichen Ansichten und
Aussprüche zu disputieren, was der Erzbischof aber
selbstverstänblich ablehnte. Da von Karlsruhe lange
Zeit kein endgiltiger Bescheid eintraf, führte Reichlin-Meldegg selbst durch einen tollkühnen Schritt
eine schnelle und definitive Lösung der Frage herbei:
ob er als notorischer Häretiker und unversöhnlicher
Kirchenfeind noch fürderhin Professor der christkatholischen Kirchengeschichte sein könne? Er erklärte nämlich, am 29. Februar 1832, öffertlich in der protestantischen Kirche zu Freiburg seinen Abfall von
der katholischen und seinen Übertritt zur protestantischen Kirche. Nun wurde er an die Universität zu

24*

Heidelberg mit der Weisung verfezt: sich aller höhnischen und lästernden Ausfälle gegen die katholische Kirche sowohl in schriftlichen Kundgebungen als auch in seinen Vorlesungen zu enthalten. Noch in demselben Jahre (1832) veröffentlichte er zwei Broschüren: „Sendschreiben an den Herrn Erzbischof Bernhard Boll" und „Akt meines Übertrittes und mein Glaubensbekenntnis", in welchen sich ein glühender Haß gegen die katholische Kirche Luft macht, und dem genannten Erzbischof Verleumdungen und Sottisen pöbelhaftester Art ins Gesicht geschleudert werden. Selbst Protestanten sprachen höchst mißbilligend und entrüstet über Reichlin-Meldeggs verräterisches Benehmen gegen die katholische Kirche, über seinen Abfall von derselben und seine brüske und insolente Behandlung des Erzbischofes Bernhard Boll aus. Der gewiß unverdächtige protestantische Theologe, Johann Heinrich Kurz, fällt in seinem „Handbuch der allgemeinen Kirchengeschichte", III. Aufl., S. 32, folgendes Urteil über die Leistungen und den Charakter Reichlin-Meldeggs: „Reichlin Meldeggs Verlästerung des kirchlichen Altertums, die er unter dem Titel einer Geschichte des Christentums zu Markt brachte, ist dem Inhalte nach ebenso leichtfertig und flach als der Form nach deklamatorisch und weitschweifig-langweilig. Sein Übertritt zur protestantischen Kirche war eine Schmach für diese, ein Triumph für die katholische."

Heinrich Schreiber war von 1826 bis 1836 Professor der Moral, der Geschichte der Moral und der allgemeinen Religionslehre und gab bezüglich dieser Fächer zwei Schriften heraus: „Allgemeine Religionslehre nach Vernunft und Offenbarung" und: „Lehrbuch der Moraltheologie". Beide sind heterodox, in unkirchlichem Geiste geschrieben und widersprechen der kirchlichen Disziplin. Namentlich verwarf Schreiber in seinem „Lehrbuch der Moraltheologie" den Zölibat des Klerus, indem er behauptete, derselbe seie „widernatürlich, widerrechtlich und unsittlich". Erzbischof Ignaz Demeter sezte es endlich 1836 beim großherzoglichen Staatsministerium durch, daß Schreiber als Professor der Moraltheologie abgesezt wurde, worauf ihn dasselbe zum Professor der historischen Hilfswissenschaften ernannte. Zur Zeit des Rongesturmes (1845) wurde Schreiber rongisch und suchte in der Broschüre „Deutschkatholisches" (1846) das Rongetum zu rechtfertigen. Er trat, nachdem er während eines Menschenalters gegen den Zölibat geschrieben und vom Katheder herab gegen denselben gedonnert hatte, in den Ehestand, und nachdem sein Weib, das er blos aus Rücksichten und zur Satisfaktion geehelicht hatte, bald mit Tod abgegangen war, verheiratete er sich zum zweiten Male, was ihm aber notorisch sehr schlecht bekommen hat. Sein zweites, im Verhältnis zu ihm sehr junges Weib, das vom Zeitgeiste durch-

tränkt war, sezte ihm, wie man zu sagen pflegt,
Hörner auf, infolgedessen es zur Ehescheidung kam,
die für den alten, erotisch durchglühten Apostaten
die unangenehme Folge nach sich zog, daß er dem
von ihm getrennten Weib eine Pension ausbezahlen
musste. Dieser schrecklich mißglückte Versuch, sich der
erträumten Glückseligkeit des Ehestandes teilhaftig zu
machen, kühlte den Enthusiasmus des langjährigen
Kämpfers für die Aufhebung des Zölibates dermaßen
ab, daß er weit unter den Gefrierpunkt hinabsank.
Welche Ironie des Schicksals: Gerade das, wofür
Schreiber all seine Kraft, seine Energie und sein
Leben eingesezt, wofür er selbst seinen, bei der Priester=
weihe geschworenen Eid gebrochen und von der katho=
lischen Kirche abgefallen war, rächte sich so schrecklich
und bitter an ihm! Er hatte gerungen und gekämpft
und selbst seine Pflicht und sein Gewissen in die
Schanze geschlagen — für ein Phantom, für einen
Sodomsapfel! Gewiß hat sich der armselige Ehe=
krüppel, nachdem seine Luftschlösser in Dunst und
Nebel sich aufgelöst, oft an die Bibelstelle bei Jere=
mias, XXXI. 30. erinnert, die da weissagt: „Jeg=
licher, der saure Trauben ißt, deß Zähne sollen
stumpf werden", und an jene im Buch der Weis=
heit, XI. 17.: „Worin jemand sündigt, damit wird
er auch gestraft."

Heinrich Amann war Laie. (Reichlin=Mel=
degg und Schreiber waren, was übrigens, noch extra

zu sagen, kaum notwendig sein wird, Priester.) Er
hatte die Rechtswissenschaft studiert und wurde, nach
vorausgegangener dreimaliger Verwendung im Staats-
dienst, im Jahre 1820 zum Professor des Zivil-
und Kirchenrechtes an der Universität Freiburg ernannt. Er war hochliberal, antichristlich und anti-
kirchlich und überdies ein Kampfhahn erster Klasse,
der sich nicht damit begnügte, Dogma, Disziplin und
Hierarchie der Kirche vom Katheder herab anzugreifen,
sondern auch geistliche Kollegen, die ihm zu orthodox schienen, schmählich herunterriß. Daß die Kirche
dem Staat subordiniert seie, keinerlei Autonomie in
Anspruch zu nehmen berechtigt sei und nur in dem
Fall Rechte ausüben könne, wenn der Staat ihr
solche allergnädigst übertrage, daß ferner das Zöli-
batsgesetz aus verwerflichen Absichten von der Kirche
eingeführt worden, und die Päpste nach Willkür die
Kirche beherrschten, das war das Steckenpferd, das
Amann, der Professor des Kirchenrechtes, bei jeder
Vorlesung den Theologen und Juristen in Parade
vorritt.

Schon Erzbischof Bernhard beschwerte sich bei
dem großherzoglichen Staatsministerium über solch
eine beispiellose Kirchenrechtslehre. Allein Amann
blieb unangefochten und wurde deßwegen in seinen
Ausfällen gegen die Kirche und ihre Einrichtungen
immer gehässiger, heftiger und maßloser. Nach dem
Tode des ersten Erzbischofes (1836) hat dessen Nach-

folger, Ignaz Demeter, in Karlsruhe dringend um
die Enthebung Amanns von der Professur des Kirchen=
rechtes. Allein es blieb beim alten. Am 5. Dezem=
ber 1839 erneuerte der Erzbischof seine Bitte, wobei
er erwähnte, gegen Amann mit einer förmlichen An=
klage beim Ministerium auftreten zu müssen, weil
derselbe Papst Gregor XVI. in einer öffentlichen
Vorlesung einen Sultan genannt habe. Er erklärte
schließlich: er könne die Ehrenbeleidigung und Krän=
kung, die sich Amann gegen den Papst habe zu
Schulden kommen lassen, umso weniger ignorieren,
weil er (Ignaz Demeter) seit einem hal=
ben Jahre in Rom verklagt und überhaupt
bei einem großen Teile des Volkes sowie bei der
Geistlichkeit als Schmeichler der Regierung ver=
schrieen sei. Es war allerdings notorisch und keines=
wegs eine Verleumbung, daß Demeter sehr regierungs=
freundlich gesinnt seie, daß er sich der Regierung
gegenüber zu nachgiebig, willfährig und friedfertig
zeige. In Karlsruhe würdigte man Demeter aber,
troz all Dessen, dennoch gar keiner Antwort! Der=
selbe verfaßte deswegen am 19. Januar 1840 eine
neue, noch kläglichere Bittschrift an das Ministerium.
Er erwähnte in derselben, daß er wegen seiner zu
großen Nachsicht und Duldung in Rom an=
geklagt sei und täglich von dort der Aufforderung
entgegensehe, sich zu rechtfertigen. In Sachen Amanns
wolle er die Schuld nicht gerne auf das Ministerium

wälzen. (Wie zart, rücksichtsvoll und großmütig von einem Kirchenfürsten!) Er schloß seine be- und wehmütige Supplik mit den, seine Stellung zu Rom und zur großherzoglichen Regierung sehr bezeichnenden Worten: „Wenn die hohe Stelle (das Ministerium des Innern) mein bisheriges Benehmen, jede Berührung mit Rom zu vermeiden, nur billigen kann, um bei den allgemeinen kirchlichen Wirren den gefährlichen Fragen über gemischte Ehen*) auszuweichen, so ist

---

*) Dem verzagten, weichmütigen und alles apostolischen Heldenmutes baren Demeter mochte es vor dem Schicksale der unerschütterlichen, opferfreudigen und heldenmütigen Erzbischöfe C. A. Droste von Vischering von Köln und Martin von Dunin von Gnesen-Posen grauen. Beide wurden, weil sie am Recht und der Entscheidung der Kirche bezüglich der gemischten Ehen festgehalten und allen Versprechungen und Drohungen der preußischen Regierung unbeugsamen Widerstand entgegengesetzt hatten, in die Gefangenschaft abgeführt, in welcher sie bis zum Tode des Ministers Altenstein und des Königs Wilhelm III schmachten mussten. Schon einer solchen Gefahr sich auszusezen, geschweige denn ins Gefängnis gesezt zu werden, war nicht nach Demeters Geschmack, und darum regelte er, wie e,edem der Erzbischof von Köln, Graf von Spiegel, und die Bischöfe von Trier, Münster und Paderborn, die Angelegenheit betreffs der gemischten Ehen unter der Hand mit der Regierung, wobei er stets die Erhaltung des Friedens mit dem omnipotenten Staat und die sich ungeschmälert zu reservierende allerhöchste Gunst, Huld und Gnade im Aug behielt. Feigheit, servile Gesinnung und Buhlen um Gunst, Gnade und Orden haben stets und überall der Kirche das Joch der Knechtschaft aufgebürdet.

ebenfalls auch von Seite der Regierung
keine Veranlassung zu geben, welche die
Ruhe und den Frieden zwischen Staat
und Kirche stören könnte." Dieser Appell an
das Territorial=Kirchentum verfehlte, wie ein, im
rechten Moment und an die geeignete Stelle aufge=
legtes Zugpflaster, seine Wirkung nicht, denn Amann
wurde von Karlsruhe aus veranlaßt, seine Vor=
lesungen über Kirchenrecht einzustellen. Mehr als
zwanzig Jahre hatte er den Theologen die verderb=
lichsten Grundsäze vorgetragen, die leider vielen der=
selben in Fleisch und Blut übergegangen sind. Im
Jahre 1849 starb Amann als Pflegling der Irren=
anstalt Illenau!

Als ich die Universität bezog, waren die Haupt=
fächer: Kirchengeschichte, Dogmatik und Moral gut
vertreten.

Professor Vogel*) war entschieden katholisch
und kirchlich gesinnt, ein äußerst fleißiger Kompila=
tor und ein sehr pünktlicher und gewissenhafter Leh=
rer, der in jedem Semester sein Pensum vollständig
löste. Er erzählte mit hohem Ernst und tiefer Er=
griffenheit die Leiden und Kämpfe, die Ausbreitung
und den Sieg der Kirche und mit Entrüstung und
Abscheu die Bestrebungen und Schicksale der Häretiker.

---

*) Kürzehalber lasse ich vor dem Namen der Universitäts=
Professoren das Dr. weg.

Professor Staudenmaier war orthodox und kirchentreu, ein Mann von erstaunlicher Belesenheit, von eminentem Wissen, von Scharfsinn und unermüdlichem Fleiße, allein er schrieb sich bei seinen Vorlesungen nicht Stunde für Stunde ein bestimmtes Pensum vor, und darum erreichte er niemals das ihm gesteckte Ziel. Er polemisierte regelmäßig bei jeder Vorlesung gegen Hegel, Spinoza, Fichte, Schelling und Kant, von David Strauß, Bruno Bauer, Friedrich Feuerbach, Arthur Schopenhauer e tutti quanti gar nicht zu reden. Dadurch wurde die Hauptsache vernachlässigt und blieb unerledigt; neigte sich das Semester zu Ende, so diktierte er noch die Überschriften der Abschnitte und Kapitel, die hätten vorgetragen werden sollen. Vor lauter Gründlichkeit und Gelehrtheit, vor lauter Polemik einerseits und klaftertiefer Versenkung in die trozdem unergründlich bleibenden Glaubensgeheimnisse, besonders der Trinität, anderseits kam Staudenmaier zu keinem Ziel und End, und konnten wir uns nicht mehr zurechtfinden — wir sahen und fanden vor lauter Bäumen den Wald nicht.

Einige Schriften Staudenmaiers teilten das Los seiner Vorlesungen, sie blieben nämlich unvollendet. Die „Enzyklopädie der theologischen Wissenschaften" war auf zwei Bände berechnet, der zweite erschien aber niemals. „Die Philosophie des Christentums"

war sogar auf vier Bände berechnet, es erschien aber
blos der erste Band „die Lehre von der Idee“. Auch
die „Christliche Dogmatik“ blieb unvollendet. Vom
vierten Bande erschien blos die erste Abteilung. Da
weder das ganze Lehrbuch, noch die einzelnen Bände
vollendet und abgeschlossen vorlagen, als die Druck-
legung begann, sondern Staudenmaier kleinere Par-
tien des Manuskriptes in die Druckerei sendete, so
wird es niemand befremden, daß sowohl den einzelnen Bänden als auch den größeren Abschnitten
derselben eine streng durchgeführte organische Einheit und innere Harmonie abging, doch muß anerkannt werden, daß das, was von seiner Dogmatik
erschienen ist, beredes Zeugnis von der tiefen Gelehrtheit, von dem echt christlichen Geiste, von der streng
katholischen Gesinnung und der Begeisterung des
Verfassers für die Verherrlichung Gottes und den
wahren Glauben, ohne den es kein Heil gibt, ablegt. — „Der Geist des Christentums“, Mainz,
Druck und Verlag von Florian Kupferberg, zwei
Bände, ist eine kostbare Perle der katholischen Literatur, die in keiner Bibliothek eines studierenden
katholischen Jünglinges fehlen sollte. Ein Student,
der, bevor er verdorben ist, dieses unschäzbare, goldene Buch mit Interesse liest, seinen Inhalt beher-
zigt und sich redlich bemüht, seine Lehren zu befolgen, der ist mit einem unübersteiglichen Schuzwall
gegen alle Anfechtungen, mit denen ihn das land-

läufige Studentenleben bedroht, umgeben. Die kirch=
liche Approbation rühmt mit Recht diesem vortreff=
lichen Buche nach: „Es ist wahrhaft mit Geist ver=
faßt und führt den Leser in die Tiefe, Erhabenheit
und in den Reichtum des Kultus unserer katholischen
Kirche ein. Weit entfernt, daß etwas darin gegen
die katholische Glaubens= und Sittenlehre vorkäme,
weist dasselbe vielmehr die Glaubens= und Sitten=
lehre in ihrer lebendigen Verbindung mit dem kirch=
lichen Leben nach und ist ganz geeignet, dem den=
kenden Christen die Bedeutung des Kirchenjahres mit
seinen Festen und religiösen Gebräuchen aufzuschließen,
sein Gemüt über das Irdische zu erheben und für
das Himmlische zu begeistern.“ Eltern, die studierende
Söhne haben, können denselben, wenn sich dieselben
einmal in einer höheren Klasse befinden, kein wert=
volleres vade mecum, keinen zuverlässigeren Führer
und weiseren Ratgeber mitgeben als Staudenmaiers
„Geist des Christentums“.

Es fehlte Staudenmaier, bezüglich seiner Vor=
lesungen, der feste Plan, die Übersicht, die praktische
Einteilung, Disposition und Ordnung. Er hatte zu
alldem einen monotonen, langweiligen Vortrag, ein
schlechtes, übelklingendes Sprachorgan und „schwä=
belte“ stark; er war nämlich ein geborener Schwabe,
ein Würtemberger. Von Statur war er klein und
korpulent und imponierte durch sein Äußeres noch
um so weniger, weil er sehr schielte. Durch über=

mäßiges Studium, besonders des Nachts, zog er sich
eine unheilbare Krankheit — Gehirnerweichung —
zu, infolge deren er keine Vorlesungen mehr halten
konnte und sich pensionieren lassen mußte. Tragisch
war sein Tod. Auf einem einsamen Spaziergange
ergriff ihn, zwischen Freiburg und Ebnet, ein Schwin=
del, der ihn vom Weg abirren ließ. Er geriet in
den seichten Bewässerungsgraben einer Wiese, fiel,
konnte sich nicht mehr aufrichten und ertrank.

Staudenmaier war, wenn ich so sagen darf,
ein universeller Theolog, der das ganze Gebiet der
Gottesgelehrtheit beherrschte,

H i r s c h e r dagegen war Spezialist, er warf sich
mit aller Energie und mit eisernem Fleiß auf das Gebiet
der Moral und Pastoral, auf dem er eine unbestreitbare
Meisterschaft bewährte. In der Behandlung und Dar=
stellung der Moral verließ er den bisher gebräuchlichen
scholastischen und kasuistischen Weg und führte ein neues
System und eine neue Methode, dieselben durchzu=
führen, ein. Er legte der christlichen Moral die Idee
des Reiches Gottes zu Grund und konstruierte das=
selbe nach Maßgabe biblischer Vorschriften und Bei=
spiele, kirchlicher Entscheidungen und patristischer Aus=
sprüche sowie psychologischer Geseze so wahr und groß=
artig, ideal und originell, daß jeder, dem nicht klein=
liche Pedanterie den Geistesblick trübt, oder blasser
Neid ein hämisches Urteil diktiert, anerkennen wird,
daß Hirschers System der christlichen Moral auf

dem Gebiete dieſer Disziplin bahnbrechend und epoche=
machend ſowie hochverdienſtlich geweſen. Hirſchers
Vortrag und Sprachorgan waren nicht ſehr anſpre=
chend, allein aus ſeinen Worten ſprach eine heilige
Begeiſterung, ein großer ſittlicher Lebensernſt, feſter
Glauben und eine unerſchütterliche Überzeugungs=
treue. Seinem Aug wohnte eine große, myſtiſch wir=
kende Kraft inne, namentlich wenn er in tiefer Er=
griffenheit den Blick zum Himmel emporrichtete, man
glaubte dann wirklich, einen gottbegeiſterten Propheten
zu ſchauen. Seine äußere Erſcheinung war Achtung
und Ehrfurcht gebietend und Zutrauen erweckend. Er
war mittelgroß, mager und ging, obgleich erſt 56 Jahre
alt, als ich die Univerſität bezog, ſchon gebückt, un=
ſicher und ſchwerfällig einher. Als Hirſcher dreimal im
heiligen Eifer für, nach ſeiner Anſicht, einzuführende
zeitgemäße Reformen „neben die Scheibe ſchoß“,
erſtmals in einer Schrift über die heil. Meſſe, dann
in zwei Broſchüren über den Ablaß und über die
„kirchlichen Zuſtände der Gegenwart“, und von Rom
zenſuriert wurde, unterwarf er ſich ſogleich und
bedingungslos dem Ausſpruch der höchſten Lehr=
autorität. — Wir hatten vor Hirſcher einen ſehr
großen Reſpekt, der noch durch die Art und
Weiſe erhöht wurde, wie er das Examen abhielt.
Alle Profeſſoren examinierten im Univerſitätsgebäude,
im ſ. g. Schwizzimmer, das ſich über dem Portal
des genannten Gebäudes befand; nicht ſo Hirſcher,

er hielt die Prüfungen in seiner Privatwohnung
und zwar zu nächtlicher Stunde und jeweils nur
mit 5 bis 6 seiner Schüler ab. Als ich eines Tages,
behufs des abzulegenden ersten Examens über die
Moraltheologie, mit fünf Kommilitonen im Hause
Hirschers erschien, führte uns ein Dienstbote in das
zweite Stockwerk und dort in ein Zimmer, in welchem eine s. g. Studierlampe, die mit einem dunkel-
färbigen Lichtschirme bedeckt war, so düster brannte,
daß wir uns in einer geheimnisvollen Dämmerung
befanden. Wir wurden angewiesen, uns auf sechs
Sessel niederzulassen, die vor einem großen Kanapee
standen. Einige Zeit, nachdem wir Platz genommen
hatten, schwebte aus dem Nebenzimmer eine dunkle
Gestalt geisterhaft auf uns zu, ließ sich auf dem
Kanapee nieder und vergrub sich gleichsam in einer
Ecke desselben. Ihr Haupt war mit einem mächtigen
Lichtschirme bedeckt, so daß deren Antlitz absolut unsichtbar war. Hirscher, der ernste Moralist und un-
erbittlich strenge Examinator, saß uns gegenüber.
Jeder Leser wird mir, auch ohne hinzugefügte Be-
teuerung, glauben, wenn ich sage: unsere Situation
war sehr unbehaglich, es beschlich uns ein unheimliches Gefühl, und unser Herz schlug rascher in nicht
zu bannender Beklommenheit. Auch der Mutigste
wird befangen, und bemächtigt sich seiner Seele eine
Ängstlichkeit und Niedergedrücktheit, wenn er unter
den erwähnten Umständen eine Prüfung in einem

Hauptsache seines Studiums ablegen soll. Wer im Examen bei Hirscher bestehen wollte, der mußte sehr gut beschlagen sein, er durfte sich vor der geisterhaften Szenerie, die ihn umgab, ja nicht beeinflussen, nicht in Verwirrung bringen, und sich das Vertrauen, den Mut und die Zuversicht nicht rauben lassen. Es wäre eine große Vermessenheit gewesen, ohne gründliche Vorbereitung und ohne die erwähnten Eigenschaften sich bei Hirscher zum Examen zu melden, in diesem Falle würde das Durchfallen unvermeidlich erfolgt sein.

Nachdem sich Hirscher in der Kanapeeecke vergraben, und etwa 30—40 Sekunden lang eine peinliche Totenstille geherrscht hatte, legte er mit dumpfer Grabesstimme dem Johann H. eine Frage vor. H. geriet bald in ein falsches Geleise, wurde verwirrt und fuchtelte dann mit der Stange im Nebel herum. Da ließ sich plözlich aus der Geisterecke ein verdrießliches Murren und Brummen, man könnte fast sagen: Knurren, hören, worauf H. dem Strom seiner Beredsamkeit wohlweislich Einhalt gebot. Hirscher stellte nun an H., der schwer aufatmete und sich verlegen räusperte, eine zweite Frage. H. hatte allerdings das Pulver nicht erfunden, allein er war äußerst fleißig und hatte sich auf das Moralexamen lange und sorgfältig vorbereitet. Doch es gibt, wie man zu sagen pflegt, Unglückstage, und ein solcher schien damals dem H. zur Rüste zu

gehen, als er im „moralischen" Feuer exerzierte, denn
er schirrte das Pferd auch bei der zweiten Frage
vom Schweife auf und geriet auf falsche Fährte.
Nun war die Geduld des Moralprofessors erschöpft,
voll Unmut stieß er das derbe Wort hervor: „G'schwäz!",
was so viel sagen wollte als: durchgefallen mit Emi-
nenz. Da fuhr ein jäher Schreck in unsere Glieder,
geknickt, niedergedonnert saßen wir da wie arme
Sünder vor ihrem schneidigen, erbarmungslosen Richter. Es flimmerte vor unseren Augen, alle Säulen
und Grundfesten der „Idee des Reiches Gottes"
wankten — in unserem Kopf — und drohten —
in unserem Gedächtnis — einzustürzen, und es bangte
uns fünf Examinanden vor dem Schicksale unseres
Vorgängers. Nach einer langen, beängstigenden Pause
legte sich die bleischwere Hand der Universitäts-Justiz,
oder besser gesagt: Inquisition, kalt auf meine Schul-
ter, ich sollte des durchgefallenen H. Nachfolger sein
und meinen Schulsack, quoad doctrinam ethicam,
der Inspektion eines Professors unterwerfen, der,
infolge der Fehlschüsse meines Vorgängers, nicht in
rosiger Laune war, der, allem Anscheine nach, ge-
willt schien, heute Abend, troz geisterhaften Zwie-
lichtes, Haare zu spalten, und dem sehr wohl zuzutrauen war, daß er mir bei dem geringsten Fehl-
griff oder Übersehen ebenfalls ein ominöses „G'schwäz"
an den Kopf werfen würde. Wenn ich damals schon
mit der christlichen Lebensökonomie, Praxis und

Kasuistik vertraut gewesen wäre, dann hätte ich ganz gewiß ein feuriges Stoßgebet zum Himmel gesendet, mich dem Schuze des hl. Aloysius von Gonzaga oder des heiligen Thomas von Aquin empfohlen oder die vierzehn heiligen Nothelfer angerufen, allein so weit hatte ich es in der Anwendung und Verwertung des Christentums noch nicht gebracht. Ich war wohl gläubig und kirchlich gesinnt, Christ in der Theorie, dem Wunsch, Willen und Vorsaz nach, aber auf dem beschwerlichen Wege und schlüpfrigen Boden der Praxis war ich Anfänger, Neuling und Rekrut. Doch, Gott sei Dank, ich und meine vier Kommilitonen bestanden das Examen. Um 10 Uhr war die Schlacht geschlagen, einer war gefallen und fünf davongekommen. Daß wir nach überstandenen Strapazen, Ängsten und Gefahren, bevor wir ins Konvikt zurückkehrten, schnell das Kaffeehaus „Kopf“ von Pyhr besuchten und, wenn auch nicht licite so doch valide, ein Glas Bier tranken, das wird wohl jeder begreiflich und entschuldbar finden, der überhaupt zu unterscheiden weiß und nicht für Hahns Hydrotherapie oder eine anachoretische Askese schwärmt. Sollte aber einer oder der andere meiner Leser dennoch dieser oder jener Kategorie angehören, so steht es ihm frei, auf uns, nachdem ich im Namen aller offenherzig unsern Fehltritt bekannt, einen Stein zu werfen, unter der Bedingung jedoch, daß er selbst ohne alle und jegliche Sünde und Schuld ist

25*

und bei Dr. Johann Baptist Hirscher das Moral-
Examen bestanden hat. Ich bemerke schließlich, daß
der verbotene Trank uns köstlich mundete, mit Ausnahme des H., der den Stoff gallenbitter fand, wovon aber der Grund nicht im Bier, sondern in dem
erlittenen Durchfall zu suchen und zu finden war.
Man ersieht daraus, daß die Seelenstimmung, respektive die Gemütsverstimmung selbst den Gaumen
gröblich täuschen kann.

Nachdem ich den geneigten Leser in das un-
heimliche Prüfungszimmer Hirschers geführt und
ihn von der Art und Weise Zeuge sein ließ, wie
jener das Examen vornahm, und weil er dabei leicht
auf die Vermutung kommen könnte, Hirscher seie
Misanthrop oder bösartig gewesen und habe seine
Schüler kujonieren wollen; so fühle ich mich verpflichtet, jeden solchen Verdacht von Hirscher dadurch
fern zu halten, daß ich erwähne: Derselbe hat das
Examen in der geschilderten Art und Weise offenbar
in der Absicht abgehalten: er wollte seine Schüler
durch die tragischen Umstände, unter denen er sie
examinierte, und durch den hohen Ernst, den er dabei an den Tag legte und walten ließ, veranlassen,
sich mit allem Fleiß und Eifer, mit aller Gewissenhaftigkeit und Beharrlichkeit dem Studium eines so
wichtigen theologischen Faches, wie die Moral ist,
hinzugeben. Und Hirscher hat seine Absicht und
seinen Zweck vollkommen erreicht, denn auf kein Exa-

men bereiteten sich die Theologen ernster, sorgfältiger
und fleißiger vor als auf die Moral, und ich zweifle
sehr, ob es jemals ein Schüler Hirschers gewagt hat,
sich bei demselben zum Examen zu melden, der sich
nur oberflächlich darauf vorbereitet hatte. Jeder
wußte, daß man mit Flunkerei, Phraseologie und
Wortklauberei, mit Salbadern und Schwadronieren
beim „alten Baptist", wie Hirscher von den Theologen allgemein genannt wurde, sehr schlecht wegkam.
Wer bei Hirscher durchfiel, dem fehlte es entweder
an Talent oder Gedächtnis, an Mut oder Geistesgegenwart, an Selbstvertrauen oder Schlagfertigkeit.
Wer leicht verwirrt, zaghaft und ängstlich war,
konnte mit Sicherheit darauf rechnen, bei Hirscher
im Examen durchzufallen, auch wenn er sich noch so
fleißig darauf vorbereitet hatte. Und ebenso sicher ist
es, daß jeder, der die zwei bei Hirscher zu machen-
den Examina bestanden hatte, so leicht aufatmete,
als wäre seine Brust von einem drückenden Alp befreit worden, und daß er, wie der Soldat nach ge-
wonnener Schlacht, «victoria!» jubelte. Daß Hirscher weder bösartig, noch Misanthrop gewesen, geht
schon daraus hervor, daß er zum allgemeinen Besten,
namentlich zur Gründung und Erhaltung von Er-
ziehungsanstalten für verwahrloste Kinder (in Riegel,
Blumenfeld und Wallbürn) großmütige Geldopfer
darbrachte. Wohl mag an dem eigentümlichen Exa-
minations-Modus desselben die bekannte Prärogative

der Gelehrten — Grillenfängerei — auch etwas beteiligt gewesen sein; denn wo ist der große Gelehrte,
der, abgesehen von Podagra, Hypochondrie oder
Hämorrhoiden, nicht mit einer starken Dosis Marot-
ten, Kuriositäten, Schrullen und Kaprisen behaftet
wäre?

Zur Ergözung des Lesers führe ich eine heitere
Episode aus einem Examen an, das Staudenmaier
mit den Theologen des II. Kurses über Dogmatik
abhielt. Unter den Examinanden befand sich auch
ein Schweizer, der die Vorlesungen nachlässig besucht und den zweiten Teil der Dogmatik noch nach-
lässiger studiert hatte. Da derselbe den breiten
Schweizerdialekt ganz rein sprach, und ihn deßwegen
Staudenmaier nicht recht verstand, examinierte ihn
dieser in lateinischer Sprache. Nachdem der Schweizer schon halb und halb durchgefallen war, stellte
Staudenmaier noch eine Frage an ihn, um dessen
Ignoranz endgiltig auf den Zahn zu fühlen und
festzunageln, er fragte nämlich: «Quot sunt sacra-
menta?» Der Schweizer antwortete resolut: «Sacramanta*) sunt tras». Staudenmaier und wir alle
horchten hoch auf, und der Examinator fragte neu-
gierig: «Nempe?» Der Schweizer antwortete flugs:
«Nampe sequantes: baptisma, chrisma at immaculata conzaptio!» Einige Sekunden lang saß alles

---

*) Im Schweizer-Dialekt werden die meisten e wie a
gesprochen.

sprachlos und wie versteinert ob solchen Orakelspruches
des modernen Kirchenvaters aus der Schweiz da.
Endlich sagte Staubenmaier, indem er über die Bril=
lengläser blinzelte, sein Mund schelmisch lächelte und
sich der Grammatik des Schweizers akkommodierte:
«Stupenter loquasti et omnem meam exspecta-
tionem superasti, propterea percasus es.» Wie
ein Lauffeuer durchflog das neue Dogma von den
drei hochoriginellen Sakramenten, das die kühnsten
Erwartungen aller Jux= und Spaßvögel, aller Ka=
lauer= und Anekdotenjäger übertraf, alle Kreise Frei=
burgs, die der lateinischen Sprache mächtig waren,
und rief ein unbändiges, frenetisches Gelächter her=
vor. Auch dem Hochwürdigsten Herrn Erzbischof,
Hermann von Vicari, machte das neue Dekret der
schweizerischen Kongregation in dogmaticis, die tras
sacramanta: baptisma, chrisma at immaculata
conzaptio sehr vielen Spaß. Er fragte mich nach
vielen Jahren noch öfters: «Quot sunt sacramanta?»
und hatte eine helle Freude daran, wenn ich schlag=
fertig das erwähnte helvezische Responsum erteilte.

Leonhard Hug, Professor des alten und
neuen Testamentes, war geistig reich begabt, hatte
gründliche Studien, besonders in der Geschichte,
Archäologie, Mythologie, Philologie und biblischen
Kritik gemacht und verfocht scharfsinnig und siegreich
alle Angriffe gegen die heilige Schrift und die Gott=
heit Jesu Christi. Er widerlegte auf klassische und

originelle Weise die von Dr. Paulus, einem seichten
Rationalisten, verfaßte Schrift: „Das Leben Jesu
als Grundlage einer reinen Geschichte des Urchristen=
tums", und jene von Dr. D. Strauß, eines theolo=
gischen Materialisten, betitelt: „Das Leben Jesu".
Sein vortrefflichstes Werk ist die: „Einleitung in die
Schriften des neuen Testamentes." 2 Bände. Diese
vortreffliche Apologie des neuen Testamentes genießt
europäischen Ruf, denn sie bekämpft mit der ganzen
Wucht einer erstaunlichen Gelehrtheit, eines diplo=
matischen Scharfsinns und unter Benützung aller
Waffen der literarischen Strategie die rationalistische
und allegorische Auslegung des neuen Testamentes
und die negative, destruktive und skeptische Kritik
desselben.

Hugs Vorlesungen über die Einleitung in das
alte und neue Testament waren sehr belehrend und
ein hoher geistiger Genuß, aber trozdem hatten sie
keinen durchschlagenden und bleibenden Erfolg, und
zwar aus dem Grund, weil Hug es sich nicht ver=
sagen konnte, jährlich an gewissen Stellen, mit der
Regelmäßigkeit einer Uhr, eine unschickliche Bemer=
kung zu machen, eine triviale Schnurre loszulassen
oder einen frivolen und selbst blasphemischen Wiz
zu reißen. Er hielt es nicht unter seiner Würde, zu
lügen, denn er erzählte Histörchen, die er in Ägyp=
ten, wo er niemals gewesen, erlebt haben wollte!
Er verschmähte es nicht, seinen Zuhörern zu erzäh=

len, er habe in der vatikanischen Bibliothek einen
Kodex annektiert! Er entblödete sich nicht, vor seinen
Schülern das Bekenntnis abzulegen, er habe in Paris
seine Waden gelassen! Das Exzessivste, wozu sich Hug
verstieg, war die Erklärung des Namens „Jakob",
die Erzählung eines Abenteuers, das er auf einem
Spaziergang am Ufer des Nil erlebt haben wollte,
und eine, an die Stelle der heiligen Schrift, Matth.
I. 18 und 19. geknüpfte laszive und blasphemische
Bemerkung. Schwerwiegende Gründe und Rücksichten
verbieten es mir, die drei befingerzeigten koprono-
logischen Leistungen Hugs zu veröffentlichen. Doch
will ich in wenigen Worten die Gedanken wieder-
geben, die damals in Hugs Kolleg, anläßlich seiner
skandalösen Äußerungen, in mir aufgestiegen sind.
Ist's möglich, daß ein hochgelehrter und hochgestell-
ter Mann, ein Universitäts-Professor, ein Prälat,
eine der Hierarchie angehörende Persönlichkeit (Hug
war nämlich damals, 1845, Domdekan), ein Mitglied der Aristokratie des Geistes, solche unquali-
fizierbare Äußerungen tun kann? Ist es nicht unverantwortlich, daß ein Theologieprofessor vom Katheder
herab solche Feuerbrände in das Herz seiner Schüler
schleudert, die sich voll Hoffnung und Vertrauen zu
seinen Füßen gesezt, um hier, am Borne der Wissenschaft, Weisheit und Bildung, für ihren hohen und
heiligen Beruf vorbereitet und begeistert zu werden?
Wie mag ein Greis von 80 Jahren, der gleichsam

— 394 —

schon einen Fuß im Grabe hat, solche Burlesken und
Zoten, und zwar mit einem so sichtbaren Behagen
und mit lachendem, zahnlosem Munde zum Besten
geben? (Acht Monate später war Hug ins Grab ge-
sunken.) Wie ist's denkbar, daß ein Priester, ein
Theologie-Professor und Domdekan, der sich erbrei-
stet, bei der oben angegebenen Bibelstelle eine unverantwortliche Äußerung zu tun, an die Gottheit Jesu
Christi, an die göttliche Stiftung des Christentums
und der Kirche glaubt? Gerät denn Hug, der bald
abominable. Wize reißt, bald Christus- und Gottesleugner so glänzend widerlegt, nicht mit sich selbst
in Widerspruch? Wer ist der echte, wahre Hug: der
Wizbold auf dem Katheder oder der Apologet in der
Freiburger Diözesanzeitschrift? Ich fragte mich endlich: Wie war es möglich, daß man einen so großen
Übelstand 53 Jahre lang (von 1792—1845) fort-
bestehen lassen, d. h. Hug seine verderblichen Wize
ohne Rüge, Tadel und Warnung reißen lassen konnte?
Ich weiß auf die zulezt gestellte Frage nur die Antwort zu geben: ein glänzendes Talent, ein außer-
ordentliches Genie, eine eminente Gelehrtheit, flößen
solchen Respekt ein, daß man ihnen eine fast abgöt-
tische Ehre erweist und eine Huldigung darbringt,
wie sie bloß überirdischen Wesen gebührt. Infolge
dieses dem Genie erwiesenen Kultus übersieht man
dessen Schattenseite, Fehler und Mängel und fürch-
tet sich fast Sünde, sich tadelnd über dasselbe zu

äußern, sich gegen dasselbe auf ein Gesez zu berufen oder an eine höhere Instanz zu appellieren.

Hug war innerlich und äußerlich ein personifizierter Widerspruch: In seinen Schriften verfocht er die Gottheit Jesu Christi, im Kollege aber stellte er sie durch einen „schlechten Wiz" in Abrede und degradierte Jesum zu des Zimmermanns Sohn; als Domherr trug er klerikale Kleidung: Talar, Chorrock, Mozzetta und Brustkreuz, als Professor aber einen hechtgrauen Frack (den wir Studenten nur den „Müllerfrack" nannten), ditto Kniehosen und einen Zylinder, auch „Angströhre" genannt. Durch das erste und zweite Knopfloch seines „Müllerfrackes" war ein goldenes Kettchen vierfach gezogen, woraus abzunehmen war, daß Hug das Kommandeurkreuz eines hohen Ordens besaß (an den Namen desselben erinnere ich mich leider nicht mehr). Hug war klein von Statur und hatte eine geistreiche Physiognomie, aber aus jeder Linie derselben blizte etwas Schalkhaftes und Satyrisches hervor. Auf der Nordseite des alten Friedhofes zu Freiburg befindet sich Hugs Grab, das mit einem Denkmale geschmückt ist. Auf diesem Denkmal steht Hugs Büste, ein Meisterwerk der Skulptur, das die Physiognomie des großen Gelehrten mit photographischer Treue wiedergibt. Wer den alten Freiburger Friedhof besucht und die dortigen Monumente betrachtet, bleibt gewiß vor Hugs Büste betroffen stehen und findet, wie Hägele in der

Biographie von Alban Stolz, I. Auflage, S. 47, sagt, daß sie an Voltaire erinnert, d. h. daß zwischen ihr und Voltaires Porträt eine große Ähnlichkeit stattfindet.

Hugs Physiognomie und seine frivolen Wize erfüllten mich mit einem unbesiegbaren Mißtrauen gegen seine religiösen Ansichten und seinen Charakter. Seine erstaunliche Gelehrtheit hatte für mich etwas Unheimliches, sie erschien mir wie ein zweischneidiges Schwert, das nach Belieben und Laune Freund und Feind attaquieren konnte, das mit der einen Schneide die Gottheit Christi, die christliche Religion und Kirche verteidigen, mit der andern aber angreifen konnte. Soll Hug doch einst, als man ihn dafür beglückwünschte, daß er die Gottheit Jesu Christi so siegreich gegen Dr. Paulus und David Strauß verteidigt hatte, schmunzelnd geäußert haben: „Nun, ich hätte ebensowohl das Gegenteil beweisen können." Wenn man diese, Hug vielleicht nur in den Mund gelegte Äußerung mit den von ihm im Kolleg wirklich vorgebrachten „Wizen" vergleicht, so findet man zwischen beiden eine überraschende Ähnlichkeit und unverkennbare Verwandtschaft. Man erzählt ganz ähnliche Züge von dem „Einsiedler von Ferney" (Voltaire), auf die ich aber hier nur hinweise; siehe Dr. J. B Weiß's „Weltgeschichte", VII. Band, 1. Hälfte, Seite 20.!

Hugs Leistungen auf dem Gebiete der Bibelkunde hatten, troz seiner erstaunlichen Gelehrtheit,

seines Scharffinnes und seiner Meisterschaft in der
Apologie **bei seinen unmittelbaren Schülern** denſelben Erfolg wie die kunſtfertige Weberei der Pene-
lope, die in der Nacht aufzog, was ſie untertags
gewoben hatte und durch dieſe Liſt ihre Freier hin-
hielt, narrte und betrog. O dieſe heilloſen Wize des
gelehrten und genialen Hug, die alle ſeine ſcharfſin-
nigen Beweiſe für die Echtheit und Glaubwürdigkeit
der heiligen Schrift entkräfteten und Lügen ſtraften!

Hugs Geſinnung, Richtung und Charakter be-
weiſen unwiderlegbar, wie verderblich die von Joſef II.
eingeführten Generalſeminare waren. Im Jahre 1783
wurde ein ſolches auch in Freiburg für die Kandidaten des Prieſterſtandes, die den vorderöſterreichi-
ſchen Ländergebieten angehörten, errichtet. Noch in
demſelben Jahre trat Hug, der in Conſtanz geboren
war, als achtzehnjähriger Jüngling in dasſelbe.
Schon nach vier Jahren hatte er das Studium der
Philoſophie und Theologie vollendet und beſtand ſo-
dann mit glänzendem Erfolge das Examen, das ſeine
Befähigung zur Übernahme der Profeſſur des neuen
Teſtamentes nachwies. Allein er konnte die genannte
Profeſſur nicht antreten, weil er die Prieſterweihe
noch nicht empfangen hatte. Ihrem Empfang ſtand
aber das allzu jugendliche Alter desſelben entgegen
— er zählte nämlich erſt 22 Jahre. Er trat nun
als Studienpräfekt in das Generalſeminar ein und
verwaltete dieſes Amt drei Jahre lang. Hug ſtand

also während sieben Jahren unter dem höchst ver=
derblichen Einfluß der genannten Anstalt und hat
auch den Geist derselben vollständig in sich gesogen.
Dieser Geist läßt sich kurz und wahr also schildern:
Der Deismus wurde als einzig wahre Religion unter
dem Schlagwort „aufgeklärte Gottesverehrung“, „reine
Sittenlehre“, „geläutertes Evangelium“ und „ver=
nünftiges Christentum“ erklärt. Jesus Christus war
ihm der weise Lehrer von Nazareth, das Muster und
Vorbild echter Gottesliebe und wahrer Humanität.
Die Kirche ist eine Unterabteilung des Staates, sie
untersteht lediglich der Staatsgewalt und wird vom
Kaiser durch das Kultusministerium regiert. Die
Kirchendiener sind, vom Erzbischof bis zum lezten
Hilfspriester, Staatsdiener, sie empfangen ihre Ge=
walt und Vollmacht, ihre Instruktion und ihren
Gehalt vom Staat, und darum besteht ihre erste
Pflicht darin: unbedingt, unverbrüchlich und blind=
lings der Staatsregierung zu gehorchen.

Durch die Generalseminare sollte der Kirche
jedes Recht auf die Bildung und Erziehung der
Priester tatsächlich entrissen werden, und darum
mußten selbst die Ordensnovizen in die General=
seminare eintreten; dieselben hatten also den Zweck:
zuerst die Priesteramts=Kandidaten oder Aspiranten
von der Kirche und vom Christentum loszureißen,
und dann durch diese auch das Volk zu entchrist=
lichen. Alle sollten die Vernunftreligion bekennen

und ihr Leben nach den Prinzipien der Humanität
einrichten. Der berüchtigte Wittola, Redakteur der
„Wiener Kirchenzeitung“, Probst von Bienco, Denunziant bei der k. k. Regierung wegen s. g. Vergehen des hohen und niederen Klerus gegen allerhöchste Verordnungen, der in seiner Zeitung selbst
den vortrefflichen Erzbischof von Wien, Kardinal
Migazzi, wie einen Schulknaben abkanzelte und der
Regierung zur Absezung empfahl, erhoffte im Jahrgang 1784, von den Generalseminaren folgendes:
„Und wenn der Gott Josefs zu einem so philosophisch ohne Aberwiz und so christlich ohne Heuchelei
entworfenen Institut seinen Segen gibt, was wirst
du dann alles sehen, du glückliche Nachwelt! Du
wirst erleben, was uns unsere Sünden und derselben
schrecklichste Geißeln, unsere Jasone, unsere Mene-
lausse, unsere Alkime nicht haben erleben lassen. Du
wirst Priester sehen, welche eben, weil sie sich der
Jüngerschaft Jesu rühmen werden, alle ihm so teuern
Menschen lieben werden. Du wirst Prediger hören,
die nicht sich selbst, sondern das Wort Gottes predigen. Du wirst die göttliche Religion in ihrer ganzen himmlischen Schönheit prangen und ihre Kleinen
auf ihrem Schoße die Philosophie küssen sehen.“
Poz Bliz: wie poetisch, idyllisch und rührend, besonders der Schluß, der uns Säuglinge auf dem
Schoß der Religion sehen läßt, welche die Philosophie
küssen! Die von Josef II. auf dem Zwangsweg,

widerrechtlich, durch Kirchenmittel und dem Klerus abgepreßte Beiträge, errichteten und unterhaltenen Generalseminare zeitigten so schlechte Früchte, daß sich Kaiser Leopold II. genötigt sah, dieselben auf= zuheben.

Um den Leser in Stand zu sezen, sich ein rich= tiges Urteil über die Tendenz, welche die von Josef II. eingeführten Generalseminare verfolgten, und über den Geist, der in denselben herrschte, zu bilden, führe ich vier höchst merkwürdige Tatsachen an:

1. stammte die ganze Einrichtung der General= seminare von dem berüchtigten Illuminaten Rauten= strauch, der Prälat des Benediktinerklosters in Braunau, in Böhmen, war.

2. waren die Direktoren, Professoren, Präfek= ten 2c. der Generalseminare stets hochliberal und kirchenfeindlich; mit Vorliebe stellte die Regierung Illuminaten und Freimaurer als Vorstände und Professoren an denselben an.

3. wurde die Kirchengeschichte jahrelang nach dem betreffenden Lehrbuche des Protestanten Schröckh in denselben vorgetragen.

4. sah es in denselben auch, was Disziplin, Aszese und Sittlichkeit betrifft, beispiellos aus. Ich führe zum Beweise dessen aus Fr. Augustin Theiners „Geschichte der geistlichen Bildungsanstalten", Seite 302 u. ff., zwei sehr lehrreiche Beispiele an. Er sagt: „Unter den Professoren gab es Männer, welche

öffentliche Verführer der Jugend waren und nicht
allein ihre Religion, sondern auch ihre Sittlichkeit
untergruben. Das Seminar zu Freiburg im
Breisgau zeichnete sich namentlich durch die Im-
moralität und Verworfenheit seiner Professoren aus.
Hier wurde alles verhöhnt und mit Füßen getreten.
Öfters geschah es auch, daß die armen Landleute
und Bauern mehr Religion, Sittlichkeit und Vernunft hatten als die Wiener Illuminaten, welche
diese Eigenschaften aus den Anstalten, welche der
Gottesfurcht und Sittlichkeit gewidmet sein sollten,
unter Spott und Hohn vertrieben. Doch wenn der
Widerstand nicht ernster Natur war, gab man kein
Gehör in Wien. Alle, auch die gerechtesten Klagen
scheiterten an der jansenistischen Halsstarrigkeit und
Verruchtheit von Swietens.*) So erging es mit
Johann Kolb, einem geborenen Wiener, Priester und
Professor der Pastoraltheologie im Seminar zu Rattenberg in Tirol. Er sprach öffentlich im Angesichte
der Seminaristen und der Laien der Religion und
der Sittlichkeit Hohn. Er führte seine Zöglinge am Freitag in die gemeinsten Schenken und Kneipen, fraß und soff mit ihnen

---

*) Leibarzt der Kaiserin Maria Theresia, ein von Hol-
land nach Österreich importierter Aufklärungsapostel, der besonders als Vorstand des Unterrichtswesens, in Verbindung
mit Sonnenfels, Born, Rautenstrauch und Wittola, aus allen
Kräften dazu beitrug, das positive Christentum zu untergraben.

und forderte sie auf, zum Troze der kirch=
lichen Fastengebote, Fleisch und andere
untersagte Speisen zu essen. Er lehrte sie
öffentlich, daß die Unkeuschheit keine Sünde, erlaubt,
ja sogar notwendig sei .... Kolb wurde das
Ärgernis der ganzen Stadt. Man protestierte öffent=
lich gegen ihn in Wien, doch ohne Erfolg. Van
Swieten war sein Beschüzer, und Kolb blieb fünf
volle Jahre in Rattenberg. Nur der Tod konnte
dieses Scheusal vom Schauplaze seiner Verbrechen
abrufen."

An Kolbs Stelle kam ein Franziskaner, der
aber vor seiner Anstellung ein Examen in Wien zu
bestehen hatte. Dieser Franziskaner schilderte in einem
Brief, den er aus Wien an einen seiner Freunde in
Tirol schrieb, die Zustände in Wien und namentlich
in dem dortigen Generalseminar, nach Theiners Be=
richt, in folgender Weise: „Es wäre zu lang, Ihnen
alles zu erzählen, was ich in Wien gefunden habe.
Wissen Sie, und seien Sie überzeugt, daß ich nicht
hyperbolisch spreche, und daß ich lieber vorziehen würde,
die Hälfte meines Blutes zu vergießen, als je noch
einmal diese Stadt zu betreten. Ich habe mit dem
größten Schmerze in jener ehemals so blühenden und
berühmten Universität einen so allgemeinen Umsturz
der Dinge gesehen, daß ich Ihnen nicht sagen kann,
welcher Religion der größte Teil dieser Professoren
sei, noch was sie von der Gottheit Christi glauben,

jedoch ihre Früchte sollen es Ihnen gleich zeigen.
Ich habe in diesem Generalseminarium
eine solche greuliche Sittenlosigkeit wahr=
genommen, daß, hätte ich sie nicht
mit eigenen Augen gesehen, ich die Be=
richte der Andern hierüber nicht glauben
würde . . . .*) Was soll ich erst von den Thesen
sagen, die man hier verteidigt? Die gefährlichsten
Schriftsteller befinden sich in aller Händen, und meh=
rere Professoren ergänzen in ihren Erklärungen das,
was jenen Werken an Verruchtheit und Gottlosigkeit
abgeht. Hier behauptet man, daß es seit undenklichen
Zeiten kein ökumenisches Konzil mehr gegeben, da
hiezu die Gegenwart aller Seelsorger des ersten und
zweiten Ranges unbedingt notwendig sei. Dort ver=
wirft man den höchsten Vorsteher der Kirche, und
der Papst wird auf dieselbe Linie mit den übrigen
Bischöfen gesezt. An einem andern Orte treibt man
seinen Hohn mit der Erbsünde. Hier werden die
Bullen der Päpste dem schändlichsten Wize preisge=
geben, dort die Ablässe verschmäht und die Ohren=
beicht verachtet . . . . Was ich Ihnen vom General=
seminarium in Wien sage, läßt sich mehr oder min=

---

*) Sehr triftige Gründe lassen es rätlich erscheinen, den
in Theiners Buch hier stehenden Text durch Punkte zu sym=
bolisieren. Wer sich für denselben interessiert, mag ihn im
Originale oder in S. Brunners: „Die theologische Dienerschaft
am Hofe Josef II.“, S. 373 u. 374, nachlesen.

der von den übrigen Anstalten dieser Art zu Graz, Olmütz, Pavia, Prag und Innsbruck sagen, wo man Lehrer ohne Glauben und Religion angestellt hat. Der Jansenist Tamburini ist, nachdem er vom Territorium von Venedig wegen seiner Blasphemien und skandalösen Propositionen vertrieben worden war und sich nach Pavia geflüchtet hatte, Rektor des dortigen Seminares geworden. Rektor des Seminares in Innsbruck ist der berüchtigte Freigeist und Freimaurer Albertini. Diesen fürchterlichen Sturz unserer heiligen Kirche, diese Vernichtung des Glaubens, diesen Verfall der Sitten hätten unsere Bischöfe mit leichter Mühe durch einen edlen Widerstand abwehren können. Doch, o des Schmerzes, fast alle haben gemeinsam hiezu die Hand geboten und die dem Fürsten gebührende Huldigung der Huldigung Gottes vorgezogen. Wenn Sie nur die von ihnen ausnehmen: den Kardinal Migazzi, Erzbischof von Wien, den Fürsten Eszterhazy, Bischof von Agram, einen Mann von wahrhaft apostolischen Tugenden, und den Grafen von Edling, Erzbischof von Görz, so können die übrigen sämmtlich mit vollem Rechte eher Verwüster als Wächter ihrer Heerde genannt werden."*) Das ist in der Tat ein schmachvolles, aber ein wohlverdientes Zeugnis, das ein Zeitgenosse Josef II. den Generalseminaren ausgestellt hat.

---

*) Siehe die Belegstelle am Ende dieses Buches!

Über Franz Xaver Werk, den Professor der Pastoral, Liturgik und Katechetik, ist sehr wenig zu sagen, es wäre eigentlich viel mehr darüber zu sagen, daß man einen Mann, bei dem sich die geistige Gebrechlichkeit des hohen Alters schon längst bemerkbar gemacht hatte, aus dessen wässerigen Vorlesungen die Theologen des III. Kurses keinen oder nur sehr dürftigen Gewinn ziehen konnten, und dessen Vortrag fast unverständlich und ungenießbar war, weil er aus einem zahnlosen Mund kam, so lange den Lehrstuhl so wichtiger theologischer Disziplinen einnehmen ließ. Werks vademecum und Talisman war Reichenbergers „Pastoralanweisung zum akademischen Gebrauch". Statt Werks Vorlesungen aus Reichenbergers Werk anzuhören, hätten wir das genannte Werk mit mehr Nuzen und Muße im Konvikt direkt lesen können. Werk hatte so wenig Korpsgeist, daß er uns meistenteils Predigten von protestantischen Pastoren als nachzuahmende Muster vorlas, z. B. von Reinhard und Schleiermacher — gewiß eine große Taktlosigkeit und Armseligkeit, da es mit der kathol. Predigt-Literatur nicht derart bestellt ist, daß wir vor fremder Türe betteln gehen müßten! Es war mir das zweifelhafte Glück beschieden, die Vorlesungen Werks und Hugs im lezten Jahre ihrer akademischen Laufbahn zu hören.

Adelbert Maier hielt Vorlesungen über neutestamentliche Exegese, Pädagogik und Archäologie der Hebräer. Er war ein vortrefflicher Lehrer und besaß einen tadellosen Charakter.

Franz Josef Buß hielt Vorlesungen über das kanonische Recht. Er war ein Original und Genie sondergleichen. Er glühte von Mut und Begeisterung für Religion, Wahrheit und Recht. Er besaß ein vortreffliches Gedächtnis, eine erstaunliche Geistesgegenwart und Schlagfertigkeit und eine hinreißende, bezaubernde Beredsamkeit. Es war eine Lust und ein hoher Gewinn, diesen, in jeder Weise außerordentlichen Mann zu hören, der wie ein zürnender und rächender Erzengel mit dem flammenden Schwerte der Wissenschaft, des Humors, des Wizes und der Satyre das Christentum und das Recht der Kirche verteidigte und ihre Feinde bekämpfte; dabei wurde er durch eine imponierende Gestalt, eine geistreiche Physiognomie, ein strahlendes, leuchtendes Auge, ein kräftiges, wohlklingendes Sprachorgan und eine sehr lebhafte Gestikulation unterstüzt. Niemand hat s. Z. die katholische Religion und die Monarchie so heldenmütig und standhaft verteidigt wie der weltliche Professor Buß, und daß derselbe so oft im Kampfe unterlag, war nicht seine, sondern derjenigen Schuld, die ihn, gegen Pflicht und Gewissen, entweder während des Kampfes feige verließen oder sich an demselben gar nicht beteiligten.

Anläßlich der Schilderung der Professoren der Theologie und ihrer Vorlesungen möchte ich einen

sehr beklagenswerten Mißstand erwähnen, nämlich
die Vernachläffigung der lateinischen Sprache, die ja
mit Recht „die Kirchensprache" genannt wird. Ich
habe es schon weiter oben sehr bedauert und getadelt,
daß sich in den oberen Klassen des Gymnasiums und
Lyzeums Professoren und Schüler während des Unterrichtes in der lateinischen und französischen Sprache
weder der lateinischen, noch der französischen Sprache
bedienten, um wie viel mehr ist es aber zu mißbil-
ligen und zu beklagen, daß selbst auf der Universität die lateinische Sprache, die Muttersprache der
Theologie, gänzlich ignoriert und verachtet wurde!
Ist es aber keine Verachtung dieser für den Theologen so wichtigen und notwendigen Sprache, wenn
die Professoren, die derselben doch mächtig sein müf-
sen, ihre Schüler, die ja nach neunjähriger Erlernung derselben lateinisch verstehen, nicht in der Kirchensprache unterrichten? Wozu lernt denn der Knabe
und Jüngling mit vieler Mühe auf den gelehrten
Mittelschulen die lateinische Sprache? Soll vielleicht
damit, daß die Professoren sich ängstlich hüten, mit
ihren Schülern lateinisch zu reden, der vollgiltige
Beweis geliefert werden, daß die Sprache des antiken Roms eine tote Sprache ist? Oder soll durch
die Verfehmung der lateinischen Sprache, durch ihre
Verbannung aus den Lehrzimmern der Mittelschulen
und den Hörsälen der Universität etwa die Sittenlehre so recht drastisch zur Anschauung gebracht und

zur Nachahmung empfohlen werden: daß man die
Toten in Ruhe lasse? Doch sei ihm, wie ihm wolle,
so viel aber ist unbestreitbar gewiß, daß schon die
drei Jahre auf der Universität, während denen man
in den Hörsälen kein Sterbenswörtlein lateinisch reden
hörte, und die zehn Monate im Seminar, wo die
lateinische Sprache als ein Artikel immerwährender
Abstinenz, bezüglich der Vorlesungen, betrachtet und
behandelt wurde, hinreichten, daß wir der lateinischen
Sprache erheblich entfremdet wurden. Man könnte
zwar einwenden: die Theologen selbst sollten in
freiem Eifer die Kenntnisse, die sie in der lateinischen
Sprache sich erworben, konservieren und immer mehr
erweitern, und zwar dadurch, daß sie lateinische
Kirchenväter lesen. Ganz gut und schön gesagt und
gemeint, allein wie verhält es sich mit der Ausführ=
barkeit dieses Vorschlages, sofern man sich auf den
Boden der Wirklichkeit stellt? Ich antworte: Sehr
ungünstig; denn wenn der Theologe all den Fächern,
die er ex officio zu studieren hat, und über deren
Kenntnis er im Laufe von drei Jahren neunzehn
Examina (so viele waren es zu meiner Zeit) und
ein General=Examen, den concursus pro seminario,
ablegen muß, den nötigen Eifer und Fleiß widmet,
wenn er im Examen über so viele und schwierige
Fächer nicht Blut schwizen soll und sich nicht der
Gefahr aussezen will, durchzufallen, so erübrigt ihm
keine Zeit und vergeht ihm alle Lust, sich patristischen

Studien hinzugeben. Wenigstens im ersten und zwei=
ten Jahre des Studiums der Theologie ist es rein
unmöglich, neben Kirchengeschichte, Einleitung in das
alte und neue Testament, Dogmatik und Moral und
noch einigen Nebenfächern, troz allen Eifers und
Fleißes, ein Privatstudium zu treiben, sofern die ge=
nannten Fächer nicht stiefväterlich behandelt werden
sollen. Patristische Studien würden den Theologen
des I. und II. Kurses unbedingt mit geistiger Arbeit
überladen und ihn verhindern, die obligaten Fächer
zu bewältigen. Die Konviktoren des I. und II. Kurses
verloren überdies viele Zeit durch die Repetitionen,
die sie besuchen mussten und deren Nuzen und Ge=
winn, nach meiner Ansicht, sehr fraglich waren.
Wozu denn überhaupt eine Repetition in der Kirchen=
geschichte? Und wie konnte eine Repetition in der
Moral diejenigen noch weiter fördern, die den be=
geisterten Vortrag Hirschers gehört hatten? Blos in
der Dogmatik erschien eine Repetition sehr wünschens=
wert, ja selbst notwendig, weil Staudenmaier vor
lauter Polemik und Weitschweifigkeit niemals ans
Ziel kam; der Repetent der Dogmatik konnte sich
also dadurch ein großes Verdienst erwerben, daß er
die fragmentarische Arbeit Staudenmaiers ergänzte,
vervollständigte und beendigte, indem er die Dogma=
tik nach einem abgeschlossenen und praktischen Hand=
buche vortrug. Sollten die im Konvikte eingeführten
Repetitionen aber den Zweck haben, unfleißige und

notdürftig talentierte Jünglinge zum Studium anzu=
eifern und sie durch 19 Examina und den concursus pro seminario zu bugsieren und zu remorquieren,
so waren sie sicherlich eine Sisyphusarbeit, denn „ein
Hund, den man auf die Jagd tragen muß, der taugt
nichts". Sofern die Universitäts=Professoren der Theo=
logie tüchtige und praktische Lehrer, und ihre Schü=
ler nicht auf den Kopf gefallen und ums Sizleder
gekommen sind, halte ich die Repetitionen für ein
unnützes Wiederkäuen und für vertröbelte Zeit.

Das patristische Studium ist aber auch an und
für sich keine so leichte Sache, wie manche vielleicht
vermuten, denn viele, und gerade die gelehrtesten
Kirchenväter, z. B. Thomas von Aquin, bedienten
sich einer eigenen, von ihnen erfundenen Termino=
logie, über die gewöhnliche Lexika keinen Aufschluß
erteilen. Auch hat sich im Lauf der Jahrhunderte
eine eigene kirchliche Terminologie und Diktion für
theologische Begriffe, für kirchliche Handlungen, Zu=
stände und Rechte u. s. w. gebildet, in deren Ver=
ständnis die Theologen eingeführt, und die ihnen ge=
läufig gemacht werden sollten, und eben darum wäre
es durchaus zweckmäßig, daß, wenn nicht gerade alle,
so doch wenigstens Dogmatik und Kirchenrecht in
lateinischer Sprache vorgetragen werden. Die alten
Pfarrer und Ordenspriester konnten korrekt und per=
fekt lateinisch reden, weil es zu ihrer Zeit usus war,
in den höheren Klassen der Gymnasien und Lyzeen

lateinisch zu sprechen, und weil in den Scholastikaten
und in den Hörsälen der Universitäten die lateinische
Sprache obligat war. Die Erfahrung lehrt, daß
Meßbuch und Brevier allein den Theologen nicht
vor dem allmäligen Vergessen der lateinischen Sprache
schüzen. Ein Priester aber, der die lateinische Sprache
rabebricht, gleicht einem Vogel, der infolge langer
Käfighaft das Fliegen verlernt hat.

Nachdem ich dem geneigten Leser die Porträts
der Professoren der Theologie vor die Augen gehalten, komme ich enblich zur Beantwortung der Frage:
wie ich dem Deismus entsagt und wieder ein gläubiger Christ geworden?

Das, meinem Vater gegebene Versprechen und
meinen gemachten Vorsaz: aufrichtig, ehrlich und
eifrig Theologie zu studieren, habe ich, mit gutem
Gewissen darf ich es sagen, vollinhaltlich erfüllt.
Ich verlegte mich wißbegierig und ernst auf das
Studium der Fundamentalfächer der Theologie: auf
die „Enzyklopädie" und „Die Theorie der Religion
und Offenbarung", dargestellt von Staudenmaier.
Ich vertiefte mich wahrhaft in diese zwei hochwichtigen Abhandlungen desselben, ich beschäftigte mich
Tag und Nacht, wachend und träumend mit denselben, ich erwog, prüfte und beherzigte, ich wand
und wehrte mich aus allen Kräften gegen Überrum-
pelung und Gefangenschaft, ich verschanzte und verteidigte mich, d. h. den Deismus, die pure Vernunft-

religion — allein alles umsonst: ich musste kapitulieren und das Gewehr strecken. Ich war besiegt und
kampfunfähig gemacht. Doch meine Niederlage war
ein glänzender Sieg und eine herrliche Auferstehung.

Ich bin vollkommen davon überzeugt, daß ein
Jeder, der sich nicht absichtlich verblendet und sein
Herz verhärtet, der nicht aus Eigensinn und Troz
der Wahrheit widerstrebt, der nicht flatterhaft und
leichtsinnig, gedanken- und interesselos die genannten
Abhandlungen liest, sondern dieselben aufrichtig und
ernstlich studiert; von den dort für das Dasein eines
persönlichen, überweltlichen Gottes, für die Möglichkeit, Notwendigkeit und Wirklichkeit der göttlichen
Offenbarung an die Menschen und die Wahrheit
des Christentums angeführten Gründen vollständig
überzeugt wird. Wer seinen Leidenschaften, die gegen
eine geoffenbarte Religion, gegen das Christentum
und das christliche Sittengesez energisch protestieren,
Stillschweigen gebietet, wer sein Gewissen von dem
despotischen Drucke befreit, den er bisher auf dasselbe ausgeübt, wer seine Seele vom Aussaz der
Sünde reinigt und Jesum Christum, der von sich
gesagt: „Ich bin der Weg, die Wahrheit und das
Leben", in sein Herz aufnimmt, wer die süßen Erinnerungen seiner gläubigen, frommen und harm-
losen Kindheit wieder in sich aufleben und zu seinem
Herzen reden läßt, wer sich die weisen Lehren, die
wohlmeinenden Mahnungen und die ernsten War-

nungen seiner Eltern, und besonders die herzlichen
Zusprüche seiner liebevollen und tiefbekümmerten
Mutter ins Gedächtnis zurückruft; auf den üben die
erwähnten Abhandlungen einen geradezu überwälti-
genden und niederschmetternden Eindruck aus. All
die Wahngebilde und Hirngespinnste, mit denen eine
selbstgefällige Sophisterei und hochfahrende Rabuli-
sterei Geist und Herz geäfft, zerstieben, wie Rauch
und Nebel vor der aufgehenden Sonne, vor den
scharfsinnigen Beweisen und den unerbittlichen Syllo-
gismen, mit denen Staudenmaier Religion und
Christentum verteidigt. Seine Argumente sind Keulen-
schläge, die Lug und Trug, Wahn und Zweifel
niederstrecken.

Nachdem ich lange und ernstlich studiert, geprüft,
erwogen und verglichen, beugte ich meine Vernunft
unter die göttliche Offenbarung, unter das Dogma
der Kirche. Allerdings war ich in dieser Beziehung
noch nicht ganz am Ziele angekommen, denn es gab
noch manche Spezialität, die meinen, eines Neo-
phyten, Glauben auf eine harte Probe stellten. Allein
nachdem ich einmal auf dem dogmatischen Gebiete
festen Fuß gefaßt und von der göttlichen Stiftung
der Kirche, von ihrer Inspiration durch den heiligen
Geist, von ihrer Lehrautorität und Unfehlbarkeit in
allen, den Glauben, die Sittenlehre, die Disziplin
und den Kultus betreffenden Dingen überzeugt war,
durfte ich mit gutem Grunde hoffen, in kurzer Zeit

auch über jene Punkte ins reine zu kommen, die
mir jezt noch nicht einleuchteten. Wer eben in allem,
was die Religion und das Christentum betrifft,
jahrelang sich selbst als unumschränkten Freiherrn
betrachtete und das Urteil über alle religiösen Fra=
gen lediglich seiner kurzsichtigen Vernunft anheim=
stellte; den kommt es sehr schwer an, solche Dogmen zu
glauben und jenen Disziplinar=Vorschriften sich zu
unterwerfen, welche von den Weltkindern längst mit
Anathem und Interdikt belegt und mit Verachtung
und hohnlachend zurückgewiesen worden sind. Doch
wahr ist, was St. Paulus in dieser Beziehung,
I. Korinther, I. 27, geschrieben: „Was vor der Welt
töricht ist, hat Gott erwählt, um die Weisen zu be=
schämen, und das Schwache vor der Welt hat Gott
erwählt, um das Starke zu beschämen," und diese
Bibelstelle fand auch an mir ihre Bestätigung: das
vor der Welt Törichte erkannte ich bald als Wahr=
heit und Weisheit.

Ich weiß wohl, daß man mit solchem Bekennt=
nis den Weltkindern ins Aug greift, auf heftigen
Widerspruch bei ihnen stößt und ihren Zorn und
Spott auf sich zieht; sie sagen nämlich, wenn jemand
zur Kirche zurückkehrt, entweder: „Der Renegat ist
ein wankelmütiger, leichtgläubiger Schwachkopf, der
sich von den Römlingen übertölpeln oder schrecken
ließ", oder: „Er ist ein Heuchler, der aus Eigen=
nuz und Selbstsucht seine Überzeugung verleugnete

und zum Kreuze kroch." Den Weltkindern, den Auf=
geklärten, den „starken Geistern" ist es nämlich ein
unfaßbarer Gedanke, daß jemand, der eine gelehrte
Staatsanstalt besucht, alte und neue Klassiker gelesen,
das pantheistische System kennen gelernt, auf der
Eisenbahn gefahren, an seiner Korpsburschen=Müze
dreieckige, von Kommersen herrührende Löcher zur
Schau getragen, tanzen und fechten gelernt, Theater,
Konzerte und eine Weltausstellung besucht hat, aus
Überzeugung und in reiner Absicht „ultramontan
und ein Pfaffenknecht" werden kann. Religiöse Inter=
essen und Anliegen, Pflege des Seelenheiles und
treue Anhänglichkeit an die Kirche heißen sie: „reli=
giöse Überspanntheit, Betschwesterei, Muckertum,
Scheinheiligkeit und Fanatismus". Klemens Bren=
tano, der deutsche Dichter und Biograph Katha=
rinas von Emmerich, war, vor seiner Bekehrung, in
religiös=kirchlicher Beziehung eine Wetterfahne oder
Indifferentist und in moralischer ohne sittlichen Lebens=
ernst. Seine literarischen Produkte jener Zeit sind das
treue Abbild seines Seelenzustandes, das schlimmste
davon ist „Godwi oder das steinerne Bild der Mut=
ter." Nachdem er sich bekehrt hatte, bereute er tief
das schwere Ärgernis, das er durch seine Schriften
zahllosen Lesern gegeben hatte. Er ließ es aber da=
bei nicht bewendet sein, sondern er kaufte fürs erste
alle Exemplare derselben auf und verbrannte sie,
und fürs zweite verfaßte er von nun an nur solche

Schriften, die den christkatholischen Glauben befestig-
ten und zur Übung der Tugend aneiferten. Man
wäre nun gewiß zur Annahme berechtigt, diese Genugtuung leistende und sühnende Tat Brentanos
würde alle Anerkennung in der Öffentlichkeit gefunden haben; doch dem war nicht so! Die ganze Meute
der literarischen Schergen und Folterknechte liberaler
und modern-heidnischer Richtung fiel über den edlen
Mann her und stellte ihn als einen Abtrünnigen,
als einen Verräter, Heuchler, Betbruder, Wahn-
wizigen 2c. an den Pranger. Und gerade so erging
es den Konvertiten und Schriftstellern: F r i e d r i c h
v o n   S c h l e g e l, Kritiker und Ästhetiker; er verfaßte
in jüngeren Jahren den anstößigen, schlüpfrigen Roman
„Lucinde", was ihn später sehr reute, weßwegen er
denselben unter seine Werke nicht aufnahm. Er kon-
vertierte 1803, aus Überzeugung und Gewissenhaftigkeit; ferner: L e o p o l d v o n S t o l b e r g, F r i e d -
r i c h   v o n   H u r t e r, L u d w i g   v o n   H a l l e r,
G e o r g P h i l l i p s, K a r l E r n s t J a r k e und
nicht minder der Konvertitin und Schriftstellerin I d a
G r ä f i n v o n H a h n - H a h n. Was die Weltkinder
und die Moderngläubigen niemals verzeihen, ist:
Rückkehr zur positiv-christlichen Religion, zum katholischen Dogma und zum Gehorsam gegen die römische
Kirche. Als sich die Frau des berühmten Geschichtsforschers und Rechtsgelehrten Phillips, der aus Überzeugung und Gewissenhaftigkeit zur katholischen Kirche

zurückgekehrt war, bei dem preußischen Minister
von Altenstein, der, so viel an ihm lag, den
Hegel'schen Pantheismus zur preußischen Staatsreli-
gion machte und den Kampf mit Droste von Bische-
ring, Erzbischof von Köln, und mit Dunin, Erzbischof von Posen-Gnesen, inszenierte, über die Zurück-
sezung ihres Mannes beschwerte, sagte derselbe: „Liebe
Frau, wenn es Ihr Mann nur nicht aus
Überzeugung getan hätte!" Dieser absonder-
liche Minister des Unterrichtes und Kultus rechnete
es also dem hochgelehrten und charakterfesten Phillips
zum Verbrechen an, daß er aus Überzeugung
konvertiert hatte! Wenn also Phillips aus offenbar
verwerflichen Rücksichten, aus Egoismus, Klugheit
oder Geldgier konvertiert hätte, dann würde man
ihm diesen Schritt nicht verargt, ihn nicht zurückge-
sezt und nicht verfolgt haben. Ich habe wohl nicht
notwendig, hier zu bemerken, welche Bezeichnung
solche Gesinnung eigentlich verdient. Ja, ja, nur
keine Entschiedenheit, keinen Ernst, keine Überzeugung
und keinen Charakter in religiöser Beziehung an den
Tag legen — solches ist nicht nach dem Geschmacke
der, den Ton angebenden Fraktion des juste milieu,
der Skeptiker und Eklektiker, die, vor lauter Religion,
sich zu keiner Religion bekennen!

Ich habe weiter oben gesagt: „Wer die süßen
Erinnerungen seiner gläubigen, frommen und harm-
-losen Kindheit wieder in sich aufleben und zu seinem

Herzen reden läßt, wer sich die weisen Lehren, die
wohlmeinenden Mahnungen und die ernsten War=
nungen seiner Eltern, und besonders die herzlichen
Zusprüche seiner liebevollen und tiefbekümmerten Mut=
ter, ins Gedächtnis zurückruft," der kann, wenn die
Erweckungsgnade ihm zuteil wird, den Rückweg zur
Kirche wiederfinden und sich bekehren, und damit
wollte ich einesteils konstatieren, welch hohen Wert
eine religiös-sittliche Erziehung der Kinder von Seite
der Eltern hat, und andernteils meiner Überzeugung
Worte verleihen, daß es horrend selten und ein fast
unerhörter Fall ist, daß jemand, der entweder un=
gläubige oder der falschen Aufklärung huldigende
Eltern hatte, dem namentlich eine fromme, zärtlich
liebende Mutter abging, und der vom Christentum
abfiel, wieder zur Kirche zurückkehrt und sich wahr=
haft bekehrt. Ich habe hier namentlich studierende
Söhne im Aug und sage: wenn die Eltern im Her=
zen ihres Sohnes nicht, bevor er an eine gelehrte
Mittelschule kommt, ein religiöses Fundament legten,
wenn sie ihm nicht tiefe Ehrfurcht vor Gott, Liebe
zum gekreuzigten Heiland und Gehorsam gegen seine
heilige Kirche einpflanzten, wenn sie ihn nicht zur
gewissenhaften Verrichtung des Gebetes anhielten,
nicht an Ordnung, Zucht und sittlichen Lebenswan=
del gewöhnten, wenn sie ihn nicht mit Liebe und
Ernst beschworen, der Religion und Tugend treu
zu bleiben, wenn sie ihm nicht durch Religiosität,

Frömmigkeit und sittlichen Lebensernst vorleuchteten;
dann geht er, fern vom elterlichen Haus, von zahllosen Versuchungen und Gefahren umringt, fast ohne
Ausnahme, für Religion, Kirche und Tugend verloren, ja selbst die Gnade Gottes vermag ihn, in
der Regel, nicht mehr fürs Christentum und die Bekehrung zu gewinnen, und zwar darum nicht, weil
ihr jeder Anknüpfungspunkt fehlt, weil sich kein Heimweh nach dem verlorenen Paradies der gläubigen
Kindheit einstellen kann — ignoti nulla cupido —
weil der im elterlichen Haus Verwahrloste die be-
seligende Kraft und Gewalt der Religion über das
Menschenherz an sich niemals kennen lernte, weil er
den süßen Frieden, den die Religion und Tugend
der Seele bringen, niemals verkostete und darum
unfähig ist, den schreienden Unterschied zwischen der
frommen Hingabe an Gott und der sittlichen Verwilderung, zwischen den stillen, heiligen Geistes- und
Herzensfreuden und dem wüsten Sinnentaumel, zwischen dem süßen Seelenfrieden und den Qualen eines
schuldbeladenen Gewissens zu ermessen. Ja, eine solide christliche Erziehung, ein exemplarisches, fried-
liches Familienleben und namentlich eine, vom ma-
gischen Schimmer der Gottesminne, der Andachtsglut
und der Tugend umstrahlte Mutter, sind dem, vom
Sturm und Wogendrang der Verführung hin- und
hergeworfenen studierenden Jüngling ein Rettungsanker, der ihn vor dem Untergang bewahrt, und

ein Leuchtturm, der ihm den Rückweg zum retten=
den Hafen zeigt. Der gelehrte Graf de Maistre
sagt: „Ein Sohn, der auf dem Schoße seiner Mut=
ter beten gelernt hat, kann niemals völlig zu Grunde
gehen,“ und der heilige Ambrosius, Bischof von
Mailand, vor dem die Mutter des noch heidnischen
und unbekehrten Augustinus ihr liebendes und sor=
generfülltes Herz unter Tränen ausschüttete, tröstete
dieselbe mit den Worten: „Der Sohn solcher Tränen
(d. h. einer solchen tief bekümmerten Mutter) kann
nicht verloren gehen.“ Und er ging nicht verloren,
sondern er ging in sich, wurde Christ, Priester, Bi=
schof und ein Heiliger. Ja, eine gläubige, ungeheu=
chelt fromme, ehrwürdige und liebevolle Mutter ist
der gute Genius, der Schutzengel ihrer Kinder, ihre
Sprüche der Weisheit; ihre Mahnungen und War=
nungen prägen sich unverwischbar dem Geist und
Herzen ihrer Kinder ein, sie verlieren niemals ihre
Bedeutung und geheimnisvolle Kraft, sie lassen sich
nicht bannen und ins Totenregister eintragen. Wie
das Weizenkorn seine Lebensfähigkeit und Triebkraft,
trotz der Länge der Zeit, nicht verliert, so das Wort,
das gute Beispiel, das Gebet und die Tränen einer
Mutter — sie sind unsterblich, sie erheben sich gei=
sterhaft selbst aus dem Grabe, treten vor die Seele
des Kindes hin und predigen ihm Sinnesänderung
und Buße. In diesem Sinne bestätigt sich die Be=
hauptung des Brandstifters auf dem religiösen, kirch=

lichen, politiſchen, pädagogiſchen und ſozialen Gebiete,
Guſtav Flourens', der in der durch und durch
revolutionären Broſchüre «La libre pensée» ſchreibt:
„Der Feind iſt Gott, Haß gegen Gott iſt der An=
fang der Weisheit. Wenn die Menſchheit fortſchreiten
will, ſo muß ſie den Atheismus zur Grundlage haben.
Es iſt unumgänglich notwendig, bei der
Erziehung der Kinder jede Spur von Re=
ligioſität zu verbannen, weil ſonſt dadurch
in der Kindheit einige Longitudinalfaſern des Ge=
hirns mit Religion infiltriert werden; und wenn
man dann im kräftigſten Mannesalter auch alle Re=
ligion weggeworfen, ſo hat man doch im ſpäteren
Alter nicht mehr die Kraft, gegen das religiöſe Gift
zu reagieren. Zum Beſten der Kinder muß man
daher der heranwachſenden Generation die Prinzipien
des Atheismus mit Gewalt aufzwingen." Na=
türlich, denn dann können die Longitudinalfaſern des
Gehirns nicht mit Religion, dieſem furchtbaren Gifte,
infiltriert und imprägniert werden. Freilich, freilich:
durch eine chriſtliche Erziehung im elterlichen Hauſe,
durch die gewiſſenhafte Erfüllung der Mutterpflicht
und den Religionsunterricht werden allerdings, und
Gott ſei Dank, die Longitudinalfaſern des Gehirns der
Kinder, um mit Flourens zu reden, mit Religion
infiltriert und imprägniert, und iſt dabei nur zu
bedauern, daß dieſes ſo notwendige und heilſame
Geſchäft der religiöſen Chemie und Pharmazie oft

so lässig und leichtsinnig betrieben wird. Der wahr=
haft diabolische Vorschlag Gustav Flourens' sollte
alle Eltern, Priester und Lehrer anspornen, die ihrer
Obsorge, Leitung und Pflege von Gott anvertrauten
Kinder frühzeitig und reichlich mit Religion zu in=
filtrieren, um sie dadurch vor dem eigentlichen und
wahren Gifte: dem Unglauben, der Gottlosigkeit, der
Verführung und der Sittenlosigkeit zu schützen, oder
es ihnen wenigstens möglich zu machen, nach dem
Abfall vom Christentum und schwerer Verirrung sich
wieder zurechtzufinden und, wie einst der verlorene
Sohn, reuevoll in die Arme des treulos und schmäh=
lich verlassenen himmlischen Vaters zurückkehren zu
können.

Mir ist aus eigener Erfahrung nicht ein
einziges Beispiel bekannt, daß ein studierender Jüng=
ling, der ungläubige, aufgeklärte, dem Zeitgeist hul=
digende Eltern, einen Pantheisten oder Indifferen=
tisten zum Vater und eine emanzipierte Weltdame
zur Mutter gehabt, ein Christ im Glauben und Leben
geworden wäre; dagegen sind mir aus eigener
Erfahrung mehrere Beispiele bekannt, daß studie=
rende Jünglinge, die an ungläubigen Staatsanstalten
um die Religion gekommen und in sittlicher Beziehung
schwere Einbuße erlitten hatten, aber von entschieden
gläubigen, kirchentreuen und gottesfürchtigen Eltern,
namentlich von einer frommen und seeleneifrigen
Mutter erzogen worden waren, sich mit der Kirche

ausſöhnten und aufrichtig bekehrten. Das, was eine
gotterleuchtete, weiſe, ihrer ſchweren Verantwortung
vor Gott ſich bewußte und ihre Kinder in Gott liebende Mutter denſelben tief ins Herz gepflanzt, iſt
gleichſam ein mächtiger Magnet, der ſie ſpäter, nachdem ſie ſich verirrt hatten, aus der Nacht und Fin-
ſternis des Unglaubens und aus dem Elend und
der Knechtſchaft der Sünde befreit und in den
Beichtſtuhl und an die Kommunionbank führt. Die
Zuſprüche, Gebete und Tränen einer chriſtlichen
Mutter ſind gleichſam der Ariadnefaden, der ihren
Kindern es ermöglicht, den Rückweg aus dem Laby-
rinthe ſchwerer Verirrung und ſittlicher Verwilderung zu finden; ſie ſind die Erweckungsgnade, die
Gott Zahlloſen zuteil werden läßt, die am Glauben
Schiffbruch gelitten und gegen Gottes Gebote ſchwer
gefrevelt.

Ich habe nicht umſonſt etwas ausführlicher von
dieſem hochwichtigen Gegenſtande geredet, das geſchah nämlich aus dem Grund, weil demſelben in
der Regel viel zu wenig Aufmerkſamkeit geſchenkt
wird, weil ich mich ferner verpflichtet fühlte, hier
eine Dankesſchuld an meine Mutter ſelig abzutragen,
und weil ich manchen Leſer zur Entrichtung desſelben Tributes an ſeine Mutter, gleichviel ob ſie noch
unter den Lebenden weilt oder ſchon in die Ewigkeit abberufen wurde, ernſtlich auffordern möchte.
Ja, nebſt der zuvorkommenden Gnade Gottes, ver-

danke ich es der treuen Sorgfalt und dem heiligen
Eifer, die meine Eltern der Erziehung ihrer Kinder
hatten angedeihen lassen, ganz besonders aber den
eindringlichen Lehren und Ermahnungen, den Bitten
und Tränen meiner Mutter, mit denen sie den Himmel bestürmte, als ich von Jerusalem nach Jericho
ging und dabei unter die Räuber fiel, daß ich zum
Christentum zurückgekehrt bin und zurückkehren konnte.
Aber zu diesen natürlichen und übernatürlichen
Kräften gesellte sich noch der günstige Umstand, daß
ich Theologie studierte; und dem Zusammenwirken
dieser drei Faktoren gelang es, mir die Augen zu
öffnen und mich in den Schoß der katholischen Kirche
zurückzuführen. Ich bin vollkommen davon überzeugt, daß ich in der Opposition gegen das Christentum und die Kirche verharrt wäre, wenn ich nicht
Theologie studiert hätte. Alle meine Studiengenossen,
die sich anderen Berufsfächern zuwendeten, hielten
am modernen Heidentum fest, und manche derselben
beteiligten sich in hervorragender Weise am Kampf
gegen das Christentum und die katholische Kirche.
Ich führe diesbezüglich zwei sehr lehrreiche Beispiele
eigener Erfahrung an.

Studiosus Josef Z. bezog mit mir die Universität und trat mit mir auch ins Konvikt ein. Ich
wußte, da wir zu Rastatt in der Unter- und Obersexta auf Einer Bank gesessen und Mitkneiper der
„Markomannia" gewesen, daß er durchaus nicht be-

absichtigte, Priester zu werden, sondern die Philo=
logie als „Brodfach" erwählt hatte. Da Z. aber
von Haus aus kein Vermögen besaß, so wollte er
sich auf kluge, listige Weise während der Zeit des
Studiums seines Berufsfaches dadurch freie Station
im Konvikt verschaffen, daß er sich als Theologen
auf der Universität inskribieren ließ und im I. und
II. Semester des I. Kurses die Hauptfächer der Theo=
logie hörte. Er gedachte im II. und III. Kurs den=
selben Plan zur Ausführung zu bringen. Außer
den theologischen Disziplinen wollte er philologische
Fächer hören, die Philologie als eigentliches Studium
betreiben und schließlich der Theologie valet sagen,
nachdem ihn das Konvikt drei Jahre lang beherbergt
und beköstigt hatte. Um diesen schlau entworfenen
Plan vollständig realisieren zu können, hätte aber
Z. mehr Talent und Fleiß und bei weitem weniger
Durst und Leichtsinn haben müssen, als das wirk=
lich bei ihm der Fall war. Alle Konviktoren waren
nämlich laut Statuten verpflichtet, am Schlusse eines
jeden Semesters über jedes, während desselben gehörte
Hauptfach eine Prüfung abzulegen. Wer dieser Ver=
pflichtung nicht nachkam, mußte, sobald er mit zwei
Hauptexamen im Rückstande war, das Konvikt ver=
lassen. Es gehörte nun selbstverständlich viel Talent
und Fleiß dazu, diese Examina abzulegen, respektive
zu bestehen und nebenher noch philologische Fächer
zu hören und zu studieren. Am Ende des II. Seme=

sters wurde Z. aus dem Konvikte gewiesen, weil er
im I. Semester mit einem Examen im Rückstande
geblieben war und im II. sich gar keinem unterzogen
hatte. Allein Z. hatte doch wenigstens ein Jahr
kosten= und sorgenfrei gelebt. Wie sich Z. sodann
von 1845 bis 1849 als Philologe in Freiburg
durchschlug, kann ich nicht angeben, da ich demselben
nur selten auf der Straße oder im Universitätsgebäude
begegnete, aber das erfuhr ich, daß er eine intime
Freundschaft mit dem damaligen Universitäts=Fecht=
meister, dem s. g. „Haufuchs" E .... geschlossen
habe, der ein solcher Kapitallump war, daß er seinen
riesigen Leib noch zu Lebzeiten an zwei Anatomien,
an jene zu Straßburg und jene zu Freiburg, ver=
kaufte und den Erlös in Bier und Branntwein ver=
tilgte. Diese mit E. geschlossene Freundschaft ist ein
klarer Beweis, daß Z. von 1845 bis 1849 jeden=
falls mehr dem Bierglas als den Büchern zugespro=
chen und eifriger gekneipt als studiert haben wird.
Als im Frühjahr 1849 die Revolution losbrach,
trat Z. in die Reihen der Studentenlegion, retirierte
mit derselben vom Neckar bis zur Murg und begab
sich in die Festung Rastatt. Die Preußen schlossen
Rastatt, diese „Mausfalle", wie man damals die
Festung nannte, ringsum ein und zwangen sie nach
kurzer Zeit, sich, wegen Mangel an Proviant und
Munition, am 23. Juli, zu ergeben. Die ganze Be=
sazung — meuterisches Militär, Freischärler und

Studenten-Legionäre — wurde als kriegsgefangen
erklärt, in die Kasematten abgeführt und nach einiger Zeit vor ein Kriegsgericht gestellt. Z. wurde,
da er noch nicht 30 Jahre alt war, also zum ersten
„Aufgebot" gehörte, freigesprochen. Allein in den
sehr feuchten und darum sehr ungesunden Kasematten
war er von einem hartnäckigen Fieber befallen worden, das in eine galopierende Schwindsucht überging.
Er erbat darum in Karlsruhe die Aufnahme in das
dortige allgemeine Krankenhaus. Kaplan H., dem
die geistliche Pflege der katholischen Hospitaliten an-
vertraut war, und der sich beim ersten Besuche Z's
davon überzeugte, daß dessen Tage gezählt waren,
machte denselben in schonendster Weise auf seinen
bedenklichen Zustand aufmerksam und ermahnte ihn,
nach Pflicht und Gewissen, sich auf den Tod vorzubereiten, d. h. sich mit Gott durch den würdigen
Empfang der heiligen Sakramente auszusöhnen.
Höhnisch und frivol lachte ihm hierauf Z. ins Gesicht und sagte: „Sie werden als geweihter Hausierer
mit Ihrem geistlichen Kram bei mir sehr schlechte
Geschäfte machen, denn ich bin aus Überzeugung
Pantheist, ich halte das pantheistische System für
die einzige, eines vernünftig denkenden Menschen würdige Religion und alle andern Religionen und Konfessionen für Humbug und Schwindel. Der erträumte
Himmel mit allem, was d'rum und d'ran hängt, und
mit dem man bei Kindern, alten Weibern und Idio-

ten gute Geschäfte machen mag, ist mir um ein
Glas Lagerbier feil, und stinkt mir das lezte Vater
unser noch zum Hals herauf, obgleich ich dasselbe
vor vielen Jahren gebetet habe. Ich gebe mich, be=
züglich meines nahen Endes, durchaus keiner Täu=
schung hin, denn ich weiß, daß gegen den Tod kein
Kraut gewachsen ist, und mir die lezte Stunde sehr
bald schlagen wird, aber als Pantheist fühle ich
weder ein Bedürfnis noch ein Verlangen nach den
s. g. Tröstungen der Religion. Wenn Sie mir über=
haupt einen Dienst oder einen Gefallen erweisen
wollen, so ersuche ich Sie, mich mit Ihren Besuchen
und Zusprüchen zu verschonen. Ich habe längst auf=
gehört, Katholik und Christ zu sein, da ich also ab=
solut nicht in Ihren Schafstall und zu Ihrer Herde
gehöre, so kann ich sogar mit Recht verlangen, daß
Sie mir Ihre Pastoration nicht aufnötigen. Im
Übrigen habe ich die Ehre" — mit diesen Worten
drehte er sich im Bette um, kehrte sein Gesicht gegen
die Wand und verharrte im Stillschweigen. Z. lebte
noch acht Tage, und starb, wie er gelebt hatte —
ungläubig, unbußfertig und verstockt. Z. war das
Opfer des modern heidnischen Unterrichtes und der
sittlichen Verwahrlosung an den gelehrten Mittelschulen.

———

Im Jahre 1847 wohnte ich als Theologe des
III. Kurses der Frohnleichnamsprozession in Frei-

burg bei. Dieselbe wurde sehr feierlich und würdig gehalten. Alle Professoren der theologischen Fakultät beteiligten sich an derselben, von den übrigen Fakultäten aber blos drei Professoren: nämlich Dr. Buß, Dr. Schwörer und Dr. Wetzer, alle andern katholischen Professoren, sammt Akademikern, die keine Theologen waren, glänzten durch ihre Abwesenheit. Aus dem Münster bewegte sich die Prozession durch die Münstergasse und bog dann in die Kaiserstraße ein. Alle Häuser, an denen die Prozession vorüberging, waren mit Blumen, Guirlanden, Kränzen, Teppichen und Bildern reich verziert. In der Kaiserstraße nun, vis à vis des Museumsgebäudes, veranlaßte der katholische Akademiker B., der in Offenburg das Gymnasium absolviert und ein Jahr nach mir die Universität Freiburg bezogen hatte, ein sakrilegisches und nebstdem höchst widerwärtiges, ekelhaftes Skandal. B. bewohnte ein Zimmer des 3. Stockes, dessen zwei Fenster sich auf der Fasade des Hauses, die der Kaiserstraße zugekehrt war, befanden. Bevor die Prozession begann, hing B. einen gewissen Topf, dessen man sich gewöhnlich des Nachts bedient, vor das Fenster, unterhalb der Fensterbank, so daß derselbe von allen Vorübergehenden gesehen werden konnte oder vielmehr: gesehen werden mußte. Als die Prozession auf der Kaiserstraße erschien, legte sich B., angetan mit einem Schlafrock von geblümtem Stoff, mit bedecktem Kopf und eine Tabakspfeife schmauchend, recht behaglich breit unters Fenster. Durch die erwähnte Fensterdekoration, durch seinen relativ sehr flegelhaften Anzug und sein Tabak= schmauchen wollte er selbstverständlich seine Verach= tung des katholischen Dogmas von der Gegenwart Jesu Christi im allerheiligsten Altarsakrament, seine Verhöhnung des Kultus und der Liturgie der katho= lischen Kirche und sein modernes Heidentum an den Tag legen. B. beleidigte und kränkte, beschimpfte und ärgerte aber damit auch alle Diejenigen, die als gläubige, kirchentreue Katholiken sich der Prozession angeschlossen hatten, und überdies beging er eine flagrante Verlezung der Toleranz, der Religions= und Gewissensfreiheit, davon gar nicht zu reden, daß er sich das Zeugnis ausstellte, ein roher Bengel, ein frecher Schlingel und unflätiger Wicht zu sein. Staunend, empört, mit Entrüstung und heiligem Zorn gewahrten die der Prozession Beiwohnenden die profane, triviale Fensterzierde B's und empfan= den schmerzlich die Jesu Christo im allerheiligsten Altarsakramente und auch ihnen selbst angetane Beschimpfung und Schmach und wunderten sich, daß die hochlöbliche und hochmögende Hermandad gegen diese öffentliche und frivole Gotteslästerung und Religionsschändung nicht einschreite. Doch siehe da: auf einmal zieht sich B. vom Fenster zurück, und nach etlichen Minuten entfernt er den Topf und schließt das Fenster; es mußte also dennoch eine poli=

zeiliche Intervention stattgefunden haben. Welcher
Haß gegen die Religion überhaupt, und namentlich
gegen das Christentum und die katholische Kirche,
muß diesen Akademiker beseelt haben, und welcher
Geistes- und Herzensroheit und Impertinenz muß
er infolge dessen verfallen gewesen sein, daß er es
wagte, allem Anstand, aller Bildung, Gesittung,
Toleranz und Humanität Hohn zu sprechen und ins
Gesicht zu schlagen! Ja, diese zwei Beispiele, die
durchaus nicht aus der Luft gegriffen, sondern nach
der Natur wahr und treu gezeichnet sind, enthüllen
einen fürchterlichen Abgrund und eine moralische
Verkommenheit, in welche die studierende Jugend da=
mals versunken war, und die ihnen heute noch droht!
Aber wer wird sich ernstlich darüber wundern, und
wie konnte es anders sein unter den dem Leser be=
kannten Verhältnissen und Zuständen an den gelehr=
ten Mittelschulen und den Universitäten? Und,
leider, wie kann es auch heutzutag noch anders
sein! Bereits alle Professoren, deren Vorlesungen
die Nicht=Theologen hören, sind von Haß und Ver=
achtung des Christentums erfüllt und ergehen sich
in hämischen und frivolen Bemerkungen über den
Ultramontanismus und die „römische canaille und
camarilla". Alle Lehrbücher ihres Faches predigen
unverblümt den Pantheismus und werfen Steine
nach dem christlichen, speziell nach dem katholischen
„Aberglauben". Auch ist die Kneipe, der Fechtboden

und das Theater niemals eine Filiale und Pflanzschule des Christentums gewesen. Es dürfte ein wahres Mirakel sein, wenn ein Akademiker, ein Mediziner, Jurist, Philolog oder Kameralist an einem
Sonn- oder Festtag einer heiligen Messe beiwohnt
oder zur österlichen Zeit die heiligen Sakramente
empfängt. Sind sie aber, nach bestandenem Staatsexamen, ins praktische Berufsleben eingetreten, dann
haben sie weder Lust noch Liebe, und oft auch weder
Zeit noch Gelegenheit, sich mit religiösen Fragen zu
befassen. Die am weitesten verbreiteten und mit Vorliebe gelesenen Zeitungen predigen ihnen die seichtesten religiösen Grundsäze und geben der Abneigung
und dem Übelwollen, der Verachtung und Kampfes-
lust gegen Kirche, Hierarchie und Kultus stets neue
Nahrung. (Die in diese Kategorie gehörende „Garten-
laube" hatte anno 1886 schon 270.000 Abonnenten!)
Dazu gesellen sich die Sorgen für eine Familie, für
Weib und Kind, die im Casino, Museum 2c. in libe-
ralem Geiste geführten Diskussionen über die Kirchen-
politik, die Weltbegebenheiten, die verschiedenartigen
Tagesfragen und lokalen Neuigkeiten, die sehr oft
mit der Religion verquickt werden, und die zu er-
füllenden Obliegenheiten dieses oder jenes Vereines,
die ja wie Pilze emporschießen und mit klettenhafter
Zudringlichkeit Mitglieder werben, für die Bekämpfung des Christentums Propaganda machen und
ihre Legionen anfeuern, gegen die katholische Kirche

Sturm zu laufen. Dazu kommen noch viele schwer
wiegende Rücksichten, z. B. Beförderung, Gehalts-
zulage, Titel- und Ordenssucht, infolge deren sich
gar viele Staatsdiener eine lakaienhafte, servile Gesinnung gegen ihre Vorgesezten, die in der Regel
mit einer unbesiegbaren Antipathie gegen das Christentum und die katholische Kirche behaftet sind, aneignen. Welcher Staatsdiener, Civilist oder Militär,
welcher „Ganz-" oder „Halbstudierte" wirft noch
einen Blick in die heilige Schrift, in eine Apologie
des Christentums, in eine Schrift religiösen Inhaltes und orthodoxer Richtung? Welcher legt nicht
schnell, als habe er die Finger verbrannt, ein Buch
auf die Seite, das aus dem Verlage von Herder,
Benziger, Kirchheim, Pustet, Bachem, Schöningh,
Theissing u. s. w. stammt? Welcher bedient sich
eines Gebetbuches, beteiliget sich spontan an der Frohnleichnams-Prozession und benimmt sich würdig in
der Kirche, beim Gottesdienst, wenn er ex officio
am Geburtstage des Landesherrn der kirchlichen Feier
desselben beiwohnen muß? Denjenigen, die aus dem
Prägstock der aufgeklärten Gelehrtenschulen des konfessionslosen Staates hervorgegangen, ist es eine Sache
von apodiktischer Gewißheit, daß sich das Christentum überlebte, und daß es mit seinen Märchen,
Fabeln und Wundern, mit seinem, den Sinnen
schmeichelnden Gottesdienst, mit seinen Bruderschaften,
Rosenkränzen und Heiligenbildern nur noch das „un-

wiſſende" Volk befriedigen kann. Ihnen, als Män=
nern, die auf der Höhe der Zeit ſtehen, ſich mit der
Phyſiologie und Chemie auf dem Laufenden erhal=
ten und die hohe Aufgabe des XIX. Jahrhunderts
erfaßt haben, die im Urſchleim, in den Monaden
oder Zellen den Urgrund aller Dinge erkennen und
den Gorilla freudig als Stammvater anerkennen, iſt
es über jeden Zweifel erhaben, daß Religion und
Aberglauben identiſche Begriffe ſind, daß das Beten
das ſicherſte Symptom der Geiſtesſtörung und Ge=
mütskrankheit iſt, und daß Vernunft und Natur die
einzig und allein berechtigten und maßgebenden Autoritäten, Lehrmeiſter, Geſezgeber und Wegweiſer für
den Menſchen ſind. Und eben darum haben ſie definitiv mit jeder Religion gebrochen, ſie halten grund=
ſäzlich alles von ſich fern, was ſie an Chriſtus, Er=
löſung, Gnade, Gebet und Todbett erinnert; ſie
deckeln ſich in religiöſer Beziehung förmlich, wie
Schnecken im Spätjahr, ein, damit ja kein religiöſer
Luftzug ſie berühren kann. In dieſem Falle nüzt es
auch nichts, wenn ſolche pantheiſtiſchen oder deiſtiſchen
Klauſner und Anachoreten heilige Mütter gehabt
hätten. Auch ſtreckt der Stifter des Chriſtentums
nicht jeden, ihm Troz Bietenden und ihn Verfolgen-
den zu Boden und donnert ihn an: «Saule, Saule,
quid me persequeris? .... Durum est tibi contra
stimulum calcitrare», d. h. Saulus, Saulus, warum

verfolgst du mich? . . . . Schwer wird es dir, wider
den Stachel auszuschlagen. Apostelgesch. IX. 4 u. 5.

Das erwähnte drohende Hindernis, Theologie
zu studieren und, nach Absolvierung dieses Studiums,
Priester zu werden, war also glücklich überwunden,
aber wenn ich nun als gläubiger Christ rückwärts
oder vorwärts schaute, so bot sich meinen Blicken ein
sehr trauriger Anblick dar: viele Ruinen, Fehltritte und
Verirrungen, für den Dienst Gottes, das Leben der
Gnade und die sittliche Vervollkommnung verlorene
Jahre, wenn ich rückwärts, und eine schwer zu leistende Genugtuung, die Tilgung des, durch den Abfall vom Christentum und die Verachtung und Übertretung der Gebote Gottes und der Kirche in der
Seele und im Herzen entstandenen Verderbnisses,
der hartnäckige Kampf gegen tief eingewurzelte Gewohnheitssünden und die Erwerbung jener Tugenden, die jeder Christ, ganz besonders aber der
Priester, besitzen soll, wenn ich vorwärts schaute.
Es ist überhaupt schwer, mit Satan, Welt und
Fleisch stets siegreich zu kämpfen, den sündhaften
Trieben, Neigungen und Begierden abzusterben, in
Jesu Christo einen gottesfürchtigen Wandel zu führen
und in Übung der Tugend eine gewisse Virtuosität
zu erlangen, weil der Mensch infolge der Erbsünde
geschwächt wurde und zur Sünde hinneigt, weil er

28*

„in seinen Gliedern ein anderes Gesez inne wird, das dem Geseze seines Geistes widerstreitet, und das ihn unter dem Gesez der Sünde gefangen hält, das in seinen Gliedern ist," und „weil der Geist zwar willig, aber das Fleisch schwach ist;" um wie viel schwerer also ist es, allen Anforderungen des Christentums zu entsprechen, nachdem man mit Satan ein Schuz- und Truzbündnis gegen Gott geschlossen, der verkehrten Welt gedient, dem Fleisch unrechtmäßige Zugeständnisse gemacht, Leidenschaften großgezogen, sündhafte Gewohnheiten genährt, Leib und Seele geschadet und einen großen Teil der kostbaren, unwiederbringlichen Zeit verloren! Sich wahrhaft und gründlich bekehren, ist ein Riesenwerk. O mit der Beicht und Kommunion, mit einigen Seufzern und Tränen, mit Versprechungen, guten Vorsäzen und Gelöbnissen, mit einem kühnen Anlauf und Einer ritterlich überwundenen Versuchung ist nicht alles abgetan, das ist noch lange keine Bekehrung; es muß vielmehr eine völlige Wiedergeburt vor sich gehen und eine radikale Erneuerung des Geistes und Herzens nach Maßgabe des Evangeliums vorgenommen werden; das aber ist schwer, sehr schwer, das erfordert lange Zeit, große Kraft, vielen Ernst, stete Wachsamkeit und heldenmütige Ausdauer und Beharrlichkeit. Freilich meinen gar viele, sie könnten eine tief eingewurzelte, langjährige Leidenschaft mit einem kühnen Griff und schnellen Ruck aus dem Herzen

reißen und privilegierter Gewohnheitssünden, die ihnen
längst in Fleisch und Blut übergegangen und zur
zweiten Natur geworden, durch einen Kernspruch,
durch einen Machtbefehl, durch das drohende: «Quos
ego!» Herr und Meister, respektive ihrer los und
lebig werden, und sie könnten dann mit dem nassen
Schwamm der Bußzähren den Aussaz der Sünde in
der Seele hinwegwischen, mit dem Wund- und
Wunderbalsam der göttlichen Gnade allein die tiefen
und töblichen Wunden des Herzens heilen und ihrem,
in Ohnmacht versunkenen Willen durch fromme Zusprüche und Sentenzen die Sklavenketten abnehmen
— eine arge, gefährliche Täuschung! Der Zustand,
in welchen Leidenschaften und Gewohnheitssünden
Seele und Herz versezen, läßt sich teilweis sehr
wohl mit den Worten Gustav Flourens' bezeichnen:
sie infiltrieren die Longitudinalfasern
des Gehirnes und Herzens mit ihrem Gift und
Krankheitsstoff, sie rosten und fressen sich so tief in
das innerste Wesen der Seele und des Herzens ein,
daß sie nur mit unsäglicher Mühe, durch tägliche
Selbstverleugnung, Überwindung und Kampf und
unter steter Mitwirkung der Gnade Gottes, besiegt
und vernichtet werden können.

Der Student hat aber, außer der generellen
Bekehrung, sich noch einer speziellen zu unterziehen,
was so zu verstehen ist: wie man sinnbildlich vom
Auszehen des alten Adam redet, so kann man mit

demselben Fug und Recht figürlich auch vom Aus-
ziehen der s. v. Studentenhosen reden. Wie das Erste
notwendig und mühevoll ist, so auch das Zweite.
Und wie der alte Adam eine ganz fatale Anhänglichkeit an den Menschen besizt und sich verzweifelt
zur Wehr sezt, wenn er ausgezogen werden soll, gerade so die Studentenhosen, auch sie haften pudel-
närrisch an dem Bruder Studio und können in vielen Fällen gar nicht und in den andern nur mit
Gewalt und stückweis hinweggerissen werden. Unter
den Studentenhosen sind nämlich zu verstehen: die
Gewohnheiten und Gepflogenheiten, die Manieren
und Eigentümlichkeiten der Studenten, namentlich die
Renommisterei und das absprechende Wesen, die Verachtung jeder Autorität und die maßlose Überschäzung
seiner selbst, der Mangel an wahrem Ehrgefühl
und Charakter, die Trunksucht und Jagd nach sinn-
lichem Vergnügen. Diese Studentenhosen haben mit
den Kleidern der Israeliten in der Wüste viele Ähnlichkeit, sie waren nämlich, laut V. Buche Mosis,
XXIX. Kapitel und 5. Verse, unzerreißbar, sie wider-
standen also sehr lange der Zeit und allen Strapazen, und geradeso verhält es sich mit den Hosen der
Musensöhne: sie widerstehen sehr lange der Zeit und
freuen sich, nachdem der Musensohn die Universität
verlassen und pro forma philisterhafte Montur ange-
zogen, noch lange, als Unterhosen, des Lebens. Findet sich dann eine passende Gelegenheit, fühlt sich

der ehemalige Bruder Studio in seinem Element, trifft er mit Studienfreunden zusammen, so verschaffen sich alsbald die Studentenhosen Geltung. Ach, es hält so schwer, zu befolgen, was David im XXVI. Psalm, am 14. Verse befohlen: »Viriliter age!» d. h. handle männlich! Mann wird man leicht, ohne Anstrengung und Verdienst, aber männlich handeln, handeln nach festen, bewährten Grundsäzen, Charakter besizen, Christ sein in Wort und Tat, das kommt nicht von selbst, das vollzieht sich nicht ohne Zutun und Mitwirkung von Seite des Menschen, das ist löblich, rühmlich und verdienstlich.

Ich konstatiere hier, daß das Leben und die Verhältnisse im Konvikt weder der Bildung eines männlichen Charakters noch der sittlichen Umwandlung günstig waren. Überall, wo studierende Jünglinge zusammengepfercht sind, herrscht ein burschikoses, burleskes Wesen, das nicht selten zu Reibereien und Ausschreitungen führt. Die Hausordnung und die mit der Überwachung der Konviktoren betrauten Organe reizen den, der äußeren Freiheit beraubten, aber dieselbe schmerzlich vermissenden und nach derselben lechzenden Studenten stets zu Kontraventionen. Die Wahrheitsliebe wird täglich auf eine harte Probe gestellt; Übermut und Schelmenstreiche stehen immer auf der Lauer und warten auf eine schickliche Gelegenheit, sich freien Paß zu verschaffen, und der auferlegte Zwang verleitet sehr leicht zu Scheinheilig-

keit und Heuchelei. Die Konviktoren waren, so zu
sagen, amphibienartige Wesen, denn sie waren einesteils akademische Bürger, die sich einer fast schran-
kenlosen Freiheit erfreuen, und andernteils Zöglinge
einer Anstalt, deren Hausordnung ihre Lebensweise
in allweg regelte und sie Tag und Nacht, mit Ausnahme der Kollegienzeit und wöchentlich zweier Nach-
mittage, hinter Schloß und Riegel hielt. Vier Wochen-
tage waren bierlos, dafür entschädigten sich aber sehr
viele an den zwei freien Nachmittagen und am Sonntag in einer solchen Art und Weise, daß sie ohne
Kompaß und Steuer den Rückweg ins Konvikt antreten mußten.

Ich konstatiere ferner, daß es ein sehr schweres
Stück Arbeit ist, den Geist des Gebetes wieder zu
erlangen, nachdem man jahrelang von andern Geistern, unter denen besonders die alkoholischen stark
vertreten waren, sich beherrschen ließ, sein Herz an
den Eitelkeiten der Welt zu ersättigen gesucht und
Aug und Hände nie zum Himmel emporgehoben.
Was Wunder, wenn die Seele ihre Schwungkraft
verliert, wenn die Gedanken meisterlos wie Schmet-
terlinge umherflattern, und das Herz an der Erde
haftet! Der Gebetseifer und das Beten im Geist und
in der Wahrheit sind die Frucht der Liebe Gottes,
ist nun diese Liebe erkaltet oder erstorben, dann sinkt
das Gebet zu einem mechanischen Lippenwerk herab,
es ist ohne Kraft und Saft, es wird sogar mit in-

nerem Widerstreben und Widerwillen verrichtet, und
darum ist es nuzlos und eitel, es erlangt weder
Gnade noch Segen. Soll das Gebet seinem Begriff
und Zweck wieder entsprechen, soll es eine wirkliche
Erhebung des Geistes und Herzens zu Gott, ein
kindlich zutrauliches und vertrauensvolles Reden mit
Gott, eine Verherrlichung seiner Eigenschaften, eine
Anrufung seiner Hilfe, eine Danksagung für die von
ihm erhaltene Gnade sein; so muß zuerst die Liebe
Gottes im Herzen wieder entzündet werden. Ein
Wunder wars, daß aus dem Felsen in der Wüste
Wasser hervorquoll, als Moses, auf Gottes Befehl
hin, mit seinem Stabe an das harte Gestein schlug,
und ebenso ist es als ein Wunder zu betrachten,
wenn in einem Herzen, das für Gott erstorben war,
wieder Liebe entzündet wird. Gott wirkt allerdings
noch immer bieses Wunder, aber wie lange muß der
Mensch an sein, durch Abfall vom Christentum,
durch Weltliebe, Verirrung und Verwahrlosung ver=
steinertes Herz schlagen, bis es fähig und würdig
ist, einen Funken der Liebe Gottes in sich aufzu=
nehmen!

Ich konstatiere endlich, daß es von großem Vor=
teil, ja sogar unumgänglich notwendig wäre, diejeni=
gen, welche an den gelehrten Mittelschulen mit der
heillosen Mythologie näher bekannt geworden und
in eine wahre Schwärmerei für das olympische Leben
und Treiben gerieten, einer sorgfältigen Desinfektion

zu unterwerfen, ich fürchte aber sehr, selbst Chlor=
gas, Carbolsäure und Benzin dürften sich als wir=
kungslos gegen die in Leib und Seel eingedrungenen
mythologischen Bazillen erweisen. Vielleicht wäre zu
hoffen, wenn diese antiseptischen Mittel gleichzeitig
mit einem sehr kräftigen Exorzismus in Anwendung
gebracht würden, und damit noch eine Nachkur, be=
stehend aus dem Gebrauche von Santonin, Koussо=
pulver und unguentum mercuriale sich verbände,
daß dann Jupiter und Juno, Apollo und Venus,
Amor und Psyche sammt dem ganzen sauberen Per=
sonal der olympischen Hexenküche die Flucht ergriffen.
Wahrlich die Mythologie der Griechen und Römer,
wie sie zu meiner Zeit gelehrt wurde, wirkt bei der
studierenden Jugend, die ohnehin so leicht in Feuer
und Flammen gerät, höchst verderblich, und weil
sich mit ihr die meisterlose Lektüre der deutschen
Klassiker, namentlich Göthes und Schillers, der seich=
testen Romane und Novellen und der Besuch des Thea=
ters assoziiert, so darf man ohne alle Übertreibung
sagen, diese geistigen Mächte sengen und brennen in
der Seele und im Herzen des studierenden Jüng=
lings und richten in denselben eine große Verwüstung
an. Sie schmeicheln sich, girrend und reizend, mit
Blumen umkränzt, in Seele und Herz ein, regen die
Sinnlichkeit gewaltig auf und entzünden eine heftige
Feuersbrunst, die umso weniger bemeistert werden
kann, weil das moderne Heidentum alle Löschapparate

für derartige Bände in die Rumpelkammer gewor=
fen. Die verführerischen, reizenden, üppigen mytho=
logischen und erotischen Bilder umgaukeln Tag und
Nacht den Geist, sie drängen sich in alle Gedanken,
Gefühle, Wünsche, Hoffnungen und Strebungen, sie
halten jede edlere Regung der Seele und des Her=
zens nieder und üben einen wahren, eigentlichen Ter=
rorismus über Leib und Seele aus. Mag man sich
auch ermannen und diese Mameluken= und Janit=
scharen=Wirtschaft sich verbitten, mag man diese auf=
säzige, freche und unverschämte Brut gleichsam zur
vorderen Haustüre hinauswerfen, so kommt sie so=
gleich zur hinteren wieder herein; mag man sich be=
kreuzen, beten, mit Weihwasser besprengen, den Namens=
patron und den Schuzengel anrufen — vergebliches
Bemühen für lange, lange Zeit! Ich sage nicht: für
immerdar, sondern nur: für lange, lange Zeit; denn
durch Flucht der Gefahr, heroischen Kampf, beharr=
liches Gebet, Lektüre erbaulicher Bücher, namentlich
des Lebens der Heiligen, werden die unzüchtigen
Bilder der Mythologie und der Romane, sammt den
schlimmen Folgen ihrer Betrachtung, nach und nach
aus der Seele verbannt. Ein Sack kann seines In=
haltes dadurch leicht entlediget werden, daß man ihn
umstülpt, und dann kann er sogleich mit etwas an=
derem wieder gefüllt werden, aber nicht so die Seele,
denn sie ist kein Behältnis, das bei seiner Anfüllung
sich rein passiv und objektiv verhält, sondern sie ist

ein von Gott stammendes, Gott ähnliches, unsterbliches Wesen, das, mit den Jahren zum vollen Gebrauch seiner Kräfte gekommen, nach freier Wahl
sich für oder gegen Gott, für oder gegen die Tugend
entscheidet. Die Seele ist weich wie Wachs, meßwegen
sie die Eindrücke des Guten und Bösen in sich auf-
nehmen kann, aber hart wie Stahl, um sie festzuhalten, namentlich gilt dies bezüglich des Bösen, und
zwar aus dem Grund: die gefallene Natur neigt sich
zur Sünde, zu sündigen, darf man nur seiner ge-
fallenen Natur freien Lauf lassen, und ist dabei nur
der Widerstand des christlich erleuchteten Gewissens
zu besiegen; gilt es aber: die Tugend zu üben, so ist
die böse Lust, die Verderbtheit des Herzens und die
Schwäche des Willens zu besiegen. Diese dreifache
Opposition bei Übung der Tugend ist viel mächtiger
als jene des Gewissens allein bei Begehung der Sünde.
Die Sünde haftet aber viel hartnäckiger in Seele
und Herz, weil sie Blut und Nerven in viel höhe-
rem Grade in Mitleidenschaft zieht als die Tugend;
ich erinnere nur an den Haß und Zorn, die Unkeuschheit und Unmäßigkeit, den Neid und die Rachsucht, die bekanntlich die Herrschaft über Leib und
Seele an sich reißen und dann ganz autonom und
autokratisch schalten und walten — eine traurige,
aber wohlverdiente Lage, in welche der Sünder sich
durch eigene Schuld versezt, denn wer zu stolz und
zu feig ist, Gott zu dienen und Jesu sanftes Joch

zu tragen, der wird zur gerechten Strafe Satans und seiner Leidenschaften Sklave.

Die in religiös-sittlicher Beziehung überaus traurigen Zustände an den Universitäten Deutschlands und Österreichs haben in den dortigen Katholiken den Wunsch hervorgerufen, eine katholische Universität zu besizen, und in ihnen den Entschluß zur Reife gebracht, in Deutschland und Österreich je eine katholische Universität zu gründen. Die katholischen Vereine Deutschlands und Österreichs faßten, im Jahre 1848, den Beschluß: es seie eine katholische Universität für Deutschland, und im Jahre 1857: es seie eine solche auch für Österreich, und zwar in Salzburg, zu errichten. Der Landtag des Herzogtums Salzburg faßte seinerseits, am 18. Oktober 1884, den Beschluß: es seie die Errichtung einer freien katholischen Universität in Salzburg mit allen Kräften anzustreben, und zugleich seien die nötigen Schritte zu tun, dieses große Werk zustand zu bringen. Infolge dieses Beschlusses bildete sich ein katholischer Universitätsverein, der seinen Siz in Salzburg hat und den Zweck verfolgt, die Stiftung einer katholischen Universität dortselbst zu ermöglichen. Den sehr eifrigen Bemühungen dieses Vereines ist es zu verdanken, daß bis 1. Mai 1890 zu erwähntem Zwecke 75.565 Gulden gesammelt wurden; wenn man aber bedenkt, daß Österreich diesseits der Leitha ein fast ganz katholisches Land ist, und daß

es in demselben enorm reiche Familien gibt, wenn
man erwägt, daß die in den Vereinigten Staaten
Nordamerikas lebenden Katholiken zur Stiftung der
kath. Universität in Washington in der gleichen Zeit
6 Mill. Dollars, also fast 149 mal mehr, gespendet
haben als die Katholiken Zisleithaniens zur Errichtung einer kath. Universität in Salzburg, und wenn
man in Betracht zieht, daß sich ein Jeder, dem die
Erhaltung des Christentums am Herzen ligt, kaum
der Überzeugung verschließen kann, daß die Stiftung
einer katholischen Universität ein schreiendes Bedürfnis ist, um dem hereinbrechenden modernen Heidentum in Wissenschaft, Kunst und sozialem Leben einen
Damm entgegenzusezen; so erscheint .die genannte
Summe denn doch als ein dürftiges Opfer, das davon Zeugnis ablegt, daß es bei sehr vielen teils an
Opferwilligkeit zur Vollbringung eines eminent christlichen Werkes, teils an klarer Einsicht und an rech-
tem Verständnis dessen fehlt, welch hohe Güter, betreffs der zu errichtenden katholischen Universität,
auf dem Spiele stehen, die der Mit= und Nachwelt
erhalten bleiben sollen. Wer den Notschrei und Hilfe-
ruf der katholischen Vereine Deutschlands und Österreichs und des katholischen Universitätsvereines in
Salzburg vernommen und von Gott die Mittel erhalten hat, das im eigentlichen Sinne des Wortes
heilige, gottgefällige und hochverdienstliche Werk —
die Stiftung einer katholischen Universität — zu er=

möglichen, und dennoch teilnahmslos bleibt und
seine Hand verschließt, der ist entweder stumpfsinnig
oder vom antichristlichen Zeitgeiste beleckt oder ein
Mitglied jener Sippschaft, deren Devise lautet:
«Beati possidentes».

Sollte mein Buch, das den Unterricht und die
Erziehung der studierenden Jugend an den gelehrten
Mittelschulen und den Universitäten im Sinn und
Geist des modernen Heidentums und der falschen
Aufklärung mit aller Entschiedenheit verurteilt, nach=
dem es die schrecklichen Folgen solchen Unterrichtes
und solcher Erziehung anschaulich geschildert hat, zur
Gründung einer katholischen Universität in Deutsch=
land und Österreich etwas beitragen; so will ich Gott
preisen, der auch das Böse, (das gottentfrembdete
Mittelschulen und eine Universität gestiftet haben,
und das mein Buch veröffentlichte,) zum Guten zu
lenken weiß.

In jüngster Zeit wurden zwei katholische Uni=
versitäten errichtet, die eine in Freiburg, in der
Schweiz, und die andere in Washington, in den
Vereinigten Staaten Nordamerikas.

In Frankreich bestehen seit dem Jahre 1875
sechs katholische Universitäten, und besizt Belgien seit
dem Jahre 1835 eine katholische Universität.

Der geistreiche, für die katholischen Interessen
s. Z. unermüdet tätige Professor Dr. Buß verfaßte
drei Schriften, in welchen er die Notwendigkeit einer

gründlichen Reform des Unterrichtes an den gelehrten Mittelschulen und den Universitäten Deutschlands
schlagend nachwies und Vorschläge zur Errichtung
einer katholischen Universität in Deutschland machte.
Die Titel dieser Schriften lauten: „Aufgabe des
katholischen Teils deutscher Nation“, „Die notwendige Reform des Unterrichtes und der Erziehung der
katholischen Weltgeistlichkeit Deutschlands“ und „Die
freie katholische Universität Deutschlands“.

An einigen konfessionell gemischten Universitäten
Deutschlands und Österreichs haben sich, seit einiger
Zeit, katholische Studenten-Verbindungen oder Ver-
eine gebildet,*) die es sich zur Aufgabe gemacht,
ihre Mitglieder zu verpflichten, sich in Wort und
Tat als katholische Christen zu zeigen, ihre religiösen
Pflichten gewissenhaft zu erfüllen, die Vorlesungen

*) Der Vorort der katholischen Studentenverbindungen
ist München. Die dortige Verbindung «Aenania» berichtete
zu Anfang des Jahres 1890 in ihrem Korrespondenzblatt,
daß sich an 18 Universitäten katholische Studentenverbindungen
befinden, die 657 aktive Mitglieder zählen, nämlich 180 Studenten der theologischen, 176 der medizinischen, 155 der juri-
stischen und 146 der philosophischen Fakultät. Das sind sehr
erfreuliche Zahlen, und wird jeder echte Christ und Patriot
wünschen, Gottes Vorsehung und Gnade mögen den katholischen
Studentenverbindungen so viele Glieder zuführen, daß aus
ihnen ein starkes Heer gläubiger, frommer und charakterfester
Kirchen- und Staatsdiener, Bürger und Menschenfreunde er-
wachse.

fleißig zu hören, eifrig zu studieren, sich der, an den
Universitäten erbsäßigen Kneiperei zu enthalten und
sich nicht zu duellieren. An der Wiener Universität
bestehen zwei solche Vereine, die «Austria» und die
«Norica». Es gehört ein ungewöhnlicher Mannes-
mut und Charakter dazu, sich an einer Universität
wie Wien, wo weitaus die Majorität der Professoren
sich vom Christentum emanzipiert hat, dem modernen Heidentum huldigt und gegen jede positive Religion ihre souveräne Verachtung offensiv zu erkennen
gibt, und wo sehr viele Studenten den gewöhnlichen
Burschenschaften angehören und sich durch Arroganz,
Impertinenz und Rauflust auszeichnen, freimütig als
gläubigen Christen und kirchentreuen Katholiken dem
Spott und Hohn und selbst tätlichen Insulten auszusezen. Es ließ sich vermuten, daß die Korpsstudenten früher oder später über die Mitglieder der genannten katholischen Verbindungen meuchlings her-
fallen und durch eine solenne Keilerei ihre Begriffe
von Bildung und akademischer Freiheit an den Tag
legen würden. Solches geschah denn auch am 26. Oktober 1889, und zwar teils im Universitätsgebäude,
teils vor demselben, unter freiem Himmel und am
hellen Tage. 3—400 Korpsstudenten insultierten und
prügelten 40—50 Mitglieder der Austria und Norica,
von denen viele leicht und 4 bis 5 schwer verwundet wurden. Eine solche Roheit und Brutalität ließe
sich allenfalls von Bauernburschen, Fabriklern, Zigeu-

nern oder Zulukaffern erwarten und bei ihnen auch
einigermaßen entschuldigen, nimmermehr aber von
und bei akademischen Bürgern. Welch eine Heldentat: 3—400 rohe Bengel überfallen einen Trupp
von 40—50 friedlichen Studenten und prügeln dieselben nach Art der Hausknechte, weil sie, die Austrier
und Noriker, sich, aus Gründen der Vernunft, der
Religion und des Gewissens, nicht duellieren! Solche
Früchte zeitigt die von der Religion emanzipierte
Wissenschaft! Und solche Exempel des Vandalismus
und des „schlagfertigen" Fanatismus, die in den
Brutöfen der gottentfremdeten Wissenschaft ausgeheckt
werden, plädieren am lautesten und eindringlichsten
für die Errichtung einer katholischen Universität und
überhaupt für die Wiedereinführung des Christentums in **allen** Anstalten des Unterrichtes und der
Erziehung.

All die entsezlichen Katastrophen, die wir in
jüngster Zeit auf dem Gebiete der Moral erlebten,
sind lediglich die Folge der Verbannung des Christentums aus den Schulen und Familien, aus den Lehr-
büchern, Zeitungen und Unterhaltungsschriften, sie
sind die schauerlichen Ruinen, die das moderne Heidentum und der Darwinismus auf ihrem Triumphzuge
durch die Hörsäle der Universitäten und der gelehrten Mittelschulen, der Präparandien und Kunstaka-
demien, durch die Prunkgemächer der hohen Aristokratie und die „Tempel" der Thalia, durch die Dru-

ckereien und Arbeitssäle der weißen Sklaven der Groß=
industrie und des Kapitalismus hinter sich gelassen
haben. Und darum bietet einzig und allein die Rück=
kehr zum Christentum Rettung und Heil. Die Rück=
kehr zum Christentum muß sich aber auf dem gan=
zen Gebiete der Pädagogik und Wissenschaft, der
Volks=, der gelehrten Mittel= und Hochschulen voll=
ziehen. Sollten in Deutschland und Österreich zwei
katholische Universitäten ins Leben treten, so wären
dieselben, in Verbindung mit den schon bestehenden
katholischen Studentenvereinen, wohl ein schöner, er=
freulicher Anfang, aber auch nicht mehr als ein An=
fang, weil keine radikale Heilung des vorhandenen
Übels; eine solche kann nur dadurch erfolgen, **daß
der Staat einen gründlichen Systemwechsel, bezüg=
lich des Unterrichtes und der Erziehung in allen
öffentlichen Schulen, eine prinzipielle Reform des
gesammten Schulwesens, namentlich an den gelehr=
ten Mittelschulen, eintreten läßt.** Kämen die Abitu=
rienten von den Staatsgymnasien, wie bisher, als
moderne Heiden, frivole Religionsspötter und sittlich
verkommene Subjekte, **infolge eines Machtspruches
ihrer Eltern,** auf eine katholische Universität, so wür=
den auch die entschiedensten und eifrigsten katholischen
Professoren nichts mehr über sie vermögen oder nur
in horrend seltenen Fällen einen oder den andern dem
Unglauben und dem Sittenverderbnis entreißen kön=
nen. Es ist wahr und wird sich durch alle Zeiten er=

proben, was Salomon in den Sprüchwörtern, XXII. 6., gesagt: „Hat ein Jüngling seinen Weg gewohnt, so weicht er nicht davon, auch wenn er alt geworden," und was der Prophet Jeremias mit den Worten bestätigt: „Wenn ein Mohr seine Haut und ein Panther seine Flecken verändern kann, so könnt auch ihr Gutes tun, die ihr das Böse gewohnt seid." XIII. 23. Auch die Heiden waren von der Wahrheit dessen, was Salomon und Jeremias in den erwähnten Worten ausgesprochen, überzeugt, denn der Dichter Horaz schreibt in seinen Episteln, I. Buch, 2. Epistel, Vers 69: «Quo semel est imbuta recens servabit odorem testa diu,» d. h. ein neuer Hafen riecht lange nach dem, womit er einmal gefüllt war. Und in demselben Buche, in der 10. Epistel, Vers 24, tut er den Ausspruch: «Naturam expellas furca, tamen usque recurret,» d. h. magst du die Natur auch mit der Gabel (mit dem Karste) ausreuten, so wird sie doch wieder zum Vorschein kommen. Sündhafte Gewohnheiten und Leidenschaften werden dem Menschen aber zur zweiten Natur, weßwegen die erwähnten Aussprüche der heiligen Schrift nnd des Dichters Horaz auch auf sie angewendet werden können und müssen.

Daß viele Studenten der Theologie, obgleich sie die hinlänglich geschilderten Staatsgymnasien besuchten, dennoch zum Christentum und zur Kirche zurückkehren, ist nicht verwunderlich, wenn man bedenkt,

daß sie drei Jahre lang fast ausschließlich der Gottesgelehrtheit sich widmen, die Vorlesungen tüchtiger
Professoren der Theologie hören, die den Nachweis
liefern, daß das Christentum eine göttliche Stiftung
ist, der die Menschen auf dem Gebiete der Wissenschaft und Kunst, des Staates, der Familie und namentlich des sozialen Lebens unendlich viel zu verdanken haben; wenn man ferner bedenkt, daß sie,
die Theologen, in der Regel in kirchlichen Anstalten
wohnen, wo sie zahllosen Gefahren für Religion und
Moral entrückt sind, an Ordnung gewöhnt, zum Besuche des Gottesdienstes und zum Empfang der heiligen Sakramente angehalten und zur Führung eines
frommen, moralischen Lebenswandels angeleitet werden. All Das entfällt aber bei den Studenten der
weltlichen Fakultäten. Wie viele Juristen, Mediziner,
Kameralisten, Philologen und Philosophen werden
wohl, sofern die gelehrten Mittelschulen in dem religiös-sittlichen Zustand verbleiben, in welchem sie sich
bis dato befanden, auf einer katholischen Universität
ein christliches Buch kaufen, lesen oder studieren, an
Sonn- und Feiertagen einer Messe sammt Predigt
beiwohnen, an Ostern die heiligen Sakramente empfangen und an Abstinenztagen kein Fleisch essen?
Wahrscheinlich nur wenige. Man wird eben auch in
dieser Beziehung sagen müssen: „Eine Schwalbe
macht keinen Sommer.“

Soll sich ein völliger Umschwung auf dem

Gebiete des Unterrichtes und der Erziehung an den
gelehrten Mittelschulen und Universitäten vollziehen,
so kann dieses Riesenwerk nur dadurch zustand gebracht werden, daß der Unterricht in allen
Fächern und die ganze Erziehung der Jugend sowohl in den Volksschulen als auch
an den Staatsgymnasien und Universitäten auf das Christentum basiert und
mit den Grundsäzen der christlichen Kirche
in Einklang gebracht werden; daß die Staatsregierung nur solche Männer an den
Volksschulen, Gymnasien und Universitäten anstellt, die christgläubig und kirchlich gesinnt sind, daß die Lehrer und
Professoren der ihnen anvertrauten Jugend ein gutes Beispiel geben und der
Kirche jener Einfluß auf Unterricht und
Erziehung der Jugend eingeräumt wird,
den sie, im Hinblick auf ihren Beruf,
ihre Befähigung und ihren guten Willen, beanspruchen kann und muß. Doch
welche pia desideria! Wie viel Wasser wird noch
den Rhein und die Donau hinabfließen, bis dieselben
in Erfüllung gehen!

Eine, ich möchte fast sagen, mirakulöse Ausnahme von der allgemeinen Regel bildet die Universität in Agram, in Kroatien. Die bei Freund
und Feind in hoher Achtung stehende und vortreff-

lich redigierte Wiener Zeitung „Vaterland" veröffentlichte im Beiblatt vom 24. Oktober 1886 eine Korrespondenz aus Agram, welche über die Installierung
des Rektors der dortigen Universität und die dabei
gehaltenen Reden Bericht erstattet. Diese Korrespondenz lautet:

„Am 19. Oktober fand im hiesigen Landtags-
saale der feierliche Akt der Inauguration des für
das Studienjahr 1886/87 erwählten Rektors unserer
Universität statt. An der Feier beteiligten sich, außer
dem akademischen Senate, den Professoren und Do-
zenten auch zahlreiche akademische Bürger und ein
distinguiertes Publikum, welches die Gallerien bis
zum lezten Plaze einnahm. In Vertretung der Regierung war Sektionschef Dr. Spevec, von der Stadt
Bürgermeister Hofrat Bodovinac erschienen; die süd-
slavische Akademie vertrat Präses D. Racki.

Zunächst verlas der Prorektor des heurigen
Schuljahres, Dr. Gustav Barrow, den Bericht „über
die Studienverhältnisse des abgelaufenen Schuljahres."
In seinen Abschiedsworten ermahnte er die Studierenden, unter Hinweis auf die hohe, der Universität
gestellte Aufgabe, die ja, ‚in der Pflege wahrer Wissen-
schaftlichkeit und in der Heranbildung wahrer Charakterfestigkeit' besteht, über dem Streben nach Wissen die Bildung des Charakters nicht zu
vernachlässigen. Mit besonderem Nachdruck be-
tonte er, **daß Wahrheit und Gediegenheit des Cha-**

rakters nur in der Religion ihre notwendige Stüze
und Grundlage finden, und schloß mit einem war-
men Appell an die Studierenden, zum Wohl und
zur Ehre der kroatischen Nation an der christlichen Religion, diesem Grundpfeiler wahrer Rechtlichkeit und Charakterstärke, treu
festzuhalten als würdige Nachkommen jener glor-
reichen Vorfahren, die einst in vergangenen Jahrhunderten so ruhmvoll gekämpft und Gut und Blut
so freudig hingeopfert haben ‚für des Kreuzes Ehre
und die goldene Freiheit'.

Hierauf übergab der Prorektor dem neugewähl-
ten Rektor magnifikus, Dr. Franz Vrbanic, die In-
signien der höchsten akademischen Würde und verließ
unter stürmischem Applaus und Ziviorufen des Se-
nates und der akademischen Jugend die Rednerbühne.

Rektor Dr. Vrbanic hielt nun seinen Inaugu-
rationsvortrag „über die Notwendigkeit der Statistik
für die Zwecke der Verwaltung" und sagte im Verlaufe desselben: ‚Groß sind die Bedürfnisse des kroatischen Volkes, aber ebenso tief und wahr sind auch
seine Gefühle, und unter diesen nehmen unbedingt
jene den ersten Rang ein, welche das Volk in bösen
Tagen aufgerichtet und getröstet, in glücklichen Zeiten zu neuen Taten begeistert haben, das sind seine
religiösen Gefühle, namentlich: der Glauben an die
Gottheit des Erlösers. Mit diesen Gefühlen des
kroatischen Volkes kann und darf die kroatische

Universität niemals in Widerspruch geraten, denn
sie würde dadurch ihrer hohen Aufgabe untreu wer=
den, und darum verurteilt und weist sie jeden wie
immer gearteten Versuch, mit Hilfe der Universität
die religiösen Gefühle des Volkes und seinen uner=
schütterlichen Glauben an Gott zu untergraben, mit
aller Entschiedenheit zurück. Solche Versuche, mögen
sie unter dieser oder jener Maske sich verhüllen, sind
ein fremdes Gewächs, das man auf unseren Boden
verpflanzen will, der für die Entwicklung derartiger
Keime und Triebe weder jemals geeignet war, noch
heute geeignet ist; diese Versuche werden niemals
im Stande sein, eine Kluft zwischen der Nation und
der Universität zu schaffen.' Anknüpfend daran er=
mahnte der Rektor die akademischen Bürger, dem
Studium mit allem Ernste und unermüdlichem Eifer
sich zu widmen, damit sie dereinst, sei es als Prie=
ster, sei es als Juristen oder als Lehrer, unter dem
Volke und für das Volk erfolgreich wirken kön=
nen, und schloß seine, an die Studierenden gerichtete
Ansprache mit den Worten: ‚Bedenken Sie, daß Sie
Ihre Pflichten nur dann gewissenhaft erfüllen wer=
den, wenn Ihr Bestreben dahin gerichtet sein wird,
die Bedürfnisse unseres Volkes, sein Leben und seine
Verhältnisse genau kennen zu lernen, seine Gewohn=
heiten, seine edlen Gefühle, vor allem seinen Glau=
ben an Gott, seine Liebe zum König (der jeweilige

Kaiſer von Öſterreich iſt König von Kroatien) und
zum Vaterland zu erhalten, zu pflegen und zu ſtärken.'

Das waren männliche Worte, und der rau-
ſchende Beifall, der denſelben folgte, zeigte genügend,
wie tief deren Wahrheit und Berechtigung von den
Anweſenden empfunden wurden. Gewiß wird es jeden
aufrichtigen, für das Wohl und den wahren Fort-
ſchritt der Nation beſorgten Patrioten mit hoher Befriedigung erfüllen, zu ſehen, mit welchem Ernſte
Männer, die auf der Höhe der Wiſſenſchaft ſtehen,
ihren Beruf als Lehrer und Erzieher unſerer akade-
miſchen Jugend auffaſſen und, jener modernen, dem Materialismus und der Irreligioſität huldigenden Strö-
mung, die ſich auch bei uns nur zu bemerkbar macht,
entgegentretend, die hohe Wichtigkeit der religiöſen
Überzeugung und chriſtlicher Weltanſchauung offen
anerkennen. Im ſoeben verfloſſenen Schuljahre beliebte es einem jugendlichen Profeſſor an unſerer
Univerſität, von dem kaum beſtiegenen Katheder aus,
die Grundlehren des Chriſtentums in einer ebenſo
gehäſſigen als oberflächlichen Weiſe anzugreifen. Seine
Magnifizenz, der gegenwärtige Rektor unſerer Univerſität, Profeſſor Dr. Vrbanic, hat ſich dadurch ein
bleibendes Verdienſt erworben, daß er bei dem feier-
lichen Akte ſeiner Inauguration Anlaß nahm, jene frivolen Angriffe gebührend zurückzuweiſen. Dem Frei-
mute, mit welchem dies geſchehen, alle Anerkennung.“

Ich frage: Wie wären wohl die Äußerungen

Dr. Barows und Dr. Vrbanics auf jeder ándern österreichischen Universität, namentlich in Wien, Pesth, Graz und Prag aufgenommen worden? Ohne allen Zweifel mit höchster Entrüstung und lauten Protesten, mit Zischen, Pfeifen und Pereatrufen.

Ich wäre sehr begierig, zu erfahren, ob, wann und wo in einer akademischen Aula, mit Ausnahme von Agram, in den lezten Dezennien eine christliche Idee geäußert oder der Name „Gott, Christus, Kirche, Papst 2c." in nicht blasphemischer und nicht sakrilegischer Weise, sondern gläubig und ehrfürchtig ausgesprochen wurde? Sollte es aber jemals geschehen, so würde diese kühne Tat gewiß als eine Beleidigung der Majestät der Wissenschaft, der Aufklärung, des Fortschrittes und der Kultur des XIX. Jahrhunderts an den Pranger gestellt und von den liberalen Zeitungen mit Skorpionen gegeißelt werden. Wie damals, so heute: «Tulerunt ergo lapides, ut jacerent in eum.» Joh. VIII. 59. Da ich die Stelle, wo diese Worte vorkommen, angegeben habe, halte ich die Nichtübersezung derselben für hinlänglich entschuldigt.

Zum Schlusse dieses Kapitels führe ich noch einiges über den

Deutschkatholizismus oder das Rongetum

an, da die Gründung desselben mit meinem Über-

gang auf die Universität stattfand und eine unge=
heure Aufregung hervorbrachte.

Es war damals eine sturmbewegte Zeit, alle
Elemente befanden sich in Gährung, es brodelte un=
heimlich wie in einem Hexenkessel, und Staat und
Kirche schienen aus den Fugen gehen zu wollen. Fast
alle Zeitungen stießen mit vollen Backen in die Lärm=
trompete, jeder Gelbschnabel wollte die Welt ver=
bessern und Knecht und Magd trieben hohe Politik
und sezten sich zu Gericht über Kaiser und Könige,
Kirche und Papst, Bischöfe und Priester, Dogma
und Kultus, Disziplin, Wallfahrten und Reliquien=
verehrung, besonders über die „Anbetung des heili=
gen Rockes" zu Trier, der vom dortigen Bischof
Arnoldi, vom 18. August bis 6. Oktober 1844, zur
Verehrung ausgesezt worden war. Da stieg am
15. Oktober 1844 aus den „Sächsischen Vaterlands=
blättern" eine Brandrakete auf, die alle Elektrizität
der gewitterschwangeren Wolken entlud und den gan=
zen Himmel in ein Flammenmeer verwandelte. Ein
„offenes Sendschreiben" Johannes Ronges an
den Bischof Arnoldi von Trier, in betreff des hei=
ligen Rockes, hatte diese schreckliche Katastrophe be=
wirkt. Ronge, 1813 zu Bischofswalde, in Schlesien,
geboren und 1840 in Breslau zum Priester geweiht,
wurde schon drei Jahre nach erhaltener Priesterweihe
wegen unklerikalen Betragens und Veröffentlichung
eines standalösen Artikels, in oben erwähntem Blatte;

„Rom und das Breslauer Domkapitel" betitelt, sus-
pendiert. Dadurch brodlos geworden, sah er sich genötigt, auf dem oberschlesischen Hüttenwerke Laura-
hütte eine Hauslehrerstelle zu übernehmen. Mit unerhörter Anmaßung und Frechheit hatte er in dem
„offenen Sendschreiben" den Bischof Arnoldi abge-
kanzelt und die Ausstellung des heiligen Rockes:
„ein, den Aberglauben und Fanatismus beförderndes
Gözenfest" genannt. Dieses Schreiben machte in ganz
Deutschland ungeheures Aufsehen. Es wurde von aufgeklärten Katholiken und Protestanten, von der kirchlichen und politischen Opposition-Sippschaft, namentlich von jenen Männern, die längst auf den Umsturz
alles Bestehenden in Kirche und Staat spekuliert und
hingearbeitet hatten, von Freimaurern, Demokraten,
Republikanern und Sozialisten, mit Jubel begrüßt.
Zahllose Pamphlete verbreiteten Ronges Brandrede
in allen Städten und Dörfern bis in die entlegen-
sten Hütten des Hochgebirges. Alle Zeitungen beschäftigten sich wochenlang mit derselben. Ronge war
auf einmal der Held des Tages, der gefeiertste, berühmteste Mann Deutschlands geworden. Seine Tat
wurde mit jener Luthers am 31. Oktober 1517 verglichen, er wurde als der Luther des XIX. Jahrhunderts, als Reformator der katholischen und protestantischen Kirche und als Totengräber des Papsttums und des römischen Aberglaubens gepriesen und
verherrlicht. In allen Hôtels und Bierkneipen, in

allen Vereinsversammlungen und Klubssitzungen war
Ronge und sein „offenes Sendschreiben" der Gegenstand des Gesprächs und der hizigsten Debatte. Ronges
Porträt prangte allenthalben in den Gasthöfen ersten
Ranges und in den Spelunken der Schnapsbrüder,
auf den Pfeifenköpfen und den Busennadeln — es
wurde ein völliger Gözendienst mit dem suspendier-
ten und bald auch degradierten und exkommunizier-
ten Ronge getrieben. Er wurde mit Adressen, Gra-
tulations- und Huldigungsschreiben überschüttet, die
nicht selten von Geld- und Ehrengeschenken, namentlich von silbernen Pokalen, begleitet waren. In hervorragender Weise beteiligte sich, im Verlaufe des
deutschkatholischen Schwindels, das weibliche Geschlecht
an der Verherrlichung Ronges, was übrigens kein
Wunder war, wenn man bedenkt, daß das zweite
deutschkatholische Konzil, das am 15. September
1845 zu Stuttgart gehalten wurde, den Beschluß
faßte, daß bei allen Beratungen der neuen Kirche
Weiber und erwachsene Mädchen, gleich den Männern,
Siz und Stimme haben sollten, und wenn man ferner bedenkt, daß Ronge und Comp. für Aufhebung
des Zölibates der katholischen Geistlichen sich aussprachen, infolge dessen dann eine zahllose Legion
Mädchen unter die Haube gekommen wäre.

All die Lobhudelei, die Huldigung, die Geschenke
und emporwirbelnden Weihrauchsäulen verdrehten dem
Apostaten, der ohnehin sehr ehrgeizig, eitel und mit

dem Größenwahn behaftet war, vollends den Kopf,
sie berauschten ihn so sehr, daß er sich wirklich für
den größten Mann des XIX. Jahrhunderts, für den
Vollender der, durch Luther, Zwingli und Calvin.
begonnenen Reformation und für den Vernichter Roms
hielt. Bekannt ist sein pompöses Wort: „Der große
Wurf ist gelungen, der Fortschritt des Jahrhunderts
ist gerettet, der Genius Deutschlands greift schon
nach dem Lorbeerkranze, und Rom muß fallen!"
Nichts ist so lächerlich, kindisch und blöd, als die
großsprecherische Prophezie: „Rom muß fallen!",
oder der in der Siegestrunkenheit getane Ausspruch:
„Rom ist schon vernichtet!" Wie viele Könige und
Kaiser, Feldherrn und Eroberer, Häretiker und Apostaten haben im Laufe der Jahrhunderte schon so
geweissagt, gedroht und geprahlt, aber trozdem steht
Rom, steht der Vatikan, steht Petri Stuhl noch unerschütterlich fest, und ein Jahrhundert ruft es dem
andern zu: «Portae inferni non praevalebunt ad-
versus eam» d. h. die Pforten der Hölle werden
sie, die römisch-katholische Kirche, nicht überwinden.
Hat denn die Geschichte nicht alle Titanen und Pyg-
mäen, alle Säbelrassler und Diplomaten, alle Künstler und Federfuchser, die Rom den Fehdehandschuh
hingeworfen und den Untergang geschworen oder
schon die Sterbeglocke geläutet, Lügen gestraft? Friedrich II., König von Preußen, war unstreitig ein großer
Feldherr und ein tüchtiger Monarch, aber ein sehr

schlechter Prophet, denn er schrieb, anno 1767, an
den frivolen Gottesleugner Voltaire in vollem Ernst:
„Sie werden den Trost haben, die katholische Kirche
zu beerdigen und ihr die Grabschrift zu verfassen,"
allein sein zweiter Nachfolger auf dem preußischen
Trone, Friedrich Wilhelm III., schloß, nachdem Voltaire schon längst in Verzweiflung gestorben war,
anno 1821, mit dem römischen Stuhle eine Konvention! Bis jezt sind alle Feinde Roms entweder
im Bußgewand nach Canossa gegangen oder unbußfertig, mit Schmach bedeckt und besiegt, ins Grab gestiegen. Auch Ronge ist vergessen und verachtet, am
26. Oktober 1887, **in einem Spital zu Wien ge-**
storben!

Und die von ihm gestiftete Kirche? Sie leidet
an der galoppierenden Schwindsucht, am marasmus
senilis, obgleich sie noch kein halbes Jahrhundert
erlebte, und wird bald ihrem Stifter nachfolgen. Von
ihr noch einige Worte!

Am 22. August 1844 war Johann Czersky,
Vikar von Schneidemühl in Westpreußen, der sich
wegen ärgerlichen Lebenswandels schon zweimal die
Suspension zugezogen hatte, von der katholischen
Kirche abgefallen, und gründete, am 19. Oktober
desselben Jahres, in Schneidemühl eine „christlich-
katholische Gemeinde", deren Prediger er natürlich
wurde. Nachdem er zwei gänzlich antikatholische
Schriftstücke veröffentlicht und sich in den Ehestand

begeben hatte, wurde er degradiert und exkommuniziert. Infolge des öfters erwähnten. „offenen Send-
schreibens" Ronges bildeten sich nun, nach dem Muster von Schneidemühl, aus abgefallenen Katholiken
und freisinnigen Protestanten Gemeinden, und zwar
als erste jene in Breslau, am 26. Januar 1845,
die Ronge zu ihrem Prediger wählte, sich „deutsch-
katholisch" nannte und aus 2000 Mitgliedern bestand.

Noch in demselben Jahre, nämlich vom 23. bis
26. März, wurde das erste deutsch-katholische Konzil zu Leipzig gehalten, bei dem ein Laie, namens
Wigard, Professor der Stenographie, den Vorsiz und
der berüchtigte Robert Blum das große Wort führte.
Blum stammte aus Köln, war zuerst Gürtler, wurde
dann Soldat, Theaterdiener, Kassier, Journalist,
Belletrist, politischer und religiöser Agitator in Leipzig, Kirchenvater, denn er stiftete die deutsch-katholische Gemeinde in Leipzig, dann Sekretär und Kassier des dortigen Stadttheaters, Stadtverordneter,
Buchhändler, Revolutionär, Mitglied des deutschen
Parlamentes in Frankfurt am Main und schließlich
Barrikadenkämpfer in Wien, wo er, mit den Waffen
in der Hand, gefangen genommen und kriegs- und
standrechtlich, am 8. November 1848, erschossen
wurde. Die hauptsächlichsten Beschlüsse des Karikatur-
Konzils waren: „Die heilige Schrift, die ein Jeder
nach Belieben auslegen darf, ist die einzige Quelle
des Glaubens. Das von jedem Deutsch-Katholiken

festzuhaltende Glaubensbekenntnis lautet: „Ich glaube
an Gott den Vater, der durch sein allmächtiges Wort
die Welt geschaffen und sie mit Weisheit, Gerechtigkeit und Liebe regiert. Ich glaube an Jesum Christum, unsern Heiland. Ich glaube an den heiligen
Geist, eine heilige, allgemeine, christliche Kirche, Ver-
gebung der Sünden und ein ewiges Leben. Amen."
Ausdrücklich wurden verworfen: fünf Sakramente,
blos die Taufe und das Abendmahl wurden beibehalten, das leztere unter zwei Gestalten; ferner wurden verworfen: der Primat des Papstes und die
ganze Hierarchie, die Anrufung der Heiligen, die
Verehrung der Reliquien und Bilder, der Ablaß,
gebotene Fasten und Wallfahrten, die lateinische Liturgie und der Zölibat 2c. Die Kirchenverfassung
war demokratisch auf breitester Grundlage, denn an
der Spize jeder deutschkatholischen Gemeinde standen
Älteste, und der Prediger wurde von der Gesammt-
heit gewählt. Schon auf diesem Konzil kam es zu
heftigem Streit und Widerspruch, besonders zwischen
Ronge und Czersky, da Ronge radikal, Czersky aber
konservativ war, Jesum als Sohn Gottes anerkannt
und die verworfenen fünf Sakramente beibehalten
wissen wollte. Die Lehre von der Person Jesu Christi
war überhaupt der Angelpunkt und der Stein des
Anstoßes bei der neuen Sekte. Die Wenigsten hielten
Jesum Christum für den Sohn Gottes, ja die Meisten waren Pantheisten, Atheisten, Materialisten und

im günstigsten Falle Deisten. Für sehr viele war
der Deutschkatholizismus der Vorwand und Aus-
hängschild, den sie zum Rumoren, zum Wühlen und
zum Untergraben der Fundamente des Staates und
der Kirche benützten. Ronge selbst wurde anno 1848
ein politischer Agitator und Kampfhahn, ebenso Dowiat, der als junger Kleriker aus dem Pelpliner
Seminar ausgetreten war. Dowiat, der sich im Oktober 1848 am Berliner Putsche beteiligt hatte und
deßwegen in der dortigen Stadtvogtei eingekastelt
wurde, richtete aus seinem Gefängnis an mehrere
politische Zeitungen folgende Bitte, beziehungsweise
Erklärung: „Ich ersuche die Zeitungen, bei Nennung
meines Namens das Prädikat „deutschkatholischer Prediger" wegzulassen. Ich habe die religiöse Bewegung stets nur als ein Mittel zur sozial-
politischen Agitation betrachtet. Jezt ist
die Maske und folglich die ganze religiöse Bewegung
unnötig geworden, ich habe nicht das Geringste mehr
mit ihr zu tun." Das war doch ehrlich und aufrichtig gesprochen und hieß: das Kind mit seinem
richtigen Namen nennen.

Nachdem der Deutschkatholizismus oder das
Rongetum durch die höchste demokratische Autorität
und Instanz — durch ein Konzil — und was für
eines! das Leipziger Laienkonzil!! — approbiert und
sanktioniert worden, durchzog Ronge wie ein Trium-
phator fast ganz Deutschland, hielt allenthalben Ver-

sammlungen, schimpfte über die katholische Kirche, strich die seinige heraus und lud seine Zuhörer honigtriefend zum Eintritt in dieselbe, also zum Abfall von der katholischen, beziehungsweise von der evangelisch-protestantischen Kirche, ein. In wahrhaft Ekel erregender und für die Deutschen schmachvoller Weise wurde der hohle Kopf, der Phrasendrechsler, der eitle Geck und pomadisierte Apostat fast überall enthusiastisch empfangen, begrüßt, beräuchert, bekränzt und verhimmelt. An Wahnsinn grenzte der Jubel und die Ovation, mit denen er bei seinem Einzug in Frankfurt am Main, den 4. Oktober 1845, empfangen wurde. Vornehme Frauenzimmer küßten voll Verehrung und Andacht selbst den Platz, auf dem Ronge in der Kutsche gesessen war, wahrscheinlich in der Absicht, um tatsächlich zu beweisen, daß die Deutschkatholiken die Reliquienverehrung verwerfen! Auch das Großherzogtum Baden beehrte der neue Apostel mit seinem Besuche, allein die Regierung gestattete ihm nicht, öffentlich als Redner aufzutreten. In Mannheim wurde er begeistert von dem hochliberalen und aufgeklärten Janhagel empfangen und von den Leithämmeln der Kammeropposition: Itzstein, Bassermann, Mathy, Hecker und Konsorten als Mauerbrecher gegen Kirche und Staat mit offenen Armen empfangen. Ronge hoffte, besonders in Constanz großartige Eroberungen für seine Kirche zu machen, allein er hatte sich ge=

waltig verrechnet, denn der ehemalige Bistumsver=
weser von Wessenberg, den er zur Annahme
des Rongetums zu bewegen suchte, erklärte ihm mit
aller Entschiedenheit: „Ich war stets und bleibe fort=
hin ein treuer Sohn der katholischen Kirche." Auch
bei dem bekannten Zölibatsstürmer Kuenzer, Pfar=
rer an der Spitalkirche, erhielt er einen ablehnenden
Bescheid. Aber er sollte zu den zwei erhaltenen Kör=
ben noch einen dritten bekommen; die Polizei gestat=
tete ihm nämlich nicht, im s. g. Konziliumssaale oder
am Hußensteine, da wo Huß, am 6. Juli 1415,
und Hieronymus von Prag, am 30. Mai 1416,
verbrannt worden waren, eine Brandrede gegen die
katholische Kirche zu halten. Wie jammerschade!
Welch willkommene Anknüpfungspunkte, über die
katholische Kirche und die römische Hierarchie loszu=
ziehen, hätten sich dem Apostaten und Häretiker an
den genannten Orten nicht geboten! Ohne den ob=
ligaten, mit Gift und Galle getränkten Speech getan
zu haben, wollte der große Reformator aber Constanz
nicht verlassen. Er begab sich also auf schweizerisches
Gebiet (Kanton Thurgau), ließ dort eine Tribüne
errichten und wollte durch eine kräftige Philippika
seinem gepreßten Herzen Erleichterung verschaffen.
Aber o tückisches Schicksal! Kaum hatte Ronge be=
gonnen, mit allen Registern den Sturmmarsch gegen
die katholische Kirche zu spielen, so erhoben sich un=
ter den Zuhörern energische Proteste gegen solche

flagrante Störung der Religions- und Gewissensfreiheit. Die Ehre, die Initiative zu dieser Kundgebung des beleidigten religiösen Gefühls und der
gekränkten katholischen Überzeugung ergriffen zu haben,
gebührt einem Universitäts-Studenten, der den ersten
Kurs der Theologie absolviert hatte und sich damals
gerade in den Ferien zu Constanz, seiner Vaterstadt,
aufhielt, meinem Mitschüler J. B . . z, dem noch
lebenden Stadtpfarrer zu K. Ronge wurde durch
diese gegen ihn sich kehrende Demonstration genötigt,
die Tribüne zu verlassen und Constanz unverrichteter
Sache den Rücken zu kehren. Mit hochgeschwollenem
Kamm und siegesgewiß war er in Constanz eingezogen, aber kleinlaut, enttäuscht und mißmutig verließ er diese Stadt, die jedem Apostaten und Häretiker ein abschreckendes Wahrzeichen vor Augen hält.

Nun traten zur Ehrenrettung Badens, des europäischen Musterstaates, zur Sühne der an Ronge,
dem welterschütternden Apostel, begangenen schweren
Versündigung, und zur Rettung des in Süddeutschland schwer bedrohten Deutschkatholizismus die denkbar imposantesten Streitkräfte in die Schranken.

1. stellte der protestantische Stadtpfarrer von
Heidelberg, namens Zittel, ein in der Wolle gefärbter Rationalist, am 15. Dezember 1845, in der
badischen zweiten Kammer den Antrag auf Religionsfreiheit, der mit Anerkennung des Deutschkatholizismus gleichbedeutend war. Dieser Antrag rief aber

in beiden badischen Kammern eine gewaltige Opposition hervor, und liefen gegen denselben eine Menge
von Adressen aus allen Landesteilen, von Katholiken
und Protestanten, ein, die sich aufs entschiedenste
gegen die politische und religiöse Gleichstellung der
Rongeaner mit den Katholiken und Protestanten aussprachen und gewöhnlich die Auflösung der zweiten
Kammer verlangten. Diesem Verlangen entsprach
auch der Großherzog Leopold, er löste die Kammer auf.

2. ließ der Heidelberger Universitäts-Professor
Gervinus, Protestant und Rationalist, eine Flug-
schrift unter dem Titel: „Die Mission der Deutschkatholiken" vom Stapel laufen, in welcher er den
Deutschkatholizismus als die vortrefflichste Religion
pries, die würdig und berufen sei, die nationale Religion aller Deutschen zu werden. Zugleich warf er
sich mit aller Dreistigkeit als Propheten auf, indem
er ganz unverfroren weissagte: Der Deutschkatholizismus werde unfehlbar zur totalen Auflösung und
zum radikalen Untergang der katholischen und protestantischen Kirche führen. Welch kindische Flausen
von einem so gelehrt sein wollenden und die Geschichte wirklich kennenden Universitäts-Professor!
Seitdem Gervinus seine lächerliche Weissagung in
die Welt hinausgetrompetet, sind 45 Jahre verflossen,
und wie hat sich seine Prophetengabe während dieses langen Zeitraumes bewährt? So kläglich als

möglich, denn anno 1846, als der Deutschkatholizis=
mus seinen Höhepunkt erreicht hatte, bekannten sich
in ganz Deutschland zu demselben circa 200 Ge=
meinden, die circa 60.000 Mitglieder zählten, und
schon 1858 waren die deutschkatholischen Gemeinden
auf circa 90 herabschmolzen, die circa 27.000 Mit=
glieder hatten, und seitdem hat die Sekte von Jahr
zu Jahr ständig abgenommen. Gervinus, der erst
im Jahre 1871 das Zeitliche segnete, hatte Zeit und
Gelegenheit genug, sich aufs gründlichste davon zu
überzeugen, wie sehr seine Prophezie Fiasko gemacht,
und wie wahr das Volkssprichwort ist: „Je gelehr=
ter, desto verkehrter."

3. legte auch der fünfundachtzigjährige Heidel=
berger Universitäts=Professor Paulus, „der Vater
des seichtesten Rationalismus", der sogar, obgleich er
ganz unverhohlen die Gottheit Christi leugnete, jahre=
lang Professor der Kirchengeschichte und Exegese für
die protestantischen Theologen war, eine Lanze für
den Deutschkatholizismus ein; er verfaßte nämlich
eine Broschüre, deren Titel: „Zur Rechtfertigung
der Deutschkatholiken" den Zweck und die Tendenz
derselben deutlich genug angibt. Doch alles umsonst!
Der Deutschkatholizismus war das lebensunfähige
Kind eines Mannes ohne religiöse Grundlage, ohne
Charakter und sittlichen Lebensernst, der nur wegen
seiner Apostasie, seines Kampfes gegen die katholische
Kirche und seines Trozes gegen die Hierarchie von

allen Denjenigen, die mit ihrer Kirche zerfallen und
vom Geiste der Revolution ergriffen waren, gepriesen und verherrlicht wurde. Die Revolution hing
sich an die Rockschöße des nichts weniger als geist-
reichen, sondern blos Phrasen dreschenden und Rom
glühend hassenden Apostaten Ronge. Freilich, das
läßt sich nicht leugnen, wenn die deutschen Fürsten
sich Ronges angenommen, sich für ihn erklärt und
seinem Treiben entschieden und energisch Vorschub
geleistet hätten, dann würde sein Unternehmen höchst
wahrscheinlich rapide Fortschritte gemacht und große
Dimensionen angenommen haben, ja es wäre mit
Grund zu fürchten gewesen, die deutsche Nationalkirche würde sich wenigstens in Preußen, Würtemberg und Baden etabliert haben, allein dieselben ver-
hielten sich dem Deutschkatholizismus gegenüber teilnahmslos, ablehnend und in manchen Fällen selbst
feindselig. Der Grund davon ist in folgendem zu
suchen:

1. fand das Rongetum sehr viele Anhänger
bei den Protestanten, an manchen Orten sogar mehr
bei diesen als bei den Katholiken, nun wollten aber
die Fürsten, die bekanntlich weitaus der Mehrzahl
nach der protestantischen Religion angehören, zur Vernichtung des Protestantismus die Hand nicht bieten.

2. hatten die Fürsten damals absolut kein Interesse an der Bildung eines zentralisierten, einheitlichen
deutschen Vaterlandes, und darum legten sie auch

für die Stiftung einer deutschen Nationalkirche kein
Interesse an den Tag.

3. fehlte im XIX. Jahrhundert der Stimulus,
eine abermalige f. g. Reformation zu begünstigen,
der zu Luthers Zeit in hohem Grade vorhanden ge=
wesen war; damals konnten die Fürsten unter dem
Vorwande: für Gewissensfreiheit und das reine Evan=
gelium zu kämpfen, dem Kaiser Troz bieten, die
Zentralgewalt schwächen und ihre Souveränität er=
weitern und befestigen, sie konnten ihrer weltlichen
Herrschaft die geistliche inkorporieren, ihre Macht=
vollkommenheit erhöhen, Landesherrn und Bischöfe
werden, Krone und Mitra, Schwert und Hirtenstab
tragen, sie konnten Kirchengut, Klöster, Stifte und
geistliche Fürstentümer säkularisieren, allein jezt war
der Karpfenteich leer und darum nichts mehr in
demselben zu fischen.

4. hatten gar viele Fürsten, nachdem der Kon=
flikt der preußischen Regierung mit dem Erzstuhle
von Köln und Posen=Gnesen für die erstere ein so
klägliches Ende genommen, den Mut verloren, mit
den katholischen Bischöfen anzubinden.

5. behagte den protestantischen Fürsten, die den
Summepiskopat über die evangelische Kirche ausübten,
die demokratische Basis und Organisation der deutsch=
katholischen Kirche durchaus nicht, sie hätten nämlich
das ihnen über die evangelische Kirche eingeräumte
Recht der Organisation und Oberhoheit über die

deutschkatholische nicht ausüben können. Die Rolle blos eines Mäcens, Protektors oder Patrons einer, von einem abgefallenen katholischen Priester gestifteten und von Republikanern, Demokraten, Sozialisten und Oppositions- und Revolutions-Männern bevölkerten Kirche zu spielen, dazu hatten sie aber keine Lust. Und

6. betrachteten die Fürsten den Deutschkatholizismus mit großem Mißtrauen, weil es offen zu Tag trat, daß es sich bei demselben nicht blos um religiöse und kirchliche, sondern auch um politische Neuerungen handelte. Ronge selbst entpuppte sich gar bald als politischen Agitator, als Republikaner und Demokraten. Unter dem Aushängschilde der Religion konnte man eben ungenierter und freier auf dem politischen Gebiete wühlen. Das Jahr 1848 zeigte auch dem blödesten Auge, was der Deutschkatholizismus im Schild führte, daß er auf dem religiösen Gebiet den Nihilismus und auf dem politischen die Revolution bevorwortete, und darum ging es, seit 1848, hurtig mit demselben bergab. Ronge floh im Jahre 1849 nach England, begab sich später nach Nordamerika, schloß sich dort den radikalsten Umsturzmännern und Flüchtlingen an, kehrte, von der in Preußen erlassenen Amnestie Gebrauch machend, 1861 nach Deutschland zurück, wurde wieder Prediger bei der deutschkatholischen Gemeinde in Breslau, stiftete 1863 zu Frankfurt am Main einen

„religiösen Reformverein", der aber alsbald wieder
entschlief, und wurde, als es ihn, im Jahre 1871,
nach dem Ruhm gelüstete, Mitbegründer des Alt=
katholizismus zu werden, in München mit Hohn
zurückgewiesen. Daß er schließlich in einem Wiener
Spitale starb, wurde weiter oben erwähnt.

Im Konvikte verlief der Rongerummel wie ein
Sturm in einem Glase Wasser. Es wurde natürlich
über Ronge, Czersky, Dowiat, Kerbler, Schuselka,
Joh. Anf. Theiner und Konsorten, über die deutsch=
katholischen Konzilien, den Triumphzug Ronges durch
Deutschland, sein Fiasko in Constanz u. dergl. debat=
tiert, aber keiner stellte sich auf Ronges Seite oder
fiel von der katholischen Kirche ab. Dieser sehr gün=
stige Erfolg ist drei Tatsachen zuzuschreiben, nämlich:

1. die ekelhafte Gespreiztheit und dünkelhafte
Renommisterei Ronges, sowie dessen mädchenhafte
Eitelkeit, geistlose Physiognomie und phantastisches
Lockenhaupt widerten uns an.

2. die von Alban Stolz gegen das Rongetum
verfaßten Schriften zeigten uns, was hinter demsel=
ben steckte. Stolz schrieb gegen Ronge zwei Broschüren:
„Der neue Kometstern" und „Amulet gegen die jung=
katholische Sucht", und gegen Zittels Antrag in der
Kammer auf Gewährung allgemeiner Religionsfreiheit
die Broschüre: „Landwehr gegen den badischen Land=
stand." Alle drei Broschüren waren sehr populär,
geistreich, packend und nicht ohne Humor geschrieben,

weßwegen sie auch reißenden Absaz fanden, vieles
zur Aufklärung über den Rongeschwindel beitrugen
und zahllose Katholiken und Protestanten zum treuen
Festhalten am positiven Christentum ermutigten.

3. war der Abfall des Universitäts-Professors
Heinrich Schreiber, dessen lezte öffentliche Vorlesungen „über deutsche Sprache und Literatur von Luther
bis Lessing" ich im Wintersemester 1844/45 gehört
hatte, nicht imstand, in uns Sympathie für das
Rongetum zu erwecken, weil Schreiber in seinem
zweiundfünfzigsten Lebensjahr, wenn nicht gerade
ausschließlich, so doch wenigstens hauptsächlich aus
dem Grund rongisch wurde, um dadurch den voll-
giltigen Beweis zu liefern, daß es ihm weniger um
die Religion als ums Heiraten zu tun gewesen —
er trat nämlich sogleich nach dem Abfall
von der katholischen Kirche in den Ehestand. Wenn nun ein zweiundfünfzigjähriger Mann,
ein Priester, aus dem angeführten Grunde und um
den Preis eines heillosen Skandals vom Glauben
abfällt, so ist das, auf die allermildeste und schonungs-
reichste Weise ausgedrückt, ein sehr schäbiges Motiv,
ein horrender Schwabenstreich und ein eklatanter
Beweis, daß bei ihm die Tölpeljahre erst ad grae-
cas Calendas aufhörten.

Viertes Kapitel.

Die lezten Ferien.

Endlich war das Studium der Theologie voll=
endet, und 19 offizielle examina und ein freiwilli=
ges (hebräische Exegese) nebst dem concursus pro
seminario, in Gegenwart eines landesherrlichen Kom=
missärs, des Oberkirchenrates Laubis, waren bestan=
den, worauf die Zusicherung erfolgte, daß der Auf=
nahme ins Priesterseminar zu St. Peter kein Hin=
dernis im Weg stehe. Dieses große Wort spricht ge=
wiß ein junger Mann, der sein Berufsfach absol=
vierte und alle examina bestanden, nicht gelassen,
ohne Nachdruck und scharfe Akzentuierung aus. An
diesem Worte hängen: die tatsächliche Ergreifung des
erwählten Lebensberufes, die zeitliche Existenz, die Zu=
kunft, die Versorgung, es bedeutet: die Einfügung
des Schlußsteines eines geistigen Baues, der schwere
Arbeit und Sorgen und viel Schweiß gekostet. Man
möchte laut aufjubeln und jauchzen, wenn man, im
Besize des Absolutoriums, das Ränzchen auf dem
Rücken, wie es damals meistens noch der Fall war,
die Universitätsstadt verläßt und heimwärts zieht.

Dort winken dem Kandidaten des Priesteramtes die lezten Ferien, die lezten, bevor er, wie man zu sagen pflegt, von der Welt Abschied nimmt.

Die Ferien überhaupt sind eine goldene Zeit, umwoben von fesselndem Zauber und erhabener Poesie, umflossen von Licht und Liebreiz, durchweht von Lebenslust, inniger Wonne und süßen Träumen, aber den lezten Ferien eines Theologen gebührt unter allen die Krone, denn den früheren Ferien mangelte entweder gänzlich oder größtenteils die religiöse Weihe, und überdies waren sie durch diesen und jenen Zug verunstaltet, der lebhaft an die Saturnalien und Bacchanalien der heidnischen Römer erinnerte, wodurch unvermeidlich Wermut in den Becher der Lust geträufelt und die Reue zu Gast geladen wurde. Die Freude und Wonne der lezten Ferien eines Theologen sind durch die Religion geadelt, geheiligt und verklärt, und ist ihnen etwas Elegisches und Wehmütiges beigemengt; beides wird dem geneigten Leser klar werden, wenn er sich in meine Geistesverfassung und in meinen Gemütszustand hineindenkt und zugleich die obwaltenden Verhältnisse und Umstände erwägt, in welchen ich mich befand. Aus den vorhergehenden Blättern hat derselbe erfahren, daß ich mich aus Überzeugung der katholischen Religion zugewendet und mit der Kirche ausgesöhnt, daß ich ernstlich entschlossen war, ein Priester in des Wortes voller Bedeutung zu werden, und darum wohnte ich auch an Werktagen dem heiligen Meßopfer bei, ich schloß mich würdigen Priestern an, besonders dem Kooperator in Offenburg und dem Hilfspriester in Weingarten, ich erbat mir von ihnen theologische Bücher, die sich teils auf rein wissenschaftliche Gegenstände, teils auf die Seelsorge bezogen. Dadurch wurde ich selbstverständlich dem Studentenleben, dessen Manieren und Kneiperei entfremdet. Meine ehemaligen Studienfreunde, die sich weltlichen Berufsfächern gewidmet hatten, zogen sich, nachdem sie meiner klerikalen Kleidung ansichtig geworden waren und sich von meiner christkatholischen und kirchlichen Gesinnung überzeugt hatten, scheu vor mir zurück. Nur einer, ein aufrichtiger, ehrlicher und gutmütiger Junge, besuchte mich bisweilen, aber auch er mied bald aus folgendem Grund meinen Umgang. Einst fragte er mich auf mein Gewissen und Ehrenwort, ob ich denn wirklich alles fest und unzweifelhaft glaube, was die katholische Kirche lehrt, und auf welche Weise ich mich von der Wahrheit all Dessen überzeugt habe und überzeugen konnte, da doch unsere früheren Professoren geistlichen und weltlichen Standes gar viele Glaubenssäze und Gebräuche, Sittenlehren und Gebote der katholischen Kirche als Thorheit, Aberglauben, Schwärmerei, Mißbrauch und Eingriff in die Menschenrechte, besonders in die persönliche Freiheit, erklärt hätten? Er konnte sein Staunen nicht verbergen, als ich ihm auf Ehre und Gewissen versicherte,

daß ich allerdings fest und unerschütterlich alles für
wahr halte, was die katholische, vom heiligen Geist
erleuchtete und regierte Kirche zu glauben befiehlt,
und daß ich als Priester diesen Glauben predigen
und nach Kräften verteidigen werde. Bezüglich seiner
zweiten Frage: auf welche Weise ich mich von der
Wahrheit der katholischen Lehre überzeugt habe?
antwortete ich ihm: Durch das Studium der „Enzyklopädie der theologischen Wissenschaften" von
Staudenmaier und der christlichen „Apologetik" von
Drey. Ich fügte hinzu: Da Du stets eine ehrliche,
aufrichtige Seele warst, so bin ich fest überzeugt, daß
auch Du von der Wahrheit der katholischen Lehre
Dich überzeugt hättest, wenn Du, statt der Jurisprudenz, die Theologie als Berufsfach gewählt haben
würdest. Wenn es Dich interessiert, wie die Wahrheit der katholischen Lehre vom Standpunkt der Wissenschaft bewiesen wird, so bin ich gerne bereit, Dir die
genannten Werke, während der gegenwärtigen Ferien-
zeit, zu leihen; ihre Lektüre wird Dir gewiß von
großem Nuzen sein. — Hastig lehnte mein ehemaliger Studiengenosse dieses Anerbieten ab, indem er
sagte: „Naturrecht, Völkerrecht, Staatsrecht, Straf-
recht, Privatrecht, Pandekten, Prozeßordnung, Polizeifach u. s. w. nehmen mich so vollständig in Anspruch, daß mir zum Studium der Theologie absolut keine Zeit übrig bleibt." Beklommen und ver-
duzt machte er sich aus dem Staub, herzlich froh,

der theologischen Attaque mit heiler Haut entronnen
zu sein. Wohl mochte sich der kopfscheue Jurist des
derben Ausspruches unseres ehemaligen Professors
der Mathematik und Naturgeschichte: „Nur ein Idiot
und Hydrocephalus glaubt an einen persönlichen;
überweltlichen Gott und an Wunder" erinnert haben.
Jawohl: entweder aus Feigheit, weil sie sich fürchten, als Dummköpfe und Betbrüder verzollt zu werden, oder infolge ihres unwürdigen Köhlerglaubens,
weil sie ihren Professoren, die das Christentum als
Irrtum und Aberglauben erklärten, und den neuesten
Philosophen, die den Pantheismus als die einzig
richtige und des Gebildeten würdige Religion hin-
stellten, blindlings nachbeteten, vermeiden sie es sorgfältig, mit dem Christentum in nähere Berührung
zu kommen und ein Buch zu lesen, das die göttliche
Stiftung der christlichen Religion und die wunderbaren Wirkungen nachweist, welche· dieselbe auf
dem Gebiete der Wissenschaft und Kunst, der Bildung und Gesittung hervorgerufen hat. Mit unerschütterlicher Zähigkeit halten sie bezüglich des Christentums den Einen Glaubenssaz fest: „Die Lehren
des Christentums stehen in einem direkten und un-
vereinbarlichen Widerspruch mit den erzielten Resultaten auf dem Gebiete der Wissenschaft," und eben
darum ist es in ihren Augen ein Axiom von ma-
thematischer Gewißheit, daß ein mit der Wissenschaft
gleichen Schritt haltender und auf der Höhe der Zeit

stehender Mann unmöglich ein gläubiger Christ sein kann. Meine ehemaligen Studiengenossen bewegten sich in einem Ideenkreis, der dem meinigen direkt entgegengesezt war, wir standen in den wichtigsten Fragen auf dem religiösen, politischen und sozialen Gebiet, über welche damals in Wort und Schrift aufs heftigste debattiert wurde, einander prinzipiell gegenüber, und ein Ausgleich war darum eine Sache der Unmöglichkeit. Ich sah mich also während den lezten Ferien, die zwei Monate währten, lediglich auf mich beschränkt. Ich darf wohl behaupten, daß ich diese lange Zeit möglichst gut verwendet habe. Außer dem Studium theologischer Werke und der Lektüre kontemplativer und aszetischer Schriften, besuchte ich zum lezten Male jene Orte, die mir während der Kindheit und den Studienjahren lieb und teuer geworden waren, und dazu gehörten: Die Wallfahrtskirche im Bühlweg, das Durbacher und Ortenberger Schloß, das Lauenlindle und der Franziskanerrebhof in Albersbach, der Bielerstein und der Sühkopf, ein 3000' hoher Berg, der sich in südöstlicher Richtung von dem Dorfe Riedle erhebt, und von dem man eine sehr lohnende, reizende Aussicht in das Rheintal, auf den Schwarzwald, den Kaiserstuhl, die Vogesen und Straßburg genießt. Ich durchwanderte das Kinzigtal und Schuttertal, wobei ich zur Ruine des Hohengeroldsecker Schlosses emporstieg; ferner das Renchtal, wobei ich den Kniebis,

31*

und das Achertal, wobei ich die Hornisgrinde bestieg. Das waren herrliche, genußreiche Tage, voll
heiliger Freude, Andacht und Poesie. Bei all diesen
Ausflügen, Wanderungen und Bergbesteigungen war
ich allein, fern vom Geräusche der Welt, von poli-
tischem und religiösen Gezänk. Niemand störte mich,
und ohne einen Mißton zu vernehmen, konnte ich
meinen Gedanken und Gemütsbewegungen freien Lauf
lassen. Ich bedauerte damals sehr lebhaft, mir diesen reinen Genuß, diese heilige Freude, diese erhabene
Poesie nicht auch früher vergönnt zu haben. Wohl
hatte ich im Verlauf der Studienzeit auch allein
größere und kleinere Touren unternommen, es fehlte
ihnen aber die höhere Bedeutung, der echt poetische
Schwung und die religiöse Weihe, weil es mir selbst
an der richtigen Geistes- und Gemütsverfassung gebrach, weil ich nur als Weltkind, nicht als Christ, die
Natur betrachtete, und weil mein Geist und Herz am
Geschöpf, statt am Schöpfer, hafteten. Ach, wie armselig, blöd und stumpfsinnig ist die Naturvergötterung
des Pantheisten, und wie hochmütig, liebesarm und
dankeskarg die Naturbetrachtung des Deisten, der
nur so lang an Gott glaubt und ihn in der Natur
verehrt, als seine Vernunft ihn anerkennt. Der gewöhnliche, nach der Schablone des XIX. Jahrhunderts gedrillte und mustergiltige Student ist viel zu
flatterhaft und leichtsinnig, viel zu versessen auf sinnliche Genüsse, zu trivial und blasiert, als daß er sich

zu einer christlichen Idee emporschwingen und eine, durch die Religion verklärte, heilige Freude genießen könnte und möchte. Er macht auch deßwegen nicht gerne allein, sondern in Gesellschaft größere Touren und Bergpartien — es muß eben, wie man zu sagen pflegt, lustig zugehen, Späße und Wize müssen sich, wie Schneeflocken im Winde, jagen, Anekdoten und Schwänke als obligate Lückenbüßer verwenden lassen, und — fast hätte ichs vergessen — das Bier mundet nicht allein, sondern nur in Gesellschaft durstiger, fideler und sangesreicher Brüder. Das burschikose Wesen und die studentischen Gepflogenheiten, der liberale Sauerteig des XIX. Jahrhunderts und die banalen Zitate von Clauren, Blumauer, Waitzmann, Kotzebue und Kompagnie lassen eine ideale, heilige Freude nicht aufkommen, sie verwischen den herrlichen Farbenschmelz der Blumenkronen und verflüchtigen das süße Aroma der Wiesen und Wälder. Ist es Dir nun klar geworden, warum ich weiter oben behauptet habe: „Die Freude und Wonne der lezten Ferien eines Theologen sind durch die Religion geadelt, geheiligt und verklärt", und was diese Worte bedeuten? Aber wie verhält es sich mit der Elegie und Wehmut, von denen ich gesagt, sie seien der Freude und Wonne des Theologen beigemengt? Ich bekenne diesbezüglich mit allem Freimut:

Ein junger Mann von 23 Jahren, der an den gelehrten Mittelschulen des Staates studierte, die an=

tiken und modernen Klassiker gelesen und an der
Krippe der zeitgenössischen Literatur, der Journale
und sentimentalen Romane und Novellen 10 Jahre
lang angekoppelt war und seinen Heißhunger mit
diesem sauren Riedheu und Distelnkraut zu stillen
suchte, wird schwer zu überzeugen sein, daß er kein
großes Opfer dadurch bringt, daß er auf den Ehestand, auf die Gründung einer Familie und die s. g.
Familienfreuden verzichtet. Wohl tat einst Professor
Buß in einer Vorlesung über das kanonische Recht,
anläßlich der Besprechung des Zölibatsgesezes den
Ausspruch: „Meine Herrn, es kostet einen schwereren
Kampf, im heiligen Ehestand nach dem Geiste des
Christentums zu leben, als auf denselben gänzlich
zu verzichten. Auch ist es kein leeres, sondern ein
inhaltsschweres und wahres Wort: ‚das Joch und
Kreuz des Ehestandes‘“. Und Buß hatte mit diesem
Ausspruch den Nagel auf den Kopf getroffen, allein
die vom Weltgeist „infiltrierten Longitudinalfasern
des Gehirnes“ sträubten sich doch lange dagegen, die
sentimentale Träumerei von der honigtriefenden Glückseligkeit des Ehestandes als eine wirkliche Schimäre
zu betrachten, und eben darum schlichen sich einige
elegische und wehmütige Akkorde in meinen lezten
Ferienhymnus. Wer da behauptet: das andere Geschlecht seie ihm stets und absolut gleichgiltig gewesen, er habe zu einem weiblichen Wesen niemals jene
Zuneigung empfunden, die Gott selbst tief ins Men-

schenherz gesenkt, und die Schiller in den Worten
besingt:

> „O zarte Sehnsucht, süßes Hoffen,
> Der ersten Liebe gold'ne Zeit,
> Das Auge sieht den Himmel offen,
> Es schwelgt das Herz in Seligkeit,"

der schlägt der Wahrheit ins Gesicht und gibt sich
die vergebliche Mühe, andern einen Bären aufzu-
binden; er gibt sich den lächerlichen Anschein, als seie
er jener abnorme und mirakulöse Mensch, auf den
des Schöpfers Wort: „Darum wird der Mensch
seinen Vater und seine Mutter verlassen und seinem
Weibe anhangen", I. Mos. II. 24. keine Anwendung
finde, und deswegen ist er ein scheinheiliger Heuchler. Preist doch die heilige Schrift in schwunghaften
Worten ein tugendhaftes Weib in den Sprüchen
Salomons, XXXI. 10—31. Selbst Alban Stolz
hat in den „Witterungen der Seele", S. 341. indirekt zugestanden, daß ihm die Zuneigung zum
weiblichen Geschlechte — in concreto, nicht in ab-
stracto — nicht ganz fremd geblieben sei, er sagte:
„Wann ich je mit Verliebtheit verwandte Gefühle
hatte, so waren sie höchst oberflächlich und unstät".
Es hat zu allen Zeiten und in allen Berufsarten
Männer gegeben, die freiwillig, aus höhern Beweg-
gründen und Rücksichten, auf den Ehestand verzichteten.
Viele Gelehrte, Künstler und Feldherrn blieben ledig,
um sich ganz und vorbehaltlos ihrem Berufe weihen

zu können, z. B. Newton, Scaliger, Leibniz, Des=
cartes, Spnioza und Kant verzichteten um der Wissen=
schaft willen auf den Ehestand. Der größte Musiker,
Beethoven, der größte Maler, Raphael, und der
größte Baumeister und Bildhauer, Michel Angelo,
blieben ledig, ebenso die zwei Kriegshelden Tilly und
Prinz Eugen, aber keiner dieser genannten Jung=
gesellen hat behauptet, er weise den Grundsaz der
Alten zurück: «Homo sum et nihil humani a me
alienum puto». d. h.: ich bin Mensch und halte
dafür, daß alles Menschliche mich nahe berührt.

Aber noch ein weiterer Grund: eine ernste Be=
trachtung und Erwägung stimmte mich elegisch und
wehmütig, ich gedachte nämlich der trostlosen Ver=
hältnisse, die allenthalben obwalteten, in die ich in
kurzer Zeit hineingeworfen werden und eingreifen
sollte. Alle Anzeichen sprachen dafür, daß wir an
der Schwelle einer Revolution standen, und kaum
war ich 5 Monate im Seminar, so brach die erste
Revolution (im April 1848) los, der im September
die zweite und im Mai 1849 die dritte folgte. In
politischer und religiöser Beziehung war der Boden
unterwühlt und eine Masse Zündstoff aufgehäuft,
die Leidenschaften waren heftig aufgeregt und die
Regierungsorgane schwankend, halt=, rat= und kopf=
los — kurz: Verwirrung, Opposition, Negation,
Aufruhr und Auflösung überall, und mir hätte nicht

angst und bange sein sollen, es hätte keine elegische
und wehmütige Stimmung über mich kommen sollen?!

Als das Einberufungsschreiben des Ordinariates
eintraf, fand es mich reisefertig. Meine klerikale
Equipierung war vollendet: Talar und Zingulum,
die in unserer Diöcese gebräuchlichen „Mosestafeln"
(collare) und Barett, Chorrock und Kragen lagen
parat, und eine kleine Bibliothek, in der das vorgeschriebene Brevier nicht fehlte, waren schon in den
Reisekoffer gepackt. Es ist zu interessant und zu
originell, als daß ich es mit Stillschweigen über-
gehen könnte und dürfte, wie ich zu einem Brevier
gekommen, und wie mir dasselbe mitgespielt. Ich
hab' dieses Erlebnis zwar schon in der von mir
herausgegebenen Schrift: „Drei Schoßkinder des Zeitgeistes", Seite 141—143, veröffentlicht, aber ich halte
es dennoch für ganz angemessen, das dort Erzählte,
hier zu wiederholen, da es hier am geeignetsten Plaze
steht.

„Als ich meine lezten Ferien vor dem Eintritt
ins Seminar zu St. Peter in Offenburg zubrachte,
lud mich ein in Jahren vorgeschrittener Pfarrer ein,
ihn auf längere Zeit in W. zu besuchen. Ich nahm
diese Einladung an, da Pfarrer Sch. ehedem ein
Mitschüler meines Vaters gewesen und troz seinen
Jahren noch immer ein sehr unterhaltender, jovialer
Mann war. Nachdem ich etliche Tage bei demselben
zugebracht, erklärte er von freien Stücken: „Du darfst

aus meiner Bibliothek alle jene Bücher für Dich aus=
wählen, die Du brauchen kannst; ich mache Dir ein
Geschenk damit. Nach diesem großmütigen Aner=
bieten verfügte ich mich sogleich in das Bibliothek=
zimmer, um die dort aufgespeicherten Schäze der
Wissenschaft in Augenschein zu nehmen. Aber ach,
du barmherziger Himmel, wie mager und armselig
sah es in dieser Bibliothek aus! Fast alle Bücher
waren aus dem vorigen Jahrhundert, nur wenige
waren nach 1800 gedruckt. Von neueren Werken
war lediglich nichts, auch nicht einmal eine Broschüre,
vorhanden. Es fand sich unter diesen Ladenhütern
und Scharteken auch ein Brevier, das ich von zoll=
hohem Staub reinigte und des Mitnehmens für
würdig fand. Als ich nach dieser Inspektion das
Zimmer des Pfarrers wieder betrat, rief er mir in
vollem Ernste entgegen: „Nicht wahr: eine kostbare
Bibliothek! Du wirst wohl viel brauchbares gefunden
haben!" Ich entgegnete ihm: „Sie entschuldigen schon,
wenn ich Ihnen wahrheitsgetreu erkläre: Von allen
neuen Erscheinungen auf dem wissenschaftlichen Gebiete
habe ich in Ihrer Bibliothek lediglich gar nichts ge=
funden, die Bücher älteren Datums haben aber alle
eine sehr verdächtige, ausgeprägt josefinisch=wessen=
bergische Physiognomie. Das einzige für mich brauch=
bare Buch ist dieses Brevier, vorausgesezt, daß es
ein richtiges Brevier ist, was ich nicht beurteilen
kann, weil vom Brevier auf der Universität niemals

die Rede war. In meinem Einberufungsschreiben des erzbischöflichen Ordinariates bin ich nämlich aufgefordert, in das Klerikalseminar St. Peter ein Brevier mitzubringen." Auf diese meine Verlautbarung geriet der Herr Pfarrer in einen gelinden Zorn und ließ sich in demselben also vernehmen: „Armselige Bibliothek, häretische Bücher und verdächtiges Brevier, das ist die Qualifikationsnote, die Du meinem Bücherschaze erteilst! Danke schön für das gütige Kompliment! Man erkennt daraus, daß die Theologen gegenwärtig in hyperkatholischen und ultrakirchlichen Formen geprägt werden, die, wie figura zeigt, naseweiß, dünkelhaft, verdammungssüchtig und wegwerfend über eine Geschichtsperiode urteilen, die in Aufklärung, Abschaffung von Mißbräuchen und echter Gottesverehrung sich ein Denkmal gesezt — aere perennius (dauerhafter als Erz). Jenes Brevier ist durchaus echt. Nimms nur mit, ich bedarf seiner nicht,*) wohl aber ihr, da man euch in einen verhängnisvollen Zelotismus und eine beklagenswerte mystisch-aszetische Gefühlsschwärmerei zu versezen gewußt

---

*) Pfarrer Sch. hatte während seiner vierzigjährigen Tätigkeit als Seelsorger niemals das Brevier gebetet, er war niemals in den Sinn und Geist des Breviergebetes eingeführt und mit der Art und Weise, es zu rezitieren, bekannt gemacht worden. Fürstbischof Karl Theodor von Dalberg, der ihn zum Priester geweiht hatte, verlieh allen Priesteramtskandidaten Dispens vom Breviergebet. Dieser schreiende Unfug, die Diener der

hat!" Man sieht aus diesen Worten, daß Pfarrer
Sch. s. Z. als sehr gelehriger Schüler vor dem

Kirche von einem allgemeinen und streng verpflichtenden Kirchengebote zu dispensieren, wozu bekanntlich kein Bischof der Welt
Macht und Gewalt besitzt, herrschte im lezten Jahrhundert und
noch tief in das XIX. herab in vielen Diözesen Deutschlands.
Als ich Pfarrer Sch. darauf aufmerksam machte, die ihm s. Z.
verliehene Dispens seie ungiltig, er seie verpflichtet, das Brevier
zu beten und könne deswegen das einzige Exemplar des Breviers, das er besize, nicht verschenken, zog ich mir einen scharfen
Verweis zu, der mit den Worten, Gelbschnabel, Mückenseiher,
Ritus- und Rubrikenreiter, Pharisäer u. dergl. Injurien verschwenderisch durchspickt war. Pfarrer Sch. sezte auch nicht
den leisesten Zweifel in die Giltigkeit der ihm s. Z. verliehenen
Dispens und in die Echtheit und Vollständigkeit seines Breviers.

Als Fr. Xaver Dieringer, der von 1835—1840 Repetent im Priesterseminar zu Freiburg war, auf sein Risiko
das große Wagnis unternahm, die Seminaristen in den Geist
und Sinn des Brevieres einzuweihen, ihnen die Verpflichtung,
dasselbe zu beten, aufs Gewissen und ans Herz zu legen und
sie in der Handhabung desselben zu üben, da wurde die Lärm-
trommel geschlagen, und es kam Feuer ins Dach zu Karlsruhe
und Freiburg, als stände Hannibal vor den Toren, und seie
das Vaterland ernstlich bedroht. Das ganz und gar berechtigte
und korrekte Verfahren Dieringers wurde in Karlsruhe als ein
nicht zu duldender hierarchischer Übergriff, als ein strafbares
Verbrechen gegen die Hausordnung und als ein frecher Eingriff in das Majestäts- und Oberhoheitsrecht des Staates über
die Kirche erklärt, und das großherzogliche Ministerium forderte
das erzbischöfliche Ordinariat ernstlich auf, dem Einreißen so
schreiender Mißstände Stillstand zu gebieten und Einhalt zu
tun. Da Dieringer mit Recht besorgte, zwischen zwei Feuer

josefinischen Katheder gesessen. Ganz natürlich, denn:
wie der Acker, so die Ruben, wie der Vater, so die Bu=
ben, und wie die Schulen, so die Schüler! Aber wie
erging es mir mit dem ominösen Brevier? In gutem
Glauben an seine Brauchbarkeit (wenn ich übrigens
den ellenlangen Titel ganz gelesen hätte, dann wäre
mir klar geworden, daß es blos der vierte Teil des
ganzen Brevieres war, denn es stand alldort rot auf
weiß gedruckt: «Pars aestivalis», (d. h. Sommer=
teil, und so weit hatte ichs denn doch schon gebracht,
daß ich wußte: das Jahr bestehe nicht blos aus dem
Sommer, sondern aus 4 Jahreszeiten,) nahm ich
dasselbe getrost mit nach St. Peter. Und als einst
der Lehrer des Ritus, Repetitor Knittel, befahl, das
Brevier mit in den Hörsaal zu bringen, marschierte
ich ahnungslos und wohlgemut mit meinem Brevier
vor die Front. Auf das Commando: „Schlagen Sie
auf: Festum sancti Hygini, papae et martyris
(das Fest des heiligen Hyginus, Papst und Martyr)
am 11. Januar, im Winterteil oder ersten Band
des Breviers!", suchte und blätterte ich mit Eifer
und Hast nach Hyginus, allein ich konnte weder

---

oder zwischen Hammer und Ambos zu kommen, wich er dieser
Gefahr dadurch aus, daß er den Staub von seinen Füßen
schüttelte und dem Musterstaate, dessen Idol die Aufklärung
und das byzantinische Staatskirchentum war, den Rücken kehrte.
Er begab sich nach Speier, wo er im Seminar Professor der
Theologie und Philosophie wurde.

diesen Heiligen, noch den 11. Januar finden. Endlich,
da ich noch immer blätterte und suchte, rief der ge=
nannte Repetitor: „Aber um tausend Gottes willen
sind Sie ungeschickt, Herr Kist! Lassen Sie mich
Ihr Brevier sehen!" Mit tiefem Erröten reichte ich
ihm mein Brevier. Kaum hatte er nun einen Blick
auf den ellenlangen, mit roten und schwarzen Lettern
gedrucktem Titel geworfen, so bricht er in ein schallen=
des Gelächter aus und sagt ironisch: „Das ist fürs
erste ein Benediktiner=Brevier, und fürs zweite ist es
nicht der Winter=, sondern der Sommerteil. Wie sind
Sie denn zu diesem Brevier gekommen?" Unter Ver=
schweigung des Namens von Ort und Person, ent=
hüllte ich nun die Herkunft meines Breviers, worüber
alle höchlich erstaunten. Natürlich musste ich umgehend
von der Herder'schen Verlagshandlung in Freiburg
ein römisches Brevier in 4 Bänden kommen lassen."
Das die gewiß urkomische und ergözliche Geschichte
meines ersten Breviers.

Die Stunde der Trennung schlug. Ich verab=
schiedete mich bei meinen Eltern auf baldiges, fröh=
liches Wiedersehen. Ihre kühnsten Wünsche und
Hoffnungen hatten sich ja so viel als schon erfüllt,
denn ich war im Begriff, ins Priesterseminar ein=
zutreten und dann nach 10 Monaten die erste heilige
Messe zu lesen. Als die Mutter mir vor kurzer
Zeit den Chorrock, selbstverständlich über dem Talare,
anprobierte und mein Haupt mit dem Barett be=

deckte, da zitterten ihre Hände vor heftiger Gemüts-
bewegung, Tränen rannen über ihre Wangen, und
tief ergriffen sagte sie zu mir: „Mit bangem Herzen
hab ich oft gezweifelt, ob meine Gebete und Tränen,
die ich Jesu und Maria zur Erlangung dieser Gnade
darbrachte, etwas fruchten werden. Meine noch übrigen
Tage sollen nun dazu geweiht sein, ihnen meinen Dank
darzubringen." Dann schloß sie mich in ihre Arme
und sah mich triumphierend, verklärt und wonnetrun-
ken an. Welch ein Glück: eine fromme, großmütig liebende Mutter zu haben! Beim Abschied reichte mir
der Vater die Hand und sagte mit bebender Stimme:
„Wenn Du nach 10 Monaten am Ziele angekommen,
dann ist auch mein Ziel erreicht, und ich bin dann
reichlich belohnt für alle Opfer, die ich für Dich dargebracht. Mit Simeon will ich an jenem Tage, an
welchem Du die erste heilige Messe lesen wirst, beten:
„Nun, o Herr, laß deinen Diener im Frieden dahin-
scheiden, denn meine Augen haben das Heil gesehen!"
Mit dem elterlichen Segen ausgerüstet, reiste
ich, 6 Tage vor Allerheiligen, nach Freiburg, weil
ich auch dort noch eine süße Pflicht der Pietät zu
erfüllen hatte, ich wollte nämlich vor dem Eintritt
ins Seminar Abschied nehmen von jenen zutraulichen
und romantischen Orten, wo ich oft am Busen der
Natur die edelsten Freuden genossen, vom Schloßberg, Josefsbergle, Hebsack, St. Odilien und Günters-
tal. An einen dieser Punkte knüpft sich eine interes-

sante Erinnerung, die ich hier, wegen ihrer mora=
lischen Bedeutung, mitteilen will.

Nachdem ich in Freiburg angekommen war, galt
mein erster Besuch dem Schloßberge. In halber
Höhe desselben befindet sich eine Ruhebank zwischen
zwei Linden. Auf diese Bank sezte ich mich und
ließ, da mir das Konvikt gegenüber lag, in welchem
ich während 3 Jahren gewohnt hatte, dieses und
jenes Erlebnis heiterer und ernster Art in demselben'
an meinem Geiste vorüberziehen; eines der leztern
Kategorie soll hier eine Stelle finden.

Im Spätjahr 1843, als ich noch Lyzeist war,
unternahm ich eine Ferienreise nach Freiburg. Dort
besuchte ich den mir befreundeten Studenten der Theo=
logie, Bonifaz Grießbaum, von Dörlinbach, Pfarrei
Schweighausen, der im Konvikt wohnte. Wie sehr
erschrak ich, als ich ihn wiedersah! Er saß auf der
großen Terrasse, die sich vor dem geräumigen Rekrea=
tionssaale hinzieht, zwischen 2 in üppigster Blüte
stehenden Oleanderbäumen, die einen aromatischen
Duft aushauchten. Grießbaum war, infolge der
galoppierenden Schwindsucht, zu einem Skelette ab=
gemagert, die Haut, die es bekleidete, war gelb wie
eine Citrone, und die Augen lagen tief in ihren
Höhlen. Das Wiedersehen rang ihm ein Lächeln
ab, er streckte mir seine Rechte entgegen und sagte
mit heißerer Stimme: „Du bist erstaunt, mich so
elend zu finden. Ja, ich bin nicht nur Candidatus

Theologiae, sed etiam mortis mox imminentis.
Quid interest! (d. h. ich bin nicht nur Kandidat der
Theologie, sondern auch des Todes, der schon auf mich
wartet. Was ligt daran!) Daß ich das mir gesteckte irdische Ziel nicht mehr erreiche, schmerzt mich
nicht um meinetwillen, sondern wegen meiner Eltern,
die sich schon längst darnach sehnten, mich am Altare
zu sehen. Gott tröste sie in ihrem Schmerz! Es
freut mich sehr, Dich wieder zu sehen, und daß Du
meiner gedachtest und mich besuchest. Wir werden
uns auf dieser Welt nicht wiedersehen, denn es geht
mit mir rasch zu Ende, und bis Du in dieses Haus
einziehst, hat mich das Grab längst verschlungen."
Bei diesen Worten wurde er weich, er reichte mir
seine abgemagerte, zitternde Hand, zog mich auf den
neben ihm stehenden Stuhl und sagte mit tiefer
Ergriffenheit: „Ich sehe mit großem Leid auf die
Studienzeit am Gymnasium und Lyzeum zurück,
denn wir wurden schmählich um den väterlichen
Glauben, um Frömmigkeit und Gottesfurcht betrogen, in einen wahren Fanatismus für die, in religiöser und moralischer Beziehung nichtsnuzigen alten
und neuen Klassiker hineingehezt, dadurch dem Christentum entfremdet und zu modernen Heiden um-
gemodelt, die entweder gar keinen oder nur einen
solchen Gott anerkennen, der sich dem jeweiligen Zeitgeiste akkommodiert, sich nach dem jeweiligen Hausge-
brauche richtet, das Gewissen nicht beunruhigt, bei

der jenseitigen Tornister=Revision nötigenfalls beide
Augen zudrückt und jedenfalls keines seiner schwa=
chen, wenn auch unbußfertigen Kinder auf ewig ver=
dammt. Ich sehe es jezt, da ich nur noch eine kurze
Spanne Zeit zu leben habe, sehr klar ein, daß die
Tage, Monate und Jahre, die man ohne Glauben
und Religion, ohne Christentum und Gebet, ohne
Sakramente und sittlichen Lebensernst, ohne wahren
Frieden und ohne Seelenruhe dahingebracht, vergeudet
und verloren sind. Möchtest auch Du, bevor Du einen
Fuß im Grabe und den Tod auf der Zunge hast, zu
dieser hochwichtigen Überzeugung gelangen und Dich
dadurch vor später, langer und oft, in vielfacher Be=
ziehung, nuzloser Reue bewahren! O die s. g. Stu=
dentenstreiche, die man so leichtsinnig und mit la=
chendem Munde begeht, für deren straflose Verübung
man ein giltiges Privilegium zu besizen wähnt, und
mit denen man oft, und sogar in frivolster Weise,
noch renommiert, sind nichts desto weniger schwere
Verstöße gegen Gottes Gebot, schwere Beleidigungen
der göttlichen Majestät und unverantwortliche Frevel,
die man auf seine arme Seele geladen und entweder
hier oder dort schwer abbüßen muß. Lieber Freund,
vor all Dem möchte ich Dich wohlmeinend warnen
und durch Warnung bewahren!" Da ich als neun=
zehnjähriger Lyzeist nicht begriff, wie mein Freund,
der stets ein äußerst fleißiger, gewissenhafter und so=
lider Student gewesen, der sich mit harter Not, ver=

mittelst „Stundengebens" und Kosttagen am Gym=
nasium und Lyzeum hatte durchschlagen müssen,
so strupulös und rigoros werden konnte; sagte ich
zu ihm: Aber lieber Bonifaz, Du siehst zu schwarz
und urteilst zu streng, jedenfalls zu streng über Dich
selbst, da Du das Studentenleben höchstens dem Na=
men nach kennen lerntest und als ächter Leimsieder
mit den Statuten des Gymnasiums und Lyzeums
sicherlich niemals in Konflikt geraten bist. Mit sol=
chen schwermütigen und schwarzgalligen Gedanken
verbitterst Du Dir ja rein unnötig und mutwillig
das Leben. Des Lebens Mai blüht Ein Mal nur,
und nur Ein Mal ist man jung, wer wollte sich
daher solche Grillen in den Kopf sezen und sich dann
über deren Quartier graue Haare wachsen lassen,
ergo . . Bonifaz ließ mich aber mit meiner Exhor=
tation nicht zu Ende kommen, er wehrte energisch
mit der Hand ab, sah mich dann sehr ernst und
wehmütig an und sagte mit großem Nachdruck:
„Wer seine Lebenszeit nur noch nach Stunden und
Minuten abmißt, auf wen der Tod seine kalte Hand
schon gelegt, wer das Siegel der Verwesung bereits
auf der Stirne trägt, der betrachtet alles Irdische
im Lichte des Evangeliums und im Spiegel der
Ewigkeit, der beurteilt alles nach den unwandelbaren
und untrüglichen Grundsäzen der Kirche und mißt
es mit dem Maßstabe: ob es mit der christlichen
Religion im Einklang stehe, einem höheren, bleiben=

32*

den Zwecke diene und vor Gottes Richterstuhl der=
einst bestehen könne. Wer das Damokles=Schwert
über seinem Haupte sieht, der denkt, fühlt, urteilt
und handelt anders als ein Weltkind, das sich gegen
den Tod gefeit und von der Beobachtung der Ge=
bote Gottes und der Kirche dispensiert wähnt. Mir
ist jezt klar geworden, was das Sprichwort sagt:
‚Auf dem Todbett werden Quentchen Zentner‘. Auch
Du wirst einst diese Erfahrung machen, sofern Dich
der Tod nicht schnell und unvorbereitet, wie ein
Dieb in Nacht, überfällt.“ Da ich damals unfähig
war, mich in meines Freundes Ideen= und Gesichts=
kreis hinein zu denken, und seine ernsten Worte
meine heitere Ferienstimmung zu trüben ernstlich
drohten, verabschiedete ich mich von demselben und
wünschte ihm baldige Wiedergenesung. Doch darauf
erwiderte er, sich langsam und mühsam erhebend,:
„Ich bin weit entfernt, von Gott ein offenbares
Wunder — Wiedergenesung nämlich — zu erflehen,
zu erwarten oder zu hoffen, aber um das bitte
ich ihn täglich und stündlich: mir eine glückselige
Sterbstunde zu verleihen.“ Und Gott erhörte sein
Gebet, er verlieh ihm eine glückliche Sterbstunde —
nach kurzer Frist entschlief Bonifaz, sanft und ohne
Todeskampf, nachdem er bei vollem Bewußtsein die
heiligen Sterbsakramente empfangen hatte.

Ich kann es mir nicht versagen, in Kürze ein
sehr lehrreiches Gegenstück dieser Begegnung mit

einem gläubigen und vernünftigen Studenten anzu=
führen. In denselben Ferien (1843) besuchte ich in
Offenburg einen kranken Studenten, der mit der
Lungenschwindsucht behaftet und, wovon ich mich auf
den ersten Blick überzeugte, rettungslos verloren
war. Martin H. war 7 Jahre älter als ich und
bezog ebenfalls 7 Jahre früher als ich die Univer=
sität. Er hatte die Rechtswissenschaft als „Brodfach"
gewählt. Nach 6, statt 4, Jahren hatte er das
Universitäts-Studium absolviert, allein da er ein
flotter Korpsbursche gewesen, mehr in der Kneipe
als im Kolleg gesessen, den Fechtboden fleißig besucht,
einige Male auf der Mensur gestanden und galanten
Abenteuern nachgejagt hatte, getraute er sich nicht,
das Staatsexamen zu machen. Infolge von Trunk=
sucht, übermäßigen Tabakrauchens und geschlechtli=
cher Ausschweifung hatte er sich die Lungenschwind=
sucht zugezogen und ging rasch seiner Auflösung
entgegen. Nachdem ich mein Geschäft, das mich zu
ihm geführt — die Erwerbung eines griechischen
Schriftstellers — erledigt hatte, ließ sich H. in ein
Gespräch mit mir ein, das sich um einige Episoden
aus seinem Studentenleben drehte, die er mit großem
Wohlbehagen erzählte. Im Verlaufe desselben äußerte
er: „Die Enzyklopädisten Diderot und d'Alembert,
Voltaire und Rousseau, Helvetius und Holbach, La=
harpe und La Mettrie sind die größten Heroen, die
dem Lichte, der Aufklärung und der Freiheit Bahn

gebrochen. Sie haben, troz Verbannung und Ba-
stille, den Mut gehabt, zu konstatieren, daß Gott und
die Unsterblichkeit der Seele ein Hirngespinnst und
die Religion die Erfindung der Priester und Volkstyrannen ist, daß Tugend und Laster leere Worte
sind, daß es des Menschen Zweck und Bestimmung
ist, zu genießen, daß die Befriedigung der Leidenschaften das einzig probate Mittel ist, sich von ihrem
Drange zu befreien, und daß man, um wahrhaft
glücklich zu sein, alle Gewissensbisse unterdrücken und
jede Religion von sich fern halten muß." Ich entgegnete dem verstickten Studenten, der sich durch
seinen emphatischen Vortrag und das mit Nachdruck
abgelegte infernale Kredo einen heftigen Husten mit
Blutauswurf zugezogen: Ihr atheistisch-materialisches
System ist offenbar falsch, weil es 1, im ganzen
und großen nicht ein- und durchführbar ist, und 2,
wo immer ein- und durchgeführt, höchst nachteilig
und verderblich wäre; denn nie und nirgends können
die Menschen dahin gelangen, sich einem schranken-
losen Genusse hinzugeben und alle ihre Leidenschaften
zu befriedigen. Überhaupt macht die oftmalige Befriedigung der Leidenschaften dieselben unersättlich und
wirft ihnen den Menschen zum Opfer, zur Beute
hin. Wenn der Zweck und die Bestimmung des
Menschen lediglich im Genuß sinnlicher Freuden und
in der Befriedigung aller seiner Leidenschaften be-
stände, so müßte daraus ein wahrer Vernichtungs-

krieg aller gegen alle entstehen. Auch ist die Religion offenbar nicht von den Priestern und Volkstyrannen erfunden worden; denn die Religion war
v o r den Priestern und Volkstyrannen vorhanden.
Das religiöse Bedürfnis, das dem Menschen ange-
boren ist, hat zur Einführung des Priesterstandes
geführt. Es waltet zwischen den Priestern und der
Religion dasselbe Verhältnis ob, das anerkannter-
maßen zwischen den Juristen und dem Jus, dem
Rechte, stattfindet: nicht die Juristen haben das
Recht erfunden, sondern das dem Menschen ange-
borne Rechtsgefühl und Rechtsbewußtsein, sowie die
vielen Streitfragen über mein und dein und die
zahllosen Rechtsverlezungen und Rechtsverwicklungen
haben die Einführung des Richteramtes und Richter-
standes als eine Notwendigkeit erscheinen lassen und
dieselben ins Werk gesezt. Es dürfte, im Hinblick
auf Ihren Krankheitszustand gar nicht schwer sein,
sich davon zu überzeugen, daß nicht die Befriedigung,
sondern die Beherrschung und Bändigung der Leidenschaften vom Drange derselben befreit; denn, wie
Sie vorhin selbst bekannten, haben Sie durch Trunksucht und ausschweifendes Leben die Kräfte des Leibes zerrüttet und sich eine tödliche Krankheit zugezogen. Schillers Wort findet hier seine volle Anwendung: „Der Wahn ist kurz, die Reu ist lang",
und jener ebenso wahre Spruch der Alten: «Omne
nimium vertitur in vitium.» H. antwortete, in-

dem er mir wiederholt einen stechenden, mißmutigen
Blick zuwarf: „Sie sind sehr scharf über mich zu
Gericht gesessen und haben zugleich den Beweis ge=
liefert, daß, wenn Sie nicht Theologe würden, ein
Pastor an Ihnen verloren gienge; allein troz all
Dem beharre ich fest auf meiner Behauptung: der
einzige Zweck des Menschen besteht darin: zu ge=
nießen, was sein Herz begehrt. Daß ich im Genuße
nicht Maß und Ziel gehalten und dadurch mein
Leben verkürzte, ändert an meiner Behauptung kein
Jota. Ich habe das Leben genossen, also meinen
Zweck erreicht, gleichviel ob mein Leib heut oder
morgen in die Elemente sich auflöst, aus denen ihn
vor 27 Jahren die Naturkraft gebildet hat — und
damit basta!“ Und H. ist so gestorben, wie er ge=
lebt hatte: ungläubig, unbußfertig und verstockt —
ein Blutsturz raffte ihn schnell dahin. Wenn ich Dich
nun am Schluße dieses Kapitels frage: Möchtest
Du lieber mit dem Juristen Martin oder mit dem
Theologen Bonifaz sterben und vor dem Richter=
stuhle Gottes erscheinen?, so glaube ich mit gutem
Grunde annehmen zu dürfen, daß Du es lieber mit
Bonifaz als mit Martin hieltest.

Fünftes Kapitel.

Eine schwere Prüfung.

Als am drittlezten Tage meines Aufenthaltes in
Freiburg die Abenddämmerung hereinbrach, schlen=
derte ich in der südlichen Allee des Karlsplazes
auf und ab. Plözlich hör ich, wie mir ein Kind
nachtrippelt, und einige Sekunden später fühle ich,
wie mich dasselbe an beiden Rockflügeln zurückhält.
Schnell drehe ich mich um und stehe nun vor einem
allerliebsten Mädchen mit einem wahren Engelsge=
sichte. Ich vermute sogleich, das Kind habe sich be=
züglich meiner äußeren Erscheinung getäuscht und
mich für eine ihm bekannte Person angesehen. Als
ich es anreden und fragen will, für wen es mich
ansehe, umfasst es meine Kniee und ruft aus Lei=
beskräften: „Papa, Papa!", und sogleich sucht es
an mir hinauf zu krabbeln. Da ihm aber diese
gymnastische Übung nicht gelingen will, komm ich ihm
zu Hilfe, ich heb es empor und nehm es auf den
Arm. Sogleich umschlingt es meinen Hals, preßt
mein Haupt heftig an sein Antliz und küßt mich
stürmisch, indem es in höchstem Affekte die Worte

hervorstößt: „Böser Papa, Mariele so lang allein
lassen! Lieber Papa, wieder zu Mariele kommen,
aber jezt bleiben, dableiben!" Mir wards bei die=
sen Liebkosungen, Umarmungen und Ergüßen kind=
licher Liebe, Zärtlichkeit und Anhänglichkeit ganz
sonderbar zu Mut, ich glaubte zu träumen, meine
Füße waren wie in den Boden gewurzelt, und ich
wußte wahrhaftig nicht, sollte ich dem Himmel zürnen
oder danken, daß er mir so unerwartet diesen hold=
seligen Engel in die Arme gelegt. Da riß mich eine
schrille Stimme aus meiner Erstarrung und Betäu=
bung; ein Kindsmädchen flog mehr, als es ging,
auf uns zu und schrie: „Aber Marie, geschwind
komm her!" Und zu gleicher Zeit eilte eine noch sehr
jugendliche, hübsche Dame, die Trauerkleider trug,
auf uns zu, streckte ihre Arme nach der kleinen
Marie aus und sagte, zitternd vor Aufregung:
„Aber Marie, wie kannst du so frech sein, diesen
Herrn so zu belästigen, ich will dir! Augenblicklich
folgst du, und lassest dich von Sophie (dem Kinds=
mädchen) tragen!" Dieser Befehl, mich, ihren wieder=
gefundenen Papa, verlassen zu sollen, brachte Marie
fast außer sich, sie zitterte heftig an allen Gliedern,
hielt mich konvulsivisch umschlungen und preßte
ihren Lockenkopf zwischen meinen Hals und meine
Schultern. Nun wollte die Mutter ihre Tochter
mit Gewalt von mir reißen, und da mir der ganze
Auftritt lästig und peinlich zu werden anfing, gab

ich Marie die besten Worte, ihrer Mutter zu gehorchen, und suchte mich zugleich aus ihrer Um-
armung zu befreien. Da Marie heftig weinte und
wiederholt schrie: „Papa bleiben!", und ihre Mutter
sich, heftig gestikulierend, bemühte, ihre Hände zu
lösen und dabei im Affekte lauter, als gerade rätlich
war, drohte, lenkte sich die Aufmerksamkeit und Neugier der auf dem Karlsplaze Lustwandelnden auf
die Gruppe, die wir bildeten, und die allerdings einen
sehr malerischen, teils rührenden, teils tragikomischen
Anblick gewährt haben mag. Herrn und Damen
rückten uns immer näher, wir waren schon von
3 Seiten blockiert, und in wenigen Sekunden konnte
sich ein Kreis um uns schließen, der uns unfehlbar
genötigt haben würde, dem Publikum die sich ihm
darbietende Szene in longum et latum zu erklären.
Einer solchen Fatalität wollte ich aber um jeden
Preis ausweichen, und darum sagte ich zur Mutter
Maries: Madame, Sie sehen, daß wir der Gegenstand der Neugier vieler Spaziergänger geworden,
die das sonderbare Schauspiel, das wir ihnen darbieten, gierig verschlingen. Machen wir dieser pein-
lichen Situation dadurch ein Ende, daß Sie für
kurze Zeit gestatten, daß ich an Ihrem Kinde Vaterstelle vertrete, und daß dasselbe ebenso lange auf
meinem Arme bleiben darf. — Jezt erst bemerkte die
Dame, rasch einen Blick um sich werfend, daß sich
viele Zuschauer um uns gesammelt hatten, die davon

Zeuge sein wollten, wie der von Marie erbeutete und mit leidenschaftlicher Liebe und Inbrunst festgehaltene Vater seines Kindes wieder los und ledig werden würde. Ob ihrer Wahrnehmung heftig erschreckend, trat die Dame an meine Seite und sagte leise: „Gut, ich vertraue Ihrer Klugheit, gehen wir!" Schweigend und resolut schritten wir vorwärts, und niemand von unseren Zuschauern war so indiskret und aufsäzig, uns zu folgen. Wir verfügten uns in die englische Anlage, die sich hinter der Kaserne befand, und durch die 2 Fahr- und 2 Fußwege führten. Mehrere Ruhebänke befanden sich in derselben. Wir sezten uns auf eine dieser Bänke, und durfte mein Adoptivkind auf meinem Schoße Plaz nehmen. Ich sah niemals ein Kind mit so überglücklicher, verständnisinniger und zugleich schalkhafter Physiognomie. Ha, wie Marie still und froh in sich hineinlächelte, weil sie wähnte, ihren lieben Vater wieder zu besizen! Wie sie sich zärtlich und innig an mich schmiegte, um der Gefahr vorzubeugen, mich nochmals zu verlieren! Wie sie schelmischsüß lächelte, weil sie durch ihre standhafte Weigerung und ihren zärtlichen Ungestüm den Sieg davon getragen und ihrer Kindesliebe eine glänzende Satisfaktion verschafft hatte. Marie war ein allerliebstes Geschöpf, dem man gut sein musste.

Nachdem wir uns niedergelassen, sah mich Maries Mutter sekundenlang durchbohrend, forschend und

prüfend an und wechselte wiederholt die Gesichts-
farbe. Auch das Kindsmädchen schien in meinen
Gesichtszügen etwas ganz Besonderes gefunden zu
haben, denn es starrte mich wiederholt mit dem
Ausdrucke höchsten Staunens an. Ich unterbrach
endlich das Stillschweigen, indem ich zu der Dame
sagte: Erlauben Sie, gnädige Frau, daß ich die
gewiß meinerseits berechtigte Frage stelle: wie ist es
zu erklären, daß mich Marie als ihren Vater ansieht und so hartnäckig an dieser Täuschung festhält?
Sie erwiderte: „Ich versichere Ihnen, daß es auch
mir wirklich Mühe kostet, es mir auszureden, Sie
seien mein von den Toten auferstandener Mann,
denn Sie besizen in allem eine, ans wunderbare
grenzende Ähnlichkeit mit demselben. Die Größe und
Körperkonstitution, die Farbe der Haare, Stirne,
Nase, Augen, Mund und Kinn machen Sie zum
perfekten Ebenbilde meines Mannes selig, und damit der täuschenden Ähnlichkeit kein Zug fehle,
tragen Sie keinen Bart und haben dieselbe Stimme
wie mein Mann. Sie sind, wie man zu sagen
pflegt, meinem Manne aus dem Gesichte geschnitten
und würden, wenn Sie sich ähnlich kleideten, und
mein Mann noch lebte, selbst von seinen intimsten
Freunden von ihm nicht unterschieden werden können. Sie sehen ja, wie mein Kind Ihre Gesichts-
züge gleichsam gierig verschlingt, wie es sich so kindlich liebevoll an Sie schmiegt, daß man darauf

schwören könnte, daß auch nicht der leiseste Zweifel
in ihm aufsteigt, daß Sie sein leibhaftiger, echter,
wahrer Vater sind. Welch ein merkwürdiges Spiel
des Zufalls, daß gerade derjenige Herr, der mit
Maries Vater so erstaunliche Ähnlichkeit hat, uns
heute begegnet und von Marie sogleich bemerkt, als
Vater begrüßt, umarmt und geliebkost wird!" Ich
entgegnete ihr, indem ich einen Blick auf meine
Uhr warf, deren Zeigerstand ich im Halbdunkel
noch erkennen konnte: Ich bedaure sehr, ganz un-
verschuldet, die tiefe Wunde Ihres Herzens aufge-
rissen zu haben, indem ich Sie lebhaft an Ihren
Mann erinnere, und nicht minder tut es mir leid,
daß Marie ihren wiedergefundenen Vater so schnell
wieder verliert. Trennung ist eben der Sterblichen
Los hienieden, und Wiedersehen dort oben ihre Hoffnung. Ich muß mich nun empfehlen, denn es ist
Zeit zum Nachtessen. Das Abenteuer des heutigen
Abends wird mir unvergeßlich sein. Bewahren
Sie auch mir, dem Ebenbilde Ihres Mannes, ein
freundliches Andenken! — Die Dame war unfähig,
ein Wort zu erwidern, sie verhüllte ihr Antliz mit
beiden Händen, dann erhob sie sich rasch, reichte
mir stumm ihre Rechte und wollte dann ihre Tochter
von meinem Schoße nehmen, allein Marie war nicht
willens, sich schon wieder von ihrem Vater trennen
zu lassen, Sie umarmte mich so heftig, weinte so
laut und schrie fortwährend: „Papa dableiben!",

daß wir von unserem Vorhaben abstehen mußten,
Marie mit Gewalt von mir loszumachen. Ich
schlug deren Mutter darum vor, sie in ihre Woh=
nung zu begleiten, und dort konnte mir das Kind
aus dieser oder jener Ursache abgenommen werden.
Bereitwillig nahm die Mutter diesen Vorschlag an.
Sie bewohnte ein Privatlogis in der Nähe des
Münsters. Hinter der Haustüre wollte ich mich ver=
abschieden, allein Marie wollte von einem Abschied
durchaus nichts wissen und sezte durch den Beginn
eines respektablen Lamentos zum dritten Mal ihren
Willen durch. Ich mußte also den holden Schrei=
hals noch eine Stiege hinauf und bis in das Wohn=
zimmer ihrer Mutter tragen. Nun hielt Marie ihren
wiedergefundenen Papa unentfliehbar interniert und
ließ sich von dem Kindsmädchen die Galakleider
aus= und die gewöhnliche Haustracht anziehen, wo=
bei sie in kindlich-naiver Weise sehr gesprächig war
und mich nicht aus den Augen verlor. Nun war
es aber für mich die höchste Zeit, mich definitiv zu
verabschieden, da ich secundum ordinem im Kon=
vikte zu Nacht essen und schlafen wollte. Ich be=
merke hier, daß es den ins Seminar einberufenen
Theologie=Kandidaten gestattet war, etliche Tage vor
ihrem Abgang nach St. Peter, im Konvikte zu woh=
nen und zu essen, ohne daß sie der zur Kolle=
gienzeit strenge einzuhaltenden Hausordnung unter=
worfen worden wären. Erschien also einer nicht

bei Tisch, oder kam er des Nachts nicht nach Hause,
so wurde er beßwegen weder zu Rede gestellt noch
mit einer Pönitenz belegt.

Um einem abermaligen unangenehmen Auftritt
und Tränenerguß vorzubeugen, hatte ich meinen
Hut ins Vorzimmer praktiziert, ohne daß Marie es
bemerkte, und als dieselbe sich kurze Zeit im Nebenzimmer befand, wollte ich mich von deren Mutter
schnell verabschieden, allein ich stieß jezt gerade bei
ihr auf ein ungeahntes Hindernis. Als ich ihr
nach deutscher Sitte die Hand reichte und sagte:
Marie ist soeben mit Ihrem Kindsmädchen in das
anstoßende Zimmer gegangen, und darum benüze
ich diesen günstigen Moment, um mich, von ihr
unbemerkt, zu entfernen. Leben Sie wohl, gnädige
Frau! Ich wünsche von Herzen, daß Sie für Ihr
liebes Kind recht bald einen definitiven, braven
Vater finden; da ergriff sie hastig meine ihr dargereichte Hand, sah mich treuherzig und flehentlich
an und sagte beklommen: „Mein lieber Herr, ich
wage es, eine dringende Bitte an Sie zu richten.
Sollte es Ihnen möglich sein, so ersuche ich Sie,
bei uns zu Nacht zu speisen, Sie würden dadurch
mir und meinem Kind eine große Freude bereiten.“
Ich entgegnete: Da ich frei und ganz unabhängig
bin, also keine Pflicht versäume, wenn ich in meiner
Wohnung nicht bei Tisch erscheine, und da wir heute
auf so seltsame, ich möchte sagen: romantische Art

mit einander bekannt geworden sind, so nehme ich
Ihr gastfreundliches Anerbieten dankend an und bin
überzeugt, in Ihrer und Ihres lieben Kindes Ge=
sellschaft eine fröhliche Stunde zu verleben. Sogleich
schickte sie das Kindsmädchen in das nahe Gasthaus
„Zum Engel" mit dem Auftrage: ein frugales
Nachtessen zu holen. Da Marie mir sehnsüchtig
ihre Hände entgegenstreckte, nahm ich das liebe Kind
auf den Arm und versah, während ihre Mutter
den Tisch deckte und aus dem Keller einige etiquet-
tierte Flaschen holte, und, in Abwesenheit Sophies,
den Dienst einer Kindswärterin, für einen Kandidaten der Theologie allerdings ein inkompatibles
Amt, allein noch war ich ja frei, frei wie der Fisch
im Wasser und der Vogel in der Luft. Ob sich
aber mein Talar im Koffer aus Ärger und Ver=
druß und aus Angst wegen meiner Verwegenheit
und Tollkühnheit nicht umdrehte, das wage ich
nicht zu entscheiden, wäre es jedoch der Fall ge=
wesen, so könnte man sich kaum darüber wundern.

Nachdem Maries Mutter den Tisch gedeckt und
eine Flasche Markgräfler nebst 2 Flaschen Rhein=
wein, Hochheimer und Rüdesheimer, inmitten des=
selben aufgepflanzt hatte, trat sie vor mich hin, ver=
neigte sich graziös, hielt mir ihres Mannes Schlaf=
rock, schelmisch lachend, hin und sagte: „Herr Papa,
machen Sie es sich bequem, ziehen Sie Ihren
Schlafrock an, denn Marie könnte leicht mit ihren

Schuhen Ihre Kleider beschädigen oder wenigstens verunreinigen." Willig fügte ich mich in den neuen Wechsel, denn wer a gesagt, muß in der Regel auch b sagen. „Auf und nieder mein Mann!", sagte Maries Mutter, dann preßte sie ihre Hände auf ihre stürmisch bewegte Brust, zerdrückte zwischen den Wimpern eine Zähre, trat vor den Pfeiler zwischen den Fenstern, ergriff eine unter Glas sich befindende Photographie in Kabinetsformat, damals ein Daguerreotyp-Bild auf einer Silberplatte, drückte sie an ihre Lippen, reichte mir dieselbe, mit tränenumflortem Auge und schweigend, dar und verließ dann rasch das Zimmer. Ich betrachtete die mir dargereichte Photographie. Welch' täuschende Ähnlichkeit zwischen Maries Vater und mir! Man konnte auch nicht die geringste Verschiedenheit zwischen uns beiden entdecken! Marie nahm mir die Photographie aus der Hand und sagte: „Papale Kussele geben," und wiederholt küßte sie ihres Vaters Bild, dabei vergaß sie aber keineswegs, auch dem vermeintlichen Originale desselben ihre kindliche Liebe auf die gleiche Weise zu bezeugen — das ist der teure Sold, wenn man Vaterstelle vertritt!

Nachdem die Wittwe die Speisen auf den Tisch gestellt hatte, hing sie die Photographie wieder an den Pfeiler und sagte: „Sie wissen vielleicht nicht, daß Sie mit einem berühmten Manne, mit einer hohen Persönlichkeit, mit einem Erzbischof, große Ähn-

lichkeit haben, nämlich mit dem Erzbischof von Köln,
Johann von Geissel, den ich persönlich kenne. Derselbe ist allerdings bedeutend älter als Sie und
mein Mann selig, allein auch jezt noch ist die Ähnlichkeit zwischen allen Dreien sehr auffallend." Diese
Behauptung fand ich später vielfach bestätigt. Als
ich am 11. November 1850 mit dem III. badischen
Infanterie-Bataillon, dem ich damals als Feldpater
zugeteilt war, von Deutz nach Köln marschierte,
und an demselben Tage ganz Deutz und Köln auf
den Beinen war, weil der apostolische Nuntius
Viale-Prelà soeben seinen Einzug gehalten hatte,
um dem Erzbischof Geissel, den Papst Pius IX.
zum Kardinal ernannt hatte, das Barett zu über-
bringen, hörte ich viele Einwohner von Deutz und
Köln die Bemerkung machen: „Dieser Feldkaplan
hat sehr viele Ähnlichkeit mit unserem Herrn Erzbischof." Aber ich überzeugte mich davon zweimal
auch persönlich. Als ich am 12. November im
Dom zu Köln der Barettüberreichung beiwohnte,
und der Erzbischof Geissel ganz nahe an wir vorüberging, staunte ich völlig darüber, welch große
Ähnlichkeit wir mit einander hatten. Am 5., 6.
und 7. September 1854 sollte die Generalversamm-
lung der katholischen Vereine Deutschlands zu Köln
abgehalten werden. Eine große Menge katholischer
Männer hatte sich, in der Voraussezung, daß die
genannte Versammlung wirklich abgehalten werde,

nach Köln begeben. Allein kurze Zeit vor deren
Beginn verbot die königlich preußische Regierung
die Abhaltung derselben. Auch ich war damals
vergebens nach Köln geeilt, doch fanden einige Pri-
vatversammlungen statt, und wurde ich anläßlich
einer solchen des Erzbischofes Geissel zum zweiten
Male ansichtig. Viele Geistliche der Diözese Speier,
deren Bischof Geissel vor seiner Ernennung zum
Erzbischof von Köln gewesen, versicherten mir wiederholt, als ich Pfarrverweser von Mannheim war,
daß ich ungemein große Ähnlichkeit mit dem genannten Kirchenfürsten habe.

Vor dem Nachtessen nahm Sophie mir das Kind
ab, das dagegen aus dem Grunde keine Einsprache
erhob, weil es so eingeführt war, daß Sophie dasselbe während des Essens auf dem Schoße hatte und
ihm die Speisen teils vorlegte teils darreichte. Während des Essens sprachen wir meistens von Freiburg,
seiner Lage und Umgebung, bis die Wittwe der
Unterhaltung eine andere Wendung gab und auf
ihre persönlichen Verhältnisse zu sprechen kam. Sie
erzählte in der, den Rheinländern eigentümlichen
und sehr hübschen Sprache: „Ende August kamen
wir aus der Rheinprovinz, wo wir in der Nähe
von Koblenz ein Gut mit einer Villa besitzen, hierher. Wir beabsichtigten, den Winter entweder in
Meran oder in Nizza zuzubringen. Da uns aber
Freiburg mit seiner herrlichen Umgebung fesselte,

faßten wir den Entschluß, während des Monates
September hier zu bleiben. Wir mieteten, weil man
in den Gasthöfen keine Ruhe findet, dieses Quartier auf 4 Wochen und machten täglich Ausflüge
in der hiesigen, so überaus anmutigen und reizenden Gegend. Eines Tages begaben wir uns nach
Güterstal, das äußerst lieblich in einem saftig grünen Wiesentale, am Fuß der Ruine der Kyburg,
ligt. Dort fühlte sich mein Mann plözlich un-
wohl, Fieberfrost schüttelte ihn, er konnte sich kaum
auf den Beinen halten, und mit harter Not erreichten wir, nach 2 müheseligen und ängstlichen
Stunden, unsere Wohnung. Der sogleich herbeige-
rufene Arzt erklärte, daß aller Wahrscheinlichkeit
nach zu fürchten sei, mein Mann seie vom Nerven-
fieber ergriffen. Des andern Tages bestätigte er,
daß er sich leider mit seiner Vorhersagung nicht
getäuscht habe. Das war für mich eine schreckliche
Nachricht. Marie und Sophie mußten sogleich die,
jenseits des Hausganges sich befindende Stube be-
ziehen und durften das Krankenzimmer niemals betreten. Eine barmherzige Schwester und ich pflegten
meinen Mann und warteten seiner abwechselnd Tag
und Nacht; allein troz aller Pflege und Sorgfalt,
und trozdem ich, außer dem gewöhnlichen Arzte,
noch den berühmten Professor der Medizin, Dr.
Schwörer, rufen ließ und ihn mit aufgehobenen
Händen anflehte, meinen Mann zu retten, war er

nach 14 Tagen eine Leiche. Ach, wie viel habe ich
während der Krankheit meines Mannes, während
der Beerdigung und im Laufe der lezten 6 Wochen,
seitdem er im Grabe ruht, erduldet und gelitten,
wie viel hab ich gebetet und geweint! Oft wollte
ich Freiburg verlassen, allein eine unsichtbare Macht
hielt mich hier, in der Nähe des teueren Grabes,
zurück, das wir täglich besuchen und mit Blumen
schmücken Was soll aus mir und aus meinem verwaisten Kinde werden! Wir fühlen uns verlassen
und trostlos. Marie ruft Tag und Nacht nach
ihrem Papa, sie hat nirgends Ruhe, überall sucht
sie ihn, sie erklettert den Stuhl und sieht zum
Fenster hinaus, um ihn zu erspähen, sie bittet mich
täglich hundertmal, mit ihr auszugehen und den
Papa zu suchen. Sie haben gar keinen Begriff davon, wie das liebe Kind nach Wiedervereinigung
mit ihrem Vater schmachtet. Ich liebe Marie gewiß mit aller Innigkeit und Zärtlichkeit, deren ein
Mutterherz fähig ist, allein sie hing dennoch mehr
an ihrem Vater als an mir. Wenn wir gleichzeitig
die Arme nach ihr ausstreckten, so verlangte sie stets
nach ihm. Ich fühle und überzeuge mich täglich,
was das arme Kind, infolge des Verlustes seines
Vaters, leidet; sein Schmerz, sein Heimweh, seine
ungestillte Sehnsucht gehen mir sehr zu Herzen, und
ich fürchte nicht ohne Grund, die stete Aufregung und
der tiefe Gram, der an seinem Herzen nagt, werden

seine Gesundheit untergraben und ihm ein unheil=
bares Siechtum zuziehen. Ich würde die Hälfte mei=
nes Vermögens, ja selbst zwei Finger meiner rech=
ten Hand hingeben, wenn ich dadurch die, meinem
geliebten Kind drohende Gefahr abwenden könnte."
Hier trat eine Pause ein, während welcher ich
Marie im Schoße ihrer Wärterin teilnehmend be=
trachtete. O wie süß schlummerte das Kind, wie
holdselig waren seine Züge, wie anmutig der Zauber
der Unschuld, der über sein Antliz ausgegossen
war! „Sophie", sagte die Wittwe zu dem Kinds=
mädchen, „bring Marie zu Bett, und dann begibst
du dich selbst auch zur Ruhe!" Sophie erhob sich
geräuschlos, um den Befehl ihrer Herrin auszu=
führen, allein Marie erwachte dennoch, und, teils
aus Gehorsam gegen die eingeführte Hausordnung,
teils aus freiem Antrieb und wirklicher Sympathie,
sagte sie lächelnd: „Papale Nachtkussele geben",
was denn auch sogleich gewissenhaft ins Werk gesezt
wurde, dann klatschte sie vergnügt in die Händ=
chen und rief: „Papale dableiben, auch ins Bett
gehen!" O du heilige Einfalt, sagte ich halblaut,
während eine Lohe aus meinen Wangen und meiner
und der Wittwe Stirne schlug.

Als wir allein waren ergriff Maries Mutter
das Wort und sagte: „Jawohl, du heilige Einfalt!
sagten Sie mit vollem Recht, und nachdem Marie in
heiliger Einfalt ihren Herzenswunsch aufs klarste

und bestimmteste ausgesprochen, will auch ich, ihre
Mutter, nicht hinter dem Berge halten, sondern
ihren Wunsch, mit den einstweilen notwendigen Ein=
schränkungen, auch zu dem meinigen machen. Es
kostet mir zwar kein kleines Opfer, keine kleine
Selbstverleugnung, in fraglicher Angelegenheit die
Initiative zu ergreifen, was sonst, unter normalen
Verhältnissen, des Mannes Sache ist, allein das
Außerordentliche meiner Lage und das merkwürdige
Abenteuer, das wir soeben erlebten, lassen, wie ich
glaube, den Schritt, den ich zu tun entschlossen
bin, als gerechtfertigt erscheinen. Schenken Sie mir
geneigtes Gehör!

Es gehört keine überreizte Phantasie, sondern
blos ruhige Überlegung dazu, unser heutiges Zu=
sammentreffen und was damit zusammenhing, als
einen Fingerzeig der göttlichen Vorsehung, ja ge=
radezu als ihr Werk, zu betrachten. Da Sie das täu=
schend ähnliche Ebenbild meines verstorbenen Mannes
und des Vaters meines Kindes sind, und ich in
der wunderbaren Begegnung mit Ihnen den Willen
der göttlichen Vorsehung erkenne, so glaube ich nicht
anders, als Gott selbst habe Sie uns zugesendet,
damit Sie der Nachfolger meines Mannes und des
Vaters meines Kindes werden. Ihre Physiogno=
mie, die den Stempel der deutschen Ehrlichkeit und
Gutmütigkeit trägt, flößen mir solches Vertrauen zu
Ihnen ein, und die Mutterliebe zu meinem Kinde

verleiht mir solchen Mut, daß ich Sie förmlich und
inständig bitte: werden Sie meines Kindes Vater!
Freilich müßten Sie in diesem Falle mich mit in
den Kauf nehmen. Ich versichere Sie diesbezüglich,
daß wir, mein Mann selig und ich, einander aus
Zuneigung geehelicht haben, und daß wir stets glück=
lich und zufrieden mit einander lebten; wenn ich
nun, der Wahrheit Zeugnis gebend, sage: ich würde
in Ihnen meinen Mann wiedergefunden haben, so
glaube ich, damit auch aufs zuverlässigste bezeugt
und bekräftigt zu haben, daß ich Ihnen, als mei=
nem Manne, in unwandelbarer Liebe und Treue
zugetan wäre. Ich habe daraus, daß Sie mein
Kind so zutraulich, herzlich und liebevoll behandelt,
den Schluß gezogen, daß Sie nicht nur nicht ohne
Gefühl sind, sondern ein tiefes Gemüt besitzen. Dürfte
es nun der Fall sein, daß Ihnen meine Persönlich=
keit nicht gleichgiltig ist und nicht antipathisch auf
Sie wirkt, sondern daß Sie Zuneigung zu mir fassen
könnten, so würde ich mich bestreben, Ihre volle
Achtung und Liebe zu verdienen. Sie sehen, welche
Opfer eine Mutter für ihr Kind zu bringen im
stande ist: sie wirbt förmlich für dasselbe um Sie,
um ihm den schmerzlich vermißten Vater zuzu=
führen, und bietet einem Mann die Hand, der ihr
bisher völlig fremd war, und dessen Stand, Beruf
und Verhältnisse sie nicht kennt. Zeihen Sie mich
deßwegen nicht grenzenlosen Leichtsinnes und extra-

vagantefter Sentimentalität, die keiner Überlegung
fähig find. Ich sage zu meiner Entschuldigung: ich
folgte lediglich dem Zug und der Stimme meines
Herzens, ich vertraute der göttlichen Vorsehung und
sah in Ihnen das Ebenbild meines Mannes an
Leib und Seel, an Geist und Herz, sofern nämlich
Seele, Geist und Herz aus Augen und Gebärden
reden."

Ich bekenne, daß ich, während die Wittwe
sprach, wie auf Nadeln, wie auf glühenden Kohlen
saß, denn ich war über den mir gemachten Antrag
im höchsten Grad erstaunt, verblüfft betäubt, ja
wie versteinert. Es schnürte mir die Kehle zu, der
Atem stockte, es traten mir Schweißtropfen auf
die Stirne, ich rang nach Fassung und suchte Herr
meiner Beklommenheit und Verwirrung zu werden.
Als mir das in etwas gelungen, sagte ich zu der
offenherzigen Wittwe: Ich kann nicht in Abrede
stellen, daß mich Ihre Worte sehr überraschten, je=
doch nicht deßwegen, als ob sie etwas ganz Außer=
ordentliches und Erstaunliches enthielten, nein, son=
dern wegen den höchst eigentümlichen Verhältnissen,
in denen ich mich gegenwärtig befinde. Ich gebe
zu, daß, was wir heute erlebten, an das Gebiet
des Wunderbaren zu grenzen scheint, und man sich
kaum irren wird, wenn man den Finger Gottes
darin erkennt. Unser Zusammentreffen ist wohl
mehr als blinder Zufall, die ominöse Täuschung

Ihrer Tochter und deren kindliche Zuneigung zu
mir, die höchst auffallende Ähnlichkeit zwischen mir
und Ihrem Mann und die autonome Eingebung
Ihres Herzens sind einer Pophezie oder einem
Orakelspruch nicht unähnlich, und ich stehe unter
dem wuchtigen Einfluß und Druck dieser, konzen=
trisch auf mich einstürmenden Begebenheiten und
Tatsachen. Vor allem danke ich Ihnen für das mir
geschenkte Vertrauen, mit der Versicherung, daß ich
den, von heiliger Mutterliebe Ihnen eingegebenen
großmütigen Antrag in seiner vollen Bedeutung zu
schäzen weiß. Zugleich bekenne ich, daß Sie durch
diesen Ihren Antrag alle meine gefaßten Entschlüsse
und Vorsäze tief erschüttert und meinen entworfenen
Lebensplan durchkreuzt haben. Ich fasse mich kurz
und sage: Während den 3 lezten Jahren habe ich
auf der hiesigen Universität studiert und alle examina
bestanden. Vor 4 Tagen kehrte ich aus meinen
lezten Ferien hierher zurück, um noch eine Pflicht
der Pietät zu erfüllen, nämlich von allen, mir wäh=
rend des Universitäts=Studiums lieb gewordenen
Orten mich zu verabschieden und dann der Welt über=
haupt adieu zu sagen, denn ich gedenke, übermorgen
ins Priesterseminar zu St. Peter einzutreten. — Bei
diesen Worten entfärbte sich die Wittwe, sie zitterte
heftig und hielt sich krampfhaft an dem Tische,
denn sie war nahe daran, in eine Ohnmacht zu
fallen. Ich fragte daher, ob ich das Kindsmädchen

herbeirufen und mich dann nach Hause begeben solle?
Sie bat mich, beides zu unterlassen, und erklärte,
der Schrecken, den ihr mein gefaßter Entschluß ein=
gejagt, habe ihre Nerven dermaßen angegriffen und
erschüttert, daß ihr allerdings eine Ohnmacht ge=
droht habe. Dann sah sie mich mit Wehmut und
Schmerz geisterhaft an und hauchte kaum hörbar:
„Wie schade! Solch ein Mann!" Ich entgegnete
ihr sogleich: Gnädige Frau, Sie werden doch nicht
der Ansicht und Meinung sein, es seie schade, daß
ein Mann, der gerade Glieder hat, Priester werde,
denn dazu seien solche gut genug, die verkümmerten,
verkrüppelten oder verunstalteten Leibes sind, wie
Hermannus contractus und Walafried Strabo?
„Nein, nein," erwiderte sie, „diesen Sinn hatten
meine Wörte durchaus nicht, ich wollte vielmehr da=
mit sagen: Sie besitzen etwas so Ansprechendes, die
Sympathie Gewinnendes und Familiäres, daß man
sich leicht zur Fällung des Urteiles hinreißen läßt:
an Ihnen geht, sofern Sie Priester werden, ein
perfekter Familienvater verloren. Und dieses Urteil
will ich vor Gott, vor meinem Gewissen und Her=
zen verantworten. Also ins Seminar, und zwar
schon übermorgen, einzutreten, gedenken Sie? Ist
das Ihr unwiderruflich gefaßter Entschluß, der sich
absolut nicht mehr ändern läßt?" Da ich vorhin
das Bekenntnis abgelegt, daß Sie durch Ihren An=
trag alle meine gefaßten Entschlüsse und Vorsätze

tief erschüttert und meinen entworfenen Lebensplan durchkreuzt haben; so geht daraus indirekt hervor, daß meine Entschlüsse und Vorsäze unter Umständen aufgegeben werden können, und mein entworfener Lebensplan mit einem andern vertauschbar ist. Was mir kaum im Traume einfallen oder begegnen konnte, das steht jezt als eine vollendete Tatsache vor mir, und eben diese Tatsache konnte ich, als ich meinen Lebensplan entwarf und die sich auf denselben beziehenden Entschlüsse und Vorsäze faßte, nicht mit in Rechnung ziehen. Ob nun das mir heut widerfahrene Begegnis eine Schickung Gottes ist, durch die mir entweder angedeutet werden soll, daß nicht der Priesterstand, sondern der Ehestand von mir zu wählen sei, oder durch die ich in der Standhaftigkeit bezüglich meiner Berufswahl geprüft werden soll; darüber bin ich einstweilen nicht im reinen; jedenfalls ist diese ernste und hochwichtige Sache einer sorgfältigen Überlegung und Prüfung bedürftig und wert. Ich bitte Sie deßwegen, mir bis morgen Bedenkzeit gewähren zu wollen. Sie kennen gewiß beide Sprüchwörter: „Der Wahn ist kurz, die Reue lang" und: „Mit dem Herzen geht oft der Verstand durch". Es wäre darum Thorheit, wenn ich ohne reifliche Überlegung und allseitige Erwägung mich entschließen würde, einen so folgenschweren Schritt zu tun. Mein Herz sagt mir: Stille die heißen Zähren eines verwaisten Kindes und seine Sehnsucht nach dem ihm entrissenen Vater, und ergreife die dir edelmütig und vertrauensvoll dargereichte Hand seiner Mutter, die glaubt und hofft, das, durch den Tod zerrissene Band der Ehe werde von dir wieder zusammengeknüpft werden, und ihre zweite Verehelichung werde dem Wesen nach, nur mit Veränderung des Namens, die Fortsezung der ersten sein, da du das täuschend ähnliche Abbild ihres verstorbenen Mannes bist, und von ihr die Zusage erhalten hast, daß die, jenem erwiesene Liebe und Treue auf dich übertragen werden; allein mein Verstand ruft mir zu: Hüte dich vor Übereilung! Darum prüfe zuerst ernst und kalt, dann entscheide dich! Und das will ich tun, weßwegen ich mir von Ihnen Bedenkzeit bis morgen Abend erbitte. „Von Herzen gern", entgegnete die Wittwe, „gewähre ich Ihnen Bedenkzeit ganz nach Ihrem Belieben, denn ich kann Ihren Grundsaz nur billigen, daß eine so wichtige Sache, wie die Berufs- und Standeswahl, nicht en bagatelle behandelt und leichtsinnig entschieden werde. Überlegen Sie also dieselbe vor Gott, ziehen Sie Herz und Verstand reiflich zu Rat, bevor Sie sich schlüßig machen, und sezen Sie mich morgen Abend von Ihrer getroffenen Wahl gütigst in Kenntnis! Seien Sie auch morgen mein sehr willkommen geheißener Gast!" Ich nehme, erwiderte ich, Ihr zuvorkommendes Anerbieten mit Dank an und werde sowohl

heute Nacht als morgen während des ganzen Tages
aufs reiflichste und gewissenhafteste alle Gründe, die
für und gegen Ihren Antrag sprechen, überlegen
und prüfen. Ich erlaube mir übrigens, Ihrer Er=
wägung und Begutachtung noch heute Abend einen
sehr wichtigen Punkt zu unterbreiten — er betrifft
meine Vermögensverhältnisse, da ja bei jeder Ver=
ehelichung der Lebensunterhalt eine hauptsächliche
Lebensfrage ist. Ich besize nämlich kein Vermögen.
Mein Vater, ein Staatsdiener mit geringem Gehalt,
bestritt die Kosten, die das zwölfjährige Studium
verursachte. Eine achtjährige Krankheit meiner Mutter
und die Ernährung von 4 Kindern, von denen aber
nur noch 2, eine Schwester und ich, am Leben sind,
machten es ihm zur Unmöglichkeit, Vermögen zu
erwerben. Bezüglich meiner war solches auch un=
nötig, denn nachdem ich die Universität absolviert,
bin ich imstande, für meinen Lebensunterhalt selbst
zu sorgen. Gehe ich aber auf Ihren Antrag ein,
so habe ich in dieser Beziehung umsonst 3 Jahre
auf der Universität Theologie studiert, ich falle
Ihnen zur Last, ich muß mich von Weib und Kind
ernähren lassen, ich lebe vom täglichen Almosen, von
der Großmut, Gnade und Barmherzigkeit. Ist der
Fall nicht denkbar, daß mir Verwandte oder der
Vormund oder Pfleger Maries den Vorwurf machen,
ich seie ein Taugenichts, eine Drohne, ein Schmaro=
zer, ein armer Schlucker und Wicht und gleichzeitig

ein nobler Mendikant und Fechtbruder, der in
gutem Futter steht? Solchen Vorwurf und solch er-
bärmliche Verhältniſſe wären mir unerträglich. „Halten Sie ein!“, unterbrach mich die Wittwe. Ihr
Aug leuchtete, und ihre Lippen bebten vor heftiger
Aufregung. „Nie, nie wird ſo etwas geſchehen!
Dafür ruf ich Gott zum Zeugen an! Ich bin natürlich ſchuldig, Ihnen über meine Vermögens-Ver-
hältniſſe Aufſchluß zu erteilen. Ich beſitze ſo viele
Liegenſchaften und Kapitalien, daß eine Familie aus
deren Erträgniſſen nicht nur ganz komfortabel leben,
ſondern jährlich noch einige hundert Gulden erübrigen
kann. Der kleinere Teil des Vermögens ſtammt von
meinem Manne her und iſt nunmehr das meiner
Tochter zugefallene väterliche Erbe, das von einem
ſtaatlich aufgeſtellten Pfleger verwaltet wird, und
wovon ich, bis zur Volljährigkeit oder Verehelichung
Maries, die Nuznießung habe. Meine und meines
Mannes Eltern ſind tot; es drohen Ihnen alſo
von Schwiegereltern keine Unannehmlichkeiten. Mein
Mann ſelig hatte blos einen Bruder, der verehelicht
iſt, und ich habe blos eine Schweſter, die ſich ebenfalls im Eheſtand befindet, beide ſind durchaus
nicht bösartig, und zudem wohnen ſie ziemlich weit
von meinem Landgute entfernt und ſind ſo ſehr
von ihren eigenen Familien in Anſpruch genommen,
daß ſie weder Luſt haben noch in der Lage ſein
werden, ſich um meine Familienangelegenheiten zu

intereſſieren. Das erwähnte Gut iſt um den Preis
von 500 Gulden an einen ſoliden Ökonomen ver=
pachtet, die vollſtändig eingerichtete Villa iſt aber
von der Pacht ausgeſchloſſen; der ganz in der Nähe
wohnende Pächter iſt jedoch verpflichtet, eine zuver=
läſſige und treue Perſon ſeiner Dienerſchaft in der=
ſelben ſchlafen zu laſſen und täglich ſelbſt nachzu=
ſehen, ob ſich alles in gehöriger Ordnung befindet.
Ich kann daher in dieſer Beziehung ohne alle Sorge
ſein, und ſteht es mir jederzeit frei, in meine Woh=
nung zurückzukehren. Wenn Sie meines Kindes
Vater und mein Mann werden, ſo ſchlage ich dieſen
uns erwieſenen Freundſchafts= und Liebesdienſt höher
an, als wenn Sie Rothſchilds Vermögen beſäßen.
Von dem Augenblicke an, in welchem Sie beſtimmt
erklären: Ich nehme Ihren Antrag unwiderruflich
an, können Sie, behufs Ihres Lebensunterhaltes,
bis zu unſerer Verehelichung, über mein Vermögen
verfügen, und nach derſelben ſoll Gütergemeinſchaft
zwiſchen uns beſtehen. Sie führen dann die Ver=
mögensverwaltung und beſizen den Schlüſſel zur
Kaſſe, ſo wurde es gehalten zu Lebzeiten meines
Mannes, und ſo ſoll es eventuell auch in zweiter
Ehe gehalten werden. Sie ſehen, daß ich ein un=
bedingtes Vertrauen auf Ihren Charakter ſeze, und
daß die Vermögensfrage in meinen Augen abſolut
kein Ehehindernis darbietet, und darum wird es
mich ſehr freuen, wenn auch Sie dieſen Stein des

Anstoßes als aus dem Wege geräumt betrachten.
Sollten Sie aber wünschen, in dem, einstweilen
noch fraglichen Ehevertrag nicht als vermögenslos
zu erscheinen, so biete ich Ihnen von Herzen gern
10.000 Gulden in Staatsobligationen oder Eisen=
bahn=Pfandbriefen an, die Sie aus dem Grund
mit gutem Gewissen als Ihr eigentümliches Ver=
mögen deklarieren können, weil ich, sobald Sie Ihre
Einwilligung in die zu schließende Ehe gegeben haben,
mein Vermögen als ein uns Beiden gemeinschaftlich
gehörendes Gut betrachte. Sollten Sie sich ent=
schließen, meinen sehnlichen Wunsch zu erfüllen, so
möchte ich Sie schon jezt dringend bitten, uns in
kurzer Zeit nach Meran, und wenn es uns dort
nicht gefallen sollte, nach Nizza zu begleiten, denn
es ist für eine Wittwe höchst beschwerlich, mit einem
2½jährigen Kinde und einer Wärterin eine so
weite Reise ohne männliche Begleitung zu unter=
nehmen. Ich fühle wohl, daß es eigentlich unbe=
scheiden ist und in gewisser Beziehung selbst ver=
dächtig, unschicklich und unzulässig erscheinen könnte,
ein solches Verlangen an Sie zu stellen, allein die
Not läßt mich Rücksichten bei Seite schieben, über
die ich mich, unter gewöhnlichen Verhältnissen, aller=
dings nicht hinwegsezen dürfte und nicht hinweg=
sezen würde. Wir kehren auf der kleineren oder grö=
ßeren Tour stets in Städten ein, wo sich mehrere
Gasthöfe befinden, so daß wir niemals genötiget

wären, unter Einem Dache zu übernachten. Auch
der strengste Moralist könnte eine gemeinsame Reise,
unter Beobachtung solcher Vorsichtsmaßregeln, ge=
wiß nicht als unstatthaft oder anstößig erklären.
Welch ein Glück für Marie, wenn sie untertags
ihren Vater besäße! Wie schnell würden in der
prachtvollen Gegend Merans oder der riviera di
Ponente die 7 Monate vorübereilen, während wel=
cher Frist es mir nicht erlaubt ist, eine zweite Ehe
zu schließen! Von Meran oder Nizza aus können
Sie, ganz nach Ihrem Belieben, eine Reise in der
Dauer von 6 Monaten unternehmen. Wie lohnend
wäre nicht ein längerer Aufenthalt in Italien mit
seinen Naturschönheiten und Kunstschätzen! Italien
ist ja das Ziel der Sehnsucht und Wünsche aller
Naturfreunde, Gelehrten und Künstler! Sechs Mo=
nate würden hinreichen, mit Muße und großem
Gewinn die interessantesten Städte: Verona, Vene=
dig, Mailand, Turin, Florenz, Rom und Neapel zu
besuchen. Während des kurzen italienischen Winters
könnten Sie sich teils in Messina teils in Parlermo
oder in Syrakus aufhalten. Ich bin überzeugt, der
vortreffliche Marsala und Muskatwein Siciliens
würde Sie den Mangel an Öfen leicht verschmerzen
lassen."

Aber, unterbrach ich die Wittwe, die sich in
eine wahre Begeisterung hineingeredet hatte, welchen
Beruf soll ich dann als glücklicher Ehemann und

34*

Vater ergreifen, welches Geschäft, welche Arbeit soll
ich verrichten, da der Mensch doch unleugbar zur
Arbeit geboren ist? Dem Beruf, zu dessen Aus=
übung ich mich 3 Jahre lang auf der Universität
vorbereitet habe, kann ich als Ehemann, als Fami=
lienvater, doch nicht obliegen. Mit Ausnahme der
Katechetik und Pädagogik, die ich an Marie ver=
werten kann, wüßte ich keine Disziplin, die ich im
Ehestand in Anwendung bringen könnte. — In vollem
Eifer entgegnete mir hierauf die Wittwe: „Sie täu=
schen sich, denn Sie haben die schönste Gelegenheit,
die Leistungsfähigkeit des ganzen Apparates ihrer
theologischen Disziplinen an mir zu erproben. Nehmen
Sie allen Ihren Mut zusammen, um nicht durch
die Offenbarung einer für Sie vielleicht schrecklichen
Tatsache in jähen Schrecken versezt zu werden, ich
bin nämlich — Protestantin, mein Kind dagegen
ist katholisch, sowie auch mein Mann selig Katholik
war. Wir lebten, troz der Konfessionsverschiedenheit,
im tiefsten Frieden mit einander, weil wir in der
Tat tolerant waren, und ich viele Lehren, Gebräuche
und gottesdienstliche Handlungen der katholischen
Kirche, welche die protestantische verworfen hat, für
vernunftgemäß, sinnreich, erhebend und zweckmäßig
halte. Mir gefällt es in einer künstlerisch und stil=
gerecht erbauten und geschmackvoll geschmückten ka=
tholischen Kirche viel besser als in einer leeren pro=
testantischen, wo die nackten, kahlen Wände das

Gemüt anfrösteln, und der schmucklose, aller Sym=
bolik bare Altar keine Andacht erweckt. Sehr würdig,
Geist und Herz befriedigend ist z. B. die Ver=
ehrung und Anrufung der Heiligen, besonders der
Mutter unseres Heilandes, und unendlich rührend
und tröstlich das Gebet für die Verstorbenen, für
die armen Seelen. Ich besuche niemals meines
Mannes Grab, ohne dasselbe mit Weihwasser zu
besprengen und für die Seelenruhe des mir so früh
und schnell entrissenen Gatten zu beten. Wir beteten
gemeinschaftlich und regelmäßig den Angelus und
das Ave Maria. Wir hielten die, in unserer Diö=
zese — Trier — vorgeschriebenen Fasttage, und
mein Mann empfing jederzeit zu Ostern die heiligen
Sakramente. Ich bediente mich sehr oft und mit
großem Nuzen seines Gebetbuches, das den Titel
trägt: „Christkatholisches Gebet= und Erbauungsbuch
von Hauber." Seit meines Mannes Tod ist mir
aber dieses Gebetbuch noch viel teurer und werter,
ja geradezu unentbehrlich geworden, denn zu Haus
und in der Kirche benüze ich zur Verrichtung
meiner Andacht kein anderes mehr. Ich besuchte
mit meinem Mann die katholische Kirche, und bis=
weilen begleitete auch er mich in die evangelische.
Ich selbst habe, weil ich im Grunde meines Herzens
mehr katholisch als protestantisch fühle und bete,
beantragt, daß die unserer Ehe entsprossenen Kinder
katholisch getauft und erzogen werden, und wieder=

holt habe ich meinem Manne den Entschluß kund
gegeben, zur katholischen Kirche überzutreten, allein
er mißbilligte denselben aus dem Grund, weil jede
Konversion Aufsehen errege, und weil ja der all=
wissende Gott die Gesinnung des Herzens kennt.
Ich vermute, es werde Ihr Wunsch und Willen
sein, daß ich dem Hangen und Bangen zwischen
zwei Konfessionen ein End bereite, d. h. konvertiere,
um dadurch teils ein wirkliches, vollberechtigtes
Glied der katholischen Kirche zu werden, teils dem
Ehebund durch die volle Übereinstimmung im Glau=
ben und die religiöse Seelenharmonie ein unerschütter=
liches Fundament und eine höhere Weihe zu geben
und mir die Gnadenschäze der Kirche zu erschließen.
Verwerten Sie also Ihre theologischen Kenntnisse
in der Bewerkstelligung meiner Konversion, damit
wir im ehelichen Leben, im Glauben und Beten,
Tun und Lassen und ganz besonders in Erziehung
unseres Kindes Eines Sinnes und Herzens seien!

Mein Mann, der auf der Universität Rechts=
wissenschaft studiert hatte, war niemals in diesem
Berufsfache tätig oder als Beamter angestellt, da
wir uns frühzeitig heirateten, er mit 23 und ich
mit 18 Jahren. Seine Liebhaberei war die Jagd,
die Musik und die Pastellmalerei. Im Klavierspiel
und in der genannten Malerei hatte er eine große
Fertigkeit erlangt. An der Landwirtschaft hatte er
jedoch keine Freude. Vielleicht haben auch Sie irgend

eine Liebhaberei, die Sie in Ihren Mußestunden beschäftigt, denn Studieren kann man doch nicht immer. Sollten Sie etwa Freude an der Landwirtschaft haben, so böte Ihnen unser ziemlich großes Gut vollauf Gelegenheit, sich derselben hinzugeben. Ich war über 3 Jahre verehelicht, und diese Zeit ist meinem Manne und mir unendlich rasch vorübergegangen. Im letzten Winter hielten wir uns in Cannes und im vorletzten in Hières auf, 2 Sommer brachten wir auf unserem Landgut und einen in dem Seebade Spaa zu, und wahrlich, Langeweile hat uns nie geplagt. Auch Sie werden so viele Beschäftigung und Arbeit finden, daß Ihre Furcht völlig unbegründet ist, die Verantwortung betreffs der Befolgung des Bibelwortes: „Im Schweiße deines Angesichtes sollst du dein Brod essen" werde Ihnen schwer fallen. In erster Linie wird der Unterricht und die Erziehung Maries, in zweiter meine Konversion und in dritter die Pflege irgend einer Liebhaberei Ihre Zeit in Anspruch nehmen. Was den mir zu erteilenden Religions=Unterricht betrifft, so dürfen Sie sich dessen mit Bestimmtheit versehen, daß Sie an mir eine lernbegierige und gewissenhafte Schülerin finden werden, sofern Sie sich überhaupt — durch — meine — Mitteilung: Daß — ich — Protestantin — bin —, nicht — von — mir — abgestoßen — fühlen" (diese Worte sagte sie sehr gedehnt und einen forschenden Blick

auf mich heftend), „ich vermeinte nämlich, bei der Be-
kanntgebung meiner Religion einen düsteren Schatten
über Ihr Antliz fliegen zu sehen, woraus ich schloß,
es berühre Sie unangenehm, daß ich Protestantin
bin." — Sie besizen, entgegnete ich der Wittwe,
eine sehr scharfe Beobachtungsgabe, und bin ich weit
entfernt, zu beabreben, daß mich Ihr Bekenntnis
einen Moment stuzig machte, verstimmte und, um
die Wahrheit ganz und ungeschminkt zu sagen, frostig
berührte, allein ich erinnerte mich sogleich daran,
daß die Zeit nicht weit hinter mir ligt, da ich dem
Christentum völlig entfremdet und dem extremsten
Indifferentismus verfallen war, mit einem israeliti-
schen Mitschüler in der Schloßkirche zu Rastatt bei
der heiligen Messe das Credo und Genitori geni-
toque sang, öfters die protestantische Kirche besuchte,
ja mir in einer jüdischen Synagoge den Gebetsmantel
umhängen ließ und mit den Hebräern aus der Megille betete, und daß mich bei all dieser religiösen
misère nicht einmal der horror vacui beschlich. Sie
verstehen vielleicht die lateinische Sprache ganz oder
teilweise, und darum habe ich mir erlaubt, diesen
hier sehr passenden terminus technicus in Anwendung zu bringen. — „Ich verstehe die lateinische
Sprache", erwiderte die Wittwe, „weder vollständig
noch teilweise, doch sind mir viele lateinische Redensarten ganz geläufig, da mein Mann selig sich derselben sehr häufig bediente. Zu diesen mir geläufigen

Redensarten gehört auch der »horror vacui«, und
bleibt mir unvergeßlich, in welch humoristisch-dra=
stischer Weise mein Mann selig mich in den Sinn
dieser Redensart einführte, er sagte: ‚Wenn mir,
als ich auf der Universität wenig studierte und viel
Bier vertilgte, die leere Tiefe der Börse entgegen=
gähnte, da durchrieselte ein jäher Schrecken mein
Gebein, dadurch ist, bildlich zwar, aber dennoch,
oder vielmehr gerade deßwegen, sehr anschaulich und
faßlich dargestellt: der horror vacui‘. Bitte aber,
sich vollends über mein Religionsbekenntnis auszu=
sprechen, weil sie damit offenbar nicht zum Schlusse
gekommen sind.“ Ganz recht, erwiderte ich, aller=
dings habe ich dem schon Gesagten noch etwas bei=
zufügen. Man vergißt gar bald seine eigenen Fehler
und übersieht den Balken in seinem Aug, während
man sich anheischig macht, den Splitter aus dem
Auge seines Nächsten zu ziehen. Besonders als
neugebackener Theolog und Seminarismus-Kandidat
hat man stark gegen Verkezerungssucht und den
Drang zu kämpfen, ein Wehegeschrei über die teils
häretische, teils glaubenslose, verdorbene Welt zu er=
heben; man möchte gar zu gern cum malleo male-
ficarum et haereticorum dreinschlagen, nicht be=
denkend, daß man vor noch nicht langer Zeit selbst
zur Sippschaft, wenn auch nicht gerade der Hexen=
meister, so doch wenigstens zu jener der Häretiker
gehörte und mit einem ans wunderbare grenzenden,

oder besser gesagt: schöpsenmäßigen Köhlerglauben vor dieser oder jener cathedra pestilentiae gesessen. Es wäre ebenso ungereimt von mir, es Ihnen zu verargen, daß Sie von protestantischen Eltern abstammen, als wenn ich es mir zum Verdienst anrechnete, katholische Eltern zu haben. Schließlich bemerke ich, daß die katholische Kirche nicht die Irrlehrer und Andersgläubigen, sondern den Irrtum und das vorsätzliche Verharren in wissentlichem Irrtum verdammt. Für die Irrgläubigen betet sie aber, damit sie die Wahrheit erkennen, annehmen und nach derselben ihr Leben einrichten möchten. Nun aber ist es höchste Zeit, mich zu entfernen. Ich danke verbindlichst für die mir erwiesene Gastfreundschaft, und werde ich morgen Abend von Ihrer gütigen Einladung Gebrauch machen. Unser gemeinsames Anliegen werde ich reiflich überlegen und hoffe, Ihnen morgen bestimmte Antwort erteilen zu können. Ich wünsche Ihnen, wohl zu ruhen. — Indem die Wittwe die Lampe ergriff, um mir die Stiege hinab voranzuleuchten, sagte sie bewegt: „Gott erleuchte Sie, damit Sie jenen Entschluß fassen, der dem göttlichen Willen entspricht!" Um keine Störung zu verursachen und keinen Verdacht zu erregen, gingen wir leise die Stiege hinab und verabschiedeten uns hinter der Haustüre mit einer stummen Verbeugung.

Da es schon 10 Uhr vorüber war, und ich das

Konvikt durch Läuten der Hausglocke nicht alar=
mieren wollte, entschloß ich mich kurz, im Gasthof
„Zum Geist" zu übernachten. Nachdem ich zu Bett
gegangen, konnte ich kein Aug schließen, denn ich
war furchtbar aufgeregt. Gedanken und Gefühle,
Gründe und Gegengründe, Vorsäze und Entschlüsse,
Freude und Schmerz, Furcht und Hoffnung, Pläne
und Phantasiegebilde jagten sich wirr durcheinander,
wie von einem Sturmwinde gepeitscht. Ich rang
nach Licht, nach Erkenntnis, nach Stärke und Ruhe,
doch vergeblich! Ich nahm meine Zuflucht zum Gebet,
ich flehte um Erleuchtung, Rat und Trost in meiner
Seelenqual, allein umsonst! Ich machte mir heftige
Vorwürfe, weil ich mich so leichtsinnig in Gefahr
begeben, so tief in 4 Augen geschaut, vom Gefühl
mich hatte beherrschen und fortreißen lassen, und
nicht sogleich und entschieden die Versuchung abge=
wiesen. Ich beklagte das verhängnisvolle Ereignis
des heutigen Abends, das mich in ein wogendes Meer
von Kämpfen, Zweifeln und Ratlosigkeit geschleu=
dert, und da die Wittwe eine Rheinländerin war, erin=
nerte ich mich unwillkürlich an den verlockenden Sire=
nengesang der Rheinnixe Lorelei, die Heinrich Heine
in seinem bekannten Liede: „Ich weiß nicht, was
soll das bedeuten," besang. Es heißt in demselben:

„Ich glaube, die Wellen verschlingen
Am Ende Schiffer und Kahn;

Und das hat mit ihrem Singen
Die Lorelei getan."

Ich travestierte diese Strophe, um sie auf meine
St. Peterfahrt anwenden zu können, in folgender
Weise:

„Ich glaube, die Well' verschlingt tosend
Am Ende noch Schiffer und Kahn,
Und das hat, weinend und kosend,
Marie zum Leid mir getan."

Das deutsche Sprüchwort: „Wahl bringt Qual" er=
probte sich ganz und voll an mir.

Wohin sollte ich mich wenden, was sollte ich
wählen, wofür mich entscheiden? Ich stand vor dem
Rubicon, entweder musste ich hinüber oder zurück,
entweder ins Seminar oder in den Ehestand — hier
gab es keinen Ausweg, und heute musste die Ent=
scheidung erfolgen. Mein Gehirn brannte fieber=
haft, mein Herz pochte stürmisch, und Schweiß=
tropfen rieselten mir über die Stirne. Da läutete
auf dem nahen Münsterturme das sog. Silberglöck=
chen, das wie eine Engelsstimme gleichsam rief:
«Sursum corda!» erhebet die Herzen zu Gott, und
weihet ihm den anbrechenden Tag! Nachdem ich
den «Angelus Domini» gebetet, stand ich auf,
zündete die 2 Stearinkerzen an, die auf meinem
Tische standen, nahm ein Quartblatt Papier, legte
dasselbe vor mich auf den Tisch, sammelte meine
Gedanken und schrieb dann die Gründe pro und

contra Antrag nieder, da es erwiesen ist, 1. daß
man eines beängstigenden Gefühles eher los wird,
wenn man dasselbe in Worte kleidet und zu Papier
bringt, und weil man 2. geschriebene Gedanken klarer
auffassen, ruhiger erwägen und richtiger beurteilen
kann. Ich will die Gründe, die, nach meinem Ermessen, für und gegen den, dem Leser bekannten
Antrag sprachen, hier anführen, nebst den dazu ge-
hörenden Bemerkungen.

Für die Annahme desselben sprach folgendes:

1. Die Aussicht auf eine finanziell gesicherte Existenz und ein wahrscheinlich sorgenfreies, behagliches
Leben. So schäzenswert übrigens beide zeitliche Güter
sind, so schlage ich dieselben dennoch darum nicht
allzu hoch an, weil es für einen jungen Mann, der
an einer Hochschule eine Fakultät absolviert, gewiß
rühmlicher ist, sich selbst eine Existenz zu gründen,
als sich wie einen Vogel in den Hanfsamen sezen
zu lassen.

2 Die, einen jungen Mann, der klassische Bildung an einer gelehrten Mittelschule und einer Universität genossen, enthusiasmierende Romantik, die in
der plözlichen und originellen Änderung der Berufs-
und Standeswahl und deren Ursache lag.

3. Der sehr verlockende Reiz, den mir angebornen
Wandertrieb und die Wanderlust befriedigen zu können. Winkte mir nicht das Wunderland Italien
mit seiner Naturschönheit und seinen Kunstschäzen!

4. Die Hoffnung auf ein glückliches Familienleben, das doch eher wahrscheinlich als zweifelhaft war.

5. Die Überzeugung, daß ich auch im Ehestand Gott dienen, Gutes stiften und mein Lebensziel erreichen könne.

6. Die Mutmaßung: Gottes Vorsehung werde es absichtlich so gefügt haben, daß ich auf ganz merkwürdige Weise mit der verlassenen Wittwe und ihrem verwaisten Kinde bekannt geworden, damit ich als Ebenbild des verstorbenen Mannes und Vaters an dessen Stelle trete.

Gegen die Annahme desselben sprach:

1. Die Erwägung: sollte ich denn bereits umsonst 3 Jahre lang Theologie studiert und so viele examina bestanden und dem Konviktsfonde so große Kosten verursacht haben? Für mich selbst war dieses Studium allerdings nicht verloren, denn es hatte mich in den Schoß der christkatholischen Kirche zurückgeführt. Und bin ich denn, sofern ich nicht Priester werde, vor Gott und in meinem Gewissen nicht verpflichtet, die aus Kirchenmitteln für mich aufgewendete Summe, nämlich 540 Gulden (Verpflegungskosten im Konvikt, während 3 Jahren, à: 180 Gulden) dem collegium theologicum zu ersezen? Wenn nun auch die Wittwe großmütig diese Summe bezahlen sollte, so müßte ich mir doch fortwährend als ein ausgelöster, ein losgekaufter armer Schlucker vorkommen. Ich glaube immer, das vernichtende Wort zu hören:

„Ich habe dich aus dem Nichts herausgezogen und zu mir emporgehoben!" Vielleicht ist dieses Wort fixe Idee, Täuschung und Wahn, allein auch als solche könnten sie mein Lebensglück ernstlich bedrohen.

2. Die moralische Unmöglichkeit, von dem edelmütigen Anerbieten der Wittwe Gebrauch zu machen: 10.000 Gulden ihres Vermögens als von mir wirklich beigebrachtes Heiratsgut zu deklarieren. Sezte ich mich denn durch eine so unreelle Handlung nicht der Gefahr aus, als Schwindler entlarvt und an den Pranger gestellt zu werden? Offenburg ligt ja nicht außerhalb der Welt, und dort hätte man leichterdings die Wahrheit erfahren können.

3. Die Überzeugung, daß ich als Diener der Kirche, besonders bei dem drückenden Priestermangel, unstreitig einen größeren, segensreicheren und verdienstlicheren Wirkungskreis, denn als Familienvater, finden werde.

4. Die Kindesliebe, da ich voraussah, welch herben Schmerz die Änderung meiner Berufswahl Vater und Mutter bereiten würde.

5. Die Mutmaßung: Eigennuz, Selbstsucht, Sinnlichkeit und Frigheit könnten mir vorgespiegelt haben, das Ereignis des gestrigen Tages seie ein Fingerzeig der göttlichen Vorsehung, die mir durch denselben kund und zu wissen tue, ich solle mich nicht für den Priester=, sondern für den Ehestand entscheiden.

6. Eine große Abneigung vor dem Stiefwesen.

Ich nehme mir zwar fest vor, dem Kind der Wittwe,
sofern ich sie ehelichen würde, wahrer, gewissenhafter
Vater zu sein, allein von anderer Seite könnte Gefahr drohen, und dann das leidige Stiefwesen, das
für Eltern und Kinder ein schreckliches Unglück ist,
in der Familie sich einbürgern. Die Vermögensfrage und jene, betreffs der Verschiedenheit der Konfession und des Mangels an Beschäftigung, sind
schon durch persönliche Auseinandersezung mit der
Wittwe erledigt worden.

6 Gründe sprachen also dafür und 6 dagegen,
und ich, der Beteiligte, der mit seinem irdischen
Leben engagiert war, sollte unparteiisch diesen mon-
stre-Prozeß entscheiden, diesen gordischen Knoten
lösen, und zwar im Laufe weniger Stunden! Ich
sann und brütete, ich marterte mein Gehirn und
quälte mein Herz, ich schob die 12 Nummern meines
Problems, wie die Figuren eines Schachbrettes, hin
und her und hastete durch alle Rubriken meiner
philosophischen und theologischen Registratur, allein
ich fand keinen Aufschluß und Rat, alles ließ mich
im Stich, ich war mit meinem Latein zu Ende. Kaum
hatte ich einen Vorsaz gefaßt, so verwarf ich ihn
wieder, kaum hatte ich festen Fuß gefaßt, so sank
ich wieder unter. Bald entrückte mich die Phantasie
in die sonnigen Gefilde Italiens, wo die Orangen
blühen, bald stellte sie mich auf die Kanzel, wo ich
mit Salbung das Evangelium verkündete, bald

legte sie mir die kleine Marie in die Arme, bald
führte sie mich in einen blumenreichen Pfarrgarten,
wo ich nach des Tages Mühe und Last zwischen
Rosen und Nelken lustwandelte. Obschon ich im
Gasthofe „Zum Geist" wohnte, und die Sonne vom
Schloßberg herab in mein Zimmer schien, so um-
fing mich doch tiefe Finsternis, und das Duzend
Gründe und Gegengründe verwandelte sich in ebenso
viele Kobolde, die einen Hexentanz um mich auf-
führten und mich boshaft neckten. Ich wurde nach
und nach unfähig, klar zu denken und ruhig zu
prüfen, ich ward ganz verwirrt und konsterniert
und verwickelte mich so sehr ins Zingulum und in
die „Fätsche",*) daß es zum erbarmen oder zum ver-
zweifeln oder zum verrückt werden war. Dem Ar-
chimedes war es vergönnt, nach langem Suchen und
Forschen das hydrostatische Gesez zu finden, worauf
er, außer sich vor Freude, ausrief: „Heureka!", ich
habs gefunden; mir aber wars verwehrt, „heureka!"
zu jubeln, obschon ich mir über der Wahl zwischen
Priesterstand und Ehestand gehörig den Kopf zer-
brochen.

Da mir das Gastzimmer eine Folterkammer zu
werden drohte, verließ ich es eilends, trank im

---

*) Ein volkstümlicher Ausdruck, womit das lange Band
bezeichnet wird, mit welchem man jenes Kissen umwickelt, in
das der Säugling gelegt worden. Daher stammen auch die
populären Ausbrücke „Fätschen-, Wickel- oder Büschelkind."

Speisesaal eine Tasse Kaffe und bezahlte meine
Zeche. Dann bestieg ich den Schloßberg und retirierte dort, bis zum s. g. Philosophenweg, auf dem
ich im Sturmschritt auf- und abmarschierte. Selbstverständlich beschäftigte mich hier die zu treffende
Berufswahl, und deliberierte ich halblaut pro und
contra. Als es aber in Ebnet 11 Uhr läutete,
stand ich noch immer unschlüssig vor der Frage:
Soll ich, soll ich nicht? und konnte mit dem Raben
des Kaisers Augustus wehmütig ausrufen: «Tempus
et operam perdidi!», ich habe Zeit und Mühe
verloren. Es war gerade, als stritten sich zwei
Mächte um mich, die eine zog mich rechts, die
andere links, sagte die eine: ja, so sagte die andere:
nein. Mißmutig trat ich den Rückweg an, denn
ich wollte zu Mittag im Konvikte essen. Als ich
vom Schloßberge herabstieg, kam mir die Frage in
den Sinn: Warum hält es denn so unendlich schwer,
dich endgiltig über deinen Beruf zu entscheiden?
Ich beantwortete dieselbe also:

1. Es streiten in dem vorliegenden Falle Faktoren um den Vorrang, die so ziemlich gleichwertig
und gleichberechtigt sind, denn der Priesterstand ist
gerade wie der Ehestand von Gott eingesezt. Es
handelt sich also bei der Wahl zwischen beiden um
den von Gott verliehenen Beruf. Allein gerade
das war

2. die heikle, kritische und schwer zu entscheidende

Frage: ob ich zu dem einen oder andern Stande von Gott berufen sei? Welches waren die sichern Merkmale, die mich zur Annahme berechtigten und gleichsam zwangen, ich seie zum ehelosen oder zum Ehestand in gewissem Sinne prädestiniert? Hierin lag die Hauptschwierigkeit für die endgiltige Entscheidung.

3. Beschäftigte mich die Frage zu viel: welches werden die Folgen sein, wenn ich den Ehestand wähle, und wie wird sich die Zukunft gestalten, wenn ich mich für den Priesterstand entscheide? Ich wollte also den Schleier, der über der Zukunft lag, lüften und mich mit Rücksicht auf den Erfolg entscheiden!

4. Hatte sich der Gedanken, der Wunsch und der Entschluß: Priester zu werden, schon so tief in meine Seele eingewurzelt, daß sie schon gegen eine jede ihnen konträre Idee energisch reagierten und Protest erhoben. Der famose Flourens würde darob natürlich die, mit Klerikalismus infiltrierten Longitudinalfasern meines Gehirnes angeklagt und dafür verantwortlich gemacht haben.

5. War ich unter so außerordentlichen und eigentümlichen Verhältnissen und gleichsam im lezten Moment vor die Frage der definitiven Berufswahl gestellt, und so zu sagen in die Kinderstube hineingeschoben, daß wahrlich die Weisheit eines Kirchenvaters dazu gehört hätte, die Frage über meine Berufswahl rasch und präzis zu entscheiden, und

35*

6. drängte sich mir die Vermutung auf, die geistliche Kleidung: Talar, Zingulum sammt Zugehör, die ich in Offenburg anprobiert und dabei längere Zeit mit meinem Leib in nähere Berührung gebracht hatte, könnte möglicher Weise, obgleich sie nicht benediziert war, dennoch einen so geheimnisvollen Zauber auf mich ausüben, daß ich unwiderstehlich an die Marschroute: „Freiburg—St. Peter" gebunden wäre. Lächle nicht, lieber Leser, über die angeführte Vermutung, nimm kein Ärgernis an derselben, wirf keinen Stein auf mich, und halte mich nicht für einen Kabbalisten, sondern bedenke, in welcher verzweifelten Lage ich mich befand, daß ein Untersinkender sogar nach einem Strohhalme hascht, und ein armer Tropf, der sich nicht mehr zu raten und zu helfen weiß, sehr leicht wundersüchtig und abergläubig wird!

Als ich ins Konvikt kam, fielen meine Kommilitonen über mich wie über einen Deserteur und Verräter her und eröffneten ein mörderisches Kreuzfeuer auf mich. „Wo steckst Du, was treibst Du, warum lassest Du Dich nicht sehen?" riefen sie mir entgegen. „Du wirst doch nicht fahnenflüchtig werden und ausreißen oder unter die Separatisten, die Deutschkatholiken oder Rongeaner gehen wollen oder gar auf der Werbung um eine zarte Hand begriffen sein? Wir sind gestern Nachmittag auf die Suche nach Dir gegangen, haben allenthalben nach Dir

gefragt, allein niemand wollte etwas von Dir wissen
oder Dich gesehen haben. Und heute Nacht bist
Du nicht einmal nach Haus gekommen! Wer weiß,
wo Du herumgestrichen, um Dich recht würdig —
entweder bier- oder tränenschwer — von der Welt
zu verabschieden! Also heraus mit der Sprache! Leg
Rechenschaft ab von Deinem Wandel, von Deinen
Winkelzügen und Maulwurfsgängen!" Ich erwiderte
meinen Inquisitoren, die es übrigens recht gut mit
mir meinten,: Ich antworte Euch als candidatus
theologiae biblisch und darum ganz korrekt und
keiner Widerlegung fähig: «Et alia multa blasphe-
mantes dicebant in eum . . . Pater, dimitte illis,
non enim sciunt, quid faciunt.» (Luk. XXII.
65 u. XXIII. 34.) d. h. und viele andere Läste-
rungen stießen sie gegen ihn aus . . . Vater, ver-
gib ihnen, denn sie wissen nicht, was sie tun.
„Schon gut", hieß es darauf, „also im Buck (eine
Bierbrauerei) wird das lezte Cäco gespielt."
Beim Mittagessen konnte ich nicht aufthauen
und warm werden. Das Gespräch meiner Kommilitonen, so heiter und launig es auch war, interes-
sierte mich nicht — das Weinen war mir näher
als das Lachen. Ich nahm deßwegen keinen Anteil
am Gespräch und erschien darum mit Recht als
Sonderling, Langweiler und Melankolikus im Kreise
meiner jovialen und fidelen Studiengenossen. Mein
Tischnachbar zur Rechten sagte endlich, nachdem er

sich vergeblich bemüht hatte, mich aufzuheitern und
ins Gespräch zu ziehen: „Aber um Gotteswillen,
wo fehlts Dir denn? Bist Du krank oder desperat?
Du siehst ja sauertöpfig aus wie ein armer Sünder,
der auf seine lezte Stunde wartet, mißmutig und
verdrießlich wie 7 Tage Regenwetter und niederge-
schlagen wie ein fallit gegangener Geschäftsmann
oder ein Strohwittwer, dem die Frau durchgegan-
gen! Du siehst überdies sehr angegriffen und über-
nächtig aus, und wenn ich mich nicht sehr täusche,
so lassen deine geröteten Augen eher auf einen sentimentalen Abschied als auf ein propter nimium
est, est schließen. Sei doch nicht rappelköpfig und
laß die Flausen fahren! Wir gehn morgen ja nicht
ins Zuchthaus, sondern ins Seminar, heute tragen
wir zum lezten Mal die Studentenhosen, morgen
aber stecken wir im Talar tief, tief bis an die
Ohren, gaudeamus igitur!" Da stieß mich der
Tischnachbar zur Linken vertraulich mit dem Ellenbogen in die Seite, blinzelte mich bierduselig an und
krächzte mir leise, doch sehr vernehmbar, ins Ohr:

„Krambambuli das ist der Titel,
Des Tranks, der sich bei uns bewährt,
Es ist ein ganz probates Mittel,
Wenn uns 'was Böses widerfährt.
Toujours fidèle et sans souci
C'est l'ordre de crambambuli
Cram — bim — bam — bambuli, crambambuli.»

Ja, ja, der gute Matthis hielt das „edle Naß"
überhaupt für ein, alle Bresten des Leibs und der
Seele heilendes, wundertätiges Mittel, das sich an
ihm selbst aber sehr schlecht bewährte, denn propter
nimium est, est Matthis mox mortuus est. Zu
allem Überfluß wollte sich unser vis-à-vis auch
noch an meiner Kur beteiligen, und zwar durch
Anempfehlung eines allopathischen, martialischen re-
cipe; es sagte zu dem Krambambulisten: „Matthis,
nimm den Spannbengel, wie sich Professor W. in
Offenburg so oft ausgedrückt, und prügle den langweiligen Doktor (mein Studentennamen) aus der
Thesis auf die Arsis!" *) Als meine Kommilitonen
sich überzeugt hatten, daß all ihr Bemühen vergeblich war, meine Trübseligkeit zu verscheuchen, meine
Melancholie zu bannen und mich aus der Isoliert-
heit herauszureißen, ließen sie mich in Ruhe und
belästigten mich auch nicht mit dem Antrage, den

---

*) Das war allerdings die offizielle Umgangssprache W.'s
während des Unterrichtes. Denjenigen, der mir soeben das,
der drakonischen Pädagogik und Disziplin entlehnte Rezept
verordnet hatte, nannte Professor W. niemals anders als Bupolitaner, weil derselbe aus Ringsheim stammte, das W. aber
in Rindsheim travestiert hatte. Als der Bupolitaner, der
mit dem Vornamen Andreas hieß, einst einen homer'schen
Vers schlecht skandierte, machte W. demselben zur Pönitenz
folgenden despektierlichen Hexameter: „Stamme von Bupolis
her, und heiße der brüllende Andrés!"

Abschied von der Welt mit einem animierten Cäco zu
feiern. Als wir uns nach dem Essen trennten,
hörte ich einen derselben die Bemerkung machen:
„Der geht morgen nicht mit uns ins Seminar; er
reißt und zerrt offenbar, wie ein gefangener Hecht,
hoffnungslos an einer starken Angel." Der Spre-
cher hatte in München Jurisprudenz studiert und
sich namentlich im Polizeifach offenbar gründliche
Kenntnisse erworben; wäre die Entscheidung der
Berufs- und Standeswahl blos von mir abhängig
gewesen, dann wäre seine Prophezie auch in ihrem
ersten Teile in Erfüllung gegangen, der zweite aber
war bereits eine vollendete Tatsache: ich zappelte
hoffnungslos — wenigstens einstweilen — an einer
sehr starken Angel. Und wie sollte ich von ihr befreit werden? Entweder mußte ich mich durch einen
heroischen Entschluß von derselben losreißen, oder
eine fremde Hand mußte mir die Freiheit verschaffen,
jedenfalls mußte mein Los in kurzer Frist sich entscheiden; es war unvermeidlich: entweder biegen oder
brechen! Dieses Bewußtsein lastete schwer auf mir
und machte mich befangen und ängstlich. Hast Du
vielleicht schon Hühner beobachtet, wie sie hastig
und ängstlich hin- und herrennen, wenn zur Zeit,
wo sie sich zur Ruhe zu begeben pflegen, die Türe
ihres Stalles geschlossen ist? Sie suchen und rufen,
sie gackern und flattern umher, um unter Dach und
Fach, in ihr Standquartier auf der Stange zu

kommen, und gerade so lief ich unsicher, forschend und suchend umher. Ich ging in den Garten, in den Rekreationssaal, in die Kirche, in mein ehemaliges Wohnzimmer, allein alles hüllte sich in tiefes Schweigen und überließ mich meiner Ratlosigkeit und Melancholie. Endlich geriet ich auch in das Dormitorium. Mechanisch betrat ich die Zelle, in der ich während des III. Kurses des Nachts geschlafen. Ich legte mich angekleidet aufs Bett, um einige Zeit auszuruhen, da ich in der verflossenen Nacht gar nicht geschlafen, am Vormittag eine größere Tour unternommen, und die stete Aufregung meine Nerven angegriffen hatte. Bald versank ich in einen tiefen, erquickenden Schlaf, aus dem ich erst bei einbrechender Abenddämmerung erwachte. Man hätte nun glauben sollen, ich würde bei dieser Wahrnehmung erschrocken und bestürzt worden sein, weil ich mich unschlüssig und ratlos unmittelbar vor die Entscheidung gestellt sah, allein davon war keine Spur vorhanden, im Gegenteil: ich fand mich vollkommen beruhigt und getröstet — ich war nämlich wieder vollkommen Fatalist geworden und stellte die Entscheidung lediglich der Vorsehung Gottes, respektive einem intermezzo, das mich in den mir bestimmten Stand drängen werde, anheim. Ich war fest überzeugt: Gott werde es so fügen, daß ich gleichsam willenlos die richtige Berufswahl treffen würde und müßte. Ich empfand nunmehr auch

nicht im geringsten eine Vorliebe für den einen oder
anderen Stand und Beruf, und all mein Wünschen,
Sehnen und Hoffen konzentrierte sich in der dritten
Bitte des „Vater unsers": „Dein Wille geschehe!"
Mit vollem Vertrauen sagte ich: «Deus provide-
bit», Gott wird schon sorgen, machte mich auf den
Weg und ging meinem Schicksal heiter und getrost
entgegen. In der Herder'schen Verlagshandlung
kaufte ich einige hübsche Bilder, um dieselben der
kleinen Marie zu schenken und ihr dadurch eine
Freude zu bereiten. Dann schritt ich voll Mut
und Zuversicht meinem Ziele — der Wohnung der
Wittwe — entgegen. Als ich aber die Hausglocke
läutete, und ihr Ton gellend an mein Ohr schlug,
da überfiel mich denn doch eine gewisse Bangigkeit
und Beklemmung, und mit Ungestüm drängte sich
mir die Frage auf: Aber um Gotteswillen, was
willst du denn antworten, wenn du dich bestimmt
darüber äußern sollst und mußt, ob du Stiefvater
oder Seminarist werden willst? Da sich aber sogleich die Türe vermittelst einer mechanischen Vor-
richtung öffnete, konnte ich dieser Frage keine
Audienz erteilen. Auf der obersten Stufe der Treppe,
stand die Wittwe, sie hielt eine brennende Kerze in
der Hand und hieß mich herzlich willkommen. Als
ich das Wohnzimmer betrat, kam mir Marie lieb
und traut entgegen, machte eine regelrechte Reverenz
und begrüßte mich mit folgenden Versen:

„Nimm dies Bouquet aus Deiner Tochter Hand,
Denn sie in Dir den Vater wiederfand."

Dann überreichte sie mir einen prachtvollen, aroma=
tisch duftenden Strauß und lachte so allerliebst naiv,
wie unschuldige, gut erzogene Kinder jederzeit tun,
wenn sie sich mit Geschick und Glück einer schwie=
rigen Aufgabe entlediget haben. Ich nahm das
liebe Kind sogleich auf meinen Arm und bezahlte es
mit jener goldenen Münze, die Gott selbst geprägt,
dem Menschen ins Herz und auf die Lippen gelegt,
und der er eine so wunderbare, sympathetisch wir=
kende Kraft verliehen, daß alle Schäze der Welt,
Kaliforniens und Australiens Goldgruben, Indiens
Diamanten und Ceylons Perlen sich, ihr gegenüber,
mit einem Armutszeugnisse begnügen müssen. — Du
hast deine Sache sehr gut gemacht, sagte ich zu
Marie, und mich mit Deiner kostbaren Gabe sowie
mit Deinen inhaltschweren Versen ebenso erfreut als
überrascht. Nun mußt Du aber auch von mir ein
Geschenk als Gegengabe annehmen. Ich entnahm
meiner Brieftasche 3 Bilder, die geschmackvoll kolo=
riert, reich vergoldet und mit einem feinen Spizen=
rande verziert waren. „Mama, Mama!" rief Marie
hocherfreut, „guk, schöne Bildele von Papale!" Dann
wurde ich selbstverständlich mit derselben Münze be=
zahlt, mit welcher ich soeben meine Schuld bei Marie
getilgt hatte. Die Mutter sagte zu ihr: „Marie,

diese schönen Bilder darfst du ja nicht zerknittern,
beschmuzen oder verlieren, denn das erste stellt das
liebe Jesuskind, das zweite die liebe Muttergottes
und das dritte den heiligen Schuzengel dar, und
überdies sind es Geschenke deines lieben Papales."
Die lezten Worte sprach die Wittwe mit einer ganz
eigentümlichen Betonung aus und heftete einen fra=
genden Blick auf mich, der darüber ins reine zu
kommen suchte, ob ich den Worten: „Deines lie=
ben Papales" meine Zustimmung erteile oder ver=
sage. Dann sagte sie: „Den ganzen Tag hat Marie
Sie gesucht, nach Ihnen gefragt und nach Ihnen
gerufen. Sie war fast nicht vom Fenster hinweg=
zubringen, weil sie vermeinte, Sie auf der Straße
zu sehen und Ihnen dann rufen zu können. Das
arme Kind ist vor Sehnsucht nach Ihnen fast ver=
schmachtet, und ich konnte es nur dadurch einiger=
maßen beruhigen und trösten, daß ich ihm wieder=
holt die Versicherung gab, daß Sie zum Nachtessen
ganz gewiß kommen würden. Mit vieler Not und
großer Mühe habe ich ihm die 2 Verse beigebracht,
die es nur darum vollständig lernte, weil ich ihm
begreiflich machte, daß es Sie sehr freuen würde,
von Ihrem Töchterlein auf diese Weise begrüßt zu
werden. Aber nun muß ich Sie mit Marie auf
kurze Zeit allein lassen, da meine Gegenwart in der
Küche notwendig ist." Während wir allein waren,
unterhielten wir uns sehr zweckmäßig und gemütlich,

namentlich mit „Fangensmachen" und „Versteckspiel",
woran sich Marie ungemein erlustigte.

Endlich wurde das Nachtessen aufgetragen, das
davon Zeugnis ablegte, daß die Wittwe eine per-
fekte Köchin war. Nach dem Essen verabschiedete
sich Marie von mir in der schon bekannten Weise
und wurde dann von Sophie zu Bett gebracht.

Sobald wir allein waren, trat eine peinliche
Pause ein. Jedes fürchtete sich, die zwischen uns
obwaltende Frage, als wäre sie ein glühendes Eisen,
anzufassen. Befangen, verlegen, in gedrückter Seelenstimmung saßen wir uns gegenüber, unsere Blicke
begegneten sich und forderten uns auf, das Schweigen zu brechen und Klarheit in unsere Situation
zu bringen. „Wohlan denn," plazte endlich die
Wittwe heraus, „es muß sein! Ich ertrage das
quälende Gefühl der Ungewißheit über mein und
meines Kindes Los nicht länger. Ich habe mich
gestern ohne Rückhalt und Prüderie ausgesprochen,
und das wird auch heute geschehen. Es war eine
schreckliche Nacht, die ich von gestern auf heute durch-
wachte, in der ich zwischen Furcht und Hoffnung,
gleichsam zwischen Himmel und Erde, schwebte. Und
nun: wessen darf ich mich getrösten, oder wessen muß
ich mich versehen? Darf ich hoffen, oder muß ich
fürchten? O entreißen Sie mich diesem qualvollen
Zustande, geben Sie mir Gewißheit! Seien Sie
nicht grausam, und spannen Sie mich nicht auf die

Folter! Ich bin auf alles gefaßt, denn ich habe das schwerste Opfer gebracht, das ein Weib zu bringen vermag: ich stand am Sterbebett und am Grabe meines Mannes — — welches andere Opfer zu bringen, sollte mir also unmöglich sein? Ich bin heut aufs Grab meines Mannes gegangen, und zwar, gegen meine Gewohnheit, allein, ohne Marie und Sophie, um dort ganz ungestört, im Spiegel der Ewigkeit, das große Anliegen meines Herzens erwägen zu können. Ich durfte mir vor dem Schatten meines Mannes das Zeugnis geben, daß meine Absicht rein sei, und daß ich einen hohen Einsaz für mein und meines Kindes Lebensglück gewagt. Allein ich empfand darüber keine Unruhe, keinen Vorwurf und keine Reue, aber eine Ahnung tauchte geisterhaft in mir auf, die mir zurief: Du hast nach einem Phantom gehascht, und deine Pläne und Hoffnungen sind schillernde Seifenblasen, die der Wind verweht. Ach, in meiner Lage, so vereinsamt und verlassen, wie ich bin, umfaßt man mit Feuer und Begeisterung ein Glück verheißendes Projekt und selbst die kühnste Hoffnung und läßt sich beide nur nach verzweifelter Gegenwehr und mit Tränen im Aug entreißen. O, es ist mich schwer, sehr schwer angekommen, mein kühnes Hoffen, meinen heißen Wunsch und das sehnliche Verlangen meines Kindes aufs Grab meines Mannes zu legen und in Demut zum himmlischen Vater zu beten: ‚Nicht mein, son-

dern dein Wille geschehe!' Nachdem ich dieses Gebet
verrichtet und dieses Opfer aufs Grab niedergelegt,
war ich vollkommen beruhigt und getröstet und sah
Ihrer Ankunft und Willensäußerung mit christlicher
Ergebung entgegen. Als Sie aber kamen, da loderte
die Hoffnung in hellen Flammen wieder auf, und
alle Wünsche meines Herzens gipfelten in dem sehn=
süchtigen Verlangen: Sie, das fac simile und alter
ego meines Mannes, möchten in dieser verwaisten
Familie sich bleibend niederlassen und ihr Haupt
und ihre Stüze werden. Sie sehen, daß ich meinem
Vorhaben: auch heute ohne Rückhalt und Prüderie
mich auszusprechen, vollinhaltlich nachkomme. Und
eben darum sage ich ferner: Ich habe Ihr Beneh=
men gegen Marie mit jener ängstlichen Sorgfalt
beobachtet, mit welcher eine Mutter über das Los
und Schicksal ihres Kindes, ihres Abgottes, wacht,
und dabei hab ich die Entdeckung gemacht, daß Sie
bei aller Güte und Herablassung, die Sie gegen
Marie an den Tag legten, dennoch eine gewisse Zu=
rückhaltung beobachteten, die mich nicht nur ver=
muten ließ, sondern mir die Überzeugung beibrachte,
daß Sie entweder noch keinen festen Entschluß ge=
faßt oder, wenn solches geschehen, auf meinen An=
trag nicht eingehen, daß Sie aber aus Schonung
für mich und Marie nicht unverblümt und unver=
mittelt sagen wollten: Gebt die Hoffnung auf, denn
ich kann der Eurige nicht werden, meine Marsch=

route lautet auf St. Peter. Wenn Ihr Entschluß nach meinem Wunsche ausgefallen wäre, o, dann hätte das Gemüt Sie übermannt und mit sich fortgerissen, Sie wären aus der Reserve herausgetreten und hätten zu Marie gesagt: Ja, liebes Kind, du sollst meine Tochter sein, und ich will dir Vater werden! Reiche mir den Schlafrock — das Sinnbild der häuslichen Niederlassung am eigenen Herde, — denn den Talar hab ich bereits an den Nagel gehängt! — Und nachdem wir allein waren, hätte, in dem erwähnten Fall, keine peinliche Pause eintreten können, Sie würden gewiß das erlösende Wort gesprochen haben, das eine arme Seele, deren Sehnsucht Sie kennen, aus ihrem kläglichen Zustand — zwischen Hangen und Bangen — erlöst hätte. Wie könnte denn ein junger Mann die in seinem Herzen angefachte Glut so phlegmatisch verheimlichen! Unmöglich!"

Gnädige Frau, halten Sie mich nicht für gemütsarm oder gefühllos! Ich schwieg bis jezt über die zwischen uns schwebende Frage, weil ich, troz Prüfung und Erwägung, troz Gebet und Kampf, keinen festen Entschluß fassen konnte. Ich schwanke zwischen den Gründen pro und contra ratlos hin und her. Die verflossene Nacht war auch für mich voll Pein und Qual. Ich konnte während derselben kein Auge schließen. Was ich in der einen Stunde billigte, das verwarf ich wieder in der andern; die Luftschlösser, die ich während der Nacht, bezüglich des Priester- und Ehestandes, vor mich hingezaubert, zerrannen bei Tagesanbruch in eitel Dunst und Nebel. Ich bestieg heute Vormittag den Schloßberg, betrat den einsamen Philosophenweg, suchte und forschte, erwog und meditierte, fragte den Himmel und die Erde, Verstand und Herz um Rat und begehrte Aufschluß und Antwort, allein alles blieb stumm wie das Grab und überließ mich meiner Bangigkeit und meinen Zweifeln. Da sezte ich endlich alles auf Eine Karte, auf die Hoffnung nämlich: Die göttliche Vorsehung werde es so leiten und fügen, daß ich ganz sachte und gleichsam spielend dem mir bestimmten Stand und Beruf zugeführt werde.

„Aber Sie können vernünftiger Weise," entgegnete die Wittwe, „doch nicht erwarten, Gott werde zu diesem Zwecke Wunder und Zeichen tun, er werde Sie, wie ehedem den Habakuk, durch einen Engel an den Haaren ergreifen und entweder nach St. Peter oder in meine Villa bei Coblenz durch die Lüfte entführen lassen, oder er werde Ihnen durch den Erzengel Gabriel einen Brief mit Ihrer Adresse und den Beisäzen „Berufswahl betreffend" und: „sehr pressant!" übersenden! Wenn Sie als Fatalist die Sache entschieden haben wollen, so glaube ich, das Fatum habe durch das Ereignis des gestrigen Tages klar und deutlich genug gesprochen. Ich zweifle stark daran, ob Gott nicht durch den Mund eines

unschuldigen Kindes seinen Willen offenbaren kann
und wirklich kund gemacht hat." Bei diesen Worten
ergriff die Wittwe — ob absichtlich oder nur zu=
fällig, muß dahingestellt bleiben — das Bouquet,
das mir Marie zum Willkomm überreicht hatte, und
betrachtete dasselbe so nachdenklich und angelegentlich,
wie ein Astrolog die Stellung und den Lauf der
Gestirne beobachtet. Dieses botanische Studium machte
auf mich den Eindruck, als wollte die Wittwe sagen:
Ist denn die Sprache dieser Blumen und der Wort=
sinn jener zwei Verse, mit denen das Bouquet über=
geben wurde, nicht bered genug und ein Fingerzeig
der göttlichen Vorsehung? Sollte es denn zuläßig,
rätlich, zweckmäßig oder nötig sein, in einer so deli=
katen Angelegenheit des Herzens mit dem Zaunpfahl
zu winken?

„Auch ich", sagte die Wittwe, nach mißglückter
Bouquet=Symbolik, „bin in gewisser Beziehung Fa=
talistin, und als solche sehe ich mich fast genötigt, Ihre
unheilbare Zaghaftigkeit und Skrupulosität, Ihr
ängstliches Umhertasten und Ihre rätselhafte Unent=
schlossenheit für ominös und providenziell zu halten,
und in Erwägung dessen getraue ich mir kaum,
noch einen Versuch zu wagen, Sie zu meiner An=
sicht zu bekehren und zur Annahme meines Vor=
schlages willfährig zu machen; immerhin aber wer=
den Sie es begreiflich finden, daß es mich darnach
verlangt, Ihre Gründe pro und contra kennen zu

lernen. Es müßte denn doch nicht mit rechten
Dingen zugehen, wenn das Zünglein an der Wage
nicht auf die Seite der Gründe pro zu ziehen wäre,
und die Schale mit den fatalen contra nicht in die
Höhe geschnellt werden könnte — das soll mein
lezter Versuch sein, bevor ich die Segel streiche und
die Belagerung der hartnäckig verteidigten Festung
aufhebe."

Ich muß bekennen, daß es mich keine kleine
Überwindung kostete, das dem Leser schon bekannte
Duzend Gründe — 6 pro und 6 contra — auszu-
kramen. Ich kam mir dabei vor, wie ein Schul-
knabe, der seinem schneidigen Lehrer das aufge-
gebene Pensum herzusagen oder die schriftlich ge-
fertigte Aufgabe zu übergeben hat und dabei stets
gewärtig sein muß, korrigiert zu werden. Da mein
vis-à-vis aber ohne allen Zweifel berechtigt war,
zu verlangen, daß ich ihm meine Gründe pro und
contra zur Einsichtnahme, Prüfung und Begutachtung vorlege, säumte ich nicht, dem Wunsche desselben, der für mich Befehl war, zu willfahren.

Ich trug also zuerst die 6 Gründe pro der,
mit gespanntester Aufmerksamkeit zuhörenden Wittwe
vor. Dieselben fanden ihre volle Billigung.

Dann ließ ich auch die 6 Gegengründe aufmarschieren. Um die Wittwe nicht zu kränken, erwähnte ich jedoch im ersten Grunde nicht, daß mich
auch die Furcht beschlich, früher oder später viel-

36*

leicht das vernichtende Wort hören zu müssen: „Ich
habe Dich aus dem Nichts herausgezogen und zu
mir emporgehoben." Aber Das verschwieg ich nicht,
daß ich mir fortwährend als ein ausgelöster, losgekaufter armer Schlucker vorkommen müßte, wenn
es mit uns zur Verehelichung kommen sollte. Mißmutig und bitter lächelnd und mit den Fingern
auf dem Tisch den Generalmarsch schlagend, sagte
darauf die Wittwe: „Haben Sie denn wirklich auch
nur einen Augenblick daran gezweifelt, ob ich die
in Frage stehenden 540 Gulden, unter der uns
bekannten Voraussezung, bezahlen und Ihnen niemals Ihre Vermögenslosigkeit zum Vorwurf machen
werde?" Ich antwortete aufrichtig: Gewiß nicht!
„Ist es aber", fuhr sie fort, „nicht peinlich und
trostlos für mich, daß, wenn ich einen Ihrer Gegengründe aus dem Weg geräumt, an dessen Stelle
sogleich ein neuer tritt, gegen den ich nichts vermag?"

Als ich mit der Aufzählung der Gegengründe
geendigt, sagte die Wittwe: „Also 6 gegen 6!
Auf welcher Seite zeigt sich ein Übergewicht? Wo
ist die Goldwage, das ausfindig zu machen? Alle
gelehrte Gesellschaften der Welt wären wohl nicht
im Stande, Sie aus Ihrer Ratlosigkeit und Unentschiedenheit herauszureißen. So gar schwer, ver-
worren und unlösbar ist, nach meiner Überzeugung, das Rätsel nicht, sofern man nicht blos,

oder wenigstens nicht vorzugsweise, dem Verstand
die Entscheidung anheimstellt und überläßt. Ich
bin der Ansicht, daß bei dieser Angelegenheit das
Herz in erster Linie zu Rat zu ziehen ist, und daß
demselben das lezte Wort zugestanden werden muß.
Troz klassischer Bildung und Universitätsstudium
sind Sie noch mit dem Gespensterglauben und noch
weit mehr mit der Gespensterfurcht behaftet, Sie
möchten gerne den Schleier, der über der Zukunft
ligt, mit kecker Hand lüften, und da Ihnen das
verwehrt ist, so wittern Sie hinter demselben mehr
Unheil und Widerwärtigkeiten im Ehestand als im
Priesterstande. Sie haben sich die Standes- und
Berufswahl dadurch bedeutend erschwert, daß Sie
vor Ungemach und Schwierigkeiten, die Sie sich als
wahrscheinliches und unvermeidliches Angebinde des
Ehestandes und Stiefwesens vorstellen, zurückbeben.
O mein lieber Herr, auch als Seminarist, Vikar,
Pfarrverweser und Pastor werden Sie nicht jederzeit auf Rosen gebettet sein! — — Ihre völlige
Unentschiedenheit hat übrigens die zwischen uns
schwebende Frage endlich zur Entscheidung gebracht:
hätten Sie den Beruf für den Ehestand, so hätte
er sich gestern und heute Bahn gebrochen; Ihr Beruf, das ist mir klar geworden, ist der Priesterstand.
Sie bestehen aus dem richtigen Material, aus welchem die Kirche im Seminariums-Atelier Priester
meißelt. Es war verwegen und frevelhaft von mir,

Gott, der Kirche und Ihren Eltern Konkurrenz machen zu wollen. Ihre erstaunlich große Ähnlichkeit mit meinem verstorbenen Manne hat mir ein grenzenloses Vertrauen und eine heftige Zuneigung zu Ihnen eingeflößt und ließ mich glauben und hoffen, Sie seien von Gott berufen, an dessen Stelle zu treten. Das war ein schöner und süßer, aber ein kurzer Traum. Im Rate Gottes war es anders beschlossen, und diesem Ratschlusse unterwerfe ich mich, und ich seze bei: wie Maria, die Magd des Herrn."

Dann erhoben wir uns gleichzeitig, um Abschied zu nehmen, denn das Drama war zu Ende. Rasch trat die Wittwe vor mich hin, ergriff meine Hände, und sah mir einige Sekunden lang mit einem unaussprechlichen Blick in die Augen, mit einem Blick, der tief hinabbrang, tief bis auf den Grund des Herzens, als hätte sie den lezten Winkel desselben durchforschen oder in demselben ein Feuer entzünden wollen, ähnlich demjenigen, das in ihrem eigenen Herzen glühte. Wenn es überhaupt wahr, buchstäblich wahr ist, daß der Mensch in außerordentlichem Seelen- und Gemütszustand, in hochgradiger Erregtheit, in Wonne und Schmerz, in Liebe und Haß, in Begeisterung und Todesangst, sein ganzes Herz in einen Blick legen und durchs Aug reden lassen kann, so war das nunmehr bei der Wittwe der Fall. Und schwer, sehr schwer ists, die Situation

zu schildern, in der ich mich während jenen Sekunden
befand, da ich dem Feuer, der Glut einer elektrischen
Augenbatterie ausgesezt war. O diese Augensprache
eines schönen Weibes, dessen Herz sich einer Person,
einem Plan, einer Hoffnung energisch hingegeben,
und das nun unwiderruflich und für immer darauf
Verzicht leisten soll und darüber in höchsten Affekt
gerät! Ja diese Sprache besizt eine hinreißende Beredsamkeit, eine niederschmetternde Gewalt und einen
berückenden Zauber, und ich bekenne offen: ich war
wie bezaubert, ganz betäubt und meiner nicht mehr
mächtig. Ein mir bis damals unbekanntes Gefühl
durchzitterte und durchbebte mich, es prickelte durch
alle Nerven und Muskeln, ich empfand, daß der
elektrisch=magnetische Strom durch die mich festhal=
tenden Hände von meinem vis-à-vis auf mich über=
ging und alle Kraft meines Widerstandes brach.
Eine innere Stimme rief mir zu: Das ist der ent=
scheidende Moment, der Rubicon rauscht zu deinen
Füßen, vorwärts oder rückwärts, greif zu, oder ent=
sage für immer! Meine Kniee schlotterten, mein
Herz zitterte, die Theologie bekam epileptische An=
fälle — — wäre nun noch ein Sturm auf die arg
zerschossene und in ihrem Fundament wankende Zi=
tadelle meines Herzens unternommen worden, ent=
weder durch eine décharge der elektrischen Augen=
batterie, oder durch eine mit lispelnder, vibrierender
Stimme hervorgehauchte Bitte, oder durch einen

heftigen Paroxismus, der sich in einer unwiderstehlichen Attraktionskraft geäußert hätte, oder durch Anwendung jenes sympathetischen Arkanums, worin die kleine Marie eine wahre Meisterschaft besaß, oder durch eine nochmalige Willensäußerung Maries ex abrupto, wenn sie nämlich, als ich, wie einst Herkules, schwankend am Scheideweg stand, aus dem Nebenzimmer gerufen hätte: Papale dableiben, zu Mariele kommen!, das hätte mich aus meiner Lethargie aufgerüttelt und meine Standes- und Berufswahl apodiktisch entschieden, ich hätte nämlich darin das Ereignis gesehen, das ich als Fatalist erwartet hatte, ich hätte den Ruf ex ore infantis als einen Orakelspruch, ein Vatizinium, als vox Dei und eine Mahnung des Himmels betrachtet, und dann: gute Nacht St. Peter, auch selbst für den Fall, daß sich mein Talar in dem als „Frachtgut nach St. Peter" adressierten Koffer zehnmal vor Ärger und Verdruß umgekehrt haben sollte. Doch von all diesen Eventualitäten trat keine ein, und warum nicht? Offenbar aus dem Grunde, weil die göttliche Vorsehung meine Standes- und Berufswahl auf negative Weise entscheiden wollte. Von Seite der Wittwe aber wurde zur Erstürmung der unhaltbar gewordenen Festung — als mir das Wort schon auf den Lippen schwebte: Ich ergebe mich auf Gnade und Ungnade und strecke das Gewehr — nicht geschritten, entweder weil sie fürchtete, sie könnte abermals eine

Niederlage erleiden, oder weil sie ein gewisses Etwas
— das decorum muliebre und die unüberwind-
liche Scheue — abhielt, den lezten à tout eines
Weibes, der allerdings schon oft die stärksten Riegel
gesprengt, dicke Eiskrusten geschmolzen, versteinerte
Herzen erweicht und Triumphe gefeiert, an mir, mög-
licherweis, zu vergeuden. Zu meiner Beschämung gestehe ich, daß nicht ich, sondern die Wittwe die
definitive Entscheidung herbeiführte: sie öffnete ihre
Hände und ließ mich los — und damit war der
Bann gelöst und der Zauber geschwunden. Und
dennoch — o unergründliches Menschenherz! — atmete
ich nicht frei auf, es wandelte mich vielmehr an
wie bittere Reue, ich beschuldigte mich, hart und
lieblos gegen ein edles Frauen- und Mutterherz
gehandelt zu haben, sein grenzenloses Vertrauen und
seine vorbehaltlose Hingebung aus Kaprise und Spleen
zurückgewiesen zu haben, und ich wähnte, dadurch
ein Königreich für immer verscherzt und verloren
zu haben. Allein, jacta fuit alea, der Würfel war
gefallen und das Tafeltuch zwischen uns zerschnit-
ten. Meine grenzenlose Verwirrung und Befangenheit machte jede Umkehr und Remedur zur Unmöglichkeit, und überdies vereitelte die Wittwe jeden
Versuch der Wiederanknüpfung einer Unterhandlung
dadurch, daß sie das von Marie mir überreichte
Bouquet ergriff, dasselbe in ein Knopfloch meines
Rockes steckte und mit bewegter Stimme sagte: „Neh-

men Sie diese Blumen, mit denen Marie ihren
Vater willkommen hieß, mit nach St. Peter! Sie
sollen Sie stets daran erinnern, daß Sie zwei Personen
hätten glücklich machen können, wenn Sie — doch
nein! Fern seie es von mir, Ihnen einen Vorwurf
zu machen! Das ominöse Ereignis des gestrigen
Tages soll nur in meinem und in Maries Herzen
einen Stachel zurücklassen, Ihnen aber seie es ein
anmutiges Idyll und eine interessante Romanze, die
Ihnen über die einsamen Stunden des Seminars
in St. Peter hinweghelfen mögen!" Ich nahm allen
meinen Mut zusammen, reichte der Wittwe die Hand
und sagte: Das Abenteuer, das wir gestern und
heute erlebten, wird nicht nur eine reizende, sondern
auch eine heilige Episode meines Lebens sein. Unser
Schicksal steht in Gottes Hand. Es war wohl nicht
Gottes Wille, daß ich an die Stelle Ihres Mannes
trete. Empfangen Sie den verbindlichsten Dank für
Ihr mir geschenktes Vertrauen und großmütiges Anerbieten — — „und", ergänzte die Wittwe, „helf
Ihnen Gott!*) Glückliche Reise nach St. Peter!"
Ich retirierte zur Türe hinaus, stieg die Treppe
hinab und verabschiedete mich unter der Haustüre
mit einer stummen Verbeugung — —.

*) „Helf Ihnen Gott" oder: „Helf Dir Gott" ist ein
zweideutiges Wort, das entweder so viel heißt: ich würde Dir
gerne helfen, wenn ich könnte, oder: ich könnte Dir wohl
helfen, aber ich will nicht, und offenbar in diesem lezteren

Es kam mir vor, als wäre noch niemals jemand auf so zarte und schonende Weise die Stiege hinabgeworfen und vor die Schwelle gesezt worden, wie ich — —.

Des andern Tags fuhr ich mit meinen 15 Kommilitonen nach St. Peter. Keiner von ihnen ahnte, welch schwere Prüfung ich in den lezten Stunden vor der Fahrt nach St. Peter zu bestehen gehabt hatte. Freilich ließe es sich darüber streiten, ob ich in dieser Prüfung siegte oder unterlag, bestand oder durchfiel. Nach meiner eigenen Ansicht siegte ich einesteils, und andernteils unterlag ich. Ich siegte, weil ich, so zu sagen, passive Assistenz leistete und mir, troz alles Zauderns und Schwankens von meiner Seite und troz aller Versprechungen und glänzenden Anträge von der andern, das Jawort nicht abringen ließ, ich siegte wie Fabius Cunctator; und ich unterlag, weil die Wittwe eigentlich die Entscheidung herbeigeführt, weil sie, als ich schon kapitulieren wollte, ihren lezten Trumpf, der ihr das Spiel gewonnen hätte, nicht ausgeworfen, weil sie den lezten elektro-magnetischen Schlag, der mich kampfunfähig gemacht hätte, nicht eintreten ließ — kurz: in An-

---

Sinne legte mir die Wittwe dieses Wort in den Mund; sie wollte also sagen: Sie könnten meinen Wunsch, meine Bitte bei gutem Willen wohl erfüllen, allein Sie ziehen sich scheu zurück und stellen mir einen Wechsel auf die Barmherzigkeit Gottes aus.

betracht ihres resoluten, schneidigen Benehmens, ihrer Geistesgegenwart und ihres feinen Taktes war ich eigentlich unterlegen. Aber meine Niederlage verwandelte sich in einen Sieg, denn ich erkannte im Seminar und in der Seelsorge, daß mich Gott zum Priester berufen.

Von Marie und ihrer Mutter habe ich nie mehr etwas gehört, ich erkundigte mich übrigens auch niemals nach denselben; so oft ich aber mit dem Dampfboot rheinabwärts oder rheinaufwärts fuhr, sah ich mit hohem Interesse, ergriffen und gerührt, bei Koblenz tief hinein ins Moseltal.

Belegstellen.

---

1) Zu Seite 7 und 8.

„Universalgeschichte der christlichen Kirche." Von Dr. Johannes Alzog. III Aufl. Mainz, 1844. Verlag von Florian Kupferberg. Seite 984—986.

Ferner:

„Kirchenlexikon oder Enzyklopädie der katholischen Theologie und ihrer Hilfswissenschaften." Verlag von Herder in Freiburg. VI Band, Seite 1848—1863. II Aufl.

Ferner:

„Allgemeine Realenzyklopädie oder Konversationslexikon für alle Stände." Regensburg. Verlag von G. Jos. Manz. VIII Band, Seite 83. III Aufl.

Ferner:

„Die theologische Dienerschaft am Hofe Josefs II. Geheime Korrespondenzen und Enthüllungen zum Verständnis der Kirchen- und Profangeschichte Österreichs von 1770—1800, aus bisher unedierten Quellen der k. k. Haus-, Hof-, Staats- und Ministerialarchive." Von Sebastian Brunner. Wien, 1868. Verlag von Wilhelm Braumüller, k. k. Hof- und Universitätsbuchhändler. Besonders Seite 1—198.

Ferner:

„Die Mysterien der Aufklärung in Österreich von 1770 bis 1800. Aus archivalischen und anderen bisher unbeachteten Quellen." Von Sebastian Brunner. Mainz, 1869. Verlag von Franz Kirchheim. Besonders Seite 1—523.

Ferner:

„Josef II. Charakteristik seines Lebens, seiner Regierung und seiner Kirchenreform, mit Benützung archivalischer Quellen." Von Sebastian Brunner. II Aufl. 1885. Verlag von Herder in Freiburg. Besonders VI—XII Kapitel, Seite 71—240.

Ferner:

„Kaiser Josef II und Leopold II, Reform und Gegenreform, 1780—1792." Von Dr. Albert Jäger. Wien, 1867. Druck der k. k. Hof- und Staatsdruckerei. Besonders Abschnitt II. Nr. 9, Seite 64—66, Nr. 10—13, Seite 67—85, Nr. 13, Seite 89—96.

Ferner:

„Lehrbuch der Weltgeschichte" von Dr. J. B. Weiß. Wien, 1884. Verlag von Wilhelm Braumüller, k. k. Hof- und Universitätsbuchhändler. VII Band, Einleitung, besonders Seite 417—515.

Ferner:

„Die Weltgeschichte." Von Bumüller. Verlag von Herder in Freiburg. 1852. II Aufl. II. Teil, XV Kapitel, Seite 229—231.

2) Zu Seite 113, 114 und 115.

„Alban Stolz nach authentischen Quellen." Von J. M. Hägele. Verlag von Herder in Freiburg. 1884. Seite 49 und 50. I Aufl.

3) Zu Seite 127 und 128.

„Die Mysterien der Aufklärung in Österreich von 1770 bis 1800, ꝛc." Von Sebastian Brunner. Mainz, 1869. Seite 42.

Ferner:

„Die theologische Dienerschaft am Hofe Josefs II. Geheime Korrespondenzen und Enthüllungen ꝛc." Von Sebastian Brunner. Wien, 1868. Verlag von Wilhelm Braumüller, k. k. Hof- und Universitätsbuchhändler. Seite 114—116.

Ferner:

„Der stille Krieg gegen Tron und Altar." Nach Doku-
menten. Von G. M. Pachtler S. J. Amberg, 1876. Verlag
von J. Habbel. II Aufl. Seite 41. Besonders: Anmerkung 3.

Ferner:

„Kaiser Josef II und Leopold II rc." Von Dr. Albert
Jäger, Abschnitt II. Nr. 7. Seite 54.

4) Zu Seite 401 - 404.

„Die theologische Dienerschaft am Hofe Josefs II rc."
Von Sebastian Brunner. Seite 372, 373 und 374.

Ferner:

„Kirchenlexikon" von Wetzer und Welte, Band IV, Seite
403. I Aufl. und Band XI, Seite 1027 und 1028.

Ferner:

„Geschichte der Universität Wien" von Rudolf Kink
Band I, Abteilung 1. Seite 432—590.

Ferner:

„Josef II, Charakteristik seines Lebens rc.", von Sebastian
Brunner II Aufl. 1885. VI Kapitel, Seite 78—83, bezüglich
Gottfried van Swietens, der ein Sohn Gerard van Swietens war
und seines Vaters Ansichten, Gesinnungen und Absichten teilte.

—◦◦◦—

Register.

—◆—

Drittes Kapitel.

Viertes Kapitel.

Druckfehler.

Seite 16, Zeile 16 von oben, lies: die statt der.

„ 59, „ 5 „ unten, lies: mir statt nicht.

„ 71, „ 7 „ oben, lies: famose statt jokose.

„ 85, „ 1 „ „ lies: de Bega statt der Bega.

„ 93, „ 7 „ unten, lies: gestanden statt standen.

„ 127, „ 10 „ „ lies: Ignaz statt Inaz.

„ 148, „ 6 „ „ ist der zweite Beistrich zu streichen.

„ 168, „ 10 „ oben, lies: hierachischem statt hirarchischem.

„ 199, „ 12 „ unten, lies: Phillips statt Philipps.

„ 211, „ 9 „ oben, lies: Wimpheling statt Bim-
pheling.

„ 255, „ 11 „ unten, lies: spuckt statt sprudelt.

„ 316, „ 2 „ „ lies: Lebensberuf statt Lebensberufes.

„ 331, „ 6 „ „ lies: haben statt hat.

„ 346, „ 3 „ oben, ist statt eines Punktes ein
Strichpunkt zu sezen.

„ 355, „ 5 „ unten, lies: „Salzbüchsle“ statt
„Salzbüchle“.

„ 502, „ 3 „ oben ist „und“ zu streichen.

„ 502, „ 5 „ „ lies: und statt ist, daß.

„ 511, „ 14 „ „ lies: seiner statt ihrer.

„ 537, „ 10 „ unten, lies: Seminariums- statt Se-
minarismus-.

Von **Leopold Kist** sind folgende Werke erschienen, und zwar:

a) im Verlage von Franz Kirchheim in Mainz:

Die lauretanische Litanei. (Zunächst für die Maiandacht.) Dritte Auflage. 3 Mark.

Das Familienleben. Auch unter dem Titel: Hausapothek, I. Band. Vierte Auflage. 3 Mark 60 Pfg.

Die Familienkrankheiten oder Neun Sargnägel. Auch unter dem Titel: Hausapothek, II. Band. Zweite Auflage. 3 Mark 50 Pfg.

Aufklärung, Fortschritt, Freiheit oder Die wahre Bekehrung. Auch unter dem Titel: Hausapothek, III. Band. Zweite Auflage. 2 Mark 40 Pfg.

Geistlicher Schatzgräber oder Die Angelegenheiten deiner Seele diesseits und jenseits. 2 Mark 50 Pfg.

Dienstbüchlein fürs Christentum, das nachweist, was die Welt war vor Christus, was sie ward durch Christus, und was sie wird ohne Christus. 1 Mark 20 Pfg.

Das ist der Tag des Herrn. 2 Mark 70 Pfg.

Das christliche Kirchenjahr. 3 Mark 75 Pfg.

Dänisches und Schwedisches. 3 Mark 75 Pfg.

Amerikanisches. 5 Mark 25 Pfg.

Exempelbuch für Priester und Volk. Zwei Bände. 8 Mark 40 Pfg.

Kreuz und Kreuzweg. (Zunächst für die Fastenzeit.) 4 Mark 50 Pfg.

Drei Schooßkinder des Zeitgeistes: Wissenschaft, Schule und Loge. 2 Mark 25 Pfg.

b) im Verlage der Vereinsbuchhandlung in Innsbruck:

Erlebnisse eines deutschen Feldpaters während des deutsch-französischen Krieges 1870 71. 2 Mark 60 Pfg. = 1 fl. 30 kr. Gebunden in Leinwand 3 Mark 60 Pfg. = 1 fl. 80 kr.

Die Augensprache. 3 Mark = 1 fl. 50 kr.

Indisches und zwar Religion, Tempel und Feste der Hindu nebst all Dem, was damit zusammenhängt. 3 Mark 60 Pfg. = 1 fl. 80 kr.

„Indisches", aus der fleißigen und gewandten Feder des weit gereisten Verfassers des „Dänisches, Schwedisches" und „Amerikanisches" bietet nicht nur, was es auf dem Titelblatt ankündigt und verspricht, sondern eine überaus reiche Musterkarte des Merkwürdigen und Interessanten aus dem Wunderlande Indien. Mit Recht sagt der Verfasser in der Vorrede: „Für wen wäre das (in diesem Buch Mitgetheilte) nicht von hohem Interesse, und wer dürfte sich heutzutag zu den Gebildeten zählen, ohne über dasselbe unterrichtet zu sein?" Ein eminenter Vorzug dieser Novität der Reiseliteratur und Ethnographie besteht darin, daß der Verfasser Indien kreuz und quer bereiste und seine an Ort und Stelle gemachten Erfahrungen in derselben veröffentlichte, daß er tiefe Menschenkenntnis und eine feine Beobachtungsgabe besitzt, daß er die zuverlässigsten Indologen in Hindostan selbst ausfindig zu machen wußte und sich mit ihnen in's Einvernehmen setzte, und daß ihm eine sehr reiche Literatur über Indien zu Gebot stand. Dieses verdienstliche Werk Leop. Kist's ist berechtigt, auf dem literarischen Gebiet eine hervorragende Stelle einzunehmen und wird auf Grund der Reichhaltigkeit und Zuverlässigkeit seines Inhaltes, sowie seiner populären, packenden Darstellungsweise, einen durchschlagenden Erfolg erzielen.

Druck der Vereinsbuchdruckerei in Innsbruck.